Zum Kennzeichenrecht im Internet

Europäische Hochschulschriften

Publications Universitaires Européennes
European University Studies

Reihe II
Rechtswissenschaft

Série II Series II
Droit
Law

Bd./Vol. 3477

PETER LANG
Frankfurt am Main · Berlin · Bern · Bruxelles · New York · Oxford · Wien

Christine Kanz

Zum Kennzeichenrecht im Internet

Eine Untersuchung der Verletzungsansprüche des Kennzeicheninhabers unter Berücksichtigung deutscher und amerikanischer Spruchpraxis

PETER LANG
Europäischer Verlag der Wissenschaften

Die Deutsche Bibliothek - CIP-Einheitsaufnahme

Kanz, Christine

Zum Kennzeichenrecht im Internet : eine Untersuchung der Verletzungsansprüche des Kennzeicheninhabers unter Berücksichtigung deutscher und amerikanischer Spruchpraxis / Christine Kanz. - Frankfurt am Main ; Berlin ; Bern ; Bruxelles ; New York ; Oxford ; Wien : Lang, 2002
(Europäische Hochschulschriften : Reihe 2, Rechtswissenschaft ; Bd. 3477)
Zugl.: Düsseldorf, Univ., Diss., 2002
ISBN 3-631-39674-0

D 61
ISSN 0531-7312
ISBN 3-631-39674-0

www.peterlang.de

Meinen Eltern

Vorwort

Die vorliegende Arbeit hat der Juristischen Fakultät der Heinrich-Heine-Universität Düsseldorf unter dem gleichlautenden Titel im Sommersemester 2001 als Dissertation vorgelegen. Rechtsprechung und Literatur sind bis April 2001 berücksichtigt.

Mein besonderer Dank gilt meinem Doktorvater, Herrn Prof. Dr. Ulrich Noack, für die Betreuung des Themas und seine hilfreiche Unterstützung. Dank schulde ich auch Herrn Prof. Dr. Jan Busche für die rasche Abfassung des Zweitgutachtens.

Zu danken habe ich insbesondere Herrn Rechtsanwalt Dr. Lambert Pechan, der letztlich die Anregung zu dieser Arbeit gab und mich stets ermutigt und unterstützt hat.

Mein Dank gilt außerdem Herrn Dr. Arne Ott für seine wertvolle Unterstützung. Stellvertretend für alle, die mir mit Rat und Tat zur Seite standen bedanke ich mich auch bei Herrn Panos Rigoupolus, Herrn Dr. Pierre Treichel, Herrn Guido Jakob, Frau Dr. Daniela Cario, Frau Anne Thies und Frau Ingeborg Zakel-Jackson.

INHALT

Allmendinger, Mattias — Probleme bei der Umsetzung namens- und markenrechtlicher Unterlassungsverpflichtungen im Internet, GRUR 2000, S. 966 ff.

Althammer, Werner/Ströbele, Paul/ Klaka, Rainer — Markengesetz, 6. Auflage, Köln Berlin Bonn München 2000, zitiert: Althammer/Ströbele/Klaka

Apel, Jürgen/Große-Ruse, Henning — Markenrecht versus Domainrecht, WRP 2000, S. 816 ff.

Baumbach, Adolf — Wettbewerbs- und Warenzeichenrecht, 11. Auflage, München 1979, zitiert: Baumbach

Baumbach, Adolf/ Hefermehl, Wolfgang — Wettbewerbsrecht, 22. Auflage, München 2000, zitiert: Baumbach/Hefermehl

Baumbach, Adolf/Lauterbach, Wolfgang/Albers, Jan/Hartmann, Peter — Zivilprozeßordnung mit {Gerichtsverfassungsgesetz} und anderen Nebengesetzen, 58. Auflage, München 2000, zitiert: Baumbach/Lauterbach

Bechthold, Stefan — Der Schutz des Anbieters von Information - Urheberrecht und Gewerblicher Rechtsschutz im Internet, ZUM 1997, S.427 ff.

Becker, Jürgen — Rechtsprobleme internationaler Datennetze, Baden-Baden 1996, zitiert: Becker/Rehbinder

Benkard, Georg Patentgesetz, Gebrauchsmustergesetz, 9. Auflage, München 1993

Berlit, Wolfgang Das neue Markenrecht, 3. Auflage, München 1999, zitiert: Berlit

Berlit, Wolfgang Markenrechtliche und europarechtliche Grenzen des Markenschutzes, GRUR 1998, S.423 ff.

Bettinger, Torsten Kennzeichenrecht im Cyberspace: Der Kampf um die Domain-Namen, GRUR Int. 1997, S.402 ff.

Bettinger, Torsten Online-Schiedsgerichte für Domainstreitigkeiten, WRP 2000, S. 1109 ff.

Bettinger, Torsten/ Thum, Dorothee Territoriales Markenrecht im Global Village, GRUR Int. 1999, S.659 ff.

Bettinger, Torsten/Freytag, Stefan Verantwortlichkeit der DENIC e.G. für rechtswidrige Domains, CR 1999, S.28 ff.

Bettinger, Torsten/Freytag, Stefan Privatrechtliche Verantwortlichkeit für Links - Zugleich Anmerkung zum Urteil des LG Hamburg vom 12.5.1998, CR 1998, S.545 ff.

Beuthien, Volker/Wasmann, Dirk Zur Herausgabe des Verletzergewinns bei Verstößen gegen das Markengesetz, GRUR 1997, S.255 ff.

Biermann, Claudia Kennzeichenrechtliche Probleme des Internet: Das Domain-Name-System, WRP 1999, S.997 ff.

Biermann, Claudia Kennzeichenrechtliche Probleme des Internet: Das Domain-Name-System, WRP 1999, S.997 ff.

Birkenbihl, Klaus Gefangen im Netz der Netze, unter www.gmd.de/People/Klaus.Birkenbihl/publications/NetzDerNetze.htm, zuletzt besucht am 16.12.1998

Boddien, Thomas Links und Recht - Eigene und die Zurechnung fremder Rechtsverletzungen im Gewerblichen Rechtsschutz und Urheberrecht bei der Verwendung von Links im Internet, Mitt. 1999, S.401 ff.

Boes, Ulrich/Deutsch, Volker Die "Bekanntheit" nach dem neuen Markenrecht und ihre Ermittlung durch Meinungsumfragen, GRUR 1996, S.168 ff.

Braun, Thorsten Bedeuten Herstellung und Vertrieb von Doppel-Videorecordern eine Urheberrechtsverletzung? ZUM 1990, S.487 ff.

Bücking, Jens Internet-Domains - Neue Wege und Grenzen des bürgerlich-rechtlichen Namensschutzes, NJW 1997, S.1886 ff.

Burk, Dan L. Proprietary Rights in Hypertext Linkages, 1998 (2) JILT, unter http://elj.warwick.ac.uk/jilt/intprop/98_2burk/burk.htm, zuletzt besucht am 05.08.1999

Busse, Rudolf /Starck, Joachim Warenzeichengesetz, 6. Auflage, Berlin 1990, zitiert: Busse/Starck

Bußmann, Kurt Die Bedeutung des warenzeichenmäßigen Gebrauchs, GRUR 1971, S.392 ff.

Campbell, Kenneth J. Copyright on the Internet: The View from Shetland, [1997] 5 EIPR, S.255 ff.

Day, Stefan Kennzeichenrechtsverletzungen durch Meta-Tags, AJP/PJA 1998, S.1463 ff.

Deutsch, Volker Anspruchskonkurrenzen im Marken- und Kennzeichenrecht, WRP 2000, S. 854 ff.

Duffy, Shannon P. Ruling May Help Curb Cybersquatters, unter www.counsel.com/stories/A968-1999Apr28.html, zuletzt besucht am 26.02.2000

Elsing, Siegfried H./Van Alstine, Michael P. US-amerikanisches Handels- und Wirtschaftsrecht, Heidelberg 1999, zitiert Elsing

Ernst, Stefan Wirtschaftsrecht im Internet, BB 1997, S.1057 ff.

Ernst, Stefan Internet-Suchmaschinen und Wettbewerbsrecht, NJW-CoR 1997, S.493

Ernst-Moll, Jürgen Die berühmte und die bekannte Marke, GRUR 1993, S.8 ff.

Fabricius, Fritz Extensive Anwendung des § 12 BGB? JR 1972, S.15 ff.

Fezer, Karl-Heinz Markenrecht, 2. Auflage, München 1999, zitiert: Fezer

Fezer, Karl-Heinz Anm. zu BGH GRUR 1977, S.614 ff. "Gebäudefassade", GRUR 1977, S.616 ff.

Fezer, Karl-Heinz Rechtsverletzende Benutzung einer Marke als Handeln im geschäftlichen Verkehr, GRUR 1996, S.566 ff.

Fezer, Karl-Heinz Die Kennzeichenfunktion von Domainnamen, WRP 2000, S. 669 ff.

Freitag, Andreas Domaine Name: Technische Adresse oder geschütztes Unternehmenskennzeichen, MA 1996, S.495 ff.

Freytag, Stefan Haftung im Netz - Verantwortlichkeit für Urheber-, Marken- und Wettbewerbsverletzungen nach § 5 TDG und § 5 MDStV, München 1999

Gabel, Detlev Internet: Die Domain-Namen, NJW-CoR 1996, S.322 ff.

Gamm, Otto-Friedrich v. Zur Warenzeichenrechtsreform, WRP 1993, S.793 ff.

Gierke, Cornelia von Grenzen der wettbewerbsrechtlichen Störerhaftung, WRP 1997, S.892 ff.

Goeckel, Andreas Internet Domain-Namen: Hindernis auf der Datenautobahn? ArchPT 1997, S.125 ff.

Goodin, Dan NSI`s liability in trademark disputes reduced, unter http://news.snet.com/news/0-1005-...9.html?tag=st.ne.1005-200-346433

Götting, Horst-Peter Persönlichkeitsrechte als Vermögensrechte, Tübingen 1995

Grabrucker, Marianne Aus der Rechtsprechung des Bundespatentgerichts im Jahre 1998, Teil II: Markenrecht, GRUR 1999, S.605 ff.

Graefe, Thomas Marken und Internet, Markenartikel 1996, S.100 ff.

Haedicke, Maximilian Die Haftung für mittelbare Urheber- und Wettbewerbsrechtsverletzungen, GRUR 1999, S.397 ff.

Hahn, Harald/Wilmer, Thomas — Die Vergabe von Top-Level-Domains und ihre rechtlichen Konsequenzen, NJW-CoR 1997, S.485 ff.

Hefermehl, Wolfgang — Warenzeichenrecht, 12. Auflage, München 1985

Hesse, Hans Gerd — Die subjektiven Tatbestandsmerkmale der mittelbaren Patentverletzung, GRUR 1982, S.191 ff.

Heydt, Ludwig — Zum Begriff des "warenzeichenmäßigen Gebrauchs" im Sinne des § 16 WZG, Mitt. 1969, S. 319 ff.

Hoeren, Thomas — Cybermanners und Wettbewerbsrecht - Einige Überlegungen zum Lauterkeitsrecht im Internet, WRP 1997, S.993 ff.

Hoeren, Thomas — Internet und Recht - Neue Paradigmen des Informationsrechts, NJW 1998, S.2849 ff.

Hoeren, Thomas — Internationale Netze und das Wettbewerbsrecht in Becker, Jürgen (Hrsg.) Rechtsprobleme internationaler Datennetze, Baden-Baden 1996, zitiert: Hoeren in Becker

Hoeren, Thomas/Sieber, Ulrich — Handbuch Multimedia Recht - Rechtsfragen des elektronischen Geschäftsverkehrs, München 1999, zitiert: Hoeren/Sieber/Bearbeiter

Ingerl, Reinhard/ Rohnke, Christian — Die Umsetzung der Markenrechtsrichtlinie durch das deutsche Markengesetz, NJW 1994, S.1247 ff.

Ingerl, Reinhard/ Rohnke, Christian — Markengesetz, München 1998, zitiert: Ingerl/Rohnke

Innes, John/McMillan, Fraser — The Shetland Times Internet Case, Copyright World, Issue 76, December 1997/January 1998, S.26 ff.

Jaeger-Lenz, Andrea — Markenrecht im Internet, in Lehmann: Rechtsgeschäfte im Netz - Electronic Commerce, Stuttgart 1999, S.183 ff., zitiert: Jaeger-Lenz, Rechtsgeschäfte im Netz

Jaeger-Lenz, Andrea — Kennzeichenschutz gegen ähnliche Domainbezeichnungen, K&R 1998, S.9 ff.

Keller, Erhard — Die zeichenmäßige Benutzung im Markenrecht, GRUR 1996, S.607 ff.

Klaka, Rainer — Erschöpfung und Verwirkung im Licht des Markenrechtsreformgesetzes, GRUR 1994, S.321 ff.

Klaka, Rainer — Die mittelbare Patentverletzung in der deutschen Rechtspraxis, GRUR 1977, S.337 ff.

Klaka, Rainer — Erschöpfung und Verwirkung im Licht des Markenrechtsreformgesetzes, GRUR 1994, S.321 ff.

Kliems, Hubertus — Relativer Ähnlichkeitsbegriff bei Waren/Dienstleistungen im neuen Markenrecht, GRUR 1995, S.198 ff.

Kliems, Hubertus — Relativer Ähnlichkeitsbegriff bei Waren/Dienstleistungen im neuen Markenrecht, GRUR 1995, S.198 ff.

Klippel, Diethelm — Grundfragen des Schutzes gewerblicher Kennzeichen gegen Verwässerungsgefahr, GRUR 1986, S.697 ff.

Klippel, Diethelm	Der zivilrechtliche Schutz des Namens, Paderborn München Wien Zürich 1985
Kloos, Bernhard	Anmerkung zu LG München, CR 1997, S.540 "freundin.de", CR 1997, S.543 f.
Knaak, Roland	Das Recht der Gleichnamigen, Köln Berlin Bonn München 1979
Ko, Jonathan B.	Loyola of LA Entertainment Law Journal, Vol. 18 1998 No.2, S. 361 ff.
Koch, Frank A.	Neue Rechtsprobleme der Internet-Nutzung, NJW-CoR 1998, S.45 ff.
Köhler, Helmut	Die Beteiligung an fremden Wettbewerbsverstößen, WRP 1997, S.897 ff.
Köhler, Helmut/Piper, Henning	Gesetz gegen den unlauteren Wettbewerb, München 1995
König, Reimar	Mittelbare Patentverletzung, Mitt. 2000, S.10 ff.
Kotthoff, Jost	Fremde Kennzeichen in Metatags: Marken- und Wettbewerbsrecht, K&R 1999, S.157 ff.
Kraft, Alfons	Notwendigkeit und Chancen eines verstärkten Schutzes bekannter Marken im neuen WZG, GRUR 1991, S.339 ff.
Kraft, Alfons	Interessenabwägung und gute Sitten im Wettbewerb, München Berlin 1963

Krieger, Ulrich Das Recht zur Benutzung der Marke, Festschrift für Heinz Rowedder, München 1994, S.229 ff.

Krüger, Christof Zum gedanklichen Inverbindungbringen im Sinne der §§ 9 Abs.1 S.2, 14 Abs.2 S.2 MarkenG, GRUR 1995, S.527 ff.

Kuester, Jeffrey R./Nieves, Peter A. Hyperlinks, Frames and Meta-Tags: An intellectual Property Analysis, 38 IDEA: J.L. & Tech. 243 ff.

Kunz-Hallstein, Hans-Peter Perspektiven der Angleichung des nationalen Markenrechts in der EWG, GRUR Int. 1992, S.81 ff.

Kunz-Hallstein, Hans-Peter Europäisierung und Modernisierung des deutschen Warenzeichenrechts, GRUR Int. 1990, S.747 ff.

Kunz-Hallstein, Hans-Peter Ähnlichkeit und Verwechslungsgefahr - Überlegungen zur Auslegung des neuen Markengesetzes, GRUR 1996, S.6 ff.

Kur, Annette TRIPS und das Markenrecht, GRUR Int. 1994, S.987 ff.

Kur, Annette Die notorisch bekannte Marke im Sinne von 6bis PVÜ und die "bekannte Marke im Sinne der Markenrechtsrichtlinie, GRUR 1994, S.330 ff.

Kur, Annette Die Harmonisierung der europäischen Markengesetze - Resultate - offene Fragen - Harmonisierungslücken, GRUR 1997, S.241 ff.

Kur, Annette Neue Perspektiven für die Lösung von Domainnamen-Konflikten: Der WIPO-Interim-Report, GRUR Int. 1999, S.212 ff.

Kur, Annette	Der Bericht des International Ad Hoc Committee, CR 1997, S.325 ff.
Kur, Annette	Kennzeichenkonflikte im Internet - "Kinderkrankheiten" oder ernstzunehmendes Problem? in Festgabe für Friedrich-Karl Beier, Köln - Berlin - Bonn - München 1996, S.265 ff.
Kur, Annette	The Domain Name Versus Trade Mark Dilemma, unter: www.intellecprop.mpg.de/Online-Publikationen/Kur-DomainNamevsTrademarkDilen.html, zuletzt besucht am 14.10.1998
Kur, Annette	Internet Domain Names, CR 1996, S.325 ff.
Kur, Annette	Namens- und Kennzeichenschutz im Cyberspace, CR 1996, S.590 ff.
Kur, Annette	Identical Marks Belonging to Different Owners in Different Countries, 3 J.W.I.P. 2, S.307 ff.
Kur, Annette/Bettinger, Torsten	Internet Domain Namen, Marken und Handelsnamen, Bericht Q 143 für die Deutsche Landesgruppe, AIPPI Yearbook 1998/VI
Lackum, Jens v.	Verantwortlichkeit der Betreiber von Suchmaschinen, MMR 1999, S.697 ff.
Lackum, Jens von	Verantwortlichkeit der Betreiber von Suchmaschinen, MMR 1999, S.697 ff.
Larenz, Karl/Canaris, Claus-Wilhelm	Lehrbuch des Schuldrechts, Zweiter Band, Besonderer Teil, 2. Halbband, 13. Auflage, München 1994, zitiert: Larenz/Canaris

Lehmann, Michael Unvereinbarkeit des § 5 Teledienstegesetz mit Völkerrecht und Europarecht, CR 1998, S.232 ff.

Leistner, Matthias/Bettinger, Torsten Creating Cyberspace - Immaterialgüterrechtlicher und wettbewerbsrechtlicher Schutz des Web-Designers, Beilage CR 12/1999.

Lindacher, Walter F. Unterlassungs- und Beseitigungsanspruch, GRUR 1985, S.423 ff.

Linstow, Bernhard v. Die Verwendung fremder Zeichen zur Bezeichnung fremder Ware, WRP 2000, S. 955 ff.

Löwenheim, Ulrich/Koch,Frank A (Hrsg.). Praxis des Online-Rechts, Weinheim 1999, zitiert: Löwenheim/Koch/Kur

Mankowski, Peter Besondere Formen von Wettbewerbsverstößen im Internet und Internationales Wettbewerbsrecht, GRUR Int. 1999, S.995 ff.

Marwitz, Petra Haftung für Hyperlinks, K&R 1998, S.370 ff.

Marwitz, Petra Domainrecht schlägt Kennzeichenrecht? WRP 2001, S. 9 ff.

Medicus, Dieter Bürgerliches Recht, 18. Auflage, Köln Berlin Bonn München 1999

Meister, Herbert Die Verteidigung von Marken. Eine Skizze zum neuen Recht, WRP 1995, S.366 ff.

Menke, Burkhart Die Verwendung fremder Kennzeichen in Meta-Tags: Ein Fall für das Kennzeichen- und/oder das Wettbewerbsrecht?, WRP 1999, S.982 ff.

Merrill, Charles/Burger, Robert J. Keeping the Chain Unbroken, The Recorder 1996, unter www.ipmag.com/merrill.html, zuletzt besucht am 07.04.2000

Mes, Peter Die mittelbare Patentverletzung, GRUR 1998, S.281 ff.

Meyer, Andreas Das deutsche und französische Markenrecht nach der Umsetzung der Ersten Markenrichtlinie, GRUR Int. 1996, S.592 ff.

Meyer, Stuart P./Kort, Diane L. Developments in United States Patent and Trademark Law: 1997 - 1999, Mitt. 2000, S. 479 ff.

Mühlendahl, Alexander v. Deutsches Markenrecht, München 1995, zitiert: Mühlendahl

Nägele, Thomas Die rechtsverletzende Benutzung im Markenrecht, Baden-Baden 1999

Nägele, Thomas Die Benutzung fremder Marken im Rahmen von Werbevergleichen, MarkenR 1999, S. 177 ff.

Nipperdey, Hans Carl Anm. zu OLG Koblenz, DRZ 1948, S.175, S.177

Nordemann, Axel Internet-Domains und zeichenrechtliche Kollisionen, NJW 1997, S.1891 ff.

Nordemann, Axel/Goddar, Heinz/Tönhardt, Marion/Czychowski, Christian Gewerblicher Rechtsschutz und Urheberrecht im Internet, CR 1996, S.645 ff.

Nordemann, Jan Bernd/Czychowski Das Internet, die Nameserver und das Kartellrecht, NJW 1997, S.1897 ff.

Nordemann, Jan Bernd/Czychowski, Christian/Grüter, Winfried Das Internet, die NameServer und das Kartellrecht, NJW 1997, S.1897 ff.

Nordemann, Wilhelm/Nordemann, Axel/Nordemann, Jan Bernd Wettbewerbs- und Markenrecht, 8. Auflage, Baden-Baden 1995, zitiert Nordemann u.a.

Ohly, Ansgar/Spence Michael Vergleichende Werbung: Die Auslegung der Richtlinie 97/55/EG in Deutschland und Großbritannien, GRUR Int. 1999, S.681 ff.

Omsels, Hermann-Josef Die Kennzeichenrechte im Internet, GRUR 1997, S.328 ff.

Oppedahl, Carl Recent trademark cases examine reverse domain name hijacking, unter www.patents.com/pubs/comment.htm, zuletzt besucht am 25.02.2000

Palandt Kommentar zum BGB, 60. Auflage, München 2001, zitiert: Palandt/Bearbeiter

Pastor, Wilhelm L./Ahrens, Hans-Jürgen Der Wettbewerbsprozeß, 4. Auflage Köln Berlin Bonn München 1999, zitiert: Pastor/Bearbeiter

Picker, Eduard Der negatorische Beseitigungsanspruch, Bonn 1972

Piper, Henning Der Schutz der bekannten Marken, GRUR 1996, S.429 ff.

Plaß, Gunda Hyperlinks im Spannungsfeld von Urheber-, Wettbewerbs- und Haftungsrecht, WRP 2000, S. 599 ff.

Plaß, Gunda Neue Grundsätze für das Recht der Gleichnamigen, WRP 2000, S. 40 ff.

Reebmann, Kurt/Säcker, Franz Jürgen/ Rixecker, Roland (Hrsg.) Münchener Kommentar zum Bürgerlichen Gesetzbuch, 3. Auflage, München 1993 ff., zitiert: MüKo/Bearbeiter

Reinhart, Andreas Kollisionen zwischen eingetragenen Marken und Domain-Namen, WRP 2001, S. 13 ff.

Renck, Andreas Kennzeichenrechte versus Domain-Names - Eine Analyse der Rechtsprechung, NJW 1999, S.3587 ff.

Rohnke, Christian Anmerkung zu BGH GRUR 1991, S.465 "Salomon", GRUR 1991, S.467 f.

Rößler, Bernd Die Ausnutzung der Wertschätzung bekannter Marken im neuen Markenrecht, GRUR 1994, S.559 ff.

Sack, Rolf Sonderschutz bekannter Marken, GRUR 1995, S.81 ff.

Sack, Rolf Der wettbewerbsrechtliche Schutz gegen den Gebrauch des Namens verstorbener Persönlichkeiten zu Wettbewerbszwecken, WRP 1982, S.615 ff.

Sack, Rolf "Doppelidentität" und "gedankliches Inverbindungbringen" im neuen deutschen und europäischen Markenrecht, GRUR 1996, S.663 ff.

Samson, Yann Domain Grabbing. Ein Vergleich der Rechtslagen in den USA und Deutschland, München 1998

Samson, Yann Domain-Grabbing in den U.S.A.: Ist die Einführung des "Trademark Cyberpiracy Prevention Act" notwendig?, GRUR Int. 2000, S. 137 ff.

Sauberschwarz, Werner Die Auswirkungen der Umfrage-Gutachten auf das Wettbewerbs- und Warenzeichenrecht, WRP 1970, S. 46 ff.

Schmieder, Hans-Heinrich Neues deutsches Markenrecht nach europäischem Standard, NJW 1994, S.1241 ff.

Schricker, Gerhard Urheberrecht, 2.Auflage, München 1999, zitiert: Schricker

Schulte, Rainer Patentgesetz, 5. Auflage, Köln Berlin Bonn München 1994

Schultz, Detlef von Zu den Privilegierungstatbeständen des § 23 MarkenG, GRUR 1997, S.408 ff.

Schünemann, Wolfgang B. Die wettbewerbsrechtliche "Störer"-Haftung, WRP 1998, S.120 ff.

Schwarz, Mathias (Hrsg.) Recht im Internet, Loseblatt-Slg. Stand Dezember 2000

Shaw, Robert Internet Domain Names: Whose Domain is this?, unter www.itu.int/intreg/dns.html, zuletzt besucht am 18.12.1998

Soergel, Hans Theodor Kommentar zum BGB, Band 1: Allgemeiner Teil §§ 1 - 103, 13. Auflage, Stuttgart 2000, zitiert: Soergel/Bearbeiter

Soergel, Hans Theodor Kommentar zum BGB, Band 6: Sachenrecht §§ 854 - 1296, WEG, ErbbauVO, SchiffsG, 12. Auflage, Stuttgart 1990, zitiert: Soergel/Bearbeiter

Sosnitza, Olaf Gattungsbegriffe als Domain-Namen im Internet, K&R 2000, S. 209 ff.

Stangret, Lesia A. The Legalities of linking on the World Wide Web, Communications Law, Vol.2, No.6, 1997, S.202 ff.

Starck, Joachim Markenmäßiger Gebrauch - Besondere Voraussetzung für die Annahme einer Markenverletzung?, GRUR1996, S.688 ff.

Starck, Joachim Zur mittelbaren Verletzung von Kennzeichenrechten, in Festschrift für Henning Piper zum 65. Geburtstag, München 1996, S.627 ff.

Starck, Joachim Markenrechtliche Verwechslungsgefahr - Ausgewählte Fragen aus der Rechtsprechung zum harmonisierten Begriff, MarkenR 2000, S. 233 ff.

Staudinger, Julius von Kommentar zum Bürgerlichen Gesetzbuch mit Einführungsgesetz und Nebengesetzen, Zweites Buch Recht der Schuldverhältnisse §§ 823 - 825, 13. Auflage, Berlin 1999, zitiert: Staudinger/Bearbeiter

Strömer, Tobias H. Online-Recht, Heidelberg 1997

Teplitzky, Otto Verwechslungsgefahr und Warenähnlichkeit im neuen Markenrecht, GRUR 1996, S.1 ff.

Teplitzky, Otto Das Verhältnis des objektiven Beseitigungsanspruchs zum Unterlassungsanspruch im Wettbewerbsrecht, WRP 1984, S.365 ff.

Teplitzky, Otto Wettbewerbsrechtliche Ansprüche, 7. Auflage, Köln 1997

Thomas, Heinz/Putzo, Hans Zivilprozeßordnung, 22. Auflage, München 1999

Tilmann, Winfried Das neue Markenrecht und die Herkunftsfunktion, ZHR 158 (1994), S.371 ff.

Tilmann, Winfried Grundlage und Reichweite des Handelsnamensrechts, GRUR 1981, S.621 ff.

Tilmann, Winfred Zeichenbenutzung und Zeichenverletzung, GRUR 1968, S. 619 ff.

Ubber, Thomas Rechtsschutz bei Mißbrauch von Internet-Domains, WRP 1997, S.497 ff.

Varadinek, Brigitta Trefferlisten von Suchmaschinen im Internet als Werbeplatz für Wettbewerber, GRUR 2000, S. 279 ff.

Vergani, Giorgio Nicolo Electronic Commerce and Trade Marks in the United States, E.I.P.R. 1999, S.450

Viefhues, Martin Internet und Kennzeichenrecht: Meta-Tags, MMR 1999, S.336 ff.

Viefhues, Martin Internet und Kennzeichenrecht: Meta-Tags, MMR 1999, S.336 ff.

Völker, Stefan/ Weidert, Stefan Domain-Namen im Internet, WRP 1997, S.652 ff.

Wagner, Gerhard Zeichenkollisionen im Internet, ZHR 162 (1998), S.701 ff.

Wegner, Ralf Der rechtliche Schutz von Internetdomains, CR 1999, S.250 ff.

Wiebe, Andreas "Deep Links" - Neue Kommunikationsformen im Wettbewerb aus lauterkeitsrechtlicher Sicht, WRP 1999, S.734 ff.

Wiegand, Michael Die Passivlegitimation bei wettbewerbsrechtlichen Abwehransprüchen, Heidelberg 1996

Wilmer, Thomas Offene Fragen der rechtlichen Einordnung von Internetdomains, CR 1997, S.562 ff.

Zumbusch, Ludwig v. Durchsetzung von Rechten des geistigen Eigentums - Verletzung und Haftung bei Marken (TRIPS und das deutsche Recht), GRUR Int. 1997, S.134 ff.

Abkürzungsverzeichnis

a.A.	anderer Ansicht
ABl.	Arbeitsblätter der EG
AGB	Allgemeine Geschäftsbedingungen
AIPPI	Association Internationale pour la Protection de la Propriete Industrielle (International Association for the Protection of Industrial Property)
AJP/PJA	Aktuelle Juristische Praxis (Schweiz)
Anm.	Anmerkung
ArchPT	Archiv für Post- und Telekommunikationswesen
BB	Betriebsberater
Begr. RegEntw	Begründung zum Regierungsentwurf
BGB	Bürgerliches Gesetzbuch
BGBl.	Bundesgesetzblatt
BGHZ	Amtliche Sammlung der Entscheidungen des Bundesgerichtshofs
BT-Drucks.	Bundestagsdrucksache
CR	Computer und Recht
d.h.	das heißt
E-Commerce	Electronic Commerce
Einl.	Einleitung
EIPR	European Intellectual Property Review
EuGH	Gerichtshof der Europäischen Gemeinschaft
EuZW	Europäische Zeitschrift für Wirtschaftsrecht
f.	folgende
ff.	fortfolgende
FN	Fußnote

FS	Festschrift
F.Supp.	Federal Supplement
GRUR	Gewerblicher Rechtsschutz und Urheberrecht, Nationaler Teil
GRUR Int.	Gewerblicher Rechtsschutz und Urheberrecht, Internationaler Teil
HTML	Hypertext Markup Language
i.V.m.	in Verbindung mit
IP	Internet Protocoll
IuKDG	Informations- und Kommunikationsdienstegesetz
J.W.I.P.	Journal of World Intellectual Property
JILT	The Journal of Information, Law and Technology
J.L. & Tech.	The Journal of Law and Technology
JZ	Juristenzeitung
K&R	Kommunikation und Recht
Kap.	Kapitel
m.w.N.	mit weiteren Nachweisen
MarkenG	Markengesetz
MDStV	Mediendienstestaatsvertrag
Mitt.	Mitteilungen des Verbandes deutscher Patentanwälte
MMR	Multimedia und Recht
NJW	Neue Juristische Wochenschrift
NJW-CoR	NJW-Computerreport
PVÜ	Pariser Verbandsübereinkunft
RGZ	Entscheidungen des Reichsgerichts in Zivilsachen
RN	Randnummer
S.	Seite

s.o.	siehe oben
TDG	Teledienstegesetz
TRIPS	Trade Related Aspects of Intellectual Property Rights
UrhG	Urheberrechtsgesetz
URL	Uniform Ressource Locator
UWG	Gesetz gegen den unlauteren Wettbewerb
Vgl.	vergleiche
Vol.	Volume
WIPO	World Intellectual Property Organization
WRP	Wettbewerb in Recht und Praxis
WWW	World Wide Web
WZG	Warenzeichengesetz
z.B.	zum Beispiel
Ziff.	Ziffer
ZHR	Zeitschrift für das gesamte Handels- und Wirtschafts-recht
ZUM	Zeitschrift für Urheber- und Medienrecht
USPQ	United States Patent Quarterly

Zum Kennzeichenrecht im Internet

Eine Untersuchung der Verletzungsansprüche des Kennzeicheninhabers unter Berücksichtigung deutscher und amerikanischer Spruchpraxis

Einleitung

1. Fragestellung

Das Internet als Medium prägt nicht nur die Strukturen des Alltags im privaten Bereich, sondern insbesondere das kommerzielle Handeln. Allein in Deutschland sind inzwischen über 18 Millionen Nutzer an das Internet angeschlossen, über 9 Millionen Nutzer haben von der Möglichkeit des sog. "E-commerce" Gebrauch gemacht, d.h. Waren oder Dienstleistungen über das Internet bezogen.[1] Das wirtschaftliche Potential nutzen mittlerweile nicht nur Großunternehmen, sondern auch kleinere und mittlere Unternehmen, die auf diese Weise erleichterten Zugang zu regional noch nicht erschlossenen Märkten finden. Derzeit sind allein bei der DENIC e.G. fast 4 Millionen Domains registriert.[2] Das Internet stellt auch in juristischer Hinsicht eine Herausforderung dar, da es zu prüfen gilt, ob das nationale und internationale Recht Vorgaben und Sicherheiten für rechtsbefriedigende Problemlösungen gibt.[3] Die zunächst von den Begründern des Mediums favorisierte Vision eines rechtsfreien Raumes hat sich nicht erfüllt, wie die Fülle an Gerichtsentscheidungen zu Sachverhalten, die einen Bezug zum Internet aufweisen, zeigt. Bezeichnungen wie "Cyberlaw", "Online-Recht", "Internet-Recht" erwecken den

---

1 *Marwitz*, WRP 2001, S. 9.

2 Siehe unter www.denic.de/DENICdb/stats/index.html, Stand Februar 2001. Weltweit sind etwa 36 Millionen Domains registriert, davon ca. 22 Millionen unter der Top Level Domain "com" (Stand Februar 2001), siehe unter www.netnames.com.

3 *Fezer*, WRP 2000, S. 669.

Eindruck, als habe sich eine eigene Rechtsordnung herausgebildet, die sich von dem traditionellen Recht abhebt.

Eine Analyse zeigt jedoch, daß nur in einigen Teilbereichen gesetzgeberische Neuregelungen erforderlich waren. Auf bundesdeutscher Ebene wurde etwa im Sommer 1997 das Informations- und Kommunikationsdienstegesetz (IuKDG)[4] verabschiedet, das im Rahmen des Untersuchungsgegenstandes eine allenfalls untergeordnete Rolle spielen wird, da vornehmlicher Regelungsgegenstand Fragen des Datenschutzes, der digitalen Signatur und der Verantwortlichkeit von Telediensteanbietern sind. In Europa sind bereits die Fernabsatzrichtlinie[5] sowie die Richtlinie "über bestimmte rechtliche Aspekte des elektronischen Geschäftsverkehrs"[6] verabschiedet worden, die Neuartiges im Hinblick auf den sogenannten E-Commerce mit sich bringen. Hinsichtlich des Schutzes geistigen Eigentumes ist bislang lediglich ein Richtlinienvorschlag zur Harmonisierung des Urheberrechts verabschiedet worden.[7] Schließlich ist in den U.S.A. der sog. "Intellectual Property and Communications Omnibus Act" erlassen worden, der den Rechtsschutz gegen böswillige Domain-Eintragungen verschärft.[8]

---

4 BGBl. I 1997, S. 1870. Das Teledienstegesetz (TDG) ist Teil des IuKDG.

5 ABl. EG Nr. L 144 v. 04.06.1997, S. 19 ff.

6 GRUR Int. 1999, S. 142; *Waldenberger*, EuZW 1999, S. 296 weist auf weitere europäische Richtlinien in diesem Zusammenhang hin.

7 Vorschlag für eine Richtlinie zur Harmonisierung bestimmter Aspekte des Urheberrechts und der verwandten Schutzrechte in der Informationsgesellschaft, KOM (97) 628 endg., ABl. EG Nr. C 108 S. 7; geänderter Vorschlag KOM (99) 250 endg., ABl. EG Nr. C 180, S. 6.

8 Das Gesetz trug zunächst die Bezeichnung "Trademark Cyberpiracy Prevention Act", wurde dann im Laufe des Gesetzgebungsverfahrens umbenannt in "Anticybersuatting Consumer Protection Act" und trat dann als Teil III des "Intellectual Property and Communications Omnibus Reform Act 1999" in Kraft (Public Law No. 106-113). Von besonderer Bedeutung ist hierbei die Möglichkeit einer "actio in rem", die noch von dem U.S. District Court for the Eastern District of Virginia in dem Verfahren Porsche Cars North America v. Porsche com et al. (Electronic Commerce & Law Report, Vol. 4, No. 24, Page 528) abgelehnt worden war. Damit soll demjenigen Rechtsschutz gewährt werden, dem es trotz sorgfältiger Bemühungen nicht gelingt, die Identität des eingetragenen Domain-Inhabers zu ermitteln. Die Klage kann dort erhoben werden, wo die rechtsverletzende Domain registriert wurde. Siehe dazu

Überwiegend ist es jedoch eine Frage der Anwendung des herkömmlichen Rechts auf (technisch) unbekannte Sachverhalte. Die Herausforderung besteht somit nicht darin, besondere Rechtssätze zu entwickeln, sondern Vorhandenes unter Berücksichtigung technischer und ökonomischer Besonderheiten anzuwenden. Dies gilt insbesondere für das Markenrecht. Für einen Erfolg im E-Commerce ist der Aufbau von Marken und Unternehmenskennzeichen und deren Erhalt ebenso entscheidend wie außerhalb des Internet, da sich der Verbraucher auch hier bei Kaufentscheidungen auf ihm bekannte Bezeichnungen stützt.[9] Insbesondere Domains verkörpern einen beträchtlichen wirtschaftlichen Wert. Die Domain "bingo.com" wurde für 1,1 Millionen US-Dollar veräußert.[10]

Maßgeblich sind für kennzeichenrechtliche Konflikte in der Bundesrepublik das Markengesetz sowie ergänzend der Namensschutz des § 12 BGB und der deliktsrechtliche Schutz nach §§ 823, 826 BGB. Die Betrachtungen richten sich dabei auf „geschäftliche Kennzeichen", d.h. Marken und Unternehmenskennzeichen. Rein namensrechtliche Sachverhalte nach § 12 BGB werden nicht untersucht. Den Untersuchungsgegenstand bildet die Frage, wie die vorhandenen gesetzlichen Instrumentarien auf kennzeichenrechtliche Sachverhalte im Internet anzuwenden sind. Da die U.S.A. sowohl im Hinblick auf die technische Entwicklung des Internet als auch seine wirtschaftliche Bedeutung eine Vorreiter-Rolle übernommen haben, sind auch für die Anwendung nationalen Rechts die dortigen Rechtsentwicklungen zu betrachten.

Ein weitgehend ungelöstes Problem stellt die aus der Globalität des Mediums folgende Frage nach der internationalen Tatortzuständigkeit und dem Kollisionsrecht dar. Da diese jedoch nicht für das Kennzeichenrecht allein zu beantworten sind und zudem gänzlich andere Rechtsfragen aufgeworfen werden, soll hier nur auf die zutreffenden Ergebnisse

---

rechtsverletzende Domain registriert wurde. Siehe dazu insgesamt *Samson*, GRUR Int. 2000, S. 137 ff.; *Meyer/Kort*, Mitt. 2000, S. 479, 493.

9 FAZ vom 03.02.1999 "Elektronischer Handel braucht Markenzeichen".

10 *Marwitz*, WRP 2001, S. 9.

von *Bettinger/Thum* hingewiesen werden.[11] Von dem Untersuchungsgegenstand sind ferner Vorschriften des UWG ausgenommen. Sofern diese gerade bei fehlender kennzeichenmäßiger Nutzung von Relevanz sind, kann allenfalls am Rande darauf eingegangen werden.

2. Gang der Darstellung

Im I. Teil werden diejenigen Sachverhalte dargestellt, die zu kennzeichenrechtlichen Konflikten im Internet führen können. Es sind dies zum einen die Domains, zum anderen Hyperlinks, Frames und Meta-Tags. Teil II der Arbeit gibt sodann einen allgemeinen Überblick über mögliche Verletzungsansprüche des Kennzeicheninhabers nach dem Markengesetz, § 12 BGB und §§ 823 BGB. Es werden zunächst offenen Fragen des Markengesetzes im Zusammenhang mit der europäischen Harmonisierung des Markenrechts durch die Erste Richtlinie 89/104/EWG[12] des Rates vom 21. Dezember 1988 zur Angleichung der Rechtsvorschriften der Mitgliedstaaten über die Marken untersucht, soweit eine solche Untersuchung von Relevanz für die Arbeit ist. Insbesondere sind dies Fragen der markenmäßigen Nutzung, der Verwechslungsgefahr und des Bekanntheitsschutzes. Danach wird geprüft, ob und unter welchen Voraussetzungen ein ergänzender Schutz nach §§ 12, 823 BGB in Betracht kommt, wenn ein Schutz nach dem Markengesetz versagt.

Teil III der Arbeit wendet sich den Ansprüchen des Kennzeicheninhabers gegen die Registrierung einer Domain zu. Zu den zahlreichen Konflikten kommt es insbesondere deswegen, weil das Domain Name System einen eindimensionalen Namensraum schafft, der zu einer bislang unbekannten Enge bei den zur Verfügung stehenden Bezeichnungen führt. Das Markenrecht erlaubt zumindest ein Nebeneinander von gleichen Bezeichnungen für unähnliche Waren oder Dienstleistungen, sofern

---

11 GRUR Int. 1999, S. 659 ff. Siehe auch LG Hamburg MMR 1999, S. 612 "animalplanet.com"; *Kur*, 3 J.W.I.P. 2, S. 307 ff. mit Verweis auf die Bemühungen der WIPO, Study on Use of Trademarks on the Internet, Issues Paper SCT/3/4, abrufbar auf der Website der WIPO unter www.wipo.int.

12 ABl. EG L 40 v. 11.02.1989; siehe auch Bl. F. PMZ 1989, S. 189, 350.

nicht der Bekanntheitsschutz des § 14 Abs. 2 Nr. 3 MarkenG eingreift. Da weltweit eine Domain nur einmal vergeben werden kann, sind im Internet identische Bezeichnungen auch für unähnliche Waren und Dienstleistungen nicht möglich.[13]

Insbesondere die World Intellectual Property Organization (WIPO) bemüht sich im Rahmen internationaler Beratungen seit 1998 darum, Konflikte im Domain Name System zu reduzieren, in dem bereits das Registrierungsverfahren Möglichkeiten für eine Abhilfe bietet. Die Ausführungen zum Domain Name System können sich daher nicht auf die Betrachtung der rechtlichen Seite beschränken. Im 1. Kapitel wird geprüft, ob die Ergebnisse der Beratungsprozesse, die z.T. Eingang in das Registrierungsverfahren gefunden haben, zu zufriedenstellenden Lösungen führen. In dem Maße, in dem Konflikte auf selbstregulatorische Weise gelöst werden können, sind repressive staatliche Mittel aus ihrer Rolle weitestgehend verdrängt, soweit die Parteien dazu verpflichtet werden, sich dieser Mechanismen zu bedienen.

Im 2. Kapitel werden sodann die Ansprüche des Kennzeicheninhabers gegen den Domain-Inhaber untersucht. Da das Markengesetz nur gegen ein Handeln im geschäftlichen Verkehr schützt, scheiden Ansprüche gegen Privatpersonen oder die Öffentliche Hand in aller Regel aus. Hier ist zu untersuchen, unter welchen Voraussetzungen auch bei diesen Rechtssubjekten ein geschäftliches Handeln vorliegt. Im Anschluß ist unter Anwendung der Ergebnisse des I. Teils zu prüfen, wann die Nutzung einer Domain eine kennzeichenmäßige Nutzung darstellt. Da die Domain

---

13 Diesem Umstand versucht man durch die Schaffung zusätzlicher Top Level Domains zu begegnen. Die zentrale Verwaltungsstelle für die Registrierung von Domains, die ICANN, hat am 16. November 2001 die Einführung neuer Top Level Domains beschlossen ("biz" für Unternehmen, "pro" für Anwälte, Steuerberater und Ärzte, "name" für Namen von Privatpersonen, "info" zur allgemeinen Verwendung, "museum" für Museen, "aero" für Fluggesellschaften und "coop" für genossenschaftliche Unternehmen und Organisationen; eine Registrierung ist voraussichtlich ab April 2001 möglich). Zwar erweitert dies den Namensraum im Internet in einigen Bereichen, doch bleibt abzuwarten, ob sich die neuen Top Level Domains auch tatsächlich durchsetzen. Jedenfalls für die Top Level Domain "de" bleibt es bei einer Eindimensionalität.

(auch) die Funktion einer technischen Adresse erfüllt, ist dies in Rechtsprechung und Literatur intensiv diskutiert worden. Sofern die Domain nicht für identische Waren oder Dienstleistungen benutzt wird, stellt sich weiter die Frage, unter welchen Voraussetzungen eine Verwechslungsgefahr nach dem Markengesetz anzunehmen ist. Gerade wegen der oben erwähnten Eindimensionalität des Namensraumes sind hier verschiedene, von der herkömmlichen Konzeption abweichende Lösungsansätze diskutiert worden, die zu prüfen sind.

Privilegiert, da von einer Verwechslungsgefahr nicht abhängig, ist die bekannte Marke. Auch für den Schutz der bekannten Marke stellt das Markengesetz jedoch besondere Anforderungen auf, denen nachgegangen werden soll. Anschließend wird geprüft, ob ein ergänzender Schutz nach §§ 12, 823 ff. BGB in Betracht kommt. Wie bereits erwähnt, erlaubt sowohl das Markenrecht, als auch § 12 BGB in vielen Fällen ein Nebeneinander von gleichen Bezeichnungen, das aufgrund der Eindimensionalität des Domain Name System ausgeschlossen ist. Soweit der Domain-Inhaber mithin ein eigenes Recht an der Nutzung einer Domain geltend machen kann, ist zu erörtern, wie ein Ausgleich der beiderseitigen Interessen bewerkstelligt werden kann. Dieser Frage widmet sich der Abschnitt über das Recht der Gleichnamigen.

Eine weitere Frage ergibt sich im Hinblick auf den Umfang des Anspruches, insbesondere, ob der Kennzeicheninhaber nur eine Löschung der Domain verlangen kann oder eine für ihn vorteilhaftere Übertragung der Domain auf sich.

Vielfach besteht die Schwierigkeit jedoch nicht darin, ob ein Anspruch des Kennzeicheninhabers besteht, sondern darin, den richtigen Anspruchsgegner zu identifizieren. Eine Lösung böte ein Vorgehen gegen die Vergabestelle, die die Domain registriert. Dem wird in Kapitel 3 nachgegangen.

Im IV. Teil der Arbeit werden sodann besondere technische Mittel, namentlich Hyperlinks, Frames und Meta-Tags im Hinblick auf kennzeichenrechtliche Implikationen untersucht. Im Zentrum der Betrachtungen steht dabei, wann ein Kennzeichen im Zusammenhang mit diesen besonderen technischen Formen kennzeichenmäßig benutzt wird. Auch hier sind die Ergebnisse des I.Teils zugrunde zu legen.

I. Teil: Die Verwendung von Kennzeichen im Internet

Kennzeichenrechtliche Probleme können sich sowohl aus der Nutzung einer Domain ergeben, als auch aus den technischen Möglichkeiten, die das World Wide Web bei der Gestaltung einer Website bietet, wie etwa Hyperlinks, Frames und Meta-Tags.

1. Kapitel: Die Verwendung von Kennzeichen als Domain

Das Domain Name System (DNS) dient in erster Linie dazu, dem Nutzer des Internet dessen Handhabe so einfach wie möglich zu gestalten. Um eine Verbindung zwischen zwei angeschlossenen Computern herstellen zu können, muß von dem anrufenden Computer eine eindeutige Zieladresse angegeben werden. Jeder angeschlossene Rechner wird dabei zunächst über die sogenannte Internet-Protocoll Adresse (IP-Adresse) identifiziert, bei der es sich um eine in binärer Form ausgedrückte Ziffernfolge entsprechend des TCP/Internet-Protocolls handelt. Um Handhabe und Einprägsamkeit dieser Kennungen zu erhöhen, wurde die Möglichkeit geschaffen, diese Nummernfolge durch eine grundsätzlich frei wählbare Buchstabenfolge zu ersetzen. Es verwundert nicht, daß in überwiegender Anzahl insbesondere kommerzielle Anbieter ohnehin bestehende Marken, Unternehmensbezeichnungen, Firmennamen oder sonstige Unternehmenskennzeichen einsetzen, um eine Verbindung zwischen der Domain und der Website zu schaffen.

Am Anfang der Domain steht das Kürzel http://www. Dieser für alle Domains gleichbleibende Bestandteil bezeichnet lediglich die Zugriffsart (Hypertext Transfer Protocol). Der Rechner erkennt, daß es sich um eine Datei im Hypertextformat, also eine Datei des World Wide Web handelt.[14] Im übrigen folgt das Domain Name System einem hierarchischen Aufbau, d.h. die Domain besteht aus mehreren Elementen, die ihrerseits durch Punkte voneinander getrennt sind. Von rechts nach links gelesen

---

14 *Bettinger*, GRUR Int. 1997, S. 402, 404, insbes. FN 13 und 14.

beginnt die Adresse mit der Top Level Domain (TLD), die eine grobe Gruppenzuweisung des Internetnutzers zu einem weltweit einheitlichen Gruppensystem darstellt. Hier unterscheidet man weiter zwischen den sogenannten thematischen Domains (gTLD = generic Top Level Domain) und den geographischen Domains (ccTLD = country code Top Level Domain).

Derzeit existieren neun thematische Top Level Domains,[15] von denen drei als sogenannte „offene“ Domains bezeichnet werden, womit lediglich der Umstand beschrieben wird, daß keine persönlichen oder sachlichen Voraussetzungen für eine Registrierung bestehen. Es handelt sich dabei um die Domains „.com“ (für „commercial“), „.net“ (für „network“) und „.org“ (für „organization“). Um eine Registrierung in den anderen vier thematischen Domains zu erreichen, sind besondere Voraussetzungen zu erfüllen.[16]

Die geographischen Domains beruhen auf den Regeln der "International Organization for Standardization" (ISO), etwa „de“ für Deutschland, „uk“ für das Vereinigte Königreich, „au“ für Australien etc. Derzeit bestehen 243 dieser geographischen Domains[17], die nur zum Teil einer Beschränkung dergestalt unterliegen, daß der Domain-Inhaber seinen Wohnsitz bzw. Gerichtsstand in dem betreffenden Staat haben muß.[18]

---

15 Am 16. November 2000 beschloß ICANN (die übergeordnete Stelle für die Verwaltung der Registrierung der TLD's "com", "net" und "org") die Einführung folgender TLD'S: "biz" für Unternehmen, "pro" für Anwälte, Steuerberater und Ärzte, "name" für Namen von Privatpersonen, "info" zur allgemeinen Verwendung, "museum" für Museen, "aero" für Fluggesellschaften und "coop" für genossenschaftliche Unternehmen und Organisationen. Eine Registrierung unter diesen TLD's wird frühestens ab April 2001 erwartet, siehe unter www.denic.de/doc/gtld/index.html, zuletzt besucht am 10.01.2001.

16 „.int“ für internationale Organisationen, „.edu“ für Universitäten und sonstige Einrichtungen, die Vereinigten Staaten und „.mil“ für militärische Einrichtungen der Vereinigten Staaten; ferner "arpa", "gov" für die Regierung der Vereinigten Staaten, "nato" für Einrichtungen der Nato.

17 WIPO Final Report v. 30.04.1999 (unter http://www.wipo.int/process/eng/final/FinalReport_1.html, zuletzt besucht am 10.01.2001), Chapter 1, Ziff. 7.

18 So auch die Vergaberichtlinien der DENIC e.G.,

Gerade weil die überwiegende Anzahl der kommerziellen Anbieter die Wahl ihrer Domain bewußt dem Auftritt des Unternehmens nach außen hin anpaßt in dem Sinne, daß Marken oder sonstige Unternehmenskennzeichen gewählt werden, sind zeichenrechtliche Konflikte unvermeidbar.

2. Kapitel: Die Verwendung von Kennzeichen als Hyperlinks, Frames und Meta-Tags

Kennzeichen können nicht nur als Domain verwendet werden, sondern auch auf der Website selbst. Neu sind im Internet nur solche Nutzungen, die mit besonderen technischen Mitteln zusammentreffen. Eine der wesentlichsten technischen Gestaltungsmöglichkeiten einer Website sind die sogenannten Hyperlinks (kurz: Links).[19] Ausgehend von einer unüberschaubaren Anzahl von Websites, die ihrerseits wieder aus einer Vielzahl von einzelnen Seiten bestehen,[20] liegt das Bedürfnis nach schnellen und einfachen Verbindungsmöglichkeiten zu thematisch verwandten Websites auf der Hand. Dies gelingt mit Hilfe des Einsatzes der genannten Hyperlinks. Jede Webseite verfügt über eine eigene Adresse, den „Uniform Resource Locator" (URL), mit Hilfe derer die Identifizierung im World Wide Web möglich ist. Diese Adresse erscheint in dem "URL-Feld" einer Website. Per Hyperlink wird die Adresse in die zuvor aufgerufene Website „eingebettet", so daß ein Wechsel zu der verknüpften Homepage (einfache Hyperlinks)[21] durch einfaches Anklicken des auf dem Bildschirm erscheinenden Icons oder des gekennzeichneten

---

siehe unter www.denic.de/doc/faq/vergaberichtlinie.html und www.denic.de/doc/DENIC/agb.html, zuletzt besucht am 11.01.2001.

19 Von den Untersuchungen ausgenommen ist die Verwendung von Hyperlinks durch die Suchmaschinen. Zu den sich dabei ergebenden rechtlichen Fragen siehe insgesamt *Lackum*, MMR 1999, S. 697 ff.

20 Im Jahre 1997 bestand bereits eine Anzahl von 1.269.800 Websites, vgl. *Kuester/Nieves* 38 IDEA: J.L. & Tech. 243 (unter www.patentperfect.com/idea.htm); bei einer durchschnittlichen Anzahl von drei Web Pages pro Websites bedeutet dies eine Anzahl von 3.809.400 verfügbaren Seiten.

21 Der Hyperlink zur Homepage, d.h. zur Ausgangsseite einer anderen Website wird als "einfacher Hyperlink" bezeichnet. Auch andere Bezeichnungen, etwa als "Surface-Link" (*Plaß*, WRP 2000, S. 599, 600) sind jedoch gebräuchlich.

Textes ohne erneute Suche oder Anwählen einer weiteren Website möglich ist.[22] Gerade diese spezielle Funktionsweise rechtfertigt es terminologisch von „Web" (engl.: Netz) zu sprechen. Die zunehmende Beliebtheit des World Wide Web läßt sich auf die Grundidee zurückführen, wonach mit Hilfe von Hyperlinks eine miteinander vernetzte Wissensdatenbank errichtet werden kann.[23] Kennbar zu machen sind Hyperlinks auf dem Bildschirm durch einfaches Unterstreichen entsprechender Verweisungswörter bzw. der in dem Text erscheinenden Domain, so daß häufig der Eindruck einer bloß zitatartigen Wiedergabe entsteht. Ob dies ebenso gilt, wenn Marken, Logos und sonstige optische Gestaltungen zur Darstellung des Hyperlinks verwendet werden, erscheint bereits fraglich. Im kommerziellen Bereich sind die Möglichkeiten des Hyperlinking auch dazu verwendet worden, in sogenannten "Virtual Malls" Warenangebote zu präsentieren. Der Betreiber dieser elektronischen Warenhäuser bietet Links zu Homepages warenverwandter Anbieter an, die er in einen größeren Marketingzusammenhang stellt. Der Nutzer muß häufig aus dem "Warenangebot" die entsprechende Warengruppe per Mausklick auswählen und findet dann eine Auswahl verschiedener Unternehmens-Websites meist bekannter Markeninhaber. Von gewöhnlichen Kaufhäusern unterscheiden sich die Virtual Malls dadurch, daß die Ware vom Betreiber selbst nicht angeboten wird, sondern lediglich eine "Hilfestellung" zum Auffinden entsprechender Warenangebote gegeben wird. Tatsächlicher Anbieter der Waren bzw. Dienstleistungen bleibt stets das hinter dem Link befindliche Unternehmen. Der Vorteil dieser Link-Sammlungen liegt für den Nutzer auf der Hand. Sie ersparen langwierige Suchvorgänge zu den Homepages einer Vielzahl von Konkurrenten. Daneben wird häufig eine gemeinsame Kasse eingerichtet, so daß der Nutzer nach Beendigung seines Einkaufs alle gewählten Produkte einheitlich bezahlen kann. Unbedenklich ist dieses Konzept dann, wenn die einzelnen Schau-

---

22 Neben diesem sogenannten HREF-Code gibt es auch IMG-Codes, die nicht zu Textdateien führen, sondern mit Hilfe derer Verbindungen zu Bilddateien hergestellt werden können. Häufig werden diese Bilddateien dann "inline" auf der Ausgangs-Website gezeigt.

23 *Bechthold*, ZUM 1997, S. 427, 432.

fenster bzw. Marktstände tatsächlich gegen Entgelt an Dritte vermietet werden. Bedenklich ist allerdings, die Schaufenster nur zum Schein mit Unternehmen und Marken zu belegen, zu denen keine Vertragsbeziehungen bestehen. Neben der Verwendung einzelner Hyperlinks wird auch diese besondere Form der Nutzung unter markenrechtlichen Gesichtspunkten zu untersuchen sein.

Eine besondere Form der Verwendung eines Hyperlinks stellt ferner das (nicht immer einheitlich bezeichnete)[24] Deep-Linking dar. Der gesetzte Link wird nicht direkt zu der Homepage eines Anbieters gesetzt, sondern unter Umgehung der ersten Seite auf eine „tiefer liegende" Webseite beziehungsweise Unterdatei. Der Einsatz derartiger Links birgt ein größeres Gefahrenpotential hinsichtlich der Feststellung der Herkunft der angewählten Dateien. Es wird zu prüfen sein, ob bei dieser Gestaltungsform generell die Datei als Teil des Webangebotes desjenigen, der den Deep-Link setzt, erscheint.[25] Da der Einsatz von Links nicht auf die Anwahl einer fremden Homepage beschränkt ist, sondern gerade auch dazu dient, die diversen Seiten auf einer Website miteinander zu verbinden,[26] wird der Internet-Nutzer nicht jeden Hyperlink als Verweis auf ein fremdes Angebot verstehen. Es dürfte selbst für den aufmerksamen Internet-Nutzer mit Schwierigkeiten verbunden sein, stets zu unterscheiden, ob der Deep-Link zu einer Unterdatei oder zu einem fremden Angebot führt.

Einer ähnlichen Gefahr von Täuschungen ist der Internet-Nutzer bei dem Verfahren des „Inline-Linking" ausgesetzt. Technisch unterscheidet sich das Inline-Linking vom Normalfall eines Hyperlinks dadurch, daß letzterer nur zu einer Verbindung mit der verknüpften Datei führt, wenn der Nutzer das entsprechende Icon beziehungsweise den entsprechend gekennzeichneten Text anklickt. Bei dem Inline-Link wird dagegen die

---

[24] *Koch*, NJW-CoR 1998, S. 45 bezeichnet etwa als "Deep Link" solche Links, die unmittelbar durch Piktogramme, Logos, Marken oder sonstige optische Gestaltungen dargestellt werden.

[25] *Leistner/Bettinger*, Beilage CR 12/1999, S. 6.

[26] *Boddien*, Mitt. 1999, S. 401 spricht von externen und lokalen Links.

verknüpfte Datei selbständig von dem fremden Rechner heruntergeladen und in die Ausgangs-Website integriert, ohne daß seitens des Nutzers aktivierende Handlungen erforderlich sind.[27] Insofern wird von einem „festen" Link gesprochen.[28] Die Gefahr, daß der Nutzer die fremde Herkunft der Datei nicht bemerkt, wird noch dadurch verstärkt, daß mit der Anzeige der „neuen" Datei nicht zwingend ein sichtbarer Wechsel des Uniform Resource Locator (URL) einhergeht.

Ein weiteres Gestaltungsmerkmal stellen Frames dar. Eine im Jahre 1996 von Netscape entwickelte Software erlaubt es dem Anbieter einer Website, eine Seite in verschiedene Sektionen beziehungsweise unabhängige Fenster einzuteilen, die voneinander unabhängig arbeiten und dennoch zur gleichen Zeit auf dem Bildschirm angezeigt werden können. So ist es möglich, einen konstant bleibenden Rahmen einzurichten, innerhalb dessen Grenzen verschiedene Seiten eigener und auch fremder Herkunft abrufbar sind. Der Rahmen selbst kann neben Werbeanzeigen und Logo des Anbieters auch Hyperlinks enthalten, mit Hilfe derer die verschiedenen Seiten innerhalb des konstant sichtbar bleibenden Rahmens aufgerufen werden können. Die in dem Rahmen gezeigte Webseite eines anderen wird im Format verkleinert in den Rahmen projiziert, wobei die Möglichkeit besteht, Teile der aufgerufenen Seite von dem Rahmen überlagern zu lassen. Insbesondere Werbung und Logos, sowie das URL-Feld der aufgerufenen Seite können so entfernt werden. Selbst wenn die Werbung jedoch verkleinert innerhalb des Rahmens erscheint, so ist sie der unmittelbaren visuellen Konkurrenz der in dem Rahmen erscheinenden Werbung, die graphisch deutlich hervortritt, ausgesetzt.[29] Üblicherweise wird in der dafür vorgesehenen Kopfzeile auf dem Bildschirm der „Uniform Resource Locator" (URL) der rahmenden Seite angezeigt. Dies macht es für den Nutzer schwierig, die Herkunft der inner-

27 *Leistner/Bettinger*, Beilage CR 12/1999, S. 6.

28 *Wiebe*, WRP 1999, S. 734, 735; der Vorteil dieses Verfahrens liegt wohl darin, daß der Anbieter der Ausgangs-Website keinen eigenen Dateiraum zur Verfügung stellen muß. Dies soll Ressourcen sparen, da die Datei weltweit nur einmal vorhanden sein muß, *Bechthold*, ZUM 1997, S. 427, 434.

29 *Löwenheim/Koch/Kur*, Kap. 8.4.4.1, S. 369.

halb des Rahmens erscheinenden Datei zu bestimmen. Zwar bestehen technische Möglichkeiten, sich den „Uniform Resource Locator“ (URL) der erscheinenden Seite anzeigen zu lassen, doch dürfte dies den wenigsten Nutzern bekannt sein. Der Vorteil des Framing für den Anbieter ergibt sich daraus, daß der Nutzer seine Informationssuche nicht auf anderen Websites fortsetzen muß, sondern auf der Ausgangs-Website verbleibt und so der Werbung dieser Seite für einen längeren Zeitraum ausgesetzt ist.

Mit besonderen rechtlichen Schwierigkeiten ist der Einsatz von Meta-Tags verbunden. Tags, das heißt Steuerzeichen, werden bei der Erstellung einer Website, für den Nutzer derselben unsichtbar, mit Hilfe der Programmiersprache HTML eingesetzt. Meta-Tags enthalten Informationen, die in der Kopfzeile eines HTTP-Dokumentes enthalten sind. Man unterscheidet zwischen den "„HTTP-EQUIV“-Tags, die lediglich das Verhalten des Browsers beeinflussen, und den „NAME“-Tags, die sich gezielt an die Filterprogramme der Suchmaschinen richten. Gegenstand der folgenden Untersuchung sind ausschließlich die letztgenannten "NAME"-Tags. Der Einsatz dieser Meta-Tags erfolgt, um die Indexierung des eigenen Dokumentes in den Suchmaschinen zu steuern. Um aus der Fülle der im Netz enthaltenen Informationen die für den Anwender interessanten herausfiltern zu können, ist die Hilfe sogenannter Suchmaschinen erforderlich. Die Filterprogramme dieser Datenbanken führen Stichwortsuchen durch, deren Ergebnisse dem Nutzer als Hyperlinks zu den aufgefundenen Websites aufgezeigt werden. Um die Trefferquote unter bestimmten Stichwörtern zu erhöhen, werden Meta-Tags eingesetzt. Findet die Suchmaschine das Stichwort in einem Meta-Tag, führt dies regelmäßig dazu, daß die Website in der Trefferliste weiter vorne angezeigt wird, als wenn das Stichwort lediglich in dem Text der Website auftaucht.[30] Diese an sich im Interesse des Nutzers sinnvolle Möglichkeit zur Verbesserung der oftmals recht unübersichtlichen Ergebnisse des Suchvorgangs hat auch ihre unter markenrechtlichen Gesichtspunk-

---

[30] *Viefhues*, MMR 1999, S. 336.

ten fragwürdigen Erscheinungsformen gefunden. So ist etwa die Nutzung der Marke eines Wettbewerbers zur „Umleitung" der auf diesen bezogenen Suchvorgänge nicht unüblich.

II. Teil: Einführung in die kennzeichenrechtlichen Tatbestände

1. Kapitel: Die gesetzlichen Grundlagen des Kennzeichenrechts

Das nationale Kennzeichenrecht besteht im wesentlichen aus drei Säulen: dem Markenrecht, dem Recht der geschäftlichen Bezeichnungen sowie dem Namensrecht des § 12 BGB. Aber auch deliktsrechtliche Ansprüche nach §§ 823 ff. BGB sind unter dem Gesichtspunkt des Eingriffs in den eingerichteten und ausgeübten Geschäftsbetrieb denkbar.

Das Markengesetz vom 25. Oktober 1994, in Kraft seit dem 1. Januar 1995[31], löste das bis dahin geltende Warenzeichengesetz (WZG) vom 5. Mai 1936 ab. Das Markengesetz kodifiziert sowohl formelles Markenrecht, d.h. das gesamte Eintragungsverfahren, als auch die Rechte, die aus der Registrierung einer Marke folgen. Daneben sind die durch Benutzung erworbenen Markenrechte nach § 4 Nr. 2 MarkenG (früher Ausstattungsschutz nach § 25 WZG) und § 4 Nr. 3 MarkenG (notorische Bekanntheit), das Recht der Unternehmenskennzeichen (vorher § 16 UWG), der geographischen Herkunftsangaben und der Werktitel geregelt.

Das Markengesetz folgt im wesentlichen der EG-Markenrichtlinie Nr. 89/104/EWG des Rates vom 21.12.1988[32] zur Angleichung der Rechtsvorschriften der Mitgliedstaaten über die Marken. Da das Markengesetz der Umsetzung der Richtlinie - von der Ausnahme u.a. des § 15 MarkenG abgesehen - dient, otientiert sich die Auslegung an den Bestim-

---

31 BGBl. I S. 3082, berichtigt am 27. Januar 1995, BGBl. I S. 156; zuletzt geändert durch Markenrechtsänderungsgesetz vom 16.07.1998, BGBl. I S. 1827.

32 ABl. 1989 Nr. L 40/1.

mungen der Markenrechtsrichtlinie.[33] Das neue Markengesetz bedeutet daher einen Neuanfang bei der Auslegung der Vorschriften.[34] Ein Rückgriff auf die Auslegung nach dem WZG ist nur dort zulässig, wo das Markengesetz ausdrücklich oder implizit auf die alte Rechtslage Bezug nimmt.[35]

Neben dem Recht der Marken, Unternehmenskennzeichen etc. im Markengesetz finden sich weitere kennzeichenrechtliche Bestimmungen in § 12 BGB sowie § 37 HGB. Da § 37 HGB einen Unterlassungsanspruch lediglich bei einer nach §§ 18 ff. HGB registerrechtlich unzulässigen Firmenführung gewährt, ist die Vorschrift im Rahmen der Erörterungen nicht von Bedeutung.[36]

Die Bedeutung des nationalen Kennzeichenrechts ist naturgemäß auf Sachverhalte mit nationalem Bezug beschränkt. Wenn es allerdings darum geht, die internationalen Bemühungen der "Internetgemeinschaft" zur Lösung kennzeichenrechtlicher Konflikte zu betrachten, dienen die internationalen Vorschriften als gemeinsamer Mindestschutz zur Orientierung. Dabei fällt auf, daß den bekannten oder notorisch bekannten Marken ein besonderer Schutz zukommt, der sich auch im Hinblick auf Domains fortsetzen könnte. Auf internationaler Ebene trat erstmals am 20.03.1883 die Pariser Verbandsübereinkunft (PVÜ) als bis dato wichtigstes Abkommen auf dem Gebiet des gewerblichen Rechtsschutzes in Kraft.[37] Kennzeichenrechtlich relevant sind die Art. 6 bis Art. 9 der PVÜ und hier insbesondere der in Art. 6bis enthaltene Schutz notorisch bekannter Marken.[38] Ein zweites internationales Abkommen stellt das TRIPS-

---

33 *Zumbusch*, GRUR Int. 1997, S. 134.

34 Amtl.Begr. BT-Drucksache 12/6581, S. 59.

35 Amtl. Begr. BT-Drucksache 12/6581, S. 59.

36 Nach § 18 Abs. 2 S. 2 HGB wird eine Eignung zur Täuschung über dort näher konkretisierte Zusätze nur dann berücksichtigt, wenn die Eignung zur Irreführung ersichtlich ist.

37 Siehe letzte Fassung BGBl. II 1970, S. 391; geändert am 2.10.1979, BGBl. 1984 II S. 799.

38 Der Schutz notorisch bekannter Marken ist in § 4 Nr. 3 MarkenG, der sich an dem Notorietätsbegriff des Art. 6bis PVÜ orientiert,[38] aufgenommen worden. Die WIPO beschäftigte sich gerade in jüngerer Zeit wieder mit dem Schutz notorisch

Übereinkommen (Trade Related Aspects of Intellectual Property Rights) dar,[39] das als Anlage zum Übereinkommen zur Errichtung der World Trade Organization (WTO) im Rahmen der GATT-Verhandlungen 1994 beschlossen wurde.[40] Der Schutz notorisch bekannter Marken wird in Art. 16 Abs. 2 und Abs. 3 TRIPS aufgegriffen. Hinsichtlich der erforderlichen notorischen Bekanntheit ist bestimmt, daß „die Bekanntheit der Marke im maßgeblichen Teil der Öffentlichkeit, einschließlich der Bekanntheit der Marke im betreffenden Mitgliedstaat, die aufgrund der Werbung für die Marke erreicht wurde" entscheidend ist.

2. Kapitel: Voraussetzungen eines kennzeichenrechtlichen Schutzes nach dem MarkenG

Die zentralen Vorschriften zum Schutz des Markeninhabers bzw. des Inhabers einer geschäftlichen Bezeichnung sind nach dem Markengesetz die §§ 14 und 15 MarkenG. Bevor auf die speziellen Tatbestände einer möglichen Kennzeichenverletzung im Internet eingegangen werden kann, sollen die Grundzüge der Kollisionsnormen kurz dargestellt werden.

A. Der Schutz von Marken gem. § 14 Abs. 2 Nr. 1 – 3 MarkenG

Das Markengesetz unterscheidet zwischen dem Identitätsschutz des § 14 Abs. 2 Nr. 1 MarkenG, dem Verwechslungsschutz des § 14 Abs. 2 Nr. 2 MarkenG und dem neuartigen Tatbestand des Bekanntheitsschutzes des § 14 Abs. 2 Nr. 3 MarkenG.

---

bekannter und berühmter Marken, siehe *Kur*, GRUR 1999, S. 866 ff. Auf die in diesem Zusammenhang entwickelten Regelungsvorschläge bei Kollision von notorisch bekannten Marken und Domains wird an anderer Stelle eingegangen; siehe S. 84 ff.

39 BGBl. II S. 1730 v. 15.04.1994; das Übereinkommen ist als Anhang 1 C des Übereinkommens zur Errichtung der Welthandelsorganisation (WTO) zum 01.01.1995 in Kraft getreten, Anlage I C BT-Drucksache 12/7655.

40 *Kur*, GRUR Int. 1994, S. 987 ff.

I. Benutzung im geschäftlichen Verkehr

Allen Schutztatbeständen ist das Merkmal des Handelns im geschäftlichen Verkehr gemeinsam. Darunter ist jede wirtschaftliche, nicht rein privaten Zwecken dienende Betätigung zu verstehen, mit der in Wahrnehmung oder Förderung eigener oder auch fremder Geschäftsinteressen am Erwerbsleben teilgenommen wird.[41] Nicht angreifbar sind daher unter markenrechtlichen Gesichtspunkten Websites privater Anbieter.[42] Hier könnte man zwar den Gedanken aufgreifen, daß auch der Private mit dem Angebot einer Website aufgrund der mit dem Abrufvorgang verbundenen Gebühren und Telefonkosten zugunsten des jeweiligen Providers „geschäftlich" handelt. Jedoch ist dies wohl ebensowenig Zweck seines Handelns, wie das Versenden von Privatpost den Zweck einer Umsatzsteigerung der Deutschen Post AG verfolgt.[43]

II. Kennzeichenmäßige Nutzung

Unter Geltung des WZG war nach nahezu unbestrittener Rechtsansicht[44] Voraussetzung des warenzeichenrechtlichen Schutzes ein *warenzeichenmäßiger* Gebrauch des Zeichens. Nach ständiger Rechtsprechung lag ein warenzeichenmäßiger Gebrauch nur dann vor, wenn im geschäftlichen Verkehr eine wörtliche oder bildliche Bezeichnung zur Kennzeichnung einer Ware oder Dienstleistung sowie in Beziehung auf eine Ware oder Dienstleistung so gebraucht wurde, daß der unbefangene oder flüchtige Durchschnittsabnehmer annahm oder annehmen konnte, das Zeichen diene der Unterscheidung der so gekennzeichneten Ware oder Dienstleistung von gleichartigen Waren oder Dienstleistungen anderer

---

41 *Althammer/Ströbele/Klaka*, MarkenG, § 15 RN 14.

42 Siehe zu möglichen Ansprüchen nach § 12 BGB unten S. 63 ff.

43 Gegen die Annahme, Domains würden grundsätzlich im geschäftlichen Verkehr verwendet auch *Reinhardt*, WRP 2001, S. 13, 15.

44 Siehe zur Rechtsprechung unten FN 45. In der Literatur wurde dies befürwortet von *Baumbach*, § 15 RN 22 ff.; *Wilde*, GRUR 1968, S. 477, 482; *v. Gamm*, GRUR 1974, S. 539, 541. A.A. *Heydt*, Mitt. 1969, S. 319 ff.; *Bußmann*, GRUR 1971, S. 392, 393; *Fezer*, GRUR 1977, S. 616, 618/619.

Herkunft.[45] Maßgeblich wurde dies damit begründet, daß nach damaliger Funktionenlehre dem Zeichen – rechtlich geschützt – lediglich eine Herkunftsfunktion zukam. Das Zeichen mußte dem Betrachter als Hinweis auf die Herkunft der Ware erscheinen. Demgegenüber blieben Qualitäts- und Werbefunktion außer Betracht.

1. Abgrenzung zu nicht markenmäßigen Nutzungen

Der Inhalt dessen, was unter einem warenzeichenmäßige Gebrauch zu verstehen ist, ergab sich unter Geltung des WZG insbesondere aus einer Abgrenzung zum firmenmäßigen Gebrauch, gegenüber dem beschreibenden Gebrauch einer Bezeichnung sowie der Verwendung eines Zeichens zur Kennzeichnung fremder Ware.[46]

a. Firmenmäßiger Gebrauch

Eine Abgrenzung zwischen dem firmen- und dem warenzeichenmäßigen Gebrauch war unter Geltung des WZG zumindest im Hinblick auf § 16 WZG, der die Verwendung eines Zeichens als Firma erlaubte, erforderlich. Die Unterscheidung zwischen einer firmenmäßigen und einer warenzeichenmäßigen (markenmäßigen) Nutzung ist in § 23 Nr. 1 MarkenG entfallen, so daß nur noch die Benutzung eines echten Personennamens (auch in einer Firma) gestattet ist.

Die Rechtsprechung ist seit jeher, trotz der Privilegierung der Firma in § 16 WZG (heute § 23 MarkenG), von einer Gleichstellung des warenzeichenmäßigen und firmenmäßigen Gebrauchs einer Kennzeichnung im Rahmen einer auf die Verletzung eines Warenzeichens gestützten Klage

---

45 RGZ 149, S. 335, 341; RGZ 117, S. 408, 411; BGHZ 8, S. 202, 206 „Kabelkennstreifen"; BGH GRUR 1955, S. 484, 485 „Luxor"; BGH GRUR 1957, S. 433, 434 „Hubertus"; BGH GRUR 1968, S. 365 „praline"; BGH GRUR 1974, S. 84, 86 „Trumpf"; BGH GRUR 1982, S. 229, 230 „Klix/Klick".

46 *Starck*, GRUR 1996, S. 688, 689.

ausgegangen,[47] so daß es zumindest nicht auf die Unterscheidung ankommen kann, ob der Verkehr die Domain als Kennzeichnung von Produkten oder als Unternehmenskennzeichen auffasst. Die Eintragung eines Warenzeichens habe regelmäßig zur Folge, daß kein anderer als der Zeicheninhaber ein identisches oder ähnliches Zeichen beim Vertrieb gleicher oder ähnlicher Waren benutzen dürfe.[48] Es verbiete sich allgemein ein kennzeichenmäßiger Gebrauch, zu dem auch die Benutzung als Firmenbestandteil oder Geschäftsbezeichnung gehöre.[49] Denn mittelbar kennzeichne eine Firma oder Geschäftsbezeichnung auch die Herkunft der aus dem Betrieb stammenden Waren, so daß die Benutzung eines Warenzeichens als Bestandteil einer Firma regelmäßig in den nach § 15 WZG geschützten Rechtskreis eingreife.[50] Eine Ausnahme sei nur dann zuzulassen, wenn nach den Umständen des Einzelfalles keine Möglichkeit bestehe, der Verkehr werde in der verwendeten Form einen Hinweis auf die betriebliche Herkunft der Ware sehen.[51]

Auf die im Einzelfall schwierige Unterscheidung zwischen einem markenmäßigen oder sonst kennzeichenmäßigen Gebrauch kommt es somit für den Verletzungstatbestand nicht an.[52] Soweit die Verwendung eines Zeichens überhaupt *kennzeichenmäßig* erfolgt, ist der Inhaber grundsätzlich in seinen Rechten verletzt. Den Schutz der Marke auf eine rein markenmäßige Verwendung der Bezeichnung zu beschränken, würde zu einer erheblichen Einschränkung führen, die dem Charakter des Markenrechts oder allgemein des Kennzeichenrechts zuwider liefe. Die Privilegierung der Firma in § 23 MarkenG ist entfallen, so daß es nach

---

[47] BGH GRUR 1954, S. 123, 124 "NSU-Fox"; BGH GRUR 1955, S. 95, 96 "Buchgemeinschaft"; BGH GRUR 1975, S. 257 "Buddelei"; BGH GRUR 1977, S. 491, 493 "Allstar"; BGH GRUR 1983, S. 764, 766 "Haller II"; BGH GRUR 1984, S. 354, 356 "Tina-Spezialversand II".

[48] BGH GRUR 1984, S. 354, 356 "Tina-Spezialversand II".

[49] Siehe oben FN 48.

[50] Siehe oben FN 48.

[51] Siehe oben FN 48.

[52] Das gilt selbstverständlich nicht für den Benutzungszwang, *Ingerl/Rohnke*, § 14 RN 64.

dem Markengesetz auf eine Unterscheidung zwischen firmen- und markenmäßigem Gebrauch erst recht nicht mehr ankommt.[53]

b. Beschreibende Verwendung eines Zeichens

Nicht kennzeichenmäßig ist eine solche Nutzung, bei der das Zeichen nicht der Unterscheidung von Waren dient, sondern dem Zweck, eine Sache ihrer Art nach, eine Gattung oder einen Gegenstand zu bezeichnen;[54] dann verstehe der Verkehr die Angabe eher als Sach-, denn als Herkunftshinweis.[55] Nicht warenzeichenmäßig ist etwa der Gebrauch eines Symbols (Kleeblatt) als Hinweis auf die örtliche und nicht die betriebliche Herkunft verschiedenster Waren aus einem bestimmten Land im Rahmen von Messen oder der Veranstaltung „irischer Wochen"[56] oder aber die Verwendung der Bezeichnung "Campione del Mondo" im Sinne von "Weltchampion".[57] Es geht hier insbesondere um die Verwendung von "doppeldeutigen" Marken, die sowohl eine Ware kennzeichnen können, als auch im allgemeinen Sprachgebrauch Verwendung finden

53 *Kock*, GRUR 1992, S. 667, 671: § 23 MarkenG privilegiert einzig die Benutzung des Namens (auch wenn dieser in einer Firma geführt wird), nicht aber die Benutzung von Phantasiefirmen. Löschungsansprüche greifen somit auch gegen eine firmenmäßige Verwendung eines Phantasienamens durch, ohne daß es einer weiteren Begründung bedarf. Im übrigen sind die Fälle der firmenmäßigen Verwendung eines Familiennamens nach dem Recht der Gleichnamigen zu lösen, siehe unten S. 197 ff. Auch die Integration des § 16 UWG in das MarkenG (§ 15 MarkenG) ist als Konsequenz der Aufhebung einer Unterscheidung zwischen firmenmäßiger und markenmäßiger Benutzung zumindest in diesem Zusammenhang zu verstehen; siehe auch *Keller*, GRUR 1996, S. 607, 611.

54 *V. Linstow*, WRP 2000, S. 955.

55 BGH GRUR 1989, S. 508, 509 „Campione del Mondo".

56 BGH GRUR 1986, S. 74 „Shamrock III". Es wurde das Symbol eines Kleeblattes verwendet.

57 In BGH GRUR 1989, S. 508, 510 "Campione del Mondo" wurde dies insbesondere damit begründet, daß die Herstellerkennzeichnung "Record" im Vordergrund stand und die beschreibende Angabe daher ohnehin in den Hintergrund trete.

können.[58] Bei solchen Bezeichnungen ist jeweils gesondert zu prüfen, in welcher Art und Weise sie benutzt werden.

c. Kennzeichnung fremder Waren

Einen weiteren Fall einer nicht kennzeichenmäßigen Benutzung stellen nach bisheriger Rechtsprechung diejeinigen Fälle dar, in denen fremde Kennzeichen zur Kennzeichnung fremder Ware benutzt werden. Es geht dabei insbesondere[59] um die Fälle, bei denen ein fremdes Zeichen nicht zur Bezeichnung der eigenen Ware verwendet wird, sondern nur zu dem Zweck, den Ruf des erkennbar fremden Zeichens auf die eigenen Waren zu übertragen.[60] In diesen Fällen nahm der BGH bislang keine markenmäßige Nutzung an, sondern unter dem Gesichtspunkt der rufmäßigen Ausbeutung branchenfremder Marken einen Verstoß gegen § 1 UWG, und erkannte damit einen ergänzenden wettbewerbsrechtlichen Schutz zu.[61]

Insbesondere hinsichtlich dieser Tatbestände der Kennzeichnung fremder Waren, ist es daher von Bedeutung, ob an dem Erfordernis eines markenmäßigen Gebrauchs festzuhalten ist. Daneben stellt sich auch die Frage, welchen Inhalt dieses Merkmal nach dem Markengesetz aufweisen soll. *V. Linstow*[62] ist etwa der Ansicht, daß Phantasiezeichen, also solche, die nicht "doppeldeutig" in dem vorgenannten Sinne sind, überhaupt nur markenmäßig benutzt werden können. Die Marke "BMW" et-

---

58 *V. Linstow*, WRP 2000, S. 955. So könne die Bezeichnung "apple" kennzeichenmäßig für Computer verwendet werden oder nicht kennzeichenmäßig für den Gegenstand selbst.

59 Hierzu gehört aber auch die Nennung einer Marke in vergleichender Werbung oder als redaktionelle Angabe, siehe *v. Linstow*, WRP 2000, S. 955 und 956 mit Hinweis auf die Entscheidung des BGH "Photokina" GRUR 1983, S. 467, 468. Darin hatte der BGH in der Aussage "Sie finden mich dieses Jahr nicht auf der Photokina" keinen markenmäßigen Gebrauch der Marke "Photokina" erblickt.

60 So etwa, wenn in der Werbung für einen Whiskey ein Fahrzeug der Luxusmarke "Rolls Royce" abgebildet wird, BGH GRUR 1983, S. 247, 248.

61 BGH GRUR 1983, S. 247, 248 „Rolls Royce"; BGH GRUR 1995, S. 550 „Dimple"; *Baumbach/Hefermehl* § 1 UWG RN 559a.

62 *V. Linstow*, WRP 2000, S. 955.

wa könne nur zur Bezeichnung der Herkunft einer Ware benutzt werden. Es komme hingegen nicht darauf an, ob es um die Herkunft der Ware aus dem eigenen oder aus einem fremden Unternehmen gehe.[63] Sowohl eine Bezeichnung eigener Waren mit dem Zeichen "BMW" als auch der Werbeslogan "Unsere Fahrzeuge sind besser als die von BMW" würde eine kennzeichenmäßige Nutzung des Zeichens darstellen. In den vom BGH entschiedenen Fällen "Rolls Royce"[64] und "Photokina"[65] wäre eine kennzeichenmäßige Nutzung nach diesem Verständnis ebenfalls zu bejahen gewesen. Da das *v. Linstow* befürwortete Verständnis der markenmäßigen Nutzung von der bisherigen Rechtsprechung des BGH abweicht, ist auch der Inhalt der markenmäßigen Nutzung im Hinblick auf das Markengesetz zu untersuchen. Zunächst aber gilt es zu prüfen, ob an diesem Erfordernis insgesamt festzuhalten ist.

2. Kennzeichenmäßiger Gebrauch nach dem MarkenG

Mit Inkrafttreten des Markengesetzes gingen einige grundlegende Reformen des Kennzeichenrechts einher, so daß die Kontroverse um das Erfordernis eines warenzeichenmäßigen bzw. nunmehr kennzeichenmäßigen Gebrauchs des Zeichens neu belebt wurde.[66] Federführend negiert insbesondere *Fezer*[67] die Anknüpfung eines markenrechtlichen Schutzes

63 *V. Linstow*, WRP 2000, S. 955, 956.

64 BGH GRUR 1983, S. 247 ff. "Rolls Royce".

65 BGH GRUR 1983, S. 467 ff. "Photokina".

66 *Für eine markenmäßige Nutzung: Piper*, GRUR 1996, S. 429, 434; *Kunz-Hallstein*, GRUR Int. 1990, S. 747, 757; *Ernst-Moll*, GRUR 1993, S. 15, 17; *Keller*, GRUR 1996, S. 607 ff.; *Sack*, GRUR 1995, S. 81, 94; *v.Schultz*, GRUR 1997, S. 408, 409. *Gegen eine markenmäßige Nutzung: Fezer*, GRUR 1996, S. 566 ff.; *Nägele*, S. 163; *Ingerl/Rohnke*, NJW 1994, S. 1247, 1252; *Schmieder*, NJW 1994, S. 1241, 1244; *Nordemann* u.a., RN 430g; *Mühlendahl*, S. 13; *Kraft*, GRUR 1991, S. 339, 342 im Hinblick auf § 14 Abs. 2 Nr. 3 MarkenG; *Meister*, WRP 1995, S. 366, 369; *Starck*, GRUR 1996, S. 688 ff.; *Rößler*, GRUR 1994, S. 559, 568 will auf das Erfordernis des kennzeichenmäßigen Gebrauchs nur bei dem Schutz gegen Irreführungen über die geographische Herkunft von Waren und Dienstleistungen verzichten, da hier das Ziel, den bisher an § 3 UWG orientierten Schutz in das Markenrecht einzubeziehen, mißlänge; *Berlit*, GRUR 1998, S. 423, 426.

67 *Fezer*, § 14 RN 32 ff.

an den markenmäßigen Gebrauch eines Zeichens, mindestens verlangt er eine "markenfunktionale Extension des Begriffsinhalts".[68] Dies begründet er vor allem mit Blick auf den „Paradigmenwechsel im Verständnis der Markenfunktion", wonach nicht mehr allein die Herkunftsfunktion, sondern in zunehmendem Maße auch Qualitäts- und Werbefunktion im Vordergrund eines markenrechtlichen Schutzes stehen.[69] *Fezer* spricht sich für eine Einbeziehung all derjenigen Tatbestände aus, bei denen das Zeichen "als Marke" benutzt wird.[70] Die Rechtsprechung hat hierzu bislang nur sehr kursorisch Stellung genommen. Nachdem zunächst das OLG Hamburg als Vorinstanz ohne nähere Begründung mit Verweis auf die Rechtslage nach dem WZG von dem Erfordernis eines zeichenmäßigen Gebrauchs ausging[71], hat der BGH in letzter Instanz diese Frage offengelassen[72], so daß eine Stellungnahme noch abzuwarten bleibt. Die Instanzgerichte tendieren weiterhin dazu, auch unter Geltung des neuen Markengesetzes Schutz nur gegen markenmäßige Benutzungen zu gewähren.[73]

Für die Beantwortung dieser Frage ist neben dem Wortlaut des § 14 MarkenG und einem etwaigen Funktionenwechsel der Marke die am 21.12.1988 vom Rat der Europäischen Gemeinschaften erlassene Erste Richtlinie zur Angleichung der Rechtsvorschriften der Mitgliedstaaten

---

68 *Fezer*, § 14 RN 48.

69 Siehe auch *Meyer*, GRUR Int. 1996, S. 592, 605. Schon der EuGH hob in seiner Entscheidung "HAG II" GRUR Int. 1990, S. 960, 962 hervor, daß der Schutz der Herkunftsfunktion eines Warenzeichens letztlich dazu diene, dessen Inhaber davor zu schützen, daß ihm die schlechte Qualität von anderen Produkten zugerechnet werden könne.

70 *Fezer*, § 14 RN 48, 49. Danach müßten auch Fälle wie "Rolls Royce", bei denen das Zeichen als Werbemittel genutzt wird, markenrechtlich gelöst werden.

71 OLG Hamburg WRP 1996, S. 572, 576 „Les Paul Gitarren".

72 BGH WRP 1998, S. 732, 738 „Les Paul Gitarren"; ebenso in GRUR 1998, S. 697, 699 „Venus Multi" und MarkenR 1999, S. 28, 29 „Tour de Culture".

73 KG GRUR 1997, S. 295, 296 „Alles wird teurer"; OLG Hamburg GRUR 1996, S. 982, 983 „Für Kinder"; OLG Stuttgart WRP 1996, S. 634, 636 „Baggerparty"; offengelassen von OLG München MarkenR 1999, S. 31 „Infobahn"; OLG München MMR 1999, S. 547 "buecher.de/amazon.de"; OLG Köln GRUR-RR 2001, S. 28, 29 "easyway".

über die Marken (nachfolgend "MarkenRL")[74] sowie die Amtliche Begründung zum MarkenG von Bedeutung[75].

In die Betrachtung ist desweiteren die Verordnung (EG) Nr. 40/94 des Rates vom 20. Dezember 1993 über die Gemeinschaftsmarke einzubeziehen.[76] Die Verordnung hat den Schutz von Gemeinschaftsmarken, d.h. Marken, die deren Inhaber zur Kennzeichnung seiner Waren oder Dienstleistungen in der gesamten Gemeinschaft ohne Rücksicht auf territoriale Grenzen berechtigen, zum Gegenstand. Da die Gemeinschaftsmarkenverordnung parallel zur Markenrechtsrichtlinie geschaffen worden ist, stimmen wesentliche Vorschriften beider Regelungswerke fast wortgleich überein. So ist etwa in den Erwägungsgründen der Verordnung[77] aufgeführt, daß Zweck des Schutzes insbesondere die Gewährleistung der Herkunftsfunktion ist. Auffällig ist aber, daß nachfolgend lediglich die Tatbestände des Art. 9 Abs. 2 Nr. 1 und Nr. 2 (entspricht § 14 Abs. 2 Nr. 1 und Nr. 2 MarkenG) aufgeführt werden, nicht aber der in Art. 9 Abs. 2 Nr. 3 GemeinschaftsmarkenVO gleichwohl gewährte Bekanntheitsschutz (entspricht § 14 Abs. 2 Nr. 3 MarkenG). Aus einem Gegenschluß könnte nun gefolgert werden, daß auch dem europäischen Gesetzgeber bewußt war, daß zumindest der Bekanntheitsschutz nicht mehr an die bisher im Vordergrund stehende Herkunftsfunktion der Marke anknüpft und daher von einer markenmäßigen Nutzung nicht abhängt. Dies wird anhand der Markenrechtsrichlinie näher zu untersuchen sein.

a. Art. 5 Abs. 5 MarkenRL

Art. 5 Abs. 5 MarkenRL (umgesetzt in § 14 MarkenG) bestimmt, daß die Abs. 1 bis 4 die in den Mitgliedstaaten geltenden Bestimmungen ü-

---

74 89/104/EWG, ABl. EG Nr. L 40 vom 11.02.1989, S. 1; berichtigt in ABl. Nr. L 159 vom 10.06.1989, S. 60; siehe auch GRUR Int. 1989, S. 294 ff.

75 BT-Drucksache 12/6581 vom 14.01.1994.

76 ABl. Nr. L 11 vom 14.01.1994, S. 1; auch abgedruckt in GRUR Int. 1994, S. 402.

77 GRUR Int. 1994, S. 403.

ber den Schutz gegenüber der Verwendung eines Zeichens *zu anderen Zwecken als der Unterscheidung* von Waren oder Dienstleistungen nicht berühren, wenn die Benutzung dieses Zeichens die Unterscheidungskraft oder die Wertschätzung der Marke ohne rechtfertigenden Grund in unlauterer Weise ausnutzt oder beeinträchtigt.

Daraus wird z.T. gefolgert, daß Markenschutz allein gegen markenrechtliche Benutzungshandlungen gewährt werde[78], den Mitgliedstaaten aber das Recht, Bestimmungen über den Schutz eines Zeichens, das *zu anderen Zwecken als der Unterscheidung* von Produkten benutzt werde, zu belassen. *Fezer*[79] widerspricht dieser Auslegung des Art. 5 Abs. 5 MarkenRL als „rechtssystematisch bedenklich". Normzweck des Art. 5 Abs. 5 MarkenRL sei es lediglich, dem innerstaatlichen Gesetzgeber eine Regelungskompetenz zu belassen, der Marke auch außerhalb des Markengesetzes Schutz zu gewähren, wie dies in § 2 MarkenG umgesetzt sei.[80] Art. 5 Abs. 5 MarkenRL habe dagegen nicht die Frage der markenmäßigen Nutzung zum Regelungsgegenstand.

Richtig ist daran, daß Art. 5 Abs. 5 MarkenRL das Konkurrenzverhältnis zwischen markenrechtlichen und etwa wettbewerbsrechtlichen Ansprüchen regelt. Der europäische Gesetzgeber stellt in Art. 5 Abs. 5 MarkenRL klar, daß bei einer nicht kennzeichenmäßigen Nutzung eines Zeichens ("zu anderen Zwecken als zur Unterscheidung von Waren und Dienstleistungen") auch andere Bestimmungen, etwa wettbewerbsrechtliche Vorschriften, Anwendung finden können, um den Kennzeicheninhaber gegen eine Beeinträchtigung oder Ausnutzung der Unterscheidungskraft oder der Wertschätzung des Zeichens zu schützen. Der Schutz gegen kennzeichenmäßige Handlungen ist dagegen in den

---

[78] *Kunz-Hallstein*, GRUR Int. 1990, S. 747, 757; *Sack*, GRUR 1995, S. 81, 94; *Keller*, GRUR 1996, S. 607, 609 m.w.N.

[79] In GRUR 1996, S. 566, 570.

[80] *Fezer*, GRUR 1996, S. 566, 570. § 2 MarkenG lautet: "Der Schutz von Marken, geschäftlichen Bezeichnungen und geographischen Herkunftsangaben nach diesem Gesetz schließt die Anwendung anderer Vorschriften zum Schutze dieser Kennzeichen nicht aus."

Markengesetzen der Mitgliedstaaten so zu regeln, wie dies die Abs. 1 bis 4 des Art. 5 MarkenRL vorsehen. Art. 5 Abs. 5 MarkenRL bedeutet aber nicht, daß es den Mitgliedstaaten untersagt wäre, nicht auch den Schutz gegen nicht kennzeichenmäßige Handlungen in den Markengesetzen zu regeln. *Fezer* ist also insoweit zuzustimmen, als Art. 5 Abs. 5 MarkenRL nicht die Frage zum Gegenstand hat, ob ein Schutz nach dem MarkenG auch gegen nicht kennzeichenmäßige Handlungen gewährt werden kann. Allerdings läßt Art. 5 Abs. 5 MarkenRL einen Schutz bei nicht kennzeichenmäßigen Nutzungen nur dann zu, wenn es um die Beeinträchtigung oder Ausnutzung der Unterscheidungskraft oder Wertschätzung des Zeichens geht. Letztlich bedeutet die Regelung des Art. 5 Abs. 5 MarkenRL nur, daß es der Umsetzung der Mitgliedstaaten überlassen bleibt, ob auch gegen nicht kennzeichenmäßige Nutzungen ein Schutz nach dem Markengesetz gewährt werden soll, wenn die Nutzung die Unterscheidungskraft oder Wertschätzung des Zeichens beeinträchtigt oder ausnutzt.

Es bleibt daher zu prüfen, ob der deutsche Gesetzgeber die MarkenRL so umgesetzt hat, daß Schutz auch gegen nicht kennzeichenmäßige Benutzungshandlungen nach dem MarkenG gewährt wird.

b. Wortlaut des § 14 MarkenG

Voraussetzung des markenrechtlichen Schutzes nach § 14 MarkenG ist nach dem Wortlaut des Abs. 1 die *Nutzung eines Zeichens*[81] im geschäftlichen Verkehr. Daraus läßt sich für einen markenmäßigen Gebrauch nichts herleiten, da dieser nicht gleichzusetzen ist mit einer irgendwie gearteten Nutzung eines Zeichens.[82] Dementsprechend hat der BGH schon in seiner Entscheidung „**Rolls Royce**“[83] eine Nutzung der Marke „Rolls Royce“ anerkannt, eine zeichenmäßige Nutzung dagegen verneint.

[81] Der Begriff "Zeichen" (oder "Kennzeichen") steht als Oberbegriff für Marken, geschäftliche Bezeichnungen und sonstige geschäftliche Abzeichen nach § 15 Abs. 2 S. 2 und Abs. 3 MarkenG.
[82] So aber *Piper*, GRUR 1996, S. 429, 434.
[83] BGH GRUR 1983, S. 247, 248.

Auch der Wortlaut des § 14 Abs. 3 MarkenG, der eine nicht abschließende Aufzählung der untersagten Benutzungshandlungen enthält, ist nicht eindeutig. Zwar heißt es ausdrücklich in der Amtlichen Begründung zum MarkenG,[84] daß nur die „in erster Linie in Betracht kommenden Benutzungshandlungen" aufgeführt werden und sich diese Vorschrift damit grundlegend vom bisherigen Recht absetze. Jedoch bedeutet dies wohl weniger eine Abkehr vom Erfordernis des kennzeichenmäßigen Gebrauchs als vielmehr eine Erweiterung des Kreises von Benutzungshandlungen. Auffällig ist allerdings, daß die in Abs. 3 genannten Benutzungshandlungen allesamt auf eine kennzeichenmäßige Nutzung hindeuten.[85] Zweifel bleiben allein bei § 14 Abs. 3 Nr. 5 MarkenG bei der Verwendung von Zeichen „in der Werbung". Die Amtliche Begründung hierzu stellt darauf ab, daß vordergründig damit die Einbeziehung mündlicher Werbung gewährleistet sowie die Verwendung der Marke in vergleichender Werbung aus dem Anwendungsbereich ausgeschlossen werden soll.[86] Soweit die Konkurrenzmarke nicht für eigene Waren oder Dienstleistungen eingesetzt wird, sondern der Bezugnahme auf die Waren oder Dienstleistungen des Konkurrenten dient, soll sie keine markenverletzende Handlung darstellen. Dies beantwortet nicht die Frage, ob generell an dem Erfordernis eines kennzeichenmäßigen Gebrauchs festzuhalten ist, da neben den hier allein angesprochenen Sachverhaltsvarianten der Nutzung einer Marke für eigene Waren bzw. Dienstleistungen und auf der anderen Seite dem Einsatz der Marke als vergleichende Bezugnahme auf fremde Waren bzw. Dienstleistungen noch andere Sachverhalte denkbar sind, in denen die Marke weder in dem einen noch in dem anderen Sinne genutzt wird. Die Verwendung der Marke

84 BT-Drucksache 12/6581, S. 75.

85 Mit zwei wichtigen Ausnahmen: dem reinen Warenbesitz nach § 14 Abs. 3 Nr. 2 MarkenG und der mündlichen Werbung, die von § 14 Abs. 3 Nr. 5 MarkenG erfaßt ist. Vgl. hierzu *Starck*, GRUR 1996, S. 688, 691.

86 BT-Drucksache 12/6581, S. 75; vgl. zur Zulässigkeit vergleichender Werbung Richtlinie 84/450/EWG über irreführende Werbung zwecks Einbeziehung der vergleichenden Werbung, ABl. Nr. L 290 vom 23.10.1997, S. 18 und BGH WRP 1998, S. 718 „Testpreis-Angebot" sowie BGH WRP 1998, S. 1065 „Preisvergleichsliste II".

„Rolls Royce" in einer Werbung für Whiskey dient ersichtlich nicht der vergleichenden Bezugnahme auf die Waren des Markeninhabers.[87] Der Begriff des kennzeichenmäßigen Gebrauchs kann nicht gleichgesetzt werden mit dem Erfordernis, die Marke für die eigenen Waren oder Dienstleistungen einzusetzen.[88] Die Amtliche Begründung hilft hier somit nicht weiter.[89]

Auch wenn die Verletzungshandlungen des § 14 Abs. 3 MarkenG allesamt markenmäßig sind, steht dies einer Einbeziehung nicht markenmäßiger Benutzungen nicht entgegen. Denn der Katalog der Verletzungshandlungen ist gerade nicht abschließend, so daß eine erweiternde Auslegung des § 14 Abs. 3 MarkenG nicht von vornherein ausgeschlossen ist. Wie bereits oben gezeigt, verbietet auch die MarkenRL nicht die Einbeziehung nicht kennzeichenmäßiger Nutzungen.

c. Historische Auslegung des § 14 MarkenG

Von Seiten der Spitzenverbände der Wirtschaft ist vor Erlaß des Markengesetzes bereits gefordert worden, dem Markeninhaber ein selbständiges Recht zu gewähren, die Benutzung seiner Marke in der Werbung oder sonst in öffentlichen Mitteilungen zu untersagen, wenn die Benutzung die Wertschätzung der Marke in unlauterer Weise beeinträchtigt.[90] Dies bedeutet letztlich nichts anderes als die Forderung nach einer Einbeziehung auch nicht markenmäßiger Benutzungshandlungen. Die Begründung zum Gesetzesentwurf versteht unter den Fällen der Beeinträchtigung der Wertschätzung nicht nur die Fälle der Verwendung der Marke im Zusammenhang mit dem Weitervertrieb von Originalwaren. Angesprochen sind auch „andere Fälle der Verwendung der Marke, wenn da-

---

87 BGHZ 86, S. 90 „Rolls Royce".

88 *Krüger*, GRUR 1995, S. 527, 528.

89 *V. Linstow* meint hingegen, daß man die Amtliche Begründung wohl so verstehen müsse, daß es zumindest bei der vergleichenden Bezugnahme an einer markenmäßigen Benutzung fehlt, WRP 2000, S. 955, 956. Dem widerspricht *v. Linstow* jedoch. Für eine markenmäßige Nutzung komme es nicht darauf an, ob das Zeichen für eine fremde oder für eigene Waren verwendet werde.

90 Amtl. Begr. BT-Drucksache 12/6581, S. 61.

durch der Goodwill des Markeninhabers geschädigt werden kann".[91] An dieser Stelle werden in der Amtlichen Begründung Zweifel angemeldet, ob es gerechtfertigt ist, einen markenrechtlichen Anspruch dann zu gewähren, wenn die Marke nicht kennzeichenmäßig verwendet wird.

Aus diesen Ausführungen der Amtlichen Begründung wird zum Teil die Schlußfolgerung gezogen, der Gesetzgeber habe damit in § 14 MarkenG Fälle einer nicht kennzeichenmäßigen Benutzung bewußt aus dem markenrechtlichen Schutz ausgenommen.[92] Dem wäre jedenfalls dann zu folgen, wenn die Amtliche Begründung hier gerade die der „Rolls-Royce"-Entscheidung vergleichbaren Sachverhalte ansprechen würde.[93] Die obigen Ausführungen in der Amtlichen Begründung betreffen jedoch neben dem ausdrücklich erwähnten Fall des Weitervertriebs von Originalware nur solche Sachverhalte wie sie der „**Mordoro**"-Entscheidung zugrunde liegen,[94] wenn also das Zeichen nach dem Zusammenhang, in dem es benutzt wird, überhaupt keiner Ware zugeordnet werden kann.[95] Beachtlich ist in diesem Zusammenhang die in der Amtlichen Begründung verwendete Formulierung, daß das Zeichen „im Zusammenhang *mit der Werbung für* Waren oder Dienstleistungen verwendet wird".[96] In Fällen wie „Mordoro" wird die Marke ersichtlich nicht für die Werbung für bestimmte Waren oder Dienstleistungen verwendet. Anders stellt sich dies dar bei der zuvor aufgezeigten Verwen-

---

91 Amtl. Begr. BT-Drucksache 12/6581, S. 61.

92 *Keller*, GRUR 1996, S. 607, 610.

93 *Keller*, a.a.O. Also der Fall, daß in der Werbung für Whiskey ein Fahrzeug der Marke "Rolls Royce" abgebildet wird, um den Ruf auf das eigene Produkt zu übertragen.

94 BGH GRUR 1996, S. 684 „Mordoro" m. Anm. *Schulze zur Wiesche*. Der Sachverhalt betraf die Verwendung einer als „Anti-Werbung" satirisch verfremdeten Zigarettenreklame, die grundsätzlich von Art. 5 Abs. 1 GG gedeckt ist, solange sich die Anti-Werbung nicht gezielt gegen einen bestimmten Hersteller richtet. *Ingerl/Rohnke*, NJW 1994, S. 1247, 1252 sprechen im Zusammenhang mit der Amtlichen Begründung an dieser Stelle nur diese Fälle an, nicht aber Fälle nicht kennzeichenmäßigen Gebrauchs überhaupt.

95 Siehe zu dieser Unterscheidung, ob ein Zeichen für fremde Waren benutzt wird (dann kennzeichenmäßig) oder keiner Ware zugeordnet werden kann (dann nicht kennzeichenmäßig) *v. Linstow*, WRP 2000, S. 955.

96 Amtl. Begr. BT-Drucksache 12/6581, S. 61.

dung des Zeichens „Rolls Royce“. Das Zeichen wurde – mit dem Ziel der Übertragung der Gütevorstellungen – für die Werbung für Whiskey eingesetzt.

Die Amtliche Begründung kann auch hier als nur wenig klarstellend im Hinblick auf das Erfordernis eines kennzeichenmäßigen Gebrauchs bezeichnet werden. Die Einbeziehung nicht kennzeichenmäßiger Verwendungen ist jedenfalls nicht von vornherein ausgeschlossen. Dem kann nicht entgegengehalten werden, daß Abgrenzungsschwierigkeiten dergestalt auftreten könnten, daß nun einige nicht kennzeichenmäßige Nutzungen in den markenrechtlichen Schutz einbezogen würden, andere dagegen nicht. Denn Fälle wie „Mordoro“ scheitern regelmäßig an der fehlenden Verwechslungsgefahr. Selbst bei § 14 Abs. 2 Nr. 3 MarkenG käme als rechtfertigender Grund regelmäßig Art. 5 Abs. 1 GG in Betracht oder es fehlte an der Unlauterkeit des Handelns. Insoweit scheitert auch der Einwand *Kellers*, daß nach dem gesetzgeberischen Willen solche Fälle nicht einzubeziehen seien, bei denen dann eine generalklauselartige Rückausnahme hätte gemacht werden müssen.[97] Denn diese „Rückausnahme“ ist zumindest in § 14 Abs. 2 Nr. 3 MarkenG durch die einschränkenden Zusätze „ohne rechtfertigenden Grund in unlauterer Weise“ vom Gesetzgeber aufgenommen worden.

c. Wortlaut des § 23 MarkenG

Neben § 14 MarkenG spielt auch § 23 MarkenG für die Bestimmung des Schutzumfangs der Marke eine Rolle, so daß auch diese Vorschrift in die Betrachtungen einzubeziehen ist. Vor allem aber ist als Begründung für eine markenmäßige Benutzung nach alter Rechtslage § 16 WZG a.F. (entspricht dem heutigen § 23 MarkenG) angeführt worden, der die Nutzung eines Zeichens als Zeichen, Firma oder beschreibende Angabe dann nicht untersagte, wenn das Zeichen "nicht markenmäßig" benutzt wurde. Auch die dem § 16 WZG entsprechende Vorschrift des §

[97] *Keller*, GRUR 1996, S. 607, 610.

23 MarkenG legitimiert den Gebrauch eines Namens (nicht einer Firma) sowie einer Anschrift (§ 23 Nr. 1 MarkenG), den beschreibenden Gebrauch von Bezeichnungen, die mit einer Marke oder geschäftlichen Bezeichnung identisch oder dieser ähnlich sind (§ 23 Nr. 2 MarkenG) und die Verwendung einer solchen Bezeichnung als Hinweis auf die Bestimmung einer Ware (§ 23 Nr. 3 MarkenG). Der Hinweis, daß die Benutzung nicht markenmäßig sein dürfe, fehlt dagegen.

Schon unter Geltung des § 16 WZG wurde von den Kritikern des warenzeichenmäßigen Gebrauchs eingewandt, daß eine derartige Schutzbegrenzung auf bestimmte Fälle des nicht warenzeichenmäßigen Gebrauchs wenig einleuchtend sei und leer liefe, wenn der Markenschutz sich schon seinen allgemeinen Voraussetzungen nach allein gegen einen zeichenmäßigen Gebrauch richte.[98] Nach dem Wortlaut des nunmehr geltenden § 23 MarkenG ist Abgrenzungskriterium zwischen einer erlaubten und einer unerlaubten Verwendung nicht mehr der warenzeichenmäßige Gebrauch sondern die Frage, ob „die Benutzung nicht gegen die guten Sitten verstößt". Unstreitig ist daher, daß selbst ein kennzeichenmäßiger Gebrauch einer beschreibenden Angabe gestattet sein kann, sofern dies nicht gegen die guten Sitten verstößt.[99] Aus der Eliminierung des in § 16 WZG genannten Zusatzes in § 23 MarkenG, der lediglich auf die Unlauterkeit der Nutzung abstellt, könnte in einem Rückschluß nun zu folgern sein, daß insgesamt eine Abkehr vom markenmäßigen Gebrauch vorgenommen wurde.[100] In diese Richtung scheint auch die Amtliche Begründung zu § 23 MarkenG zunächst zu gehen, wenn es

---

98 Vgl. *Fezer*, § 14 RN 24.

99 *Berlit*, RN 317 mit Hinweis auf BGH „Venus Multi"; BPatG GRUR 1996, S. 284, 285 „Fläminger/Fälinger"; *Keller*, GRUR 1996, S. 607, 611 ff. verlangt vor allem bei § 23 Nr. 2 MarkenG eine sorgfältige Prüfung der Intensität des zeichenmäßigen Gebrauchs im Rahmen der Interessenabwägung; *Raßmann*, GRUR 1999, S. 384, 389.

100 *Ingerl/Rohnke*, NJW 1994, S. 1247, 1252.

dort heißt, daß es „nicht mehr auf die kennzeichenmäßige oder nicht kennzeichenmäßige Verwendung [ankommt]“.[101]

Ob damit in einem Rückschluß von einem Wegfall des kennzeichenmäßigen Gebrauchs auch bei § 14 MarkenG auszugehen ist, läßt sich nur bei einem näheren Blick auf die Funktion des § 23 MarkenG und sein Verhältnis zu § 14 MarkenG beantworten. Normzweck des § 23 MarkenG ist zunächst die Beschränkung des nach § 14 gewährten Kennzeichenschutzes sowohl im Interesse der einzelnen Mitbewerber als auch im Interesse eines freien Waren- und Dienstleistungsverkehrs.[102] So dient etwa § 23 Nr. 2 MarkenG der „Korrektur“ des Markenregisters. Trotz eines deskriptiven Charakters können Marken entweder kraft Verkehrsdurchsetzung (§ 8 Abs. 3 MarkenG) oder auch nur zu Unrecht eingetragen werden. Wegen der in § 23 Nr. 2 MarkenG enthaltenen Regelung gewährt die Eintragung dem Markeninhaber dennoch nicht das Recht, eine beschreibende Verwendung des Zeichens zu untersagen, da trotz der Eintragung ein berechtigtes Freihalteinteresse der Mitbewerber an der beschreibenden Angabe bestehen kann.

§ 23 MarkenG bestimmt somit den Schutzumfang des Markenrechts, so daß die Rechte des Markeninhabers aus § 14 MarkenG ohne weitere Prüfung im Anwendungsbereich des § 23 MarkenG eingeschränkt sind. Die beiden Vorschriften des § 14 MarkenG und des § 23 MarkenG begründen daher als Einheit das Kollisionsrecht der Marke.[103] Erst dann, wenn der Anwendungsbereich des § 14 MarkenG in Verbindung mit § 23 MarkenG eröffnet ist, können die weiteren Voraussetzungen des Verletzungstatbestandes geprüft werden.[104]

---

101 BT-Drucksache 12/6581 v. 14.01.1994, S. 80; OLG Stuttgart, WRP 1996, S. 634, 637 „Baggerparty“ will der Amtlichen Begründung hier nicht folgen. Andere Mitgliedstaaten hätten die Beschränkung auf nicht kennzeichenmäßige Benutzungshandlungen vorgenommen; dies sei bei der Auslegung des deutschen Markengesetzes zu berücksichtigen.

102 *Fezer*, § 23 RN 5.

103 *Fezer*, § 23 RN 9.

104 Der BGH geht in seiner Entscheidung "Big Pack" (GRUR 1999, S. 992, 994) zumindest bei § 14 Abs. 2 Nr. 3 MarkenG einen auf den ersten Blick anderen

Dem folgt auch der BGH in seiner neueren Rechtsprechung. In der Entscheidung „**Venus Multi**“[105] ließ der BGH die Frage, ob das neue MarkenG allgemein auf das Erfordernis der markenmäßigen Nutzung verzichtet, offen und entschied den Fall anhand des § 23 Nr. 2 MarkenG. Ebenso wurde die Frage, ob die Bezeichnung „**Tour de Culture**“ einen markenrechtlichen Verletzungstatbestand darstellte, an § 23 Nr. 2 MarkenG gemessen und auch hier die Streitfrage des markenmäßigen Gebrauchs offengelassen.[106] Dies zeigt aber, daß sich anhand des § 23 MarkenG nicht beantworten läßt, ob eine markenmäßige Benutzung Voraussetzung eines markenrechtlichen Anspruches nach § 14 MarkenG ist. § 23 MarkenG bestimmt lediglich den Schutzumfang der Marke oder geschäftlichen Bezeichnung. Erst wenn eine Prüfung anhand des § 23 MarkenG ergibt, daß der Schutzbereich der Marke eröffnet ist, sind die weiteren Voraussetzungen des § 14 MarkenG zu prüfen, zu denen dann auch die kennzeichenmäßige Benutzung eines Zeichens gehören kann.

d. Teleologische Auslegung nach dem Inhalt des Markenschutzes unter Geltung des MarkenG

Der Grund für die Schranke des warenzeichenrechtlichen Gebrauchs unter Geltung des WZG ist vielfach darin gesehen worden, daß die *Herkunftsfunktion* der Marke die allein warenzeichenrechtlich geschützte

---

Weg. § 23 Nr. 2 MarkenG soll im Rahmen des Bekanntheitsschutzes keine eigenständige Bedeutung zukommen, da die im Rahmen der dort stattfindenden Prüfung der Sittenwidrigkeit zu berücksichtigenden Umstände zwingend schon zu Verneinung des Bekanntheitsschutzes im Rahmen des Merkmals "ohne rechtfertigenden Grund in unlauterer Weise" führen. Das Gericht prüft hier nicht erst den Anwendungsbereich des § 14 Abs. 2 Nr. 3 MarkenG anhand des § 23 Nr. 2 MarkenG, sondern will systematisch an erster Stelle die Voraussetzungen des Bekanntheitsschutzes geprüft wissen, da die Unlauterkeitsprüfung notwendig auch die Berücksichtigung eines beschreibenden Charakters der in Rede stehenden Kennzeichnung umfasse. Es mag dahinstehen, ob dieses Verständnis der Rolle des § 23 MarkenG gerecht wird, denn zumindest widerspricht dies nicht der obigen Einordnung des § 23 MarkenG als Schutzrahmenbestimmung bei Identitäts- und Verwechslungsschutz.

105 BGH GRUR 1998, S. 697, 699 „Venus Multi“.

106 BGH MarkenR 1999, S. 28, 29 „Tour de Culture“.

Position darstellte. Aber auch nach Art. 2 MarkenRL bzw. § 3 Abs. 1 MarkenG ist Voraussetzung der Schutzfähigkeit eines Zeichens als Marke, daß dieses geeignet ist, „Waren und Dienstleistungen eines Unternehmens von denjenigen anderer Unternehmen *zu unterscheiden*". Die Hauptfunktion der Marke liegt daher darin, dem Verbraucher die Ursprungsidentität des Erzeugnisses zu garantieren, indem es ihm möglich ist, das Erzeugnis anhand der Marke von Erzeugnissen anderer Herkunft zu unterscheiden.[107] Damit wird – auch schon unter Geltung des WZG[108] - nicht eine Herkunftsfunktion in dem Sinne angesprochen, daß eine namentliche Identifizierung des Herkunftsbetriebes irrtumsfrei gewährleistet werden soll. Es kommt vielmehr auf eine Unterscheidungsfunktion an,[109] d.h. die Möglichkeit des Verbrauchers, gleichartige Waren anhand ihrer Kennzeichnung verschiedenen Herkunftsbetrieben bzw. dem Markeninhaber zuzuordnen.

Fezer[110] geht demgegenüber allen voran von dem zuvor erwähnten „Paradigmenwechsel im Verständnis der Markenfunktionen" aus, der auch seinen Niederschlag im Markengesetz gefunden haben soll.[111] Deutlich wird diese partielle Abkehr insbesondere durch die Ablösung der Marke vom Geschäftsbetrieb, d.h. deren freie Übertragbarkeit, aber auch durch die Inkorporation der „**Dimple**"-Rechtsprechung des Bundesgerichtshofes[112] in § 14 Abs. 2 Nr. 3 MarkenG und die Abkehr vom internationalen Erschöpfungsgrundsatz hin zum europäischen.[113] Die *Garantiefunktion* einer Marke ist nur ansatzweise im Hinblick auf den Schutz geographischer Herkunftsangaben in § 127 Abs. 2 MarkenG er-

---

107 EuGH EuZW 1990, S. 545, 546 RN 14 „Hag II"; EuGH GRUR Int. 1994, S. 614, 617 RN 45 „Ideal Standard I".

108 BGH GRUR 1991, S. 460, 461 „Silenta".

109 *Keller*, GRUR 1996, S. 607, 608.

110 GRUR 1996, S. 566, 569.

111 Zustimmend auch *Varadinek*, GRUR 2000, S. 279, 282.

112 BGH GRUR 1985, S. 550 „Dimple". Nach dem MarkenG wäre dieser Fall der Nutzung eines bekannten Zeichens für unähnliche Waren nach § 14 Abs. 2 Nr. 3 MarkenG zu entscheiden gewesen.

113 *Tilmann*, ZHR 158 (1994), S. 371 ff.; zur Erschöpfung EuGH WRP 1999, S. 803 „Sebago"; allgemein dazu *Klaka*, GRUR 1994, S. 321 ff.

wähnt. Eine Übertragbarkeit dieses Schutzinhaltes auf andere Kennzeichen scheitert bereits daran, daß der Schutz geographischer Angaben wettbewerbsrechtlich orientiert ist und daher von dem allgemeinen Konzept des kennzeichenrechtlichen Schutzes ohnehin abweicht.[114]

Es ist nicht in Abrede zu stellen, daß über die „Grundfunktion" der Marke als Herkunftshinweis hinaus auch Bekanntheit und Wertschätzung der Marke rechtlichen Schutz genießen.[115] Hier sind die §§ 9 Abs. 1 Nr. 3, 14 Abs. 2 Nr. 3 MarkenG zu nennen, die einen Schutz auch außerhalb des Warenähnlichkeitsbereichs gewähren und so Qualitäts-, Garantie- und Werbefunktion der bekannten Marke schützen. Zwar steht nach dem 10. Erwägungsgrund der Markenrichtlinie[116] auch hier die Herkunftsfunktion weiterhin im Vordergrund, der Zusatz „insbesondere" ist jedoch als Hinweis auf eine der beachtenswerten Markenfunktionen zu verstehen. Andere Funktionen der Marke sind dadurch nicht ausgeschlossen. Die schützenswerten Funktionen im Bereich der Verletzungstatbestände sind daher zumindest bei dem Schutz bekannter Marken erweitert worden.[117]

Hinsichtlich der geschützten Funktionen einer Marke eine Aufspaltung zwischen den Tatbeständen der §§ 14 Abs. 2 Nr. 1 und Nr. 2 und § 14 Abs. 2 Nr. 3, der nur die bekannte Marke schützt, vorzunehmen, erscheint einigen nicht sachgerecht.[118] Die Konsequenz einer einheitlichen

---

114 *Ingerl/Rohnke*, Einl. RN 34.

115 *Keller*, GRUR 1996, S. 607, 608.

116 GRUR Int. 1989, S. 294.

117 *Kur*, GRUR 1994, S. 330, 332, 333 weist darauf hin, daß die Einführung des Schutzes bekannter Marken nicht als Kodifizierung der deutschen Rechtsprechung zur Rufausbeutung bekannter Marken verstanden werden kann, sondern als europäischer Konsens zwischen dem in einigen Mitgliedstaaten von Bekanntheit bzw. Berühmtheit unabhängigen Schutz gegen jedwede Benutzung der Marke, die deren Inhaber ohne rechtfertigenden Grund einen Schaden zufügt und den in anderen Mitgliedstaaten entwickelten Konzepten eines außermarkenrechtlichen Schutzes.

118 So *Fezer*, GRUR 1996, S. 566, 567; *Althammer/Ströbele/Klaka*, § 14 RN 66; *Keller*, GRUR 1996, S. 607, 610. Anders dagegen *v. Gamm*, WRP 1993, S. 793, 797, der allerdings zwischen § 14 Abs. 2 Nr. 1 einerseits und §§ 14 Abs. 2 Nr. 2

Betrachtung wäre, daß auch § 14 Abs. 2 Nr. 3 MarkenG Schutz nur gegen markenmäßige Nutzungen gewähren würde, so daß der Schutztatbestand auf halbem Wege stehen bliebe. Denn Fälle einer rufmäßigen Ausbeutung wie etwa „**Rolls Royce**"[119] fielen trotz der Erweiterung des Schutzbereiches auf Verletzungshandlungen im Ungleichartigkeitsbereich aus dem markenrechtlichen Anspruchssystem heraus, da sie zumindest nach der bisherigen Rechtsprechung des BGH keine markenmäßigen Nutzungen darstellen würden. Gleichwohl schiene eine Einbeziehung gerade dieser Sachverhalte vor dem Hintergrund gerechtfertigt, daß Marken, die den erforderlichen Bekanntheitsgrad aufweisen, ohne jeden Zweifel Qualitäts-, Garantie- und/oder Werbefunktion zukommt. Der oben genannte „Paradigmenwechsel" hat sich wohl mindestens durch Einführung des singulären Tatbestandes des § 14 Abs. 2 Nr. 3 MarkenG manifestiert. Und so wie auch nur im Hinblick auf § 14 Abs. 2 Nr. 3 MarkenG auf das Erfordernis der Warenähnlichkeit verzichtet worden ist, erschiene es nicht sachfremd, den markenmäßigen Gebrauch auch nur in diesen Fallgruppen für verzichtbar zu halten.

Dieser Ansatz scheint sich zunächst zu bestätigen vor dem Hintergrund der Gründe für die Privilegierung der bekannten Marke. Im Hinblick auf die oben genannten erweiterten Funktionen der bekannten Marken begegnet es keinen Bedenken, den bekannten Marken unter Berücksichtigung der in § 14 Abs. 2 Nr.3 MarkenG genannten Unlauterkeitsmerkmale das Ausschließlichkeitsrecht des § 14 Abs. 1 MarkenG zugute kommen zu lassen. Wie aber können auch unbekannten Marken im Rahmen der §§ 14 Abs. 2 Nr. 1 und Nr. 2 MarkenG diese Funktionen ohne jede Prüfung zugesprochen werden? Hier ist es sachgerechter, den Schutz bei nicht markenmäßiger Benutzung an § 1 UWG zu orientieren, der Wertungsmöglichkeiten eröffnet und lediglich bei Vorliegen besonderer Unlauterkeitsmerkmale Rechtsschutz gewährt.

---

und Nr. 3 andererseits unterscheidet, da bei den letztgenannten anderenfalls eine Verwechslungsgefahr bzw. Rufausnutzung oder –schädigung ausscheide.

119 BGHZ 86, S. 90 „Rolls Royce".

Gegen eine Aufspaltung der Tatbestände des § 14 Abs. 2 MarkenG sprechen tatsächlich aber zwei Erwägungen. Zum einen ist nicht ersichtlich, daß der Gesetzgeber von einem unterschiedlichen Benutzungsbegriff in Nr. 1 und 2 sowie Nr. 3 ausgegangen wäre.[120] Vielmehr spricht die einheitliche Eingangsformulierung für einen einheitlichen Benutzungsbegriff. Zum anderen weist *Fezer*[121] zutreffend darauf hin, daß dem Merkmal der markenmäßigen Benutzung bei einer Aufspaltung der Schutztatbestände eine unverhältnismäßig große Rolle zukäme. Denn die Abgrenzung zwischen dem Verwechslungsschutz des § 14 Abs. 2 Nr. 2 MarkenG und dem Bekanntheitsschutz in § 14 Abs. 2 Nr. 3 MarkenG ist schwierig und sollte nicht an dem Kriterium des markenmäßigen Gebrauchs orientiert werden.

e. Ergebnis

Sowohl die europäische MarkenRL als auch das deutsche MarkenG sind im Hinblick auf die Frage, ob der markenmäßige Gebrauch weiterhin Voraussetzung eines jeden markenrechtlichen Verletzungstatbestand ist, von ihrem Wortlaut her für beide Auslegungsvarianten offen. Aus dem Fehlen eindeutiger und stichhaltiger Aussagen zu der schon unter Geltung des WZG kontrovers diskutierten Frage kann jedoch auf eine Abkehr vom markenmäßigen Gebrauch nicht geschlossen werden. Die von vielen angesprochene Funktionenerweiterung hat sich ausdrücklich nur durch die Einbeziehung des Ungleichartigkeitsbereichs in § 14 Abs. 2 Nr. 3 MarkenG vollzogen. Da aber für § 14 Abs. 2 Nr. 3 MarkenG kein anderer Benutzungsbegriff als für § 14 Abs. 2 Nr. 1 und Nr. 2 MarkenG angenommen werden kann, ist die kennzeichenmäßige Nutzung nach wie vor Voraussetzung markenrechtlicher Ansprüche. Es stellt sich allerdings die Frage, wann eine solche markenmäßige Nutzung nach dem MarkenG vorliegt.

---

120 Vgl. *Keller*, GRUR 1996, S. 607, 610.

121 *Fezer*, § 14 RN 29.

3. Benutzung eines Zeichens für fremde Waren als kennzeichenmäßiger Gebrauch

Die Verwendung „als Herkunftszeichen" deckt sich nach Ansicht *Fezers* nicht zwingend mit dem Begriff des „markenmäßigen Gebrauchs".[122] So wird von *Fezer* vorgeschlagen, darauf abzustellen, ob das Zeichen „nach Art einer Marke oder als Marke" benutzt wird, wobei sich dies nach der objektiven Art der Verwendung und nicht allein (wie der zeichenmäßige Gebrauch bei § 16 WZG) anhand der Verkehrsauffassung beurteilen soll.[123] Eine Benutzung als Marke soll dann vorliegen, wenn die Benutzung eine Störung der „Identifizierungsfunktion und Kommunikationsfunktion" der Marke bewirkt.[124] Neben einer Verwendung als Unterscheidungsmittel soll auch die Nutzung der Marke als Werbemittel zur Identifizierung von Unternehmensprodukten erfaßt werden[125], so daß auch Sachverhalte wie **„Rolls Royce"**[126], **„Mars**[127], **Nivea**[128]**"** und **„Mordoro"**[129] markenrechtliche Ansprüche begründen.[130] Anwendungsvoraussetzung der markenrechtlichen Verletzungstatbestände soll lediglich sein, daß die Marke zum Zwecke des Produktabsatzes im Sinne einer Benutzung für Waren oder Dienstleistungen eingesetzt wird.[131]

Bestätigt sieht sich *Fezer* durch die Entscheidung des EuGH **„BMW/Deenik"**.[132] Der Beklagte, Inhaber einer KFZ-Werkstatt, hatte

---

122 *Fezer*, § 23 RN 10.
123 *Fezer*, § 23 RN 10.
124 *Fezer*, § 14 RN 48.
125 *Fezer*, § 14 RN 48.
126 BGH GRUR 1983, S. 247 „Rolls Royce".
127 BGH GRUR 1994, S. 808 „Markenverunglimpfung I".
128 BGH GRUR 1995, S. 57 „Markenverunglimpfung II".
129 BGH GRUR 1984, S. 684 „Mordoro".
130 *Fezer*, § 14 RN 49.
131 *Fezer*, § 14 RN 30d; problematisch erscheint auch an diesem Ansatz eine Einbeziehung von Sachverhalten, wie sie der genannten „Mordoro"-Entscheidung (GRUR 1984, S. 684) zugrundeliegen, da es hier nicht um den Absatz von Produkten geht, sondern um eine Nichtraucherkampagne eines gemeinnützigen Vereins.
132 EuGH WRP 1999, S. 407 „BMW/Deenik".

mit den Angaben "Instandsetzung und Wartung von BMW", "Fachmann für BMW" und "Spezialisiert auf BMW" sowohl für den Verkauf von Gebrauchtwagen als auch für die Instandsetzung und Wartung von BMW-Fahrzeugen geworben. Der Beklagte gehörte nicht zum Vertragshändlernetz von BMW.

Zur Benutzung der Marke führte der EuGH aus, daß es für eine Anwendung des Art. 5 Abs. 1 und Abs. 2 MarkenRL (§ 14 Abs. 2 Nr. 1 bis Nr. 3 MarkenG) darauf ankommt, ob die Marke zur Unterscheidung von Waren oder Dienstleistungen als solchen eines bestimmten Unternehmens, also als Marke, benutzt wird, oder ob die Benutzung zu anderen Zwecken erfolgt.[133] Diese Definition entspricht inhaltlich der Definition des kennzeichenmäßigen Gebrauchs.[134] Eine solche Benutzung bejaht der EuGH, da es "im vorliegenden Fall [...] um die Benutzung der Marke zur Unterscheidung der fraglichen Waren als Gegenstand der vom Werbenden erbrachten Dienstleistungen [gehe].[135] Die BMW-Marken würden also vom Werbenden benutzt, um die Herkunft der Waren zu bestimmen, die Gegenstand der Dienstleistungen sind, um also diese Waren von anderen Waren zu unterscheiden, die Gegenstand derselben Dienstleistung sein könnten. *V. Linstow*[136] sieht darin eine Bestätigung seiner Ansicht, wonach ein Phantasiezeichen anders als markenmäßig nicht benutzt werde könne, auch wenn es zur Bezeichnung fremder Waren benutzt werde. Ein Zeichen werde also nicht nur dann markenmäßig genutzt, wenn es zur Bezeichnung der Herkunft der Ware aus dem *eigenen* Geschäftsbetrieb genutzt werde, sondern auch dann, wenn es zu Be-

---

133 EuGH WRP 1999, S. 407, 411 "BMW/Deenik". Dies widerspricht dem hier vertretenen Verständnis, wonach Art. 5 Abs. 5 MarkenRL die Frage der kennzeichenmäßigen Nutzung nicht zum Gegenstand hat.

134 So auch *v. Linstow*, WRP 2000, S. 955, 957. *Ingerl/Rohnke*, § 14 RN 52 unterscheiden dagegen zwischen einer Benutzung als Unterscheidungsmittel und einer Benutzung als Herkunftszeichen (kennzeichenmäßige Benutzung), ohne den Unterschied näher zu erläutern.

135 EuGH WRP 1999, S. 407, 411 "BMW/Deenik".

136 WRP 2000, S. 955, 957. Auch *Nägele*, MarkenR 1999, S. 177, 179 sieht darin eine Abkehr von dem bisherigen Verständnis des markenmäßigen Gebrauchs. Nach dem Verständnis des EuGH werde nun "wohl jede Verwendung der Marke im geschäftlichen Verkehr" erfaßt.

zeichnung der Herkunft der Ware aus einem *fremden* Geschäftsbetrieb dient.[137] Eine kennzeichenmäßige Nutzung soll also auch in den sogenannten Fällen einer Markennennung vorliegen.[138]

Ein solches Verständnis der kennzeichenmäßigen Nutzung eines Zeichens weicht von dem bisherigen Verständnis eines markenmäßigen Gebrauchs nach der Rechtsprechung des BGH ab.[139] Zwar läßt sich der Definition des BGH, daß das Zeichen "der Unterscheidung der so gekennzeichneten Waren von gleichen oder gleichartigen anderer Herkunft diene" keine Beschränkung auf die Kennzeichnung eigener Waren entnehmen. Die Entscheidungspraxis zeigt jedoch, daß der BGH das Merkmal des markenmäßigen Gebrauchs bislang nur dann bejaht hat, wenn das Zeichen zur Kennzeichnung eigener Waren verwendet wurde.

Für eine solche Einschränkung ist jedoch kein Grund ersichtlich. Bejaht man eine kennzeichenmäßige Nutzung auch dann, wenn das fremde Zeichen für fremde Waren benutzt wird, so wird ein identisches Zeichen für identische Waren gemäß § 14 Abs. 2 Nr. 1 MarkenG benutzt.[140] Die Folge ist, daß es auf eine Verwechslungsgefahr nicht mehr ankommt.[141] Dies besagt jedoch noch nichts über die Zulässigkeit der Markennennung nach anderen Vorschriften. Der EuGH hat dazu ausgeführt, daß es auch im Anwendungsbereich des Art. 5 Abs. 1 Buchstabe a MarkenRL (entspricht § 14 Abs. 2 Nr. 1 MarkenG) darauf ankommt, ob nicht etwa die Wirkungen der Marke gemäß Art. 6 MarkenRL (entspricht § 23 MarkenG) hinsichtlich der konkreten Benutzung beschränkt sind.[142] Es ist also anhand des § 23 MarkenG in jedem Fall zu bestimmen, ob die Be-

---

137 *V. Linstow*, WRP 2000, S. 955, 956.

138 Siehe zum Begriff der Markennennung *Ingerl/Rohnke*, § 14 RN 86.

139 Siehe die Nachweise zur Rechtsprechung oben FN 45. So auch *Nägele*, MarkenR 1999, S. 177, 179.

140 *V. Linstow*, WRP 2000, S. 955, 957 ff.

141 Das Unbehagen an einer Zuordnung der Fälle einer Markennennung zu § 14 Abs. 2 Nr. 1 MarkenG mag der Grund dafür sein, daß bislang eine markenmäßige Nutzung nur dann angenommen wurde, wenn eigene Waren mit dem Zeichen gekennzeichnet wurden, siehe auch *v. Linstow*, WRP 2000, S. 955, 957, FN 34.

142 EuGH WRP 1999, S. 407, 412 "BMW/Deenik".

nutzung des Zeichens gegen die guten Sitten verstößt. Insbesondere kommt in den Fällen einer Markennennung § 23 Nr. 2 MarkenG in Betracht, wonach die Benutzung des Zeichens als Angabe über Eigenschaften einer Ware zulässig ist, sofern die Benutzung nicht gegen die guten Sitten verstößt.[143]

4. Ergebnis

Eine kennzeichenmäßige Nutzung liegt auch dann vor, wenn ein fremdes Zeichen für eine fremde Ware benutzt wird. Auch dann wird das Zeichen "zur Unterscheidung von Waren oder Dienstleistungen als solchen eines bestimmten Unternehmens" benutzt. Da ein identisches Zeichen für identische Waren benutzt wird, liegt ein Fall des § 14 Abs. 2 Nr. 1 MarkenG vor. Die Zulässigkeit solcher Markennennungen zur Kennzeichnung fremder Waren bestimmt sich nach § 23 MarkenG.

II. Die Tatbestandsalternativen des § 14 MarkenG im einzelnen

Liegt eine kennzeichenmäßige Nutzung im geschäftlichen Verkehr vor und ist die Nutzung des Zeichens nicht nach § 23 MarkenG zulässig, so sind die weiteren Voraussetzungen des § 14 Abs. 2 MarkenG zu prüfen. Der markenrechtliche Verletzungstatbestand des § 14 MarkenG besteht aus drei Tatbestandsalternativen, die unterschiedliche Voraussetzungen aufweisen.

1. § 14 Abs. 2 Nr. 1 MarkenG: Identitätsschutz

Der Identitätsschutz des § 14 Abs. 2 Nr.1 MarkenG setzt sowohl eine Identität der sich gegenüberstehenden Zeichen als auch eine Identität der

143 § 23 Nr. 2 MarkenG ist sowohl dann anwendbar, wenn die fremde Marke im Rahmen vergleichender Werbung benutzt wird, als auch bei einer offenen Anlehnung wie etwa in dem Fall "Rolls Royce", s.o. So auch *v. Linstow*, WRP 2000, S. 955, 957 ff.

jeweiligen Waren oder Dienstleistungen, für die die Zeichen benutzt werden, voraus.

Weitere Voraussetzungen – etwa im Sinne einer Verwechslungsgefahr wie in § 14 Abs. 2 Nr. 2 MarkenG – sind, wie bereits erwähnt, nicht erforderlich.[144] Auf internationaler Ebene wird nach Art. 16 Abs. 1 S. 2 des TRIPS-Abkommens[145] die Verwechslungsgefahr vermutet. Dies öffnet den Weg zu einer Widerlegung der Vermutung.[146] Art. 1 Abs.1 S. 2 des TRIPS-Abkommens ermöglicht aber umfassendere Schutzmöglichkeiten im Rahmen nationaler Vorschriften, so daß dies einer engeren Fassung des § 14 Abs. 2 Nr. 1 MarkenG, der eine solche Widerlegung nicht vorsieht, nicht entgegensteht. Einbezogen sind daher auf nationaler Ebene auch die Fälle der sog. „Marken- oder Produktpiraterie", d.h. das Inverkehrbringen billigster Produktkopien, die ohne weiteres vom Verkehr als solche erkannt werden und somit die Gefahr von Verwechslungen nahezu ausgeschlossen ist.[147] In diesem engen Identitätsbereich kommt dem Markeninhaber, von den Ausnahmen des § 23 MarkenG abgesehen, ein absoluter Schutz zu.

2. § 14 Abs. 2 Nr. 2 MarkenG: Verwechslungsschutz

Das Recht an der Marke ist nach § 14 Abs. 2 Nr. 2 MarkenG bei Verwendung einer identischen oder ähnlichen Marke für identische oder ähnliche Produkte verletzt, wenn wegen der Ähnlichkeit die Gefahr von Verwechslungen besteht. Bei dem prägenden Begriff der Verwechslungsgefahr in § 14 Abs. 2 Nr. 2 MarkenG handelt es sich weitestgehend um einen (revisiblen) Rechtsbegriff.[148] Demoskopische Gutachten können daher allenfalls indizielle Wirkung entfalten.

---

144 *Fezer*, § 14 RN 72.

145 BGBl. 1994 II, S. 1730, 1734.

146 *Zumbusch*, GRUR Int. 1997, S. 134, 137.

147 *Fezer*, MarkenG, § 14 RN 75; siehe zu weiteren Tatbeständen *Sack*, GRUR 1996, S. 663, 664.

148 *Althammer/Ströbele/Klaka*, § 14 RN 11 und 20.

Erste Voraussetzung des Verwechslungsschutzes ist die Ähnlichkeit der sich gegenüberstehenden Zeichen. Grundsätzlich maßgeblich ist die eingetragene Form der Marke mit all ihren Bestandteilen. Entscheidend für die Beantwortung dieser Tatfrage ist jedoch immer der Gesamteindruck der Marke, der auch von nur einem Bestandteil geprägt sein kann, mithin von der Marke in ihrer Gesamtheit zu unterscheiden ist.[149] Für die Feststellung ist insbesondere relevant, welche Anforderungen an die Qualität der beteiligten Verkehrskreise zu stellen sind.[150] Die Prüfung basiert auf den drei Säulen einer klanglichen, (schrift-)bildlichen und begrifflichen Ähnlichkeit, wobei der klanglichen Ähnlichkeit in der Praxis die größte Bedeutung zukommt.[151] Ob nicht gerade im Internet die klangliche Ähnlichkeit zurücktreten muß, da - gemessen an herkömmlichen Maßstäben - die Marke zumindest in geringerem Umfang durch Hören wahrgenommen wird, ist an anderer Stelle zu erörtern.[152]

Das nach diesen Grundsätzen ähnliche Zeichen muß daneben für ähnliche oder identische Waren benutzt werden. Der Begriff der Warenähnlichkeit löste den unter Geltung des WZG maßgeblichen Begriff der Warengleichartigkeit ab. Im Sinne des herkömmlichen *absoluten* Gleichartigkeitsbegriffs (unabhängig von der Kennzeichnungskraft des Zeichens) kam es allein darauf an, daß die fraglichen Waren vom Verkehr derselben Herkunftsstätte zugeordnet werden konnten. So hatte insbesondere die Spruchsammlung von *Richter "Warengleichartigkeit"* nahezu unwi-

---

149 *Althammer/Ströbele/Klaka*, § 9 RN 80. BGH GRUR 1976, S. 353, 354 "Colorboy"; BGH GRUR 1983, S. 768, 769 "Capri Sonne"; BGH GRUR 1991, S. 319, 320 "Hurricane"; BGH GRUR 1992, S. 203, 205 "Roter mit Genever"; BGH GRUR 1999, S. 995, 997 "Honka"; BGH WRP 2000, 529, 531 "ARD-1"; BGH WRP 2000, S. 173, 174 "Elfi Rauch".

150 Vgl. zu der nach Auffasung des EuGH entscheidenden Sicht des "durchschnittlich informierten, aufmerksamen und verständigen Durchschnittsverbraucher *Althammer/Ströbele/Klaka*, § 9 RN 82 ff.

151 *Krüger*, Anm. zu BGH GRUR 1986, S. 253 "Zentis", S. 256.

152 Siehe S. 152 ff. zu dem Abstandsgebot bei der Verwendung eines Kennzeichens als Domain.

derlegliche Präjudizwirkung.[153] Der Begriff der Ähnlichkeit der Waren stellt dagegen einen neuen, eigenständigen Rechtsbegriff dar, der einer Ausfüllung durch die Rechtsprechung bedarf.[154] Die Warenähnlichkeit steht nicht mehr als „2. Säule“ neben der Verwechslungsgefahr, sondern bildet eines neben einer Vielzahl anderer Kriterien zur Bestimmung der Verwechslungsgefahr.[155] Das Kriterium der Warenähnlichkeit ermöglicht daher eine weitaus flexiblere Handhabe angesichts dieser Wechselwirkung zu anderen Komponenten. Der EuGH hat – zumindest der Terminologie nach[156]- den Begriff der Warenähnlichkeit dahingehend definiert, daß Warenähnlichkeit anzunehmen ist

> „sofern zwischen den betreffenden Erzeugnissen so enge Beziehungen bestehen, daß sich den Abnehmern, wenn sie an den Waren dasselbe Zeichen angebracht sehen, der Schluß aufdrängt, daß diese Waren vom selben Unternehmen stammen.“[157]

Neben der Ähnlichkeit der Zeichen und der Ähnlichkeit der Waren oder Dienstleistungen spielt auch der Schutzumfang des älteren Zeichens eine Rolle.[158] Der Schutzumfang der Marke hängt von ihrer Kennzeichnungskraft ab. Diese kann schwach, normal oder auch stark sein. Eine Marke hat eine normale Kennzeichnungskraft, wenn sie uneingeschränkt zur Unterscheidung der Waren und Dienstleistungen von solchen anderer Unternehmen geeignet ist, ohne daß die Marke im Verkehr in größerem

---

153 *Althammer/Stöbele/Klaka*, § 9 RN 31. Diese Sammlung ist ersetzt worden durch die in 11. Auflage vorliegende Liste "Markenähnlickeit" von *Richter/Stoppel*, siehe *Althammer/Ströbele/Klaka*, § 14 RN 13.

154 BGH GRUR 1995, S. 216, 219 „Oxygenol II“.

155 BGH GRUR 1995, S. 216, 219 „Oxygenol II“; *Teplitzky*, GRUR 1996, S. 1 ff.; der Gedanke einer Wechselbeziehung zwischen Warennähe, Zeichenähnlichkeit und Kennzeichnungskraft ist aber nicht neu; vgl. BGH GRUR 1993, S. 118 „Corvaton/Corvasal“.

156 Althammer/Ströbele/Klaka, § 9 FN 76.

157 EuGH GRUR Int. 1994, S. 614, 615 „Ideal-Standard II“; EuGH GRUR Int. 1998, S. 875, 877 "CANNON/Canon".

158 Althammer/Ströbele/Klaka, § 9 RN 130 ff.

Umfang hervorgetreten wäre.[159] Der Schutzumfang eines Zeichens kann hingegen wegen ähnlicher Drittmarken oder weil sich die Marke an eine schutzunfähige Angabe anlehnt, vermindert sein.[160] Die Marke kann dagegen einen weiteren Schutzumfang beanspruchen, wenn sie durch intensive Benutzung eine gesteigerte Verkehrsgeltung hat.[161]

Die Verwechslungsgefahr bestimmt sich nach einem Zusammenwirken aller Elemente. Es besteht zwischen den Faktoren eine Wechselbeziehung dergestalt, daß der Ähnlichkeitsgrad umso geringer sein kann, je größer die Kennzeichnungskraft und/oder die Warennähe ist, während umgekehrt ein höherer Ähnlichkeitsgrad erforderlich ist, wenn die Kennzeichnungskraft des Zeichens nur schwach und/oder der Warenabstand größer ist.[162] An diesem das Kennzeichnungsrecht beherrschenden Grundsatz hat sich auch durch die Umsetzung der Ersten Richtlinie 89/104/EWG[163] des Rates vom 21.12.1988 nichts geändert.[164]

Ausgehend von Art. 5 lit. b MarkenRL ist die Verwechslungsgefahr als ein gemeinschaftsrechtlicher Begriff zu begreifen, der an den Maßstäben einer richtlinienkonformen Auslegung zu messen ist.[165] Unabhängig von der Fortgeltung des oben genannten Grundsatzes, kann nicht unbesehen auf die von der Rechtsprechung vor Inkrafttreten des Markengesetzes entwickelten Grundsätze zurückgegriffen werden.[166]

Vor Inkrafttreten des Markengesetzes wurde zwischen folgenden Arten der Verwechslungsgefahr unterschieden:

---

159 *Althammer/Ströbele/Klaka*, § 9 RN 133. Das gilt insbesondere für Phantasiezeichen, die in keinem begrifflichen Zusammenhang mit den Waren oder Dienstleitungen stehen.

160 Althammer/Ströbele/Klaka, § 9 RN 142.

161 Althammer/Ströbele/Klaka, § 9 RN 137.

162 EuGH GRUR Int. 1998, S. 875, 877 "CANNON/Canon"; BGH GRUR 1999, S. 995, 997 "Honka"; BGH WRP 2000, S. 529, 531 "ARD-1"; OLG Köln GRUR-RR 2001, S. 28, 29 "easyway".

163 89/104/EWG GRUR Int. 1989, S. 294 ff.

164 EuGH GRUR 1998, S. 387 "Springende Raubkatze"; BGH GRUR 1996, S. 775, 776 "Sali Toft"; BGH GRUR 1996, S. 200, 201 "Innovadiclophont".

165 BGH GRUR 1996, S. 196, 198 „Springende Raubkatze“.

166 *Berlit*, RN 171.q

(1). Eine **unmittelbare Verwechslungsgefahr** war anzunehmen, wenn die angegriffene Marke tatsächlich für eine andere Marke gehalten wurde und der Verkehr davon ausgehen mußte, daß die so gekennzeichneten Waren oder Dienstleistungen aus einem Unternehmen stammten.[167]

(2). Eine **mittelbare (assoziative) Verwechslungsgefahr** setzte voraus, daß die sich gegenüberstehenden Marken etwa wegen gemeinsamer Stammbestandteile als Serienmarke dem älteren Markeninhaber zugeordnet wurden.[168]

(3). Die Gefahr von **Verwechslungen im weiteren Sinne** war anzunehmen, wenn die Marken zwar vom Verkehr als verschiedene Kennzeichen wahrgenommen wurden, dennoch aufgrund besonderer Umstände auf wirtschaftliche oder organisatorische Verbindungen zwischen den Unternehmen geschlossen werden konnte.[169]

Während der Tatbestand der mittelbaren Verwechslungsgefahr noch unter Geltung des WZG allein ein von der Rechtsprechung entwickeltes Institut darstellte, findet sich nunmehr in §§ 9 Abs. 1 Nr. 2, 14 Abs. 2 Nr. 2 MarkenG die Formulierung „einschließlich der Gefahr, daß die Marken gedanklich miteinander in Verbindung gebracht werden“ (vgl. Art. 4 Abs. 1 lit. b MarkenRL). Nach einem Vorlagebeschluß des BGH[170] sind die zuvor geäußerten Bedenken[171] hinsichtlich der Auslegung des Halbsatzes „Gefahr von Verwechslungen..., einschließlich der Gefahr, daß die Marken gedanklich miteinander in Verbindung gebracht werden“ (§ 9 Abs. 2 Nr. 2, § 14 Abs. 2 Nr. 2 MarkenG) nunmehr durch den EuGH eindeutig geklärt worden.[172] Schon aus dem Wortlaut ergäbe sich eindeutig, daß diese Formulierung keine Alternative zum Begriff der Ver-

---

[167] *Fezer*, § 14 RN 132a.

[168] BGH GRUR 1969, S. 40, 41 "Pentavenon"; BGH GRUR 1975, S. 312, 313 "Biba"; BGH GRUR 1989, 350, 352 "Abbo/Abo".

[169] BGH GRUR 1977, S. 491, 493 "Allstar".

[170] BGH GRUR 1996, S. 198 „Springende Raubkatze“.

[171] Vgl. auch BGH GRUR 1995, S. 808, 809 „P3-plastoclin“.

[172] EuGH GRUR Int. 1998, S. 56 „Springende Raubkatze II“.

wechslungsgefahr darstellt, sondern dessen Umfang bestimmen soll.[173] So ist nicht jede rein assoziative gedankliche Verbindung ausreichend, sondern nur eine solche, die tatsächlich eine Gefahr von Verwechslungen begründet. Nach Ansicht des Bundespatentgerichts und auch des Bundesgerichtshofes erfaßt das "gedankliche Inverbindungbringen" daher die frühere mittelbare Verwechslungsgefahr. Es ist folglich weiterhin darauf abzustellen, ob die angegriffene Bezeichnung infolge teilweiser Übereinstimmung mit der Klagemarke in einem wesensgleichen Stamm vom Verkehr dem Inhaber der Klagemarke zugeordnet wird.[174]

Die Gesetzesformulierung ist ferner auch für die Einbeziehung der Fälle der Verwechslungsgefahr im weiteren Sinne im Einklang mit der Amtlichen Begründung zum Markengesetz[175]. Auch hier gelten die wesentlichen Grundsätze fort.[176] Trotz des Erkennens der Unterschiede muß der Verkehr hier aufgrund der teilweisen Übereinstimmungen von wirtschaftlichen oder organisatorischen Zusammenhängen zwischen den Markeninhabern ausgehen.[177] Die Annahme solcher Beziehungen setzt aber voraus, daß die Marke zugleich Firmenkennzeichen ist.[178] Nur wenn das angegriffene Zeichen auch das Unternehmen des Kennzeicheninhabers und nicht nur dessen Produkte kennzeichnet, wird der Verkehr aufgrund der Übereinstimmungen davon ausgehen, daß *zwischen den Unternehmen* Beziehungen bestehen.

---

173 EuGH GRUR Int. 1998, S. 56, 57 Ziff. 18 „Springende Raubkatze II". *Starck*, MarkenR 2000, S. 233 m.w.N.

174 BGH GRUR 1999, S. 587, 589 "Cellafone"; BGH WRP 2000, S. 529, 531 "ARD-1".

175 Amtl. Begr. BT-Drucksache 12/6581, S. 71.

176 Die Rechtsprechung des BPatG im Jahre 1998 zeichnet sich lediglich durch eine flexible Bestimmung des Ähnlichkeitsgrades aus. Tendenziell scheitern wenige Verfahren an einer absoluten Unähnlichkeit der Waren. Die Wertung erfolgt vielmehr im Hinblick auf die Verwechslungsgefahr, so daß sich Begriffe wie "enge, mittlere, normale Ähnlichkeit, Ähnlichkeit zweifelhaft" in den Begründungen finden, siehe Grabrucker, GRUR 1999, S. 605, 619.

177 BGH WRP 2000, S. 529, 531 "ARD-1" m.w.N.

178 BGH GRUR 1991, S. 317, 318 "Medice"; BGH WRP 2000, S. 529, 531 "ARD-1".

3. § 14 Abs. 2 Nr. 3 MarkenG: Bekanntheitsschutz

Die dritte Tatbestandsalternative des § 14 Abs. 2 Nr. 3 MarkenG ist als neuartiger Schutztatbestand in das Markenrecht eingeführt worden und verdient daher besondere Beachtung. Schutz wird einer bekannten Marke danach auch außerhalb des Ähnlichkeitsbereichs von Waren bzw. Dienstleistungen gewährt, ohne daß es auf eine Verwechslungsgefahr ankäme.[179] Der Bekanntheitsschutz gilt ausschließlich im Unähnlichkeitsbereich.[180] Die bekannte Marke genießt im Ähnlichkeitsbereich nur den Schutz des § 14 Abs. 2 Nr. 2 MarkenG.

Der deutsche Gesetzgeber machte mit der Einführung des § 14 Nr. 3 MarkenG von der Fakultativregelung des Art. 5 Abs. 2 MarkenRL Gebrauch. Damit scheint es, als habe der Gesetzgeber die wettbewerbs- und deliktsrechtliche Rechtsprechung [181] zur Rufausbeutung und Verwässerung außerhalb der Warengleichartigkeit nunmehr kodifiziert,[182] so daß die Wertungen für § 14 Abs. 2 Nr. 3 MarkenG übernommen werden könnten. Die von der Rechtsprechung entwickelten Grundsätze können jedoch nicht unbesehen übernommen werden, da es sich bei den Schutz-

---

179 Der Schutz ist nicht nach Art eines Erst-Recht-Schlusses auf den Warenähnlichkeitsbereich auszudehnen (hier genießt auch die bekannte Marke Schutz nur nach § 14 Abs. 2 Nr. 3 MarkenG), da dies dem Wortlaut und der Systematik des § 14 Abs. 2 MarkenG widersprechen würde, siehe *Piper,* GRUR 1996, S. 429, 437; OLG Hamburg GRUR 1996, S. 982, 983 „Für Kinder".

180 Die Frage, ob auch innerhalb des Ähnlichkeitsbereichs bei bekannten Marken eine Rufausbeutung berücksichtigt werden kann, wird kontrovers diskutiert, siehe Nachweise bei *Althammer/Ströbele/Klaka,* § 14 RN 5. Der EuGH hat diese Frage dahingehen beantwortet, daß innerhalb des Warenähnlichkeitsbereiches ein über die Verwechslungsgefahr hinausgehender Assoziationsschutz für die bekannte Marke nicht in Betracht kommt, EuGH GRUR 1998, S. 387, 390 "Springende Raubkatze".

181 BGH GRUR 1985, S. 550 „Dimple"; GRUR 1959, S. 182 „Quick"; GRUR 1959, S. 25 „Triumph"; GRUR 1994, S. 808 „Markenverunglimpfung I"; GRUR 95, S. 57 „Markenverunglimpfung II"; GRUR 91, S. 609 „SL"; GRUR 1987, S. 400 „Pirelli"; GRUR 1991, S. 863 „Avon"; BGH GRUR 1997, S. 311 „Yellow Phone"; GRUR 1991, S. 465 „Salomon"; GRUR 1987, S. 711 „Camel Tours"; OLG Düsseldorf GRUR 1983, S. 389 „Rosenthal".

182 *Boes/Deutsch,* GRUR 1996, S. 168, die allerdings die Fälle nichtkennzeichenmäßiger Nutzung ausnehmen, so daß Fallkonstellationen wie „Rolls Royce" weiterhin an § 1 UWG zu messen wären.

voraussetzungen der „Bekanntheit“, der „Unterscheidungskraft“, der „Wertschätzung“ und des Merkmals „ohne rechtfertigenden Grund in unlauterer Weise“ um Begriffe des Gemeinschaftsrechts handelt, die letztlich der Auslegung des EuGH unterliegen.[183] Solange Auslegungsrichtlinien des EuGH jedoch fehlen,[184] sind die nationalen Rechtsprechungsgrundsätze zur Rufausbeutung und Verwässerung als Richtlinien heranzuziehen, die im folgenden skizziert werden:

a. Bekanntheitsgrad

Hinsichtlich des erforderlichen Bekanntheitsgrades ist anzunehmen, daß dieser sich jedenfalls unterhalb des zum Schutz der berühmten Marke nach §§ 1004, 823 BGB entwickelten Grades zu halten hat.[185]

Da es sich hier um einen Sonderschutz handelte, betonte der BGH wiederholt, daß dieser „nur mit großer Vorsicht und nur bei besonders gelagerten Ausnahmetatbeständen“ gewährt werden könne.[186] Demgemäß sind an den Grad der Bekanntheit im Sinne einer Berühmtheit der Marke erhöhte Anforderungen gestellt worden. Früher wurde zu Recht die Ansicht vertreten, daß ein höherer Grad an Verkehrsbekanntheit als 80 % nicht zu erreichen sei, da selbst derart bekannte Marken wie „Mercedes“ und „Klosterfrau“ keinen höheren Grad erreichen konnten.[187]

---

183 *Piper,* GRUR 1996, S. 429, 430; *Kur,* GRUR 1994, S. 330, 333; *Sack,* GRUR 1995, S. 81; BGH GRUR 1996, S. 198, 199 „Springende Raubkatze“.

184 Zu dem erforderlichen Bekanntheitsgrad hat der EuGH in GRUR Int. 2000, S. 73 ff. "Chevy" bereits entschieden.

185 *Piper,* GRUR 1996, S. 429, 432 m.w.N. In BGH GRUR 1959, S. 182, 186 „Quick“ anerkannte der BGH einen Schutz der berühmten Marke gegen „Verwässerung“, d.h. für Kennzeichnungen mit überragender Verkehrsgeltung, auf der Grundlage der §§ 823, 1004 BGB (vormals stützte der BGH diesen Schutz auf § 1 UWG, der jedoch Schwierigkeiten hinsichtlich des erforderlichen Wettbewerbsverhältnisses bereitete). Diesen deliktsrechtlichen Sonderschutz suchte der BGH damit zu begründen, daß der Inhaber einer berühmten Kennzeichnung ein anerkennenswertes Interesse habe, seine durch Zeit und Geld erworbene Alleinstellung vor Beeinträchtigung zu schützen. Der kennzeichnende Charakter sollte vor „Verwässerung“ geschützt sein.

186 BGH GRUR 1959, S. 182, 186 "Quick".

187 *Sauberschwarz* WRP 1970, S. 46, 47.

Entsprechend eines gesellschaftlich veränderten Markenbewußtseins und einer daran angepaßten medienwirksamen Markenstrategie sind jedoch in jüngerer Zeit selbst Ergebnisse von 99,7 % (Coca-Cola) erreicht worden.[188] Diese neuen Marktergebnisse waren Anlaß für den BGH, die früher als ausreichend angesehenen Bekanntheitsgrade von 65 – 80 % nicht mehr genügen zu lassen.[189] Dabei stellte der BGH zum einen klar, daß eine Kennzeichnung auch noch dann als berühmt angesehen werden konnte, wenn eine andere Kennzeichnung in demselben Branchenbereich einen höheren Bekanntheitsgrad erreichte.[190] Von großer Wichtigkeit war weiter die Feststellung, daß es zwar auf eine „allgemeine Bekanntheit“ ankäme, d.h. eine Bekanntheit innerhalb der inländischen Bevölkerung über 16 Jahre, daß aber auch dem Umstand Bedeutung zukommt, daß die Bekanntheit des Kennzeichens in den überwiegend mit den Produkten angesprochenen Käuferkreisen um ein Vielfaches höher sein kann (in BGH "Avon" 91 % der weiblichen Bevölkerung gegenüber 81 % in der Gesamtbevölkerung).[191]

Außerhalb eines Schutzes berühmter Marken konnte eine Marke auch Schutz nach § 1 UWG wegen Rufausbeutung erlangen, wenn sie die erforderliche Verkehrbekanntheit aufwies. Der BGH stellte im Hinblick auf wettbewerbsrechtlich zu beurteilende Sachverhalte fest, daß der Schutz der Marke dann nicht allein von dem festzustellenden Grad der Bekanntheit abhänge, sondern vielmehr korreliere mit der Art der vertriebenen Waren, deren Qualität und Ansehen, einem damit verbundenen Prestigewert, sowie nicht zuletzt dem Verhältnis der sich gegenüber stehenden Waren.[192] In dem vorgenannten Urteil **„Dimple“** ließ der BGH im Rahmen der untersuchten Rufausbeutung bereits eine Verkehrsbekanntheit von etwas über 30 % genügen. Eine regionale Bekanntheit von 30 % und gleichzeitiger Bekanntheit in derselben Größenordnung bei

[188] *Ernst-Moll* GRUR 1993, S. 8, 10.
[189] BGH GRUR 1991, S. 863 „Avon“.
[190] BGH GRUR 1991, S. 863, 866 „Avon“.
[191] BGH GRUR 1991, S. 863, 866 „Avon“.
[192] BGH GRUR 1985, S. 550, 552 „Dimple“.

Personen einer bestimmten Gruppenzugehörigkeit genügte dagegen nicht.[193]

Die Anforderungen an den Bekanntheitsgrad im Rahmen des § 14 Abs. 2 Nr. 3 MarkenG werden sich zwischen den für den Schutz berühmter Marken entwickelten Werten und der im Rahmen einer Rufausbeutung nach § 1 UWG erforderlichen Verkehrsbekanntheit bewegen.[194] Der EuGH hat hierzu entschieden, daß ein bestimmter Prozentsatz nicht festgelegt werden kann.[195] Die Marke müsse einem bedeutenden Teil des Publikums bekannt sein, das von den durch die Marke erfaßten Waren oder Dienstleistungen bekannt sei.[196] Bei dieser Prüfung seien der Marktanteil der Marke, die Intensität und Dauer ihrer Benutzung, ihre geographische Ausdehnung un der Umfang der Investitionen, die das Unternehmen zu ihrer Förderung getätigt habe, zu berücksichtigen.[197]

b. Ausnutzung und Beeinträchtigung der Wertschätzung sowie der Unterscheidungskraft

Ist eine hinreichende Bekanntheit festgestellt, kommt es auf die weiteren Voraussetzungen des § 14 Abs. 2 Nr. 3 MarkenG an. Der Wortlaut gibt vier Tatbestandsalternativen vor, die zu einer Unlauterkeit führen können. Es kommen sowohl die Ausnutzung oder Beeinträchtigung der Wertschätzung als auch die Beeinträchtigung oder Ausnutzung der Unterscheidungskraft in Betracht. Uneinheitlich ist noch die Zuordnung der Tatbestände zu den vor Geltung des Markengesetzes gebildeten Fallgruppen. Der Amtlichen Begründung zufolge stellen Ausnutzung und Beeinträchtigung der Unterscheidungskraft einen Verwässerungstatbestand dar, die Ausnutzung und Beeinträchtigung der Wertschätzung da-

---

193 BGH GRUR 1991, S. 465, 466 „Salomon".

194 *Ernst-Moll*, GRUR 1993, S. 8, 17; *Piper*, GRUR 1996, S. 429, 432 mit Hinweis auf die Entstehungsgeschichte der Markenrechtsrichtlinie, in deren Verlauf der Begriff der Berühmtheit der Marke bewußt durch den der Bekanntheit ersetzt wurde; ebenso *Sack*, GRUR 1995, S. 81, 86.

195 EuGH GRUR Int. 2000, S. 73, 74 "Chevy".

196 EuGH GRUR Int. 2000, S. 73, 75 "Chevy".

197 EuGH GRUR Int. 2000, S. 73, 75 "Chevy".

gegen einen Rufausbeutungstatbestand.[198] *Fezer* dagegen sieht in der Ausnutzung der Wertschätzung eine Rufausbeutung, in der Beeinträchtigung der Wertschätzung hingegen eine Rufgefährdung; der Unterschied soll in einem bloß zeitlichen Element zwischen der bloßen Gefährdung und der tatsächlichen Rufausbeutung liegen.[199] Von wesentlicher Bedeutung ist, daß *Fezer* den Tatbestand des Ausnutzens der Unterscheidungskraft nicht als sachgerechten Kollisionstatbestand anerkennen will, da es sich um eine wettbewerbsrechtlich nicht zu beanstandende "Aufmerksamkeitsausbeutung handele.[200]

aa. Ausnutzung der Wertschätzung

Einigkeit besteht aber darüber, daß der Tatbestand der Ausnutzung der Wertschätzung dem zu § 1 UWG entwickelten Tatbestand der Rufausbeutung entspricht und der Terminologie des MarkenG entsprechend als „Markenausbeutung" bezeichnet werden kann.[201] Dies bedeutet den Imagetransfer eines wirtschaftlich verwertbaren, schutzwürdigen guten Rufs, den das Publikum aufgrund positiver Erfahrungen und Erwartungen mit der Marke in diese hineinlegt.[202] Nicht ausreichend ist die bloße Nachahmung des Kennzeichens; die Anlehnung an eine fremde Leistung und sogar deren Übernahme sind nur dann unzulässig, wenn besondere Umstände dies nahelegen.[203] Im Falle der Rufausbeutung bzw. Ausnut-

198 BT-Drucksache 12/6581, S. 72.
199 *Fezer* § 14 RN 424.
200 Siehe FN 199.
201 *Fezer*, § 14 RN 424.
202 *Piper*, GRUR 1996, S. 429, 434.
203 BGH GRUR 1991, S. 465, 466 "Salomon"; BGH GRUR 1997, S. 754 "grau/magenta". In BGH GRUR 1997, S. 311, 313 "Yellow Pages" schloß der BGH eine Verletzung des § 1 UWG aus, da die Beklagte (Anbieterin von Branchenauskünften über gewerbliche Anbieter und industrielle Hersteller) lediglich zur Verdeutlichung ihres Unternehmensgegenstandes Bezug genommen habe zu den „Gelben Seiten", dies aber noch nicht dem freien Wettbewerb widerspräche. Die bloße Nachahmung einer fremden Kennzeichnung ohne sonstige Elemente der Unlauterkeit, wie sie § 14 Abs. 2 Nr. 3 MarkenG nunmehr ausdrücklich vorsähe, reiche für den Vorwurf einer wettbewerbswidrigen Rufausbeutung nicht aus

zung der Wertschätzung ist hierzu die Erhöhung der eigenen Wertschätzung durch Übernahme des Kennzeichens erforderlich.[204] Dies setzt voraus, daß eine Verwertung des Rufes auch in dem Warengebiet möglich ist, für welches das Kennzeichen benutzt wird.[205]

bb. Beeinträchtigung der Wertschätzung

Die Beeinträchtigung der Wertschätzung als zweite Tatbestandsalternative erfaßt dagegen die Fälle des sogenannten "inkompatiblen Zweitgebrauchs".[206] Nicht der gute Ruf des Zeicheninhabers wird auf den Nachahmer übertragen, sondern es besteht umgekehrt die konkrete Gefahr[207] der Übertragung eines negativen Images des Nachahmers auf den Kennzeicheninhaber.[208] Dies kann zum einen gelten, wenn ein Kennzeichen für hochwertigen Whiskey für Putzmittel verwendet werden soll[209] oder ein Kennzeichen für Wagen der Luxusklasse für niedrigpreisige Kleinwagen benutzt wird.[210] Erfaßt werden aber auch sogenannte Markenverunglimpfungen,[211] wie die Verwendung der bekannten Kennzeichnungen "Mars" und "Nivea" für Kondome.

---

204 In BGH GRUR 1985, S. 550 ff. "Dimple" stellte der BGH insbesondere darauf ab, daß der gute Ruf der Whiskeymarke auch und gerade für hochwertige Herrenkosmetik verwertbar sei, da letztlich derselbe Käuferkreis in Betracht komme. Für Putzmittel lehnte er dagegen eine Rufausbeutung wegen mangelnder Verwertbarkeit ab. Siehe auch OLG München GRUR 1996, S. 63 ff. "McDonald's".

205 Siehe FN 203.

206 *Piper*, GRUR 1996, S. 429, 434; *Althammer/Ströbele/Klaka* § 14 RN 52; *Sack*, GRUR 1995, S. 81, 84.

207 Die Gefahr soll nicht konkret sein, wenn das Zeichen für bestimmte Waren zwar eingetragen, aber noch nicht benutzt ist, BGH GRUR 1985, S. 550, 553 "Dimple".

208 Siehe FN 206.

209 BGH GRUR 1985, S. 550, 553 "Dimple".

210 BGH GRUR 1991, S. 609, 612 "SL".

211 *Piper*, GRUR 1996, S. 429, 435 mit Verweis auf BGH GRUR 1994, S. 808 ff. "Markenverunglimpfung I" und BGH GRUR 1995, S. 57 ff. "Markenverunglimpfung II".

cc. Ausnutzung und Beeinträchtigung der Unterscheidungskraft

Der von *Fezer*[212] hier hinsichtlich der Beeinträchtigung der Unterscheidungskraft verwendete Begriff der „Markenverwässerung" ist zwar an den „Verwässerungsschutz" der berühmten Marke angelehnt, jedoch stimmen die Schutzinhalte nicht überein. Die vormals strengen Voraussetzungen des Sonderschutzes für berühmte Marken (insbesondere Alleinstellung, Werbewert, Originalität) werden durch ein bewegliches System ersetzt, das die Berücksichtigung dieser Gesichtspunkte in die Einzelfallabwägung hinsichtlich des Merkmals „ohne rechtfertigenden Grund in unlauterer Weise" verlagert.[213] Das Kennzeichen wird dagegen geschützt, daß die einmalige, über den Kreis der Abnehmer hinausgehende Kennzeichnungs- und Werbekraft durch identische oder fast identische Bezeichnungen geschwächt wird.[214] Im allgemeinen ist das Interesse des Kennzeicheninhabers schon dann geschwächt, wenn die Zulassung weiterer Zeichen zur Einbuße seiner Alleinstellung führt. Einen Sonderfall betraf die Entscheidung des BGH **„Camel Tours"**, in der ein berühmtes Kennzeichen mit einer Unternehmensbezeichnung kollidierte.[215] Der Verletzer war vorwiegend im Ausland tätig, abseits des Produktbereichs des Markeninhabers und die Bezeichnung wies einen symbolischen Bezug zu den angebotenen Dienstleistungen auf, so daß nach Ansicht des BGH eine wesentliche Beeinträchtigung nicht zu befürchten war.[216] Diese Rechtsprechung des BGH erlaubt die Berücksichtigung der jeweiligen Umstände des Einzelfalls, insbesondere der Art und des Ausmaßes der Beeinträchtigungsgefahr.

---

212 *Fezer*, § 14 RN 427.
213 *Sack*, GRUR 1995, S. 81, 85.
214 BGH GRUR 1987, S. 400 "Pirelli"; BGH GRUR 1959, S. 182, 186 "Quick"; OLG Düsseldorf GRUR 1983, S. 379, 380 "Rosenthal".
215 BGH GRUR 1987, S. 711, 713 "Camel Tours".
216 BGH GRUR 1987, S. 711, 713 "Camel Tours".

Zu der Fallgruppe der Beeinträchtigung der Unterscheidungskraft gehören auch Markenparodien oder Markenverunglimpfungen.[217] Die Geschmacklosigkeiten könnten vom Verkehr hier als solche des Markeninhabers selbst aufgefaßt werden; der Werbewert der Marke werde durch das negative Image beeinträchtigt, das eine solche Werbemaßnahme zumindest bei Teilen des Verkehrs erwecken würde.[218] Hier ergeben sich Überschneidungen zu der Fallgruppe der Beeinträchtigung der Wertschätzung.[219]

Uneinheitlich wird der Tatbestand der Ausnutzung der Unterscheidungskraft verstanden. Von einigen wird diese Alternative des § 14 Abs. 2 Nr. 3 MarkenG den Tatbeständen einer Rufausbeutung zugeordnet, da Inhalt dieses Merkmals die Ausnutzung von Gütevorstellungen oder die Ausnutzung eines Aufmerksamkeits- oder Kontrasteffektes sei, der sich aus dem guten Ruf der Marke ergibt.[220] *Fezer* hingegen erkennt darin keinen sachgerechten Kollisionstatbestand.[221] Eine "Aufmerksamkeitsausbeutung" führe lediglich zu einem Kommunikationsvorsprung; die Erleichterung werblicher Kommunikation zur Erreichung der Aufmerksamkeit des Publikums sei jedoch ein wettbewerbsimmanentes und daher nicht zu beanstandendes Marktverhalten.[222]

Die Ausnutzung eines Aufmerksamkeits- oder Kontrasteffektes ist von seiten des BGH lediglich in Ausnahmefällen bei markenverunglimpfender Benutzung eines Zeichens anerkannt worden.[223] Der Ruf eines Zeichens könne auch den Absatz von Scherzartikeln fördern; dieser werde durch den Effekt gefördert, der sich gerade aus dem Kontrast der Wa-

---

217 BGH GRUR 1994, S. 808 „Markenverunglimpfung I"; BGH GRUR 1995, S. 57 „Markenverunglimpfung II".
218 Siehe BGH GRUR 1994, S. 808, 811 "Markenverunglimpfung I".
219 Siehe S. 54 f.
220 *Althammer/Ströbele/Klaka*, § 14 RN 54; *Piper*, GRUR 1996, S. 429, 434.
221 *Fezer*, § 14 RN 424.
222 Siehe FN 221.
223 Siehe FN 217.

ren und der Überraschung ergebe.[224] Die Unlauterkeit lasse sich mit der (allgemeinen) "Ausnutzung" des Markenrufes nicht begründen.[225] Zusätzliche unlautere Umstände, wie etwa die Herstellung einer anstößigen oder als geschmacklos empfundenen Beziehung der Marke zu bestimmten Erzeugnissen, seien erforderlich.[226] Ob die Ausnutzung des Aufmerksamkeitseffektes, der einer bekannten Marke von Natur aus innewohnt, und unter welchen Umständen diese gegen § 14 Abs. 2 Nr. 3 MarkenG verstößt, ist bei der Registrierung eines bekannten Kennzeichens als Domain von besonderem Interesse. Diese Frage wird daher Gegenstand weiterer Untersuchungen sein.[227]

c. Ohne rechtlichen Grund in unlauterer Weise

Die Feststellung der Unlauterkeit setzt – wie bei § 1 UWG – die Wertung aller Gesichtspunkte des Sachverhalts voraus. Die Prüfung erschöpft sich nicht in der Bejahung der aufgezeigten Tatbestände. § 14 Abs. 2 Nr. 3 MarkenG zwingt vielmehr zur Berücksichtigung aller Umstände des Einzelfalles zur Begründung der Unlauterkeit.

Wie die Darstellung der Alternativen des § 14 Abs. 2 Nr. 3 MarkenG unter Rückgriff auf delikts- und wettbewerbsrechtliche Sachverhalte vor Geltung des Markengesetzes zeigt, greifen die Tatbestände vielfach ineinander, so daß kumulative Prüfungen unter allen in Betracht kommenden Gesichtspunkten erforderlich sein können.[228]

---

224 BGH GRUR 1994, S. 808, 811 "Markenverunglimpfung I". Auch BGH GRUR 1995, S. 57, 59 "Markenverunglimpfung II" erkennt an, daß die Scherzartikel nur aufgrund der hohen Bekanntheit des Kennzeichens eine Absatzchance hatten.

225 BGH GRUR 1995, S. 57, 59 "Markenverunglimpfung II".

226 Siehe FN 225.

227 Siehe S. 158 ff.

228 *Piper*, GRUR 1996, S. 429, 434.

B. Schutz geschäftlicher Bezeichnungen gem. § 15 Abs. 2 und Abs. 3 MarkenG

Neben dem Schutz des § 14 MarkenG, der für Marken im Sinne des § 4 MarkenG gilt, kann ein Schutz nach § 15 MarkenG für Unternehmensbezeichnungen und für Marken, die sich zu geschäftlichen Bezeichnungen entwickelt haben, bestehen. Dem Grundtatbestand des § 5 MarkenG folgend, ergibt sich das Ausschließlichkeitsrecht zum Schutz geschäftlicher Bezeichnungen aus § 15 MarkenG. Von dem Oberbegriff der geschäftlichen Bezeichnung ausgehend, schützt § 5 Abs. 1 MarkenG Unternehmenskennzeichen und Werktitel. Unternehmenskennzeichen sind die als Name, Firma oder besondere Bezeichnung eines Geschäftsbetriebs oder Unternehmens benutzten Zeichen nach § 5 Abs. 2 S. 1 MarkenG (Unternehmensbezeichnungen). Der Gruppe der besonderen Geschäftsbezeichnungen (§ 5 Abs. 2 S. 1 3. Alt. MarkenG) werden gemäß § 5 Abs. 2 S. 2 MarkenG Geschäftsabzeichen und sonstige betriebliche Unterscheidungszeichen gleichgestellt, die innerhalb der beteiligten Verkehrskreise als Kennzeichen des Geschäftsbetriebes gelten. Gegenstand der Untersuchungen bilden lediglich die Unternehmensbezeichnungen, d.h. der Name, die Firma oder besondere Bezeichnung eines Unternehmens.

Die Vorschrift ersetzt den früheren § 16 UWG. Neben dem zivilrechtlichen Namensschutz und dem handelsrechtlichen Firmenschutz, die jeweils subjektbezogen sind, gewährt § 15 MarkenG einen auf das Objekt „Unternehmen" bezogenen Schutz. Im Gegensatz zur Marke, deren Inhaber mit Eintragung, Verkehrsgeltung oder notorischer Bekanntheit (§ 4 MarkenG) Rechte erwirbt, entsteht der Schutz an der geschäftlichen Bezeichnung, sofern es sich um eine Unternehmensbezeichnung nach § 5 Abs. 2 S. 1 MarkenG handelt, mit tatsächlicher Nutzung. Das setzt voraus, daß der Bezeichnung eine Hinweisfunktion zukommt und sie unterscheidungskräftig ist (subsidiär entsteht ein Schutz auch bei Verkehrsgeltung gem. § 5 Abs. 2 S. 2 MarkenG).

Der Schutz der geschäftlichen Bezeichnung wird nicht von der MarkenRL[229] erfaßt, so daß die dortigen Begrifflichkeiten nicht der unmittelbaren Auslegung durch den EuGH unterliegen. Eine mittelbare Anwendung der europäischen Grundsätze ist jedoch im Hinblick auf die rechtseinheitliche Auslegung der auch in § 14 Abs. 2 MarkenG verwendeten Terminologie wünschenswert. Hinsichtlich der Branchennähe, der Ähnlichkeit und der Verwechslungsgefahr kann daher auf die zu § 14 MarkenG ausgeführten Grundsätze verwiesen werden. Für die Prüfung der Verwechslungsgefahr ist – da der Schutz von der tatsächlichen Benutzung abhängt – immer auch der Kennzeichnungsgrad, der Grad der Unterscheidungskraft, das Maß der Bekanntheit entscheidend. Auch diese Kriterien beeinflussen sich wechselseitig.

Häufig kann ein Schutz sowohl nach § 14 als auch nach § 15 MarkenG in Anspruch genommen werden, wenn eine eingetragene Marke auch als Unternehmensbezeichnung genutzt wird.[230] Marken und Unternehmensbezeichnungen unterscheiden sich nur hinsichtlich ihrer Identifizierungsfunktion. Während die Marke ein produktidentifizierendes Unterscheidungszeichen darstellt, dient die Unternehmensbezeichnung der Identifikation eines Unternehmens oder Werkes.[231] Im übrigen bestehen hinsichtlich der Systematik der Verletzungstatbestände keine Unterschiede.[232]

3. Kapitel: Ergänzende Vorschriften zum Schutz von Kennzeichen

Neben Ansprüchen nach dem Markengesetz sind auch solche nach § 12 BGB, § 823 ff. BGB und § 1 UWG denkbar. Bevor sich den Voraussetzungen insbesondere der §§ 12, 823 ff. BGB[233] zugewandt werden

229 Richtlinie Nr. 89/104/EWG, ABl. 1989 Nr. L 40/1.
230 So ist die Wortmarke "BMW" gleichzeitig die Unternehmensbezeichnung des gleichnamigen Unternehmens.
231 *Fezer*, § 5 RN 6.
232 *Schwarz/Poeck*, Kap. 4-2.2, S. 42.
233 Ansprüche nach dem UWG sind nicht Gegenstand der vorliegenden Arbeit.

kann, ist zu prüfen, wann diese Vorschriften neben dem Markengesetz überhaupt Anwendung finden.

A. Das Verhältnis der §§ 823, 826 BGB, § 1 UWG und § 12 BGB zu markenrechtlichen Vorschriften

Eine ausdrückliche Regelung enthält § 2 MarkenG, wonach ein Schutz nach dem Markengesetz nicht den Schutz der im Markengesetz genannten Kennzeichen nach anderen Vorschriften ausschließt.

Zunächst soll das Verhältnis zwischen §§ 14, 15 MarkenG und §§ 823, 826 BGB, § 1 UWG untersucht werden. Teilweise wird wegen § 2 MarkenG vertreten, daß sowohl § 1 UWG als auch §§ 823, 826 BGB generell neben den Vorschriften des Markengesetzes anwendbar seien.[234] Der BGH hat hingegen zu dem Bekanntheitsschutz des § 14 Abs. 2 Nr. 3 MarkenG ausgeführt, daß es sich hierbei um eine Spezialregelung handele, in deren Anwendungsbereich für eine gleichzeitige Anwendung anderer Vorschriften grundsätzlich kein Raum mehr bleibe.[235] Rechtsschutz nach anderen Vorschriften komme nur dann in Betracht, wenn das Zeichen nicht im geschäftlichen Verkehr und nicht kennzeichenmäßig benutzt werde.[236] Dem ist im Grundsatz zuzustimmen. Im geschäftlichen Verkehr und bei einer kennzeichenmäßigen Nutzung beschränken die markenrechtlichen Vorschriften den Schutz des Kennzeicheninhabers auf die dortigen Tatbestände. Die §§ 14 Abs. 2 Nr. 3, 15 Abs. 3 MarkenG enthalten spezielle Voraussetzungen für die Gewährung eines solchen Schutzes. Mit dieser gesetzlichen Festlegung ist eine bestimmte Begrenzungsfunktion verbunden, die entwertet würde, wenn generell auf § 1 UWG, §§ 823, 826 BGB zurückgegriffen werden könnte.[237] Diese

---

[234] *Deutsch*, WRP 2000, S. 854, 856; *Fezer*, § 2 RN 4; a.A. (abweichend von der in der Vorauflage vertretenen Ansicht) *Althammer/Ströbele/Klaka*, § 2 RN 3.

[235] BGH GRUR 2000, S. 70, 73 "Szene"; BGH WRP 2000, S. 529, 532 "ARD-1"; BGH WRP 1998, S. 1181, 1182 "MAC Dog"; BGH WRP 1999, S. 931, 935 "Big Pack".

[236] BGH GRUR 2000, S. 70, 73 "Szene".

[237] BGH WRP 1998, S. 1181, 1182 "MAC Dog".

Vorschriften kommen daher grundsätzlich nur zur Anwendung, wenn der Anwendungsbereich des Markengesetzes nicht eröffnet ist, es also um solche Sachverhalte geht, die nicht zum Regelungsbereich des Markengesetzes gehören.

Das trifft, wie der BGH ausführt, zum einen für die Sachverhalte zu, in denen ein Zeichen außerhalb des geschäftlichen Verkehrs nicht kennzeichenmäßig benutzt wird. Daneben sind aber auch Fälle betroffen, in denen das Zeichen überhaupt nicht im markenrechtlichen Sinne benutzt wird (z.B. die Entfernung eines Zeichens). Soweit es um das Domain Name System geht, wird sich die Frage stellen, ob eine Ausnahme auch dann zu machen ist, wenn kein zweidimensionaler Namensraum betroffen ist. Das Markengesetz basiert auf dem Grundgedanken eines zweidimensionalen Namensraumes, da es an das Zeichen und an die zugrundeliegenden Waren oder Dienstleistungen oder Branchen anknüpft. Daher ist die Koexistenz von gleichlautenden Zeichen dann möglich, wenn die Waren-/Dienstleistungsbereiche oder Branchenbereiche unähnlich sind. Diese Möglichkeit bietet das Domain Name System nicht, da eine identische Domain weltweit nur einmal vergeben werden kann. Ein solcher eindimensionaler Namensraum wird durch das Markengesetz nicht geregelt. Es wird noch zu prüfen sein, ob dieser Umstand geeignet ist, den Anwendungsbereich für andere Vorschriften zu eröffnen.[238]

Es stellt sich ferner die Frage, inwieweit Ansprüche nach § 12 BGB neben markenrechtlichen Ansprüchen in Betracht kommen. Auch hier wird vertreten, daß der namensrechtliche Schutz des § 12 BGB generell neben den markenrechtlichen Vorschriften zum Zuge komme.[239] Grundsätzlich decken sich bei dem Schutz geschäftlicher Bezeichnungen die Schutzbereiche des § 15 MarkenG und des § 12 BGB. Soweit es nämlich um den namensrechtlichen Schutz von geschäftlichen Bezeichnungen geht, ist auch im Rahmen des § 12 BGB trotz des insoweit offenen Wortlauts ein berechtigtes Interesse an der Untersagung der Nutzung eines

---

238 Siehe unten S. 175 ff.

239 *Deutsch*, WRP 2000, S. 854, 856; *Fezer*, § 2 RN 4.

prioritätsjüngeren Namens nur dann anzuerkennen, wenn dieser im Rahmen seines jeweiligen Funktionsbereiches, der bei juristischen Personen des Privatrechts auf deren geschäftliche Tätigkeit begrenzt ist, genutzt wird. Bei juristischen Personen des Privatrechts ergibt sich daher auch im Rahmen des § 12 BGB eine Einschränkung des Schutzes auf den geschäftlichen Bereich.[240] Die Frage einer ergänzenden Anwendung des § 12 BGB stellt sich also dann nicht, wenn geschäftliche Interessen nicht berührt sind. Dies deckt sich nicht zwingend mit der Frage, ob der Verwender des fremden Zeichens im geschäftlichen Verkehr handelt, worauf es im Rahmen der markenrechtlichen Vorschriften ankommt. Bei § 12 BGB kommt es dagegen darauf an, ob geschäftliche Interessen des Namensinhabers verletzt sind. Dies bedeutet, daß zwar immer dann, wenn ein fremdes Zeichen im geschäftlichen Verkehr benutzt wird, die Verletzung eines geschäftlichen Interesses möglich ist. Es bedeutet jedoch umgekehrt nicht, daß nicht auch ein Handeln außerhalb des geschäftlichen Verkehrs berechtigte geschäftliche Interessen verletzen könnte. § 12 BGB schützt ferner nur gegen solche Benutzungen, die kennzeichenmäßig im Sinne des § 12 BGB sind. Auch hier gilt für Unternehmensbezeichnungen, daß diese nur dann kennzeichenmäßig benutzt werden, wenn sie zur Unterscheidung eines Unternehmens von anderen benutzt werden. § 12 BGB gewährt keinen darüber hinausgehenden Schutz.

Es stellt sich die Frage, ob auf § 12 BGB zurückgegriffen werden kann, wenn zwar ein Handeln im geschäftlichen Verkehr vorliegt, das Kennzeichen auch kennzeichenmäßig benutzt wird, aber weder eine Verwechslungsgefahr noch unlautere Umstände im Sinne des §§ 14 Abs. 2 Nr. 3, 15 Abs. 3 MarkenG vorliegen. Nach dem Wortlaut des § 12 BGB ist grundsätzlich die Verletzung eines jeden schutzwürdigen Interesses ausreichend. Dies gilt zumindest uneingeschränkt für den Namen einer natürlichen Person. Soweit es aber um den Schutz einer geschäftli-

240 Siehe BGH GRUR 1976, S. 381 "KBS". Zwar könnten auch ideelle Belange der juristischen Person nicht ausgeschlossen sein; auch diese müßten sich jedoch in geschäftlichen Interessen niederschlagen.

chen Bezeichnung geht, ist der Schutzbereich - wie oben erwähnt - auf die Verletzung eines geschäftlichen Interesses beschränkt. Daher wurde bislang die Verletzung eines berechtigten Interesses nach § 12 BGB lediglich bei Verwechslungsgefahren im engeren oder weiteren Sinne sowie bei einer Schwächung der Kennzeichnungskraft oder Werbekraft durch Verwässerung bejaht.[241] Damit sind die Schutzbereiche des § 15 MarkenG und § 12 BGB nach der bisherigen Rechtsprechung deckungsgleich, soweit es um den Schutz geschäftlicher Bezeichnungen geht. Die Frage nach einem ergänzenden Schutz durch § 12 BGB stellt sich aber dann, wenn es um die Berücksichtigung anderer geschäftlicher Interessen als denen vor Verwechslungsgefahr oder Verwässerungsgefahr geht. Ob und welche anderen Interessen berücksichtigt werden können, ist an anderer Stelle zu untersuchen.

Für die Anwendbarkeit des § 12 BGB wird es aber auch hier darauf ankommen, ob die Tatsache, daß das Domain Name System einen eindimensionalen Namensraum eröffnet, eine ergänzende Anwendung des § 12 BGB erlaubt.

B. Der namensrechtliche Schutz gemäß § 12 BGB

Zu unterscheiden sind im Rahmen des § 12 BGB die Tatbestandsalternativen der Namensleugnung und der Namensanmaßung. Die Namensleugnung bzw. Namensbestreitung[242] ist von geringerer praktischer Relevanz.[243] Sie liegt vor, wenn das Recht zum Gebrauch des Namens bestritten wird.[244] Es geht hierbei um den Schutz des Namens zum Eigengebrauch, wohingegen § 12 S. 1 2. Alt. BGB einen Schutz gegen

---

241 Siehe hierzu noch genauer S. 185 ff.

242 *Klippel*, S. 412/423 weist auf die teilweise unterschiedliche Terminologie hin. Von einigen wird § 12 Abs. 1 1.Alt. BGB auch als Namensführungsrecht verstanden.

243 Entsprechend sind die Kommentierungen wenig ausführlich, siehe etwa *Palandt*, § 12 BGB RN 18.

244 Z.B. bei hartnäckiger Benennung mit einem falschen Namen oder Verwendung einer falschen Schreibweise.

Fremdgebrauch gewährt.[245] Von größerer praktischer Relevanz ist die Namensanmaßung nach § 12 S. 1 2. Alt. BGB. Gebraucht ein anderer unbefugt den gleichen Namen, maßt er sich den Namen des Namensinhabers an.[246] Die Voraussetzungen des namensrechtlichen Schutzes nach § 12 S. 1 2. Alt. BGB sind (1) der Gebrauch eines gleichen Namens,[247] (2) die Verletzung eines schutzwürdigen Interesses des Berechtigten und (3) die Unbefugtheit des Gebrauchs.

I. Namensmäßiger Gebrauch

§ 12 BGB schützt gegen jeden unbefugten Gebrauch des gleichen Namens.[248] Es ist nicht erforderlich, daß der Name zur Bezeichnung der eigenen Person gebraucht wird. Dies deckt sich mit den Anforderungen an einen kennzeichenmäßigen Gebrauch nach dem MarkenG. Wie oben festgestellt wurde,[249] setzen auch §§ 14 Abs. 2, 15 Abs. 2 und Abs. 3 MarkenG nicht voraus, daß eigene Waren oder der eigene Geschäftsbetrieb mit dem fremden Zeichen gekennzeichnet werden. Es genügt, daß fremde Waren oder Geschäftsbetriebe mit dem fremden Zeichen gekennzeichnet werden. Der Gebrauch des fremden Namens muß lediglich als Hinweis auf einen bestimmten Namensträger verstanden werden können, d.h. seine Identifizierungsfunktion erfüllen.[250] Namensschutz nach § 12 BGB genießen daher nicht nur Unternehmensbezeichnungen,

---

[245] *Klippel*, S. 413.

[246] *Fezer*, § 15 RN 55.

[247] Verwechselbare und ähnliche Bezeichnungen stehen der Verwendung des gleichen Namens gleich. Das folgt bereits aus dem grundsätzlichen Bestreben des Kennzeichenrechts, vor Irreführungen zu schützen, so *Fezer*, § 15 RN 61.

[248] *Sack*, WRP 1982, S. 615, 616.

[249] Siehe oben S. 39 ff.

[250] *Fezer*, § 15 RN 70. *Götting*, S. 86/87 weist jedoch zutreffend darauf hin, daß das Namensrecht keine umfassende Kontrolle des Namensinhabers über die Verwendung seines Namens ermöglicht. Da der Name gerade ein für die öffentliche Benutzung bestimmtes Identifizierungsmittel sei, gehören Namensnennungen nicht mehr zum geschützten Bereich, sondern bewegten sich im Bereich der von Art. 5 Abs. 1 GG geschützten Meinungsäußerungsfreiheit. Dies gilt zumindest dann, wenn weder Identitätstäuschungen noch Zuordnungsverwirrungen befürchtet werden müssen. Um eine nicht zu beanstandende Namensnennung handelt es sich etwa in dem Fall BGH GRUR 1959, S. 430 "Caterina Valente".

in denen der Name einer natürlichen Person geführt wird, sondern auch solche Unternehmensbezeichnungen, die eine Phantasiebezeichnung darstellen, aber dennoch unterscheidungskräftig sind und nach der Verkehrsauffassung geeignet sind, wie ein Name zu wirken.[251]

Die Ausdehnung des § 12 BGB auf Unternehmensbezeichnungen hat insbesondere deswegen Kritik erfahren, weil die in § 12 BGB getrennten Tabestandsmerkmale der Interessenverletzung und der Unbefugtheit vermengt würden.[252] Bei Unternehmensbezeichnungen fallen nach Ansicht des BGH die Merkmale der Interessenverletzung und der Unbefugtheit zusammen, soweit es um den Schutz vor Verwechslungsgefahren geht.[253] Eine Ausdehnung des namensrechtlichen Schutzes ist deswegen aber noch nicht systematisch bedenklich, da die Merkmale insgesamt, z.B. beim Schutz von Personennamen, ihre Eigenständigkeit nicht verlieren.[254] Eine Interessenverletzung infolge einer Verwechslungsgefahr ist vielmehr stets auch unbefugt im Sinne des § 12 BGB.[255]

II. Verletzung eines berechtigten Interesses

Weitere Voraussetzung eines namensrechtlichen Schutzes nach § 12 BGB ist die Verletzung eines berechtigten Interesses des Namensinhabers.

---

251 *Fezer*, § 15 RN 35.

252 *Fabricius*, JR 1972,S. 15 ff.; *Tilmann*, GRUR 1981, S. 621 ff.

253 BGH GRUR 1960, S. 550, 552 "Promonta".

254 *Knaak*, S. 21.

255 Ebenso indiziert etwa die Tatbestandsmäßigkeit einer Handlung bei der Verletzung eines absoluten Rechts im Sinne des § 823 Abs. 1 BGB die Rechtswidrigkeit des Handelns (*Larenz/Canaris*, Schuldrecht II 2, § 75 II 3, S. 364 ff.), ohne daß es hier zu einer unzulässigen Vermengung von Tatbestandsmerkmalen käme.

1. Identitäts- und Individuierungsinteresse

Der Inhalt der in Erwägung zu ziehenden Interessen bleibt jedoch oft unklar.[256] Zur Beseitigung dieser Unklarheiten trennt *Götting* die von § 12 BGB geschützten Interessen in das Identitätsinteresse einerseits und das "Individuierungsinteresse" andererseits.[257] Diese sollen im folgenden näher betrachtet werden.

Inhalt des Identitätsinteresses ist der Schutz vor Identitätstäuschungen oder Verwechslungen in dem Sinne, daß der mit dem Namen bezeichnete für den wahren Namensträger gehalten wird.[258] Die Fälle einer Störung des Identitätsinteresses im Rahmen des § 12 BGB sind insofern vergleichbar mit den im Markenrecht so bezeichneten Verwechslungen im engeren Sinne.[259]

Neben einem Identitätsschutz bietet § 12 BGB Schutz auch vor den sogenannten "Zuordnungsverwirrungen". Soweit es um den Schutz des bürgerlichen Namens geht, versteht *Götting*[260] darunter die Fälle, in denen ein Personenname dazu benutzt wird, ein Unternehmen, dessen Einrichtungen oder dessen Produkte zu bezeichnen, also etwa dann, wenn der Name "Marilyn Monroe" zur Bezeichnung der "Marilyn Monroe GmbH" verwendet wird. Das Identitätsinteresse des Namensträgers wird laut *Götting* dann nicht berührt, da der richtige Namensträger identifiziert und lediglich der unrichtige Eindruck erweckt wird, der Namensträger stünde mit dem mit seinem Namen bezeichneten Unternehmen oder Erzeugnis in einer bestimmten Beziehung.[261] Denn der Verkehr erkennt, daß es sich bei der natürlichen Person "Marilyn Monroe" nicht um das Unternehmen "Marilyn Monroe GmbH" handeln kann.

---

256 Siehe eingehend *Klippel*, S. 386.
257 *Götting*, S. 82 ff. und S. 86 ff.
258 *Götting*, S. 84 mit zahlreichen Nachweisen aus Rechtsprechung und Literatur.
259 Siehe oben S. 43 ff.
260 *Götting*, S. 86.
261 *Götting*, S. 86.

Götting lehnt sich zur Konkretisierung der "Zuordnungsverwirrung" an den von *Klippel*[262] geprägten Begriff der "Individuierungsfunktion" an. Danach eröffnet das Namensrecht auch die Möglichkeit, den eigenen Personennamen zur Bezeichnung von Objekten zu verwenden, etwa ein Handelsgewerbe unter diesem Namen zu führen.[263] Wird diese Möglichkeit genutzt, so kann eine Zuordnungsverwirrung bejaht werden, wenn man mit folgender Hypothese arbeitet: Ersetzt man das bezeichnete Objekt ("Marilyn Monroe GmbH") durch eine natürliche Person ("Marilyn Monroe") und ergibt sich bei der Betrachtung dieser hypothetischen Gegenüberstellung des Namensträgers mit einer gedachten natürlichen Person eine Identitätstäuschung nach den genannten Maßstäben, so liegt eine Zuordnungsverwirrung vor.[264] An diesem Ansatz ist überzeugend, daß niemand an dem Recht, seinen Namen im Geschäftsverkehr in jeder redlichen Weise zu nutzen, gehindert werden darf. Dazu gehört nicht nur die subjektbezogene (über die Identität täuschende), sondern auch die objektbezogene Namensbeilegung.[265] Diese hypothetischen Identitätsverwirrungen erfassen auch Konstellationen, in denen das Objekt zwar nicht mit dem Namen gekennzeichnet wird, die konkrete Nutzung aber zu der Annahme führt, der Namensträger stünde in einer materiellen oder eben auch nur ideellen Verbundenheit zu dem Namensnutzer.[266]

---

262 *Klippel*, S. 358 ff.

263 *Klippel*, S. 358 und S. 401.

264 So *Götting*, S. 87 in Anlehnung an *Klippel*, S. 403/404.

265 *Götting*, S. 89.

266 *Götting*, S. 89. Insbesondere bei der Namensnutzung zu Werbezwecken (siehe etwa BGH GRUR 1959, S. 430 "Caterina Valente") reiche auch der falsche Eindruck irgendeiner Verbindung zum Namensträger und sei es auch die Vorstellung, der Namensinhaber habe in eine Nutzung eingewilligt. Der Schutzumfang sei nicht anders zu bewerten als die im Firmen- und Kennzeichenrecht entwickelte Verwechslungsgefahr im weiteren Sinne, *Götting*, S. 90. So zumindest auch BGH GRUR 1983, S. 262, 264 "UWE". *Götting*, S. 89/90 kann nicht in der Ansicht gefolgt werden, *Klippel* wolle diese Fälle nicht einbeziehen. *Klippel*, S. 404, definiert lediglich die Namensgebung umfassend, so daß eine solche auch bei dem bloßen Anschein ideeller oder wirtschaftlicher Beziehungen bestehen kann. Denn, wie *Götting*, S. 90 zutreffend ausführt, ist die vorgespielte Verbindung hier lediglich nicht so eng. Dieser graduelle, nicht qualitative Unterschied stehe einer Namensgebung nicht entgegen.

Die skizzierte inhaltliche Bestimmung der Zuordnungsverwirrung nach *Götting* bezieht sich auf die Nutzung eines Personennamens zur Bezeichnung eines Unternehmens oder einer Ware. Dies zieht die Überlegung mit sich, ob die von *Götting* mit Blick auf Personennamen entwickelte Inhaltsbestimmung der Zuordnungsverwirrung auf Unternehmensbezeichnungen übertragbar ist. Wie betont, gibt der Name das Recht, diesen für jede denkbare Bezeichnung im geschäftlichen Verkehr zu nutzen. Der Namensraum ist daher für jede geschäftliche Tätigkeit der natürlichen Person freizuhalten. Ein gleichermaßen umfassendes Recht gewährt die Unternehmensbezeichnung nicht. Das Recht des Inhabers ist beschränkt auf seinen konkreten Tätigkeitsbereich, ähnliche Bereiche oder nicht nur theoretisch denkbare Erweiterungen seiner Tätigkeit, da die juristische Person auch nur insoweit "existiert". Eine Namensbeilegung verbietet sich für andere "Objekte" nur in dem Maße, als Verwechslungen zu befürchten sind. Hierin zeigt sich der strukturelle Unterschied zum eher persönlichkeitsrechtlich orientierten Schutz des natürlichen Namens. Mit *Götting* ist Ausgangspunkt der Überlegungen die Frage nach einer objektbezogenen Fehlzurechnung.[267] Der Raum für eine solche ist aber bei dem Schutz von Personennamen weiter als der von vornherein umrissene Bereich unternehmerischer Tätigkeit. Der Grund hierfür liegt in den vielfältigeren Möglichkeiten der freien Entfaltung der Persönlichkeit. Die Nutzung des Namens einer berühmten Persönlichkeit, die den Regelfall darstellt, kann nicht sinnvoll auf bestimmte Branchen oder Warenbereiche begrenzt werden.[268] Hier sind Namensgebungen für "Objekte" in viel weiterem Umfang denkbar. Die Übertragung der mit dem Namen verbundenen positiven Vorstellungen und des damit erzielten Werbeeffekts ist branchenübergreifend denkbar; objektive Fehlzurechnungen bei der Nutzung eines Unternehmenskennzeichens sind indes beschränkt auf die Bereiche der Branchenähnlichkeit. Ein na-

---

[267] *Götting*, S. 92.

[268] So letztlich auch LG München I ZUM 2000, S. 526, 529 "Marlene". Der Verkehr sei an eine entsprechende Vermarktung von Persönlichkeiten gewöhnt, so daß ein Übertragungseffekt zumindest für die dort betroffenen Waren und Dienstleistungen zu bejahen war.

mensrechtlicher Schutz kann unter dem Gesichtspunkt einer Zuordnungsverwirrung daher grundsätzlich nur bei Bestehen einer Verwechslungsgefahr , wie sie auch §§ 14, Abs. 2 Nr. 2, 15 Abs. 2 MarkenG vorsehen, zugesprochen werden. Soweit mit Verweis auf die Rechtsprechung des BGH von einigen Autoren[269] vertreten wird, § 12 BGB gewähre einen weitergehenden Schutz, weil jedes geschäftliche Interesse auch ohne Bejahung einer Verwechslungsgefahr geschützt ist, wird verkannt, daß die genannten Entscheidungen den Schutz von Personennamen zum Inhalt hatten.[270] Der Schutz ideeller Interessen, die verletzt sein können, wenn der Namensinhaber zu Unternehmen in Beziehung gesetzt wird, mit denen er nichts zu tun hat, ergibt sich dann aus dem persönlichkeitsrechtlichen Charakter des Rechts am eigenen Namen. Die Einbeziehung dieser Interessen steht in Einklang mit den obigen Ausführungen zum geschützten Funktionsbereich des Personennamens; sie widerspricht aber dem Funktionsbereich geschäftlicher Bezeichnungen.[271]

Auch nach § 12 BGB ist die Unternehmensbezeichnungen daher zunächst nur gegen solche Benutzungen geschützt, die Verwechslungsge-

---

269 *Althammer/Ströbele/Klaka*, § 15 RN 26 mit Verweis auf BGH GRUR 1956, S. 427 "Dahlke" und BGH GRUR 1958, S. 302 "Lego" und insbesondere RN 35 zu Domains.

270 Auch *Klippel*, S. 426 hält die Lösung des BGH über § 12 BGB hier für richtig.

271 Der BGH meint, daß die Berücksichtigung eines Affektionsinteresses in dem Fall "Lego" und dagegen die strengen Anforderungen an die überragende Verkehrsgeltung bei einem Schutz vor Verwässerung nicht auf einer grundsätzlich verschiedenen Bewertung von Personennamen und Unternehmenskennzeichen beruhe, BGH GRUR 1960, S. 550, 552 "Promonta". Naturgemäß stünden beim Personennamen die persönlichen Interessen im Vordergrund, wohingegen die Bedeutung des Firmennamens sich auf den geschäftlichen Bereich beschränke und daher geschäftliche Interessen im Vordergrund stünden. Bei einem nicht der gewerblichen Kennzeichnung dienenden Personennamen stelle sich daher die Frage einer Verwässerung gar nicht. Die Stellungnahme des BGH bezieht sich nur auf die Aussage, daß der Personenname nicht eines Schutzes vor Verwässerung bedarf, wohingegen die eigentlich interessierende Frage, ob der Firmenname vor der Verletzung bloßer Affektionsinteressen geschützt ist, nicht beantwortet wird. Das außer Acht Lassen "persönlicher" Interessen beim Firmennamen verdeutlicht gerade eine grundsätzlich unterschiedliche Bewertung, nicht dagegen die Negierung eines Verwässerungsschutzes von Personennamen, der schon tatbestandlich nicht greift.

fahren im engeren oder weiteren Sinne befürchten lassen. Sofern sich gänzlich unähnliche Branchen gegenüber stehen, versagt auch hier grundsätzlich ein Schutz.

2. Verwässerungsschutz als geschäftliches Interesse

Nur in Ausnahmefällen ist auf der Grundlage des § 12 BGB ein sich von dem allgemeinen Erfordernis der Verwechslungsgefahr abhebender Schutz entwickelt worden bei einer drohenden Verwässerung von Unternehmensbezeichnungen.[272] Die Schutzerweiterung basiert auf dem Grundgedanken, daß das berühmte Kennzeichen, ähnlich wie der Personenname, eines branchenübergreifenden Schutzes gegen solche Benutzungen bedarf, die die einmalige Werbekraft des Zeichens ausnutzen und beeinträchtigen. §§ 14 Abs. 2 Nr. 3, 15 Abs. 3 MarkenG schreiben diesen Schutz nunmehr sowohl für Marken als auch für Unternehmensbezeichnungen fest. Auf die hohen Anforderungen des Verwässerungsschutzes ist im folgenden noch genauer einzugehen.[273] Jedenfalls gewährt auch § 12 BGB unter dem Gesichtspunkt der Verwässerung keinen weitergehenden Schutz als § 15 Abs. 3 MarkenG.

III. Unbefugtheit

Wie oben ausgeführt, hat das Merkmal der Unbefugtkeit bei dem Schutz von Unternehmensbezeichnungen keine eigenständige Bedeutung mehr, da die Bejahung der Interessenverletzung zugleich bedeutet, daß der Namensgebrauch unbefugt ist.[274]

---

272 Siehe die zahlreichen Nachweise zu Rechtsprechung und Literatur bei *Klippel*, GRUR 1986, S. 697/698 FN 1 bis 3. *Klippel* selbst spricht sich gegen eine Einbeziehung des Schutzes vor Verwässerung in die auf einem persönlichkeitsrechtlichen Schutz basierende Vorschrift des § 12 BGB aus. Der Verwässerungsschutz von Marken ist dagegen auf der Grundlage des § 823 Abs. 1 BGB entwickelt worden, siehe BGH GRUR 1960, S. 550 "Promonta".

273 Siehe S. 158 ff.

274 BGH GRUR 1960, S. 550, 552 "Promonta".

IV. Ergebnis

Wie oben erwähnt, decken sich daher die Anwendungsbereiche des § 15 MarkenG und des § 12 BGB nach der bisherigen Rechtsprechung im wesentlichen, soweit es um den Schutz von Unternehmensbezeichnungen geht.[275] Es stellt sich insofern die berechtigte Frage nach dem praktischen Gewinn eines Schutzes von Unternehmensbezeichnungen nach §12 BGB.[276] Insbesondere nachdem § 15 Abs. 3 MarkenG auch einen Bekanntheitsschutz normiert, muß nicht mehr auf einen Verwässerungsschutz nach § 12 BGB zurückgegriffen werden. Wie oben erwähnt, kann es kann es jedoch gerade bei der Benutzung eines identischen Zeichens, das keine Verwechslungs- oder Verwässerungsgefahr hervorruft, darauf ankommen, ob nicht auch andere Interessen berücksichtigt werden können.[277] Bei diesen Überlegungen wird zu erwägen sein, daß zwar der umfassende Schutz von Personennamen eine weite Auslegung der zu berücksichtigenden Interessen erfordert.[278] Bei Unternehmenskennzeichen, die im geschäftlichen Verkehr verwendet werden, ist dagegen, um den persönlichkeitsrechtlichen Schutz des § 12 BGB nicht zu überspannen, nur die Verletzung eines geschäftlichen Interesses ausreichend.[279]

---

275 *Fezer*, § 15 RN 14. § 15 Abs. 3 MarkenG geht vielmehr noch über den Verwässerungsschutz des § 12 BGB hinaus, da zum einen ein geringerer Bekanntheitsgrad genügt (siehe oben S. 50 ff.) und zum anderen auch andere Unlauterkeitsmerkmale berücksichtigt werden können (siehe oben S. 52 ff.).

276 Zu dieser Kritik noch unter Geltung des § 16 UWG a.F. (§ 15 MarkenG) *Klippel*, S. 435 ff.

277 Siehe unten S. 182 ff.

278 So reicht es hier etwa, daß die Verwendung des Namens nach der Auffassung eines rechtlich beachtlichen Teils des Verkehrs auf irgendeine persönliche Beziehung zu der mit dem Namen bezeichneten Person, Sache oder Leistung schließen läßt, *Baumbach/Hefermehl*, Allg RN 199. Die Namensanmaßung muß hier nur geeignet sein, eine namensmäßige Zuordnungsverwirrung hervorzurufen, BGHZ 30, S. 7, 10 "Caterina Valente"; BGHZ 81, S. 75, 78 "Carrera"; BGHZ 91, S. 117, 120 "Mordoro"; BGHZ 119, S. 237, 245 "Universitätsemblem".

279 BGH GRUR 1976, S. 379, 381 "KSB".

C. Deliktsrechtlicher Schutz nach § 823 BGB ff.

Ist nach dem oben ausgeführten der Anwendungsbereich des § 823 BGB eröffnet, so stellt sich die Frage, welches absolute Recht im Sinne des § 823 Abs. 1 BGB durch eine rechtswidrige Verwendung eines Kennzeichens verletzt sein könnte. Das Bundesverfassungsgericht hat dem Inhaber eines Kennzeichenrechts ein subjektives, vermögenswertes Recht auf verfassungsrechtlicher Ebene zuerkannt, das der Eigentumsgarantie des Art. 14 GG unterliege, weil es von der Rechtsordnung ebenso wie das Eigentum an einer Sache geschützt werde.[280] Es wird daher vertreten, daß die Kennzeichenrechte selbst als absolute Rechte im Sinne des § 823 Abs. 1 geschützt würden.[281] Die Rechtsprechung hingegen prüft § 823 Abs. 1 BGB unter dem Aspekt eines Eingriffs in den eingerichteten und ausgeübten Gewerbebetrieb.[282] Für eine solche Zuordnung spricht vor allem, daß die Kennzeichenrechte gerade einen wesentlichen Teil der zum eingerichteten und ausgeübten Gewerbebetrieb gehörenden wirtschaftlichen Werte darstellen.[283]

Das Recht am eingerichteten und ausgeübten Gewerbebetrieb schützt gegen eine Beeinträchtigung der Fortsetzung der bisher rechtmäßig ausgeübten Tätigkeit und umfaßt alles, was in seiner Gesamtheit den wirtschaftlichen Wert des Betriebes ausmacht, namentlich den Bestand, die Erscheinungsform, den Tätigkeitskreis und den Kundenstamm des Unternehmens.[284] Erfaßt wird somit auch die Beeinträchtigung von Kennzeichenrechten, sofern die Regelungen des Markengesetzes nicht vorge-

---

280 BVerfG GRUR 1979, S. 773, 778 "Weinbergsrolle".

281 Für einen Schutz als absolutes Recht im Sinne des § 823 Abs. 1 BGB: *Tilmann*, GRUR 1968, S. 619, 623; *Moench*, NJW 1984, S. 2920, 2923; *Klippel*, GRUR 1986, S. 697, 711. Für eine Berücksichtigung zumindest berühmter Marken und Kennzeichen als sonstige Rechte im Sinne des § 823 Abs. 1 BGB *MüKo/Mertens*, § 823 RN 512 und 153. Das Urteil des BVerfG, a.a.O., bezieht sich jedoch nur auf den *verfassungsmäßigen* Schutz nach Art. 14 GG, nicht auf die Frage, welches absolute Recht nach § 823 Abs. 1 BGB berührt ist.

282 Siehe bereits BGH GRUR 1959, S. 182, 186 "Quick".

283 Hoeren/Sieber/Viefhues, Kap. 6 RN 168.

284 *Palandt/Thomas*, § 823 RN 20.

hen. Die Nutzung eines Kennzeichens ist aber nach § 823 Abs. 1 BGB nur dann als Eingriff zu qualifizieren, wenn ein unmittelbarer Eingriff in dem Sinne vorliegt, daß er gegen den Betrieb als solchen gerichtet ist und nicht vom Gewerbebetrieb ohne weiteres ablösbare Rechte oder Rechtsgüter betrifft.[285] Ist das Recht an dem eingerichteten und ausgeübten Gewerbebetrieb verletzt, so indiziert dies schon die Rechtswidrigkeit des Handelns.[286] Für einen Unterlassungsanspruch in Verbindung mit § 1004 BGB kommt es weiter auf ein Verschulden nicht an.[287]

Daneben kommt auch ein Schutz nach § 826 BGB als Auffangtatbestand zum Schutz allgemeiner materieller oder ideeller Interessen in Betracht. Auch hier gilt, daß das Markengesetz einen Schutz nach § 826 BGB dann nicht ausschließt, wenn der Anwendungsbereich des Markengesetzes nicht eröffnet ist, d.h. insbesondere ein Handeln außerhalb des geschäftlichen Verkehrs vorliegt oder das Kennzeichen nicht kennzeichenmäßig genutzt wird. Der wichtigste Unterschied zum Rechtsschutz nach § 823 BGB liegt darin, daß § 826 BGB ohne Verletzung eines bestimmten Rechtsgutes Ansprüche auch bei bloßen Vermögenschäden gewährt. Der Nachweis eines Schädigungsvorsatzes stellt hier jedoch eine nicht unerhebliche Schwelle dar.[288]

4. Kapitel: Zusammenfassung

Unterlassungsansprüche des Kennzeicheninhabers ergeben sich je nach Art des betroffenen Kennzeichens zunächst aus einer Verletzung der § 14 Abs. 2 MarkenG, § 15 Abs. 2, Abs. 3 MarkenG.

Gemeinsame Voraussetzung eines markenrechtlichen Schutzes ist neben der Benutzung im geschäftlichen Verkehr auch unter Geltung des Markengesetzes die kennzeichenmäßige Nutzung des Zeichens. Eine Marke muß daher zur Kennzeichnung einer Ware oder Dienstleistung

---

[285] *MüKo/Mertens*, § 823 RN 490.
[286] *Palandt/Thomas*, § 823 RN 33.
[287] *Palandt/Thomas*, § 823 RN 33.
[288] *Ubber*, WRP 1997, S. 497, 510.

sowie in Beziehung auf eine Ware oder Dienstleistung so gebraucht werden, daß der Durchschnittsabnehmer annehmen kann, das Zeichen diene der Unterscheidung hinsichtlich der Herkunft der gekennzeichneten Ware oder Dienstleistung. Dem steht die Verwendung eines Zeichens als Hinweis auf ein bestimmtes Unternehmen, d.h. als Unternehmensbezeichnung, gleich.

Entsprechend der Definition des EuGH ist jede Verwendung der Marke oder geschäftlichen Bezeichnung zur Unterscheidung von Waren oder Dienstleistungen oder zur Unterscheidung von Unternehmen darunter zu fassen. Entgegen des bisherigen Verständnisses des BGH liegt eine kennzeichenmäßige Benutzung nicht nur dann vor, wenn das Zeichen zur Kennzeichnung eigener Ware verwendet wird, sondern unter Umständen auch dann, wenn fremde (Original-)ware mit dem fremden Zeichen gekennzeichnet wird. Dies gilt zumindest bei Phantasiezeichen, d.h. wenn das Zeichen nicht auch im allgemeinen Sprachgebrauch Verwendung finden kann, da das Zeichen mangels eines bestimmten Bedeutungsgehalts dann nur kennzeichenmäßig verwendet werden kann. Wird mit dem fremden Zeichen fremde Ware oder ein fremdes Unternehmen gekennzeichnet, liegt stets ein Fall des § 14 Abs. 2 Nr. 1 MarkenG bzw. § 15 Abs. 2 MarkenG vor, da das Zeichen gerade für die fremden und damit für identische Waren benutzt wird. Ob die Verwendung zulässig ist, bestimmt sich dann nach § 23 MarkenG.

Bei sonstigen kennzeichenmäßigen Nutzungen einer Marke, d.h. bei der Verwendung eines fremden Zeichens für eigene Waren kommt es außerhalb des Identitätsschutzes nach § 14 Abs. 2 Nr. 1 MarkenG im Rahmen des § 14 Abs. 2 Nr. 2 MarkenG darauf an, ob eine Verwechslungsgefahr besteht. Miteinander in Beziehung zu setzen sind dafür der Grad der Ähnlichkeit der Bezeichnungen sowie der Waren oder Dienstleistungen sowie der Schutzumfang des angreifenden Kennzeichens. § 14 Abs. 2 Nr. 2 MarkenG bezieht neben einer unmittelbaren Verwechslungsgefahr ausdrücklich auch die Gefahr ein, daß die Marken gedanklich miteinander in Verbindung gebracht werden. Dies bedeutet, daß auch die mittelbare Verwechslungsgefahr (Serienzeichen) und die Verwechslungsgefahr im weiteren Sinne (Annahme wirtschaftlicher oder organisatorischer Verbundenheit) von § 14 Abs. 2 Nr. 2 MarkenG erfaßt wird. Eine Verwechslungsgefahr im weiteren Sinne setzt zumindest voraus, daß die Marke gleichzeitig auch als Unternehmensbezeichnung benutzt wird, da sonst eine Verbundenheit zwischen den Unternehmen vom Verkehr nicht angenommen wird.

Neu im System markenrechtlicher Ansprüche ist der sich an deliktsrechtlichen und wettbewerbsrechtlichen Ansprüchen anlehnende Bekanntheitsschutz des § 14 Abs. 2 Nr. 3 MarkenG. Voraussetzung ist neben der Bekanntheit der Marke, die sich unterhalb des für den Schutz der berühmten Marke erforderlichen hält, daß entweder (1) die Unterscheidungskraft beeinträchtigt oder (2) ausgenutzt wird oder (3) die Wertschätzung beeinträchtigt oder (4) ausgenutzt wird.

Auch der Schutz geschäftlicher Bezeichnungen setzt nach § 15 Abs. 2 MarkenG eine Verwechslungsgefahr voraus, die sich nach den gleichen Grundsätzen wie bei § 14 Abs. 2 Nr. 2 MarkenG bemißt. § 15 Abs. 3 MarkenG schützt ebenso wie § 14 Abs. 2 Nr. 2 MarkenG die bekannte Unternehmensbezeichnung.

Neben diesen markenrechtlichen Ansprüchen sind ergänzende Ansprüche nach §§ 12, 823, 826 BGB, § 1 UWG nur dann möglich, wenn der Anwendungsbereich des Markengesetzes gerade nicht eröffnet ist. Das ist namentlich dann der Fall, wenn ein Handeln außerhalb des geschäftlichen Verkehrs vorliegt und das Kennzeichen nicht kennzeichenmäßig benutzt wird. Es wird noch zu untersuchen sein, ob eine Anwendung dieser Vorschriften im Domain Name System nicht auch deswegen möglich sein muß, weil dieses System von der Konzeption des Markengesetzes insoweit abweicht, als es einen eindimensionalen Namensraum eröffnet. Ein solchermaßen eingeschränkter Namensraum ist nicht Regelungsgegenstand des Markengesetzes, das stets neben dem Zeichen auch die zugrundeliegenden Waren, Dienstleistungen oder Branchen berücksichtigt.

III. Teil: Rechtsverletzungen durch Internet-Domains

Bevor der Frage nachgegangen wird, wann eine Domain Kennzeichenrechte Verletzt, stellt sich die Frage nach den Voraussetzungen einer Registrierung. Ob eine kennzeichenrechtswidrige Domain registriert und benutzt werden kann, hängt auch von den Modalitäten der Registrierung ab. Würde die Registrierung einer Domain etwa davon abhängen, daß zuvor ein eigenes Markenrecht, Recht an einer geschäftlichen Bezeichnung oder Namensrecht nachgewiesen werden müßte, so könnten Rechtsverletzungen bereits hier ausgeschlossen werden. Ein solcher Nachweis wird weder in der Bundesrepublik noch in den U.S.A. verlangt. Insbesondere die World Intellectual Property Organization (WIPO) ist seit jeher darum bemüht, Vorschläge zur Optimierung des Registrierungsverfahrens zum Schutze von Kennzeichenrechten zu erarbeiten, ohne jedoch das Regsitrierungsverfahren über Gebühr zu belasten. Dort, wo sich Konflikte nicht vermeiden ließen, ist unter bestimmten Voraussetzungen ein außergerichtliches Verfahren entwickelt worden, daß es dem Domain-Inhaber erleichtern soll, gegen eine rechtsverletzende Domain vorzugehen. Diese Vorschläge sind zum überwiegenden Teil von den Vergabestellen in den jeweiligen Vergaberichtlinien umgesetzt worden. Inwieweit der Kennzeicheninhaber durch diese Richtlinien in seiner Rechtsstellung geschützt ist, ist Gegenstand der nachfolgenden Untersuchungen.

1. Kapitel: Die Registrierung von Internet-Domains

Bei der Frage nach den eigentlich „zuständigen" Registrierungsstellen begegnete man zu in den ersten Entwicklungsjahren des Internet einer Fülle von Organisationen, deren Aufgabenfelder sich überschnitten und deren Struktur von *Hoeren*[289] zu Recht als „dubios" bezeichnet wurde. Dabei hängt die Stabilität des Internet - insbesondere im kommerziellen Bereich - entscheidend von der Stabilität und Kontinuität dieser Eintra-

[289] *Hoeren* WRP 1997, S. 993, 997.

gungsstellen ab.[290] So zeigte das Beispiel „AlterNic", einer konkurrierenden Registrierungsstelle, daß auch andere Institutionen versuchten, an dem zweifellos lukrativen Geschäft mit „Domains" teilzuhaben.[291]

A. Die Registrierungsstellen

Den Ursprung bildete die mit Sitz in Virginia, U.S.A. gebildete Organisation „Internet Society" (ISOC). ISOC und das U.S. Federal Network Council, ein von der amerikanischen Regierung gebildetes Gremium zur Förderung und Koordination des Internet, beauftragten zunächst die „Internet Assigned Numbers Authority" (IANA) mit der Vergabe von IP-Adressen, dem Nummerncode und den entsprechenden Domains.[292] Zu diesem Zweck beauftragte IANA einzelne sog. „Network Information Centers" (NIC's) mit der praktischen Administration und Registrierung der Domains. Diese NIC's sind wiederum von ihrer Struktur her aufgeteilt in IR's (Internet Registries), RIR's (Regional Internet Registries) und LIR's (Local Internet Registries).

Bis Ende 1999 hatte das u.s.-amerikanische Unternehmen Network Solutions (NSI) eine faktische Monopolstellung als IR für die Top Level Domains "com", "net" und "org". Für den europäischen Raum, Nordafrika, den Mittleren Osten und Teile Asiens war und ist das „Réseaux IP Européens Network Coordination Centre" (RIPE NCC)[293] als Regional Internet Registry (RIR) mit Sitz in Amsterdam zuständig. Weitere RIR's sind das APNIC für den Asiatisch-Pazifischen Raum und die ARIN für Nord- und Südamerika, Karibik und Teile Afrikas. Das seit 1989 beste-

[290] *Birkenbihl*, Gefangen im Netz der Netze (unter http://www.gmd.de/People/Klaus.Birkenbihl/publications/NetzDerNetze.htm).

[291] AlterNic lehnte eine Alleinzuständigkeit des InterNic ab und bot neuartige Top Level Domains an. Der Clou bestand darin, daß es AlterNic gelang, eine Verbindung zu der eigenen Homepage dergestalt herzustellen, daß bei Anwahl unter der Domain des InterNic eine automatische Verbindung zu AlterNic hergestellt wurde.

[292] www.iana.org, zuletzt besucht am 11.01.2001. Auch nach Gründung der ICANN (dazu unten) ist IANA als internationale Organisation tätig.

[293] www.ripe.net, zuletzt besucht am 11.01.2001.

hende RIPE NCC hat keinerlei offiziellen Status. Seine Hauptaufgabe besteht darin, den einzelnen Ländern, d.h. den jeweiligen Local Internet Registries (LIR's) den von IANA zugeteilten Adressvorrat zuzuweisen.

Den einzelnen Ländern steht die Wahl der Art der Eintragungen insoweit offen, als sich diese für ein „flaches" System entscheiden können. Wie etwa in der Bundesrepublik folgt in einem flachen System unmittelbar nach bzw. vor der Top Level Domain „.de" die eigentlich gewünschte Second Level Domain, etwa www.mercedes-benz.de. In anderen Ländern, etwa den U.S.A. oder Australien sind die Second Level Domains ebenfalls generisch (in Australien etwa www.mercedes-benz.com.au). Erst auf dritter Ebene folgt die eigentlich vom Anmelder bestimmte Domain. In Frankreich besteht dementsprechend die Möglichkeit, unter „tm.fr" Marken als Domain registrieren zu lassen.[294]

In Deutschland wird die Registrierung von Domains seit 1993 unter der Top Level Domain „.de" durch den „Interessenverband Deutsches Network Information Center" (IV-DENIC), einer BGB-Gesellschaft, vorgenommen. Im Dezember 1996 wurde parallel dazu die DENIC e.G. gegründet.[295] Als beratendes Mitglied nimmt der „ISOC.DE e.V. (vormals „Deutsche Interessen Gemeinschaft Internet, DIGI) teil.[296] Die technische Abwicklung erfolgt durch das Rechenzentrum der Universität Karlsruhe, das DENIC-Inkasso durch das privatwirtschaftliche Unternehmen IntraNet.

Im Oktober 1998 wurde als Nachfolgerin der IANA die Internet Corporation for Assigned Names and Numbers (ICANN) gegründet.[297] Damit löste sich insbesondere die faktische Monopolstellung von NSI für die Top Level Domains "com", "net" und "org" auf. ICANN lizenziert nunmehr gemäß der "Registrar Accreditation Policy" die Domain-

---

294 vgl. Final Report of the International Ad Hoc Committee, sec. 8.3 (unter www.iahc.org/draft-iahc-recommend-00.html, zuletzt besucht am 11.01.2001)

295 www.denic.de, zuletzt besucht am 11.01.2001.

296 www.digi.de, zuletzt besucht am 11.01.2001.

297 Siehe unter www.icann.org, zuletzt besucht am 11.01.2001.

Vergabe an akkreditierte Vergabestellen.[298] ICANN erweiterte jedoch nicht nur die Anzahl der Registrierungsstellen, sondern bewirkte auch erhebliche inhaltliche Veränderungen, die auf einen Bericht der World Intellectual Property Organization (WIPO) zurückzuführen sind.

B. Der WIPO Final Report vom 30.04.1999

Am 30.04.1999 veröffentlichte die World Intellectual Property Organization (WIPO), die 171 Staaten zu ihren Mitgliedern zählt, auf Anregung der Regierung der Vereinigten Staaten und mit Zustimmung ihrer Mitglieder einen Abschlußbericht, der die Ergebnisse und Empfehlungen eines vorangegangenen Konsultationsprozesses wiedergibt und als Grundlage für das aktuelle Verfahren der Registrierungsstellen dient.[299] Gegenstand der Beratungen war insbesondere folgendes:

---

[298] Eine Liste der nunmehr akkreditierten Vergabestellen findet sich unter www.icann.org/registrars/accredited-list.html, zuletzt besucht am 10.01.2001.

[299] Der Abschlußbericht findet sich unter http://wipo2.wipo.int/process1/report/finalreport.html, zuletzt besucht am 10.01.2001. Eine ausführliche Besprechung des Interim-Reportes, der dem Abschlußbericht voran ging, findet sich bei *Kur*, GRUR Int. 1999, S. 212. Der einzige gravierende Unterschied zwischen dem vorläufigen und dem endgültigen Bericht ist die Beschränkung des vorgeschlagenen administrativen Streitbeilegungsverfahrens zur Lösung von Konflikten auf die Fälle des sogenannten „Cybersqatting", im deutschsprachigen Raum besser als „Domain-Grabbing" bekannt. Diese einschneidende Beschränkung wurde mit der Erwägung begründet, das Verfahren solle zunächst (eine Ausdehnung nicht ausgeschlossen) hinsichtlich der offensivsten Form einer zeichenrechtlichen Verletzung „getestet" werden, um einen sicheren Boden für weitere Ausdehnungen zu schaffen. Weiter sollen in dem Verfahren nur Rechte aus der Verletzung von Waren- und Dienstleistungsmarken, nicht aber aus geographischen oder geschäftlichen Bezeichnungen oder Persönlichkeitsrechten geltend gemacht werden können. Diese Rechte sollen nunmehr in einem 2. Beratungsverfahren, das Ende 2000, eingeleitet wurde, beraten werden (siehe unter www.wipo2.wipo.int/process2/index.html, zuletzt besucht am 10.01.2001).
Den Beratungen der WIPO ging der Abschlußbericht des "International Ad Hoc Committee (IAHC) vom 04.02.1997 voran, siehe unter www.iahc.org/draft-iahc-recommend-00.html, zuletzt besucht am 11.01.2001. Bereits darin wurde etwa die Schaffung neuer Top Level Domains zur Erweiterung des Namensraumes oder die Schaffung einer eigenen Top Level Domain für eingetragene Marken diskutiert.

- Die Einführung eines einheitlichen, außergerichtlichen Verfahrens zur Streitbeilegung.
- Die Entwicklung eines Mechanismus zum Schutz berühmter/bekannter Marken.
- Einführung neuer thematischer Top Level Domains zur Erweiterung des Namensraumes und die Auswirkungen auf geistige Eigentumsrechte.
- Möglichkeiten zur Konfliktvermeidung und verwaltungstechnische Möglichkeiten zur Reduzierung des Konfliktpotentials.

Durch die breite Beteiligung von 66 Regierungen sowie zahlreichen Organisationen, Verbänden, Unternehmen und Privatpersonen wurde ein größtmöglicher Konsens in der Lösung der aufgeworfenen Fragen erreicht.

I. Chapter 2: Vorschläge zur Minimierung von Konflikten aufgrund von Domain-Name Registrationen

Der Bericht hebt die Bedeutung des Registrierungsantrages bzw. des Vertragswerkes zur Registrierung einer Domain hervor, da dieses die nahezu einzige Möglichkeit zur Einflußnahme der Registrierungsstellen auf den zukünftigen Domain-Inhaber bietet.[300] Dies betrifft vor allem die Erfassung der vollständigen und richtigen Angaben zur Person des Antragstellers, womit eine vollständige Identifizierung als Grundlage für eine effiziente Rechtsverfolgung geschaffen wird. Die WIPO befürwortet einen öffentlichen und unbeschränkten Zugriff damit, daß die offenen thematischen Top Level Domains ohne jede Beschränkung geschäftliche Aktivitäten im Internet ermöglichen. Hinsichtlich dieser Aktivitäten sei es angemessen, einen öffentlichen Zugang zu gewähren.[301]

---

[300] WIPO Final Report, Chapter 2, Ziff. 54 f., siehe FN 299.

[301] WIPO Final Report, Chapter 2, Ziff. 77, siehe FN 299. Dieser Grundsatz soll erst dann eine Beschränkung erfahren, wenn eine Top Level Domain für aus-

Der Vorschlag zur Verpflichtung der Registrierungsstelle oder des Antragstellers zur vorherigen Identitäts- und Ähnlichkeitsrecherche hinsichtlich des Bestehens von Zeichenrechten Dritter an der zur Anmeldung gebrachten Domain wurde abgelehnt. Eine solche Verpflichtung sei nicht umsetzbar, da eine internationale Datenbank nicht zur Verfügung steht. Der Antragsteller solle vielmehr zu einer freiwilligen Recherche im Rahmen des ihm möglichen angehalten werden.

Die Vergaberichtlinien sowohl von NSI als auch der DENIC e.G. enthalten eine Erklärung des Antragstellers, die Domain auf ihre Vereinbarkeit mit Rechten Dritter sowie den allgemeinen Gesetzen überprüft zu haben.[302] Vornehmlicher Zweck der Erklärung ist, den Antragsteller auf die Gefahren einer zeichenrechtsverletzenden Registrierung aufmerksam zu machen;[303] daneben soll die Erklärung eine Haftungsfreistellung der Vergabestellen bewirken und als Grundlage für ein Kündigungsrecht der Vergabestelle wegen Vertragsbruchs dienen.[304]

Zu der Problematik gleichlautender Namen bzw. Marken, an denen beide Inhaber Rechte haben, nimmt die WIPO nur kursorisch Stellung. Hingewiesen wird auf eine technisch praktikable Lösung, nämlich die Einrichtung eines sogenannten „gateway“ oder einer „portal page“. Dabei handelt es sich um eine Eingangshomepage, auf der sich Links zu den verschiedenen Adressen aller Rechtsinhaber sowie Informationen zur besseren Identifizierung finden. Zu der Einrichtung einer solchen "portal page" ist keine Verpflichtung ausgesprochen worden, da berücksichtigt werden muß, daß insbesondere Inhaber berühmter Marken ein gesteigertes Interesse an der Erhaltung ihrer hervorragenden Marktstel-

---

schließlich private Websites geschaffen wird. Die Einführung der Top Level Domain "names" für Namen von Privatpersonen ist bereits beschlossen worden, siehe FN 15.

302 Siehe unter www.denic.de/doc/DENIC/agb.html, zuletzt besucht am 10.01.2001 und www.networksolutions.com/en_US/legal/service-agreement.html, zuletzt besucht am 10.01.2001.

303 WIPO Final Report, Chapter 2, Ziff. 106, siehe FN 299.

304 WIPO Final Report, Chapter 2, Ziff. 117, siehe FN 299.

lung haben und sich auf eine gemeinsame Ausgangsseite nicht verweisen lassen.

II. Chapter 3: Konfliktbeilegungsmechanismen

Im Hinblick auf die Globalität des Internet widmet sich die WIPO in starkem Maße der Entwicklung geeigneter Verfahren zur Beilegung von Domain-Streitigkeiten außerhalb gerichtlicher Verfahren. Der Tatsache, daß ein und dieselbe Domain-Registrierung in mehreren Staaten Kennzeichenrechte verletzen kann und so auch der Beurteilung mehrerer Gerichte unterliegt, kann nach Ansicht der WIPO nur durch die Schaffung außergerichtlicher Streitregelungsmechanismen beigekommen werden, in denen alle speziellen Aspekte derartiger Streitigkeiten berücksichtigt werden können.[305]

Diskutiert werden in dem Bericht der WIPO prinzipiell drei Möglichkeiten der Konfliktbeilegung: die Schlichtung, das Verfahren der Schiedsgerichtsbarkeit und ein spezielles Verfahren der Registraturstellen, das sogenannte ADR-Verfahren (Administrative Dispute-Resolution Procedure).[306]

---

[305] Siehe zu den Besonderheiten im einzelnen WIPO Final Report, Chapter 3, Ziff. 132, siehe FN 299.

[306] Sowohl das Verfahren der Schlichtung als auch das Verfahren der Schiedsgerichtsbarkeit bietet den Parteien Vor- und Nachteile. Das Verfahren der Schiedsgerichtsbarkeit wurde speziell zur Lösung internationaler Konflikte entwickelt; nach den Regeln der New Yorker Konvention ist die Durchsetzbarkeit der Entscheidungen international gesichert (WIPO Final Report, Chapter 3, Ziff. 230). Das Verfahren der Schiedsgerichtsbarkeit ist folglich geeignet, den internationalen Aspekten des Rechtsstreits Rechnung zu tragen. Als nachteilig mögen die Parteien empfinden, daß durch eine Entscheidung im Schiedsgerichtsverfahren der Weg zu den ordentlichen Gerichten verschlossen bleibt und so ein einmal gefundenes Ergebnis bindend bleibt (WIPO Final Report, Chapter 3, Ziff. 233 f.). Eine solche Bindung gilt bei der Schlichtung (Mediation) nicht (WIPO Final Report, Chapter 3, Ziff. 240 ff.). Sie bewirkt lediglich eine Ausdehnung der grundsätzlichen Möglichkeiten zur Verhandlung des Streits zwischen den Parteien, unter Einbeziehung eines sogenannten Schlichters, der über keine Entscheidungsbefugnisse verfügt. Auch kann das Verfahren jederzeit unterbrochen werden. Die Mediation eröffnet allerdings den Weg zur Einbeziehung auch wirtschaftlicher Interessen der Parteien. Das Verfahren ist daher empfehlenswert,

Das ADR-Verfahren sollte nach Ansicht der WIPO den Rechtsweg vor den ordentlichen Gerichten nicht beschränken.[307] Zwar soll es bezüglich aller offenen thematischen Top Level Domains zur Verfügung stehen, allerdings nur mit der Einschränkung auf eindeutige Fälle der mißbräuchlichen Registrierung einer Domain.[308] Vorgesehen wurde nicht die Einführung eines zentralisierten Verfahrens, das von einer bestimmten internationalen Organisation durchgeführt werden soll, sondern vielmehr die Verteilung an verschiedene sogenannte Dispute Resolution Serviceprovider, die nach denselben verfahrensrechtlichen und materiellen Grundsätzen zu einer Entscheidung gelangen sollen. Die Rechtsfolgen des Verfahrens sollen beschränkt sein auf die Löschung und gegebenenfalls Übertragung der Domain auf den Dritten sowie die Kostenentscheidung. Ausgenommen sind insbesondere Schadensersatz und sonstige Folgeansprüche.

Als maximale Verfahrensdauer sah der Vorschlag der WIPO 45 Tage vor. Dieser im Vergleich zu dem ordentlichen Rechtsweg eng gesetzte Zeitrahmen sollte insbesondere durch den Einsatz eines Online-Verfahrens erreicht werden.

Die materiellen Grundsätze des Verfahrens und die ersten Entscheidungen der Administrative Panels werden an anderer Stelle dargestellt.[309]

---

wenn beide Parteien Rechte an der Domain geltend machen können. Da die beiden verfahrensrechtlichen Möglichkeiten des Schieds- und Schlichtungsverfahrens den Parteien aber ohnehin zustehen, wird eine Klausel in den Vergaberichtlinien zum – ob nun freiwilligen oder zwingenden – Einverständnis in die Einleitung dieser Streitbeilegungsmechanismen für entbehrlich gehalten.

[307] Hinsichtlich des Rechtsweges vor den ordentlichen Gerichten wird lediglich vorgeschlagen, eine vertragsrechtliche Erklärung des Antragstellers herbeizuführen, wonach sich dieser der Judikatur seines Wohnsitzstaates sowie der des Sitzes der jeweiligen Vergabestelle unbeschadet anderweitiger Zuständigkeiten unterwirft.

[308] Das Verfahren greift daher nur bei dem sog. "Cybersquatting", in Deutschland besser bekannt als "Domain Grabbing", siehe FN 299.

[309] Siehe unten die Vergaberichtlinien von Network Solutions unter Einbeziehung der "Uniform Domain Name Dispute Resolution" der ICANN, S. 94 ff.

In Chapter 4 beschäftigt sich der WIPO-Bericht mit der Entwicklung eines Exklusivrechts für berühmte und bekannte Marken im System der Domains.[310] Dem Inhaber einer solchen Marke soll das Recht zugesprochen werden, jede Registrierung seiner Marke als Domain (etwa in anderen Top Level Domains) verbieten zu können. Gerechtfertigt wird ein derartiger Sonderschutz berühmter Marken mit der Überlegung, den nach internationalen Vorschriften – namentlich TRIPS[311] und PVÜ[312] – bestehenden Sonderschutz notorisch bekannter Marken auch im System der Domains hinreichend zu berücksichtigen.[313] Die Idee steht in einem engen Zusammenhang mit der schon vielfach diskutierten Aufnahme weiterer generischer Top Level Domains, da es nach Ansicht der WIPO gilt, im Vorfeld eines solchen Vorhabens eine erneute Welle des „Domain-Grabbings“ an bekannten und berühmten Marken zu vermeiden bzw. die Risiken einer solchen Entwicklung zu minimieren.

Problematisiert wird unter anderem, daß – auch wenn einige nationale Gesetze vielfach den Schutz berühmter Marken außerhalb des Gleichartigkeitsbereichs vorsehen – zumindest doch generell der Schutz bekannter Marken an die Warenklassen gebunden bleibt.[314] Im Domain Name System fehle derzeit die Möglichkeit, das weltweite Exklusivrecht an der Domain auf irgendeine Art und Weise zu begrenzen. Gegen diese "Schutzausdehnung" im Internet sind vielfach Bedenken angemeldet worden. Als Antwort schlägt die WIPO vor, das Exklusivrecht derzeit nur solchen Marken zu gewähren, die eine geographisch weite Ausdeh-

---

310 Siehe FN 299.

311 Art. 16 Abs. 2 TRIPS (Übereinkommen über handelsbezogene Aspekte der Rechte des geistigen Eigentums).

312 Art. 6bis PVÜ (Pariser Verbandsübereinkunft).

313 WIPO Final Report, Chapter 4, Ziff. 248 f., siehe FN 299.

314 WIPO Final Report, Chapter 4, Ziff. 261, siehe FN 299.

nung vorweisen sowie auch warenklassenübergreifende Bekanntheit erlangt haben.[315]

Die WIPO beschränkt sich in ihrem Bericht darauf, lediglich in groben Zügen die Einzelheiten des Verfahrens und der Voraussetzungen zu beschreiben, im übrigen aber die Umsetzung eines tauglichen Mechanismus der ICANN zu überlassen.[316] Das Exklusivrecht soll für alle oder auch nur eine einzige generische Top Level Domain erworben werden können. Dritten soll das Recht eingeräumt werden können, jederzeit eine Löschung für eine generische Top Level Domain zu beantragen, sofern sie ein berechtigtes Interesse an der Nutzung nachweisen können. Das Recht selbst ist auf eine identische Wiedergabe der Marke zu beschränken, so daß der Ähnlichkeitsbereich aus dem Schutz ausgenommen bleibt. Auch ist nicht vorgesehen, den besonderen Schutz auf die bereits vorhandenen generischen Top Level Domains zu beziehen, sondern vielmehr nur unter neuen Top Level Domains registrierte Domains dem neuen Verfahren zu unterziehen. Auch eine Rückwirkung bleibt ausgeschlossen, so daß bereits bestehenden Domains das Exklusivrecht nicht entgegengehalten werden kann.

---

315 Die WIPO lehnt es hingegen ab, die Sonderrechte quantitativ zu begrenzen. Diskutiert wurde sowohl, ein solches Recht nur dann zu gewähren, wenn mindestens fünfzig Markenregistrierungen der berühmten Marke vorgelegt werden können. Derartiges kann aber nach richtiger Ansicht keine hinreichende Grundlage für die Entscheidung sein, ob es sich um eine berühmte oder bekannte Marke handelt. Die Anzahl der Registrierungen kann allenfalls ein Indiz für eine entsprechende Bekanntheit sein, diese jedoch nicht alleine begründen. Ein anderer Vorschlag war eine zahlenmäßige Beschränkung der Exklusivrechte auf eine Anzahl von zweitausend. Dieser Ansatz wurde ebenfalls verworfen, da er unter anderem den Weg abschneidet für sich noch entwickelnde Marken und daher den Interessen der Internet-Nutzer nicht gerecht wird.

316 WIPO Final Report, Chapter 4, Ziff. 276 ff., siehe FN 299. Die Entscheidung über die Anerkennung einer Marke im Sinne des Exklusivrechts soll von drei auf diesem Gebiet besonders erfahrenen Experten getroffen werden. Das Verfahren selbst soll - im Gegensatz zu den ADR-Verfahren zur Streibeilegung - zentralisiert durchgeführt werden, um eine größtmögliche Einheitlichkeit der Entscheidungspraxis zu gewährleisten. Die WIPO schlägt sich selbst zur Wahrnehmung dieser Aufgaben vor, da die zu verfolgenden Ziele ohnehin ihrem grundsätzlichen Mandat entsprechen.

Um Fehlentscheidungen vorzubeugen sieht der Vorschlag weiter vor, Dritten noch vor Gewährung des Exklusivrechts die Möglichkeit zur Stellungnahme zu geben. Die Gewährung des Rechts soll keinerlei indizielle Wirkung hinsichtlich des Status der Marke außerhalb des Internet haben.

Hinsichtlich der zu stellenden Anforderungen an die Bekanntheit bzw. Berühmtheit der Marke greift die WIPO auf die Liste der Faktoren zurück, die von dem „Standing Committee on the Law of Trademarks, Industrial Design and Geographical Indications (WIPO SCT) zur generellen Anerkennung einer Marke als "bekannt" entwickelt worden sind.[317] Die Kriterien sind folgende:

- Grad der Bekanntheit bzw. Wiedererkennung der Marke im relevanten Teil der Bevölkerung

- Dauer, Ausmaß und geographisches Gebiet der Benutzung der Marke.

- Dauer, Ausmaß und geographisches Gebiet jedweder Werbung mit der Marke.

- Dauer und geographisches Gebiet der Registrierung der Marke oder eines Antrags auf Registrierung in dem Sinne, daß dies die Benutzung oder Wiedererkennung der Marke reflektiert.

- Fälle erfolgreicher Durchsetzung der Rechte aus der Marke, insbesondere Fälle, in denen die Marke von Gerichten oder anderen Autoritäten als bekannt anerkannt worden ist.

- Die mit der Marke verbundene Wertschätzung.

Die WIPO ergänzt den Katalog der Kriterien um ein für das Internet typisches Indiz, nämlich den Nachweis über Versuche nicht vom Markeninhaber ermächtigter Dritter, die identische Marke oder eine ver-

317 WIPO Final Report, Chapter 4, Ziff. 284, siehe FN 299.

wechslungsfähige Bezeichnung als Domain für sich registrieren zu lassen.[318]

Einen entscheidenden Nachteil weist die vorgesehene Gestaltung des Exklusiv-rechts nach Ansicht der WIPO auf. Es wird lediglich Schutz gegen absolut identische Domains gewährt, so daß auch bei noch so geringen Abweichungen (etwa der Hinzufügung eines Bindestrichs) der Schutz durch das Exklusivrecht versagt. Es wird daher vorgeschlagen, zugunsten des Inhabers einer bekannten oder berühmten Marke im ADR-Verfahren gegen die Nutzung verwechslungsfähiger Domains mit einer tatsächlichen Vermutung zu arbeiten.[319] Der Markeninhaber soll die Darlegungslast nur für die Identität bzw. Verwechslungsfähigkeit der angegriffenen Bezeichnung tragen. Ferner soll er die Darlegungslast hinsichtlich der Eignung der Domain, den Interessen des Markeninhabers Schaden zuzufügen, übernehmen. Die Darlegungs- und Beweislast dafür, daß die Registrierung in gutem Glauben vorgenommen worden ist und die Begründung dafür, daß die Domain trotz Übereinstimmung nicht gelöscht werden sollte, soll dann auf den Dritten übergehen.[320]

IV. Chapter 5: Die Einführung neuer generischer Top Level Domains

Die Diskussion um die Einführung neuer generischer Top Level Domains[321] zur Erweiterung des Namensraumes wurde schon vor den Beratungen der WIPO intensiv geführt. Die Hauptsorge galt stets dem Umstand, daß die Einführung neuer generischer Top Level Domains unter Umständen eher noch zur Vergrößerung der Schwierigkeiten auf dem Gebiet des geistigen Eigentums führt. Darüber hinaus waren die techni-

318 WIPO Final Report, Chapter 4, Ziff. 285, siehe FN 299.

319 WIPO Final Report, Chapter 4, Ziff. 288 ff., siehe FN 299.

320 Dagegen tragen die Inhaber von Marken mit normalem Bekanntheitsgrad auch die Beweislast für die Bösgläubigkeit der Registrierung, siehe die "Rules for Using the Policy" (bezugnehmend auf die "Uniform Domain Name Dispute Resolution Policy"), Ziff. 3 b ix 3., unter www.icann.org/udrp/udrp-rules-24oct99.htm, zuletzt besucht am 10.01.2001.

321 WIPO Final Report, Chapter 5, FN 299

schen und wirtschaftlichen Auswirkungen nicht hinreichend erforscht.[322] Die WIPO wies darauf hin, daß die ohne Zweifel bestehenden Probleme in diesem Bereich bereits durch die Einführung der ADR-Verfahren und sonstige Regelungen zur Registrierung sowie den besonderen Schutz bekannter und berühmter Marken bereits erheblich reduziert werden könnten, so daß es einer Erweiterung des Namensraumes nicht bedürfe. Aufbauend auf diesen Verbesserungsvorschlägen sollte in kontrollierter und zurückhaltender Weise an die Einführung neuer generischer Top Level Domains gedacht werden.[323]

Zuletzt beleuchtet der Bericht den Einfluß neuer technischer Entwicklungen auf die diskutierte Problematik. Mit Hilfe sogenannter „Keyword-Systems“ ist es zum Auffinden einer Website nicht mehr erforderlich, die Domain anzugeben. Vielmehr reicht die Eingabe eines sogenannten Keywords, um Zugang zu der gewünschten Website zu erhalten. Die Probleme in der Anwendung werden jedoch denen zur Nutzung einer Domain nicht unähnlich sein, da manche Systeme etwa nicht die gleichzeitige Nutzung ein und desselben Keywords erlauben.

C. Die Auswirkungen des Berichts

Rechtliche Bindungswirkung haben die Vorschläge der WIPO nicht.[324] Jedoch kann die ICANN über eine vertragliche Bindung der Vergabestellen der Top Level Domains "com", "net" und "org" Einfluß auf das Registrierungsverfahren nehmen. Sofern die Vorschläge der WIPO in die Richtlinien der ICANN eingearbeitet werden, entfalten sie daher zumindest eine indirekte Wirkung.[325] Insbesondere den LIR's, die für die Vergabe der ccTLD's zuständig sind, etwa der DENIC für die Top

322 WIPO Final Report, Chapter 5, Ziff. 310 (i), siehe FN 299.

323 WIPO Final Report, Chapter 5, Ziff. 343, siehe FN 299.

324 *Kur*, GRUR 1999, S. 866, 867 verweist auf den politischen Druck, den eine solche Resolution auszuüben geeignet ist.

325 Siehe die nachfolgende Darstellung der Vergaberichtlinien der NSI unter Einbeziehung der ICANN Policy, S. 94 ff.

Level Domain "de", ist es ferner nicht verwehrt, die Vorschläge der WIPO auf freiwilliger Basis in die Vergaberichtlinien aufzunehmen.

1. Das "Registrar Accreditation Agreement" von ICANN[326]

Seit November 1999 lizenziert ICANN die Domain-Vergabe für die Top Level Domains "com", "net" und "org" an solche Vergabestellen, die insbesondere das "Registrar Accreditation Agreement"[327] unterzeichnen und ein entsprechendes Vergabeverfahren garantieren können. Diese Vereinbarung enthält eine Reihe von Mindestvorgaben, es verbietet den einzelnen Vergabestellen jedoch nicht, darüber hinausgehend vertragliche Vereinbarungen zu treffen.[328] Insbesondere hält ICANN an dem Prinzip des "first come first serve" fest, wonach die Registrierungen allein nach der zeitlichen Rangfolge des Antrags vorgenommen werden, ohne daß der Antragsteller ein besonderes Recht an der Bezeichnung nachweisen müßte.

ICANN hat ferner die Vorschläge der WIPO aufgegriffen, durch die öffentliche Bereitstellung von Angaben zur Person des Domain-Inhabers die Rechtsverfolgung zu erleichtern.[329] Die Vergaberichtlinien der Vergabestellen sollen weiter vorsehen, daß unrichtige oder unvollständige Angaben einen Vertragsverstoß darstellen, der die Vergabestellen zur Löschung der Domain berechtigt.[330] Die Vergaberichtlinien sollen ferner die Erklärung des Domain-Inhabers enthalten, nach bestem Wissen und Gewissen durch die Registrierung der Domain keine Rechte Dritter zu verletzen.[331] Zudem soll sich die Vergabestelle vorbehalten, die Domain

---

326 Siehe unter www.icann.org/nsi/icann-raa-04nov99.htm, zuletzt besucht am 11.01.2001.

327 Siehe FN 326.

328 Ziff. I. A. des Registrar Accreditation Agreements, siehe FN 326.

329 Ziff. I. E. 1. des Registrar Accreditation Agreements, siehe FN 326. Damit in Zusammenhang steht die Verpflichtung des Domain-Inhabers, sich der Zuständigkeit (1). Seines Wohnsitzgerichts und (2) des Gerichts, in dessen Zuständigkeitsbereich die Vergabestelle ihren Sitz hat, zu unterwerfen.

330 Ziff. I. J. 7 a des Registrar Accreditation Agreements, siehe FN 326.

331 Ziff. I. J. 7 g des Registrar Accreditation Agreements, siehe FN 326.

zu löschen oder zu übertragen, soweit die Vergaberichtlinie in Übereinstimmung mit den Vorgaben von ICANN (zumindest nicht in Widerspruch dazu) geändert werden sollten.[332]

In Ziff. K. des Agreements übernimmt ICANN das von der WIPO vorgeschlagene ADR-Verfahren zur außergerichtlichen Streitbeilegung. Das Verfahren selbst richtet sich nach der "Uniform Domain-Name Dispute-Resolution Policy" (UDRP),[333] die zum Gegenstand der Vergaberichtlinien zu machen ist. Das Recht der Beteiligten, die Streitfrage vor einem ordentlichen Gericht klären zu lassen, wird von dem Verfahren nicht berührt. Das administrative Streitbeilegungsverfahren[334] dient der Verhinderung oder Beseitigung mißbräuchlicher Domainregistrierungen. In Anlehnung an die dargestellten Vorschläge der WIPO hat ein Markeninhaber einen Anspruch auf Löschung bzw. Übertragung der Domain, wenn (1) die Domain mit einer Marke identisch oder mit dieser verwechslungsfähig ist, (2) der Inhaber der Domain kein Recht oder legitimes Interesse an der Nutzung der Domain hat und (3) die Registrierung in bösem Glauben erwirkt worden ist.[335] Eine Anmeldung ist insbesondere[336] dann bösgläubig in diesem Sinne, wenn (1) sich aus den Umständen die Absicht ergibt, daß die Registrierung zu dem Zweck erfolgte, die Domain an den Inhaber zu verkaufen, zu lizenzieren oder auf sonstige Weise zu veräußern oder zu dem Zweck erfolgt, die Domain an einen Mitbewerber des Markeninhabers zu veräußern; oder (2), wenn die Re-

---

332 Ziff. I. J. 7 i des Registrar Accreditation Agreements, siehe FN 326.

333 Siehe unter www.icann.org/udrp/udrp-policy-24oct99.html, zuletzt besucht am 10.01.2001

334 Von der Darstellung des Verfahrensablaufes wird abgesehen; die Policy ist abrufbar unter www.icann.org/udrp/udrp-policy-24oct99.htm, zuletzt besucht am 10.01.2001. Siehe auch die das Verfahren im einzelnen beschreibenden "Rules for Uniform Domain Name Dispute Resolution Policy", unter www.icann.org/udrp/udrp-rules-24oct99.htm, zuletzt besucht am 10.01.2001, und die "Supplemental Rules for Uniform Domain Name Dispute Resolution Policy" der WIPO, unter http://arbiter.wipo.int/domains/rules/supplemental.html, zuletzt besucht am 10.01.2001. Beides dient der Ergänzung der Policy.

335 Siehe Ziff.4 a der Policy; siehe FN 334.

336 Nach Ziff. 4 b der Policy ist die Aufzählung ausdrücklich nicht abschließend, siehe FN 334.

gistrierung einzig mit dem Ziel erfolgte, den Markeninhaber von der Registrierung seiner Marke als Domain auszuschließen; oder (3) die Registrierung in der Absicht der Behinderung von Mitbewerbern erfolgt; oder (4) die Benutzung der Domain den vorsätzlichen, geschäftlichen Vorteilen dienenden Versuch darstellt, Internet-Nutzer auf die eigene Website oder sonstige Online-Präsenz zu leiten, dadurch daß eine Verwechslungsgefahr im Hinblick auf Herkunft, Zugehörigkeit, Inhaberschaft der Website oder der darauf angebotenen Produkte bzw. Dienstleistungen durch die Domain begründet wird.[337] Nach Ziff. 5 der Policy kann der Beschwerdegegner durch Darlegung folgender Umstände ein eigenes berechtigtes Interesse an der Domain geltend machen: (1) wenn die Domain, bevor deren Inhaber Kenntnis von dem gegen ihn eingeleiteten Verfahren hatte, in gutem Glauben für ein Angebot von Waren oder Dienstleistungen benutzt worden ist oder eine solche Benutzung vorbereitet worden ist, (2) wenn der Inhaber unter der in der Domain enthaltenen Bezeichnung allgemein bekannt war, ohne daß er Inhaber einer eingetragenen Marke ist oder (3) wenn die Domain in Einklang mit den guten Sitten ("fair use") benutzt wird, ohne daß die Absicht besteht, wirtschaftliche Vorteile zu ziehen oder den Verbraucher irre zu führen oder die Marke zu verwässern. Umgesetzt worden sind die Vorgaben der Policy erstmals in dem Verfahren **World Wrestling Federation Entertainment, Inc. v. Michael Bosman.**[338] Die Beschwerdeführerin, Inhaberin der Dienstleistungs- und Warenmarke "World Wrestling Federation", wandte sich gegen die Registrierung der Domain "worldwrestlingfedera-

---

337 Siehe Ziff. 4 b der Policy; siehe FN 334.

338 Als Schiedsstelle fungierte das WIPO Arbitration and Mediation Center, Case No. D99-0001, siehe unter http://arbiter.wipo.int/domains/decisions/html/d99-0001.html, zuletzt besucht am 10.01.2001. Eine Übersicht der entschiedenen Fälle findet sich unter http://arbiter.wipo.int/domains/decisions/index.html, zuletzt besucht am 10.01.2001. Bis September 2000 wurden 1291 Anträge gestellt und 591 Fälle entschieden. In 466 Fällen wurde die Übertragung der Domain angeordnet, siehe unter http://arbiter.wipo.int/domains/statistics/results.html, zuletzt besucht am 10.01.2001. Siehe dazu auch den Beitrag von *Bettinger*, WRP 2000, S. 1109 ff. Siehe auch die Entsdcheidungen des WIPO Arbitration Center "tonsil.com" WRP 2000, S. 1182 und "libro.com" WRP 2000, S. 779 ff.

tion.com" durch den Beschwerdegegner als Privatperson.[339] Drei Tage nach der Registrierung der oben genannten Domain bot der Beschwerdegegner der Beschwerdeführerin die Domain gegen Zahlung von $ 1000 zum Kauf an. Der Beschwerdegegner errichtete unter der Domain keine Website; auch eine sonstige gutgläubige Benutzung war nicht erkennbar. Die Domain stand in keinem Zusammenhang mit einer namensmäßigen Nutzung des Beschwerdegegners noch seiner Familienmitglieder. Von dieser tatsächlichen Grundlage ausgehend, stellte der Schiedsrichter fest, daß die Grundsätze der Gerichte der jeweils betroffenen Rechtsordnung zu Domain-Konfliktfällen in die Überlegungen einzubeziehen sind. Vorliegend handelte es sich um eine identische Domain, an der keine legitimen Interessen des Beschwerdegegners erkennbar seien. Das Angebot zum Verkauf der Domain indiziere hinreichend die Bösgläubigkeit des Beschwerdeführers nicht nur hinsichtlich der Registrierung, sondern auch im Hinblick auf eine "Benutzung". Im Verlauf der legislativen Entwicklung der Policy sei von der ICANN stets betont worden, daß nicht nur die Registrierung, sondern auch die Benutzung in bösem Glauben erfolgen müsse. Die in Ziff.4 b der Policy genannten Indikatoren dienten aber zur Begründung sowohl einer bösgläubigen Registrierung als auch einer bösgläubigen Benutzung, obwohl der Domain-Inhaber eine Website nicht eingerichtet habe. Daß ein Angebot zum Verkauf der Domain eine Benutzung derselben darstelle, stehe in Einklang mit den Entscheidungen amerikanischer Gerichte in ähnlichen Fällen.[340] Der Schiedsrichter ordnete sodann an, daß die Domain auf den Beschwerdeführer übertragen werden müsse. Daß die Anwendbarkeit des Streitbeilegungsverfahrens strikt begrenzt ist auf Fälle echten Domain-

---

339 Der Schiedsrichter führte zunächst aus, daß die Policy auch auf Altfälle anwendbar sei. Zumindest dann, wenn der Domain-Inhaber sich gegenüber seiner Vergabestelle verpflichtet hat, Änderungen der Vergaberichtlinien anzunehmen, wie dies standardmäßig in den Vergaberichtlinien der Vergabestellen zu finden ist, sei die Policy und damit auch das Streitbeilegungsverfahren bindend. Aus diesem Grund waren Übergangsregelungen nicht erforderlich.

340 Der Schiedsrichter verweist dabei unter anderem auf die Entscheidung Panavision International, L.P. v. Dennis Toeppen, et.al., 141 F. 3d 1316.

Mißbrauchs[341], zeigt die Entscheidung **Digitronics Inventioneering Corporation v. @Six.Net Registered.**[342] Der Beschwerdegegner war unter der Bezeichnung @Six.Net Registered seit 1995 tätig. Obwohl der Beschwerdeführer eine Markenregistrierung aus dem Jahr 1984 vorlegen konnte, wurde die Übertragung der Domain nicht angeordnet, da die Benutzung des Beschwerdegegners ein eigenes legitimes Interesse an der Führung seiner geschäftlichen Bezeichnung nahelege. Wie sich daran zeigt, ist die Bedeutung des Verfahrens auf offensichtliche Mißbrauchsfälle begrenzt. Auch die WIPO betonte,[343] daß Überlegungen zur Ausweitung des Verfahrens zurückgestellt werden sollen, bis sich in einer Testphase ein ordnungsgemäßer Ablauf bewahrheiten konnte.

Ordnet das Administrative Panel die Übertragung der Domain an, so erfolgt diese nach Ablauf von 10 Werktagen. In diesem Zeitraum hat der Beschwerdegegner Gelegenheit, die Streitigkeit vor einem zuständigen Gericht anhängig zu machen

Die Vorteile des Schlichtungsverfahrens liegen auf der Hand. Da weite Teile des Verfahrens via Internet abgewickelt werden, ist die geplante Verfahrensdauer von maximal 45 Tagen realistisch.[344] Die geschätzten Verfahrenskosten von $ 1000 bis $ 2500 liegen weit unter denen eines gerichtlichen Verfahrens inklusive Anwaltskosten.[345]

Den Vorschlag der WIPO zur Einführung eines Exklusivrechts für bekannte und berühmte Marken (Chapter 4 des Final Report) hat ICANN bislang nicht aufgegriffen. Jedoch sind am 16. November 2000 neue Top Level Domains (Chapter 5 des Final Report) beschlossen worden, unter denen voraussichtlich ab April 2001 eine Registrierung möglich sein

---

341 Schon die WIPO schlug in ihrem Final Report diese Beschränkung vor, siehe S. 79 ff.

342 Case No. D2000-0008, unter http://arbiter.wipo.int/domains/decisions/html/d2000-0008.html, zuletzt besucht am 10.01.2001.

343 WIPO Final Report, Chapter 3, Ziff.168, FN 299.

344 In der Regel dauert das Verfahren 45 bis 60 Tage, siehe unter http://arbiter.wipo.int/domains/guide/index.#b, zuletzt besucht am 10.01.2001.

345 Siehe FN 344.

wird.[346] Die Auswahl der neu einzuführenden Top Level Domains folgt keinem klaren Konzept. Es wäre etwa möglich gewesen, eine Einteilung nach Warenklassen und Branchen vorzunehmen und damit dem im Markenrecht von den meisten Staaten verfolgten Konzept eines zweidimensionalen Namensraumes zu folgen.[347] Stattdessen hat sich ICANN für die Einführung allgemeiner thematischer Domains (wie etwa "info" für Allgemeines oder "biz" für Unternehmen) entschieden, auf der anderen Seite aber Branchen, wie etwa "aero" für Luftfahrtunternehmen definiert.[348] Obgleich der Namensraum durch die Einführung dieser Top Level Domains erweitert wird und ein Kennzeicheninhaber möglicherweise statt einer Registrierung unter "com" auf eine solche unter "biz" ausweichen kann, verbessert sich seine Rechtsposition nicht erheblich. Zumindest bis die neuen Top Level Domains unter den Nutzern bekannt sind, ist die Domain "com" nach wie vor von herausragender Bedeutung für einen Internet-Auftritt.

2. Vergaberichtlinien von Network Solutions (NSI)

Mit Wirkung zum 1. Januar 2000 verabschiedete NSI als weltweit größte Vergabestelle für die Top Level Domains "com", "net" und "org" die neuen, an die Richtlinien der ICANN angepaßten Vergaberichtlinien.[349] Dieses "Service Agreement"[350] basiert - wie auch vorangegangene Vergaberichtlinien - auf dem von ICANN vorgeschriebenen Prinzip des „first come, first serve". Auch im übrigen folgt das Service Agreement den Vorgaben von ICANN.

---

[346] Siehe FN 15.

[347] Dann hätten allerdings auch Regelungen vorgesehen werden müssen, welche Art von Nachweis der Antragsteller für eine tatsächliche oder beabsichtigte Nutzung der Domain für diese Warenklasse oder Branche führen müßte. Dies würde zumindest zu einer erheblichen Verlängerung des Verfahrens führen.

[348] Bislang ist nicht bekannt, ob die Registrierung hier an bestimmte Voraussetzungen gebunden sein wird oder die Einteilung nach wie vor unverbindlich ist.

[349] Die Vergaberichtlinien andere Vergabestellen entsprechen im wesentlichen den Vergaberichtlinien von NSI, da sie alle auf den Vorgaben von ICANN beruhen.

[350] Siehe unter www.networksolutions.com/en_US/legal/service-agreement.html, zuletzt besucht am 10.01.2001.

Von Bedeutung ist dabei insbesondere die Ersetzung des unter Geltung der vorherigen Vergaberichtlinien von NSI selbst entwickelten Verfahrens bei Domain-Konflikten[351] durch die "Uniform Domain Name Dispute Policy" (im folgenden "Policy") der ICANN. In Ziff. 8 des Service Agreement verpflichtet sich der Anmelder zur Teilnahme an dem und Befolgung des besonderen Beschwerdeverfahrens.

In Ziff. 17 des Service Agreement erklärt der Antragsteller - wie von ICANN - vorgeschlagen, daß er nach bestem Wissen und Gewissen keine Rechte Dritter mit der Registrierung der Domain verletzt. Nach Ziff. 15 informiert im Falle eines Vertragsbruchs den Domain-Inhaber schriftlich über den Vorwurf. Kann der Domain-Inhaber innerhalb von zehn Tagen den Vorwurf nicht zur Überzeugung von NSI ausräumen, kann die Domain gelöscht werden.

3. Vergaberichtlinien der DENIC e.G.

Die Vergaberichtlinien der DENIC e.G. vom 15.05.1997, in der überarbeiteten Fassung vom 1. November 1997[352] unterscheiden sich nur wenig von denen NSI's. Auch hier erklärt der Antragsteller, evtl. kollidierende Rechte Dritter geprüft zu haben. Die DENIC e.G. übernimmt insoweit keine Verpflichtungen.

Die Richtlinien der DENIC e.G. sehen für den Fall einer Verletzung der vertraglichen Pflichten ein Kündigungsrecht vor. Ebenso kann die

---

[351] Bei Vorlage einer Markenregistrierung eines Dritten, die älter war als die Domain-Registrierung, konnte NSI von dem Domain-Inhaber den Nachweis einer zu seinen Gunsten bestehenden Markenregistrierung (etwa für unähnliche Waren) fordern. Konnte eine solche nicht vorgelegt werden, assistierte NSI auf Antrag bei einer neuen Registrierung. Bestand der Domain-Inhaber dagegen auf seiner Inhaberschaft, setzte NSI die Domain auf "hold", bis die Streitigkeit endgültig (gerichtlich) entschieden worden war. Anders als nach der neuen "Uniform Domain Name Dispute Resolution Policy" trug NSI zur Streitbeilegung selbst in keiner Weise bei. Die Vorteile des alten Verfahrens lagen für den Kennzeicheninhaber lediglich darin, daß sein Kennzeichen bis zu einer gerichtlichen Entscheidung nicht benutzt werden konnte.

[352] Siehe unter www.denic.de/doc/faq/vergaberichtlinie.html und www.denic.de/doc/ DENIC/agb.html, zuletzt besucht am 10.01.2001.

Domainüberlassung gekündigt werden, wenn die Domain nach rechtskräftiger Entscheidung eines Gerichts Rechte Dritter verletzt oder unter Verstoß gegen gesetzliche Vorschriften genutzt wurde und der Verstoß erheblich ist

Die Vergaberichtlinien unterscheiden sich in nur einem Punkt deutlich von denen der amerikanischen Vergabestelle. Es besteht keine Verpflichtung zur Teilnahme an der "Uniform Domain Dispute Resolution Policy".[353] Ein besonderes Verfahren zur Streitbeilegung ist daher für Domains unter der Top Level Domain "de" nicht vorgesehen.

4. Auswirkungen des Verfahrens für die Rechtsstellung des Kennzeicheninhabers

Die auf der Grundlage der WIPO-Vorschläge erarbeiteten Richtlinien von ICANN und den Vergabestellen tragen zwar zur Verbesserung der Rechtsstellung des Kennzeicheninhabers bei, lassen jedoch viele Fragen noch offen.

Die Angaben zur Person des Domain-Inhabers erleichtern wesentlich dessen Identifizierung und damit die Rechtsverfolgung. Fraglich ist, ob der Kennzeicheninhaber aus der Erklärung des Domain-Inhabers, keine Rechte Dritter zu verletzen, die sowohl in den Vergaberichtlinien von NSI als auch von DENIC enthalten ist, Rechte herleiten kann oder ob es bei einer Verletzung dieser vertraglichen Verpflichtung lediglich dabei bleibt, daß die Vergabestelle den Vertrag kündigen kann. In dem Verfahren **Panavision International v. Toeppen**[354] prüfte das Gericht diese Frage unter Anwendung kalifornischen Rechts. Danach können auch Dritte vertragliche Ansprüche geltend machen, wenn die Vertragspartei-

---

353 Dieses Verfahren ist nur verbindlich für alle von ICANN akkreditierten Vergabestellen der Top Level Domains "com", "net" und "org". Einige Länder haben das Verfahren jedoch freiwillig auch für ihre ccTLD's anerkannt und zum Gegenstand der Vergaberichtlinien gemacht, siehe unter http://arbiter.wipo.int/domains/guide/index.html#b, zuletzt besucht am 10.01.2001.

354 945 F. Supp. 1296, 1305.

en selbst eine entsprechende Einbeziehung des Dritten beabsichtigten und der Vertrag irgendeinen Beweis hierfür liefert. Der Dritte müsse zwar nicht namentlich genannt werden, mindestens jedoch die Zugehörigkeit zu einer genannten Gruppe darlegen. Das Gericht lehnte eine Einbeziehung der Kennzeicheninhaber in Konfliktfällen ab. Die Tatsache, daß zwar faktisch die oben genannte vertragliche Absprache zugunsten der Kennzeicheninhaber wirke, lasse nicht auf eine entsprechende Absicht der Vertragsparteien schließen. Die einzige Funktion dieser Vertragsklausel sei es, NSI vor Ansprüchen der Kennzeicheninhaber zu schützen.

Auch nach deutschem Recht könnte an eigene vertragliche Ansprüche des Kennzeicheninhabers auf der Grundlage der Rechtsfigur des Vertrages mit Schutzwirkung zugunsten Dritter gedacht werden.

Die Einbeziehung Dritter in vertragliche Schutzpflichten erfordert eine Leistungsnähe, die nur dann vorliegt, wenn der Dritte bestimmungsgemäß mit der Leistung in Berührung kommen und den Gefahren von Schutzpflichtverletzungen ebenso ausgesetzt sein kann wie der Gläubiger.[355] Obwohl eine Verletzung der oben genannten Prüfungspflicht den Kennzeicheninhaber in viel stärkerem Maße Gefahren aussetzt als die Registrierungsstelle, ist die Bestimmung dieser vertraglichen Absprache nicht der Schutz des Kennzeicheninhabers, sondern die haftungsrechtliche Entlastung der Registrierungsstelle. Mit derselben Argumentation ist das zwischen Gläubiger und Drittem erforderliche besondere Näheverhältnis abzulehnen.[356] Die DENIC e.G. hat keinerlei Interesse an einem Schutz der Kennzeicheninhaber. Die vertragliche Verpflichtung zur Prüfung entgegenstehender Rechte Dritter erfolgt offensichtlich zur eigenen Entlastung. Hinzu kommt, daß eine zusätzliche vertragliche Anspruchsgrundlage keine Verbesserung der Rechtsposition des Kennzeicheninha-

---

355 *Palandt*, § 328 RN 16.

356 Das ehemals mit der Kurzformel "Wohl und Wehe" bezeichnete Erfordernis bleibt auch nach neuerer Rechtsprechung zumindest in abgeschwächter Form erhalten, BGH NJW 1996, S. 2927, 2928/2929.

bers bedeutet, da er auch in diesem Verfahren seine besseren Rechte nachweisen müßte.

Das von den Vergabestellen vorgeschriebene Streitbeilegungsverfahren bringt für den Kennzeicheninhaber eine verfahrensmäßige Erleichterung, da es schneller und kostengünstiger ist als ein gerichtliches Verfahren. Allerdings ist es auf eindeutige Fälle einer mißbräuchlichen Regsitrierung beschränkt.

Weder die Vorschläge der WIPO noch die Vergaberichtlinien der Vergabestellen geben jedoch Antworten auf materiell-rechtliche Fragen. Ungeklärt ist nach wie vor die Frage, wann eine Domain tatsächlich Rechte Dritter verletzt. Verfährt man allein nach dem Prinzip des "first come, first serve", bleiben Rechte an der Bezeichnung unberücksichtigt. Insbesondere in Fällen von Gleichnamigkeit ist keine geeignete Lösung vorgeschlagen worden. Auch die Einführung neuer Top Level Domains, durch die weiterer Namensraum entsteht, kann nur unwesentlich zur Veresserung beitragen. Besonders mißlich ist die Sperrung einer Domain durch einen Gleichnamigen dann, wenn ein anderer eine berühmte oder bekannte Marke hat. Ein Sonderschutz für diese Marken ist jedoch im Registrierungsverfahren noch nicht anerkannt worden.

Insgesamt sind die Bemühungen der WIPO, weltweit einheitliche Maßstäbe bei der Registrierung zum Schutze des Kennzeicheninhabers einzuführen, zu begrüßen. Die weltweit geführten Diskussionen und Beratungen könnten sogar ein erster Schritt in Richtung eines internationalen Markenrechts sein.

2. Kapitel: Die Ansprüche des Kennzeicheninhabers gegen den Domain-Inhaber

Nachdem nun festeht, daß die Vergaberichtlinien den Kennzeicheninhaber nicht hinreichend schützen können, stellt sich die Frage nach den tatsächlichen und rechtlichen Voraussetzungen der Gewährung markenrechtlicher, namensrechtlicher und deliktsrechtlicher Ansprüche. Die

Anzahl der bisher in Deutschland verhandelten Fälle rund um die Domain ist nahezu unüberschaubar.[357] Neben den Fällen des klassischen Domain-Grabbing sind auch die Unlauterkeit des Handelns weniger implizierende Fälle der Nutzung von fremden Marken, Geschäftszeichen und Namen bekannt geworden, welche die Frage nach geeigneten Kriterien zur rechtlichen Einordnung laut werden lassen.

A. Markenrechtliche Ansprüche nach §§ 14 Abs. 2 Nr. 1 bis Nr. 3, § 15 Abs. 2 und Abs. 3 MarkenG

Die Problematik markenrechtlicher Ansprüche gegen die Benutzung von Domains kreist um Fragen der markenmäßigen Nutzung im geschäftlichen Verkehr, der anzulegenden Maßstäbe bei Bewertung der

---

[357] Um nur einige zu nennen:
Zu § 12 BGB: OLG Hamm NJW-CoR 1998, S. 175 "Krupp" = MMR 1998, S. 214 m. Anm. *Berlit* = K&R 1998, S. 216; LG Köln GRUR 1997, S. 377 "Hürth"; LG Mannheim GRUR 1997, S. 377 "Heidelberg" = WiB 1996, S. 956 = CR 1996, S. 353 (siehe auch Anm. *Flechsig*, ZUM 1996, S. 707); LG Köln NJW-CoR 1997, S. 304 "Kerpen" (auch BB 1997, S. 1121 m. Anm. *Zarndt*) und "Pulheim" = CR 1997, S. 291; LG Frankfurt NJW-CoR 1997, S. 303 "das.de" = BB 1997, S. 1120 = CR 1997, S. 287; OLG Düsseldorf WRP 1999, S. 343 "ufa.de"; OLG Stuttgart K&R 1998, S. 263 "Steiff.com"; LG Lüneburg CR 1997, S. 288 "Celle"; OLG Köln CR 1999, S. 385 "herzogenrath.de"; OLG München CR 1999,S. 382 "shell.de"; OLG Karlsruhe MMR 1999, S. 604; LG München CR 1997, S. 479 "juris"; LG Düsseldorf MMR 1999, S. 369 "nazar"; LG Köln MMR 2000, S. 437 ff. "maxem.de"; LG Hamburg K&R 2000, S. 613 "marine.de".
Zu markenrechtlichen Vorschriften: LG Düsseldorf GRUR 1998, S. 159 "Epson"; LG Hamburg MMR 1998, S. 46; LG Hamburg Urteil vom 25.03.1998, AZ 315 O 792/97 "eltern.de"; LG Bochum Urteil vom 27.11.1997, AZ 14 O 152/97 "hellweg"; OLG Frankfurt Beschluß vom 15.07.1996, AZ 6 W 73/96 "Gelbe Seiten"; LG Braunschweig Urteil vom 5.08.1997, AZ 9 O 188/97 "Deta"; LG Frankfurt MMR 1998, S. 151 "lit.de"; OLG Dresden CR 1999, S. 102 "dresden-online.de" (zum Werktitelschutz); LG Hamburg MMR 1998, S. 46 "bike.de"; OLG Karlsruhe WRP 1998, S. 900 "Zwilling"; LG München MMR 1999, S. 234 "juris"; OLG Karlsruhe MMR 1999, S. 171 "zwilling.de"; LG Köln MMR 1999, S. 414 "d-net.de"; LG München I CR 2000, S. 464 ff. "intershopping.com"; OLG Braunschweig CR 2000, S. 614 ff. "stahlguss.de"; OLG Hamburg K&R 2000, S. 512 ff. "kulturwerbung.de" = MMR 2000, S. 544 ff.; LG Hamburg MMR 2000, S. 436 ff. "luckystrike.de"; OLG Frankfurt MMR 2000, S. 486 ff. "alcon.de" = WRP 2000, S. 772 ff.; LG Hamburg K&R 2000, S. 613 "audi-lamborghini.net"; OLG München Mitt. 2000, S. 512 ff. "teambus.de".

Verwechslungsgefahr, aber auch um das Recht der Gleichnamigen oder Fragen der Freihaltebedürftigkeit einer Domain.

I. Benutzung im geschäftlichen Verkehr

Da das Internet kein ausschließlich kommerziellen Zwecken dienendes Medium darstellt, sondern auch ideellen Vereinigungen und Privatpersonen zu jedweden Zwecken offensteht, ist eine am Einzelfall orientierte Prüfung der Benutzung einer Domain zur Förderung geschäftlicher Interessen unentbehrlich.

1. Domain Grabbing

Die Frage einer Benutzung im geschäftlichen Verkehr ist zunächst in den Fällen einer Registrierung durch Privatpersonen[358] bzw. professionelle Domain-Händler näher zu untersuchen. Zum Gegenstand rechtlicher Überlegungen wurde dies vor allem im Zusammenhang mit dem bereits zuvor erwähnten Domain-Grabbing, bei dem der Anmelder die Domain nicht tatsächlich nutzt, sondern diese zu Zwecken der Weiterveräußerung reserviert hält.[359] In den U.S.A. wurde der Fall **Panavision**

---

358 Erfolgt die Registrierung der Domain durch eine Privatperson ausschließlich zu privaten Zwecken sind zeichenrechtliche Ansprüche wegen des fehlenden geschäftlichen Charakters ausgeschlossen.

359 Zwar ist nach einer Änderung der Vergaberichtlinien der DENIC eine wirkliche Reservierung seit dem 01.02.1997 nicht mehr möglich. Altreservierungen sind zum 01.02.1998 ausgelaufen. Nach den neuen Vergaberichtlinien muß eine Domain spätestens einen Monat nach Anmeldung auch konnektiert werden, d.h. über zwei Nameserver gefunden werden können. Aufgrund der technischen Besonderheiten des Internet ist es aber weiter möglich, den Status einer "Reservierung" faktisch aufrecht zu erhalten. Denn die Registrierung verpflichtet nicht, eine Website mit entsprechenden Informationen oder Angeboten bereit zu stellen. Daß die Domain auf zwei Nameservern mit ihrer IP-Nummer aufgelistet sein muß, bedeutet nicht dasselbe wie eine Verpflichtung zur Errichtung einer Website., siehe *Schwarz/Poeck*, Kap. 4-2.2, S. 11; *Mankowski*, GRUR Int. 1999, S. 995, 996; Lockheed Martin Corp. v. Network Solutions, Inc., 985 F.Supp. 949, 962 (C.D.Cal. 1997). Zu der aus § 33 Abs. 1 GWB (vormals § 26 Abs. 2 GWB) folgenden Verpflichtung der DENIC e.G., eine konnektierte, aber nach dem bekundeten Willen des Inhabers nicht benutzte Domain zu löschen LG Frankfurt MMR 1999, S. 233 ff.; siehe aber auch die Berufungsentscheidung

International, L.P. v. Toeppen[360] als einer der ersten gerichtlich verhandelten Fälle bekannt. Der Beklagte hatte sich als Privatperson eine Vielzahl bekannter Marken als Domain registrieren lassen, unter anderem auch die streitgegenständlichen Marken "Panavision" und "Panaflex". Nach einer Mitteilung der Klägerin, die Domain selbst nutzen zu wollen, bot der Beklagte diese für $ 13.000 zum "Verkauf" an. Aus der Absicht, die Marke zur eigenen Bereicherung auszunutzen und der Vielzahl der Registrierungen folgerte das Gericht ein Handeln zu geschäftlichen Zwecken.[361]

Dem folgend ist auch von deutschen Gerichten bei Domain-Reservierungen durch professionelle Domain-Händler ein Handeln im geschäftlichen Verkehr bejaht worden.[362] Das kommerzielle Element ergebe sich aus der im Zweifel auch zu vermutenden Absicht, die reservierten Domains an die Kennzeicheninhaber oder sonstige Interessenten zu veräußern. Grundlage einer solchen Vermutung kann es sein, wenn der Domain-Händler sich eine Vielzahl, zum überwiegenden Teil auch bekannter Marken registrieren läßt. Mit eben derselben Überlegung ist eine "Benutzung" zu bejahen, ohne daß ein "vollendetes Handlungselement"[363] vorläge. Der Anspruch aus § 14 Abs. 2 MarkenG bzw. § 15

OLG Frankfurt CR 1999, S. 707 ff. In zweiter Instanz wurde ein Anspruch gegen die DENIC e.G. dann abgelehnt.

360 945 F.Supp. 1296 = 40 U.S.P.Q. 2d 1908.

361 Das Gericht begründete das im Rahmen des Verwässerungsschutzes zu prüfende geschäftliche Element der Handlung im einzelnen damit, daß die Privatperson Toeppen einen professionellen Handel mit Domains betrieb, der sowohl durch das konkrete Angebot an die Klägerin als auch durch die Vielzahl der Registrierungen evident sei. Ein Handeln außerhalb des geschäftlichen Verkehrs sei nur deshalb nicht von dem markenrechtlichen Verwässerungsschutz erfaßt, weil es Ziel des Gesetzgebers sei, das verfassungsrechtlich geschützte Recht auf freie Meinungsäußerung nicht zu beschneiden, so daß Parodien, satirische Berichte und sonstige Formen der Meinungsäußerung markenrechtlich nicht angreifbar seien. Im krassen Gegensatz zu diesen markenrechtlich unbedenklichen Tatbeständen stünde das Verhalten des Beklagten, der ohne Zweifel versucht habe, den Wert der Marke zur eigenen Bereicherung auszunutzen.

362 LG Düsseldorf GRUR 1998, S. 159, 161 "epson"; "celle.de"; LG Hamburg K&R 2000, S. 613 "audi-lamborghini.net".

363 LG Düsseldorf GRUR 1998, S. 159, 161 "Epson".

Abs. 3 MarkenG erfaßt nicht nur bereits aktuell begangene Verletzungen, sondern auch die sich aufgrund konkreter Umstände ergebende Gefahr eines verletzenden Eingriffs.[364] Die Interessenlage entspricht in etwa derjenigen, die durch die Anmeldung einer Marke zur Registrierung entsteht, bei der nach ständiger Rechtsprechung im Rahmen einer vorbeugenden Unterlassungsklage von einer den Erfordernissen des Benutzungsbegriffs gerecht werdenden Gefährdungslage ausgegangen wird.[365]

Die Gegenargumentation von *Poeck*,[366] die sich auf die fehlende optische Wahrnehmbarkeit der Domain stützt, kann aus mehreren Gründen nicht überzeugen. Mag das Argument der fehlenden Visualität der Domain noch unter Geltung der vormaligen Richtlinien der DENIC, nach denen eine bloße Registrierung der Domain noch möglich war, nicht gänzlich von der Hand zu weisen gewesen sein,[367] so ist mit Abschaffung der reinen Reservierung - ohne Aktivierung einer Website - die optische Wahrnehmung der Domain in der Statuszeile der aufgerufenen Website gewährleistet. Die Domain findet sich daneben sowohl in den Programmen der Suchmaschinen als auch in den Registerunterlagen der Vergabestellen. Die Ansicht *Poecks* geht dogmatisch unrichtig von einer "Vorverlegung des Zeitpunkts der Benutzung"[368] aus. Grundlage der Gewährung eines vorbeugenden Unterlassungsanspruches ist nicht die

---

364 LG Düsseldorf GRUR 1998, S. 159, 161 "Epson"; *Nordemann*, NJW 1997, S. 1891, 1893.

365 *Nordemann*, NJW 1997, S. 1891, 1893 m.w.N. Das Landgericht Düsseldorf GRUR 1998, S. 159, 161 "Epson" weist darauf hin, daß sich diese Rechtsprechung zurückführen läßt auf den nach § 1 Abs. 1 WZG verlangten Benutzungswillen bei Anmeldung einer Marke. Ein fehlender Benutzungswille wurde im warenzeichenrechtlichen Registrierungsverfahren im Vorfeld der Registrierung berücksichtigt und konnte zur Ablehnung der Registrierung führen, *Althammer*, § 1 WZG RN 35. Dieser Benutzungswille folgt im Domainverfahren nicht bereits objektiv aus der Registrierung selbst, da eine Prüfung insoweit nicht stattfindet. Umgekehrt bedeutet dies jedoch nicht, daß nicht die konkreten Umstände zur Begründung eines solchen Benutzungswillens herangezogen werden könnten.

366 *Schwarz/Poeck*, Kap. 4-2.2, S. 10.

367 Bereits hiergegen wandte sich *Nordemann*, NJW 1997, S. 1891, 1893 mit überzeugender Argumentation.

368 *Schwarz/Poeck*, Kap. 4-2.2, S. 10.

Vorverlagerung der objektiven Benutzung, sondern die ergänzende Heranziehung subjektiver Merkmale, die eine Benutzung nahelegen. Im markenrechtlichen Registrierungsverfahren werden diese subjektiven Merkmale aufgrund der Registrierung vermutet.[369] Bei der Registrierung von Domains ist eine gesonderte Prüfung erforderlich, die sich nicht an der "Sichtbarkeit" der Domain orientiert, sondern an sonstigen die Benutzung nahelegenden Umständen. Folglich ist auch bei faktischer Reservierung[370] von einer im Rahmen der vorbeugenden Unterlassungsklage hinreichenden Indizierung der Benutzungsabsicht bei Vorliegen der genannten Kriterien, wie etwa eine Vielzahl von Registrierungen bekannter Marken, aus der eine Weiterveräußerungsabsicht vermutet werden kann, oder aus einer bereits bekundeten Weiterveräußerungsabsicht, auszugehen.

2. Blockierung der Domain durch Konkurrenzunternehmen

Mit dem Argument einer vermuteten oder bereits geäußerten Weiterveräußerungsabsicht lassen sich dagegen denkbare Sachverhalte nicht lösen, in denen Konkurrenzunternehmen die Domain eines Wettbewerbers allein zu Blockadezwecken registrieren lassen, ohne daß sich auf der Website nennenswerte Informationen befinden. In diesen Fällen wird die Annahme einer Benutzung zum Teil darauf gestützt, daß indirekt die Blockierung einen positiven Effekt auf den eigenen Absatz hat und so für eigene Geschäftszwecke genutzt wird.[371]

Die Ansicht, daß grundsätzlich jedes Handeln eines direkten Konkurrenzunternehmens im Bereich des geschäftlichen Verkehrs liegt, ist zwar an sich zutreffend. Es bedeutet aber nicht gleichzeitig, daß unter markenrechtlichen Gesichtspunkten die Benutzung eines Kennzeichens im geschäftlichen Verkehr vorliegt. Die Benutzung der Domain befindet sich vielmehr an einer Schnittstelle zwischen Marken- und Wettbewerbs-

[369] Siehe die Erläuterungen in Fußnote 359.
[370] Siehe zu dem Begriff nochmals die Erläuterungen in Fußnote 359.
[371] *Samson*, S. 87.

recht. Dem Unwertgehalt nach liegt eine vergleichende Betrachtung der Fälle der Behinderung des Marktverhaltens durch rechtsmißbräuchliche Markenanmeldungen nahe.[372] Anmeldung und Erwerb einer Marke können einen unzulässigen Behinderungswettbewerb nach § 1 UWG (bzw. einen Löschungsgrund im Sinne des § 50 Abs. 1 Nr. 4 MarkenG) darstellen, wenn zu der Kenntnis von dem Bestehen eines gleichlautenden oder ähnlichen Zeichens weitere die Unlauterkeit begründenden Umstände hinzutreten.[373] Wird die Marke lediglich mit dem Ziel der Störung oder der Absicht, den Gebrauch einer Bezeichnung zu sperren, angemeldet oder erworben, so liegt die Sittenwidrigkeit nahe.[374] Das Kennzeichenrecht darf nicht als Mittel des Wettbewerbskampfes mißbraucht werden.[375] Stellt die Domain-Registrierung auch keine der Markenregistrierung vergleichbare formale Rechtsposition dar, so beeinträchtigt eine faktische Sperre das Marktverhalten und den Markterfolg des Kennzeicheninhabers aufgrund der immensen wirtschaftlichen Bedeutung des Internet erheblich. Erfolgt die Registrierung einer identischen Domain tatsächlich ohne jeden sachlichen Grund, was bei direkten Konkurrenzunternehmen mit möglicherweise auch eigenen Kennzeichnungen die Regel sein wird, liegt die Unlauterkeit dieses Vorgehens auf der Hand. Wie bereits zuvor betont, folgt aus der Registrierung einer Domain nicht zwingend ein entsprechender markenrechtlicher Benutzungswille. Der Behinderungszweck verdeutlicht gerade jegliches Fehlen eines solchen Willens. Erfolgt eine Benutzung nicht und läßt sich auf eine zukünftige Absicht dazu nicht schließen, weisen diese Sachverhalte daher keine markenrechtlichen Bezüge, sondern wettbewerbsrechtliche Bezüge auf. Daß die Domain in den Programmen der Suchmaschinen enthalten ist und eine Anzeige der (leeren) Website nicht ausgeschlossen werden kann, ist zu vernachlässigen. Dies als Benutzung zu qualifizieren käme

---

[372] Zu dieser Fallgruppe im allgemeinen *Fezer*, § 50 RN 26 und *Baumbach/Hefermehl*, § 1 UWG RN 240.

[373] BGH GRUR 1980, S. 110, 111 "Torch".

[374] BGH GRUR 1998, S. 1034, 1037 "Makalu"; siehe auch OLG München WRP 1996, S. 1056, 1057 "Doyum"; OLG Stuttgart WRP 1997, S. 118, 122 "Basics".

[375] BGHZ 127, S. 262, 272 "Neutrex".

einem Verzicht auf das Erfordernis gleich. Der Unlauterkeit ist in diesen Fällen im Rahmen des § 1 UWG Rechnung zu tragen.

3. Private und "politische" Domains

Eine letzte Fallvariante stellt die Registrierung einer Unternehmensbezeichnung durch Privatpersonen oder ideelle Vereinigungen dar. Letzteres kann etwa zu dem Zweck erfolgen, reine "Gegenpropaganda" zu betreiben, etwa unter dem Namen einer Fast-Food-Kette Werbung für ein vegetarisches Restaurant zu betreiben. Websites mit sozialer, politischer oder religiöser Zielsetzung und rein private Websites finden sich vielfach.

a. "Use in Commerce" in der u.s-amerikanischen Rechtsprechung

Um diese Fälle markenrechtlich erfassen zu können, tendiert die Rechtsprechung amerikanischer Gerichte zu einer extensiven Auslegung des Merkmals "use in commerce".[376] Unabhängig von der Frage ob das Erfordernis des "use in commerce" konzeptionell dem markenmäßigen Gebrauch im geschäftlichen Verkehr im deutschen Recht vergleichbar ist,[377] erfordert markenrechtlicher Schutz in den U.S.A. vom Grundsatz her ein Handeln im geschäftlichen Verkehr. Dieses haben amerikanische Gerichte in Fällen einer "politisch" verwendeten Domain damit zu begründen versucht, daß die Benutzung einer fremden Marke im Internet

376 *Vergani*, [1999] E.I.P.R., S. 450, der darauf hinweist, daß auch dies ein Zeichen für die Abkehr vom traditionellen Verständnis des Markenschutzes als Verbraucherschutz hin zu einem Verständnis der Marke als Eigentumsrecht sei. Diese Entwicklung begann bereits 1996 mit Einführung des "Anti Dilution Acts"(Verwässerungsschutz) als Sec. 43 (c) des Lanham Act.

377 Die Legaldefinition des Lanham Act, Sec. 45, spricht eher für eine Vergleichbarkeit mit der rechtserhaltenden Benutzung nach § 26 MarkenG. Diese strengen Anforderungen folgen nicht zuletzt daraus, daß das amerikanische Markenrecht keine Benutzungsschonfrist, wie sie § 25 MarkenG gewährt, kennt. Markenrechtlicher Schutz setzt die Benutzung einer Marke von Anfang an voraus (Registrationen werden aber auch auf der Basis eines "Intent of use" vorgenommen, wenn innerhalb von sechs Monaten nach Antragstellung eine Benutzung der Marke nachgewiesen wird, Sec. 1 (b) und (d) des Lanham Act).

"von Natur aus" geschäftlichen Interessen diene.[378] In dem Fall **Planned Parenthood v. Bucci**[379] berief sich die Klägerin, eine gemeinnützige Gesundheitsorganisation, die sowohl im Bereich Verhütung als auch Abtreibung geschäftlich tätig ist und Inhaberin der eingetragenen Marke "Planned Parenthood" ist, auf eine Verletzung ihrer Markenrechte durch den Beklagten, der unter der Domain "planned-parenthood" eine Website betrieb, die sich insbesondere gegen Abtreibung aussprach. Hyperlinks führten von dieser Website aus zu den Websites eines thematisch verwandten Buches. Da nach Ansicht des Gerichts der "use in commerce" eine für den Rechtsschutz unerläßliche Voraussetzung sei, müsse das Merkmal eine weite Ausdehnung erfahre.[380] Es sei vorliegend in zweierlei Hinsicht erfüllt. Zum einen behindere der Beklagte die Klägerin in deren Möglichkeiten, ihre Dienstleistungen anzubieten, wobei die Klägerin selbst ohne Zweifel im geschäftlichen Verkehr handele. Zum zweiten bilde die Gemeinschaft der Internet-Nutzer ein nationales, wenn nicht internationales Publikum, das mit Hilfe grenzüberschreitender Telefonleitungen Zugang zu der Website des Beklagten finde. Aus der Natur des Internet folge, daß das Bereithalten einer typischen Website mit unbeschränktem Zugang ein Handeln im geschäftlichen Verkehr sei.[381] Im Rahmen der Prüfung des Verwässerungsschutzes nach Lanham Act, Sec. 43 (c) begründete das Gericht das Erfordernis des "in commerce" mit drei weiteren Erwägungen. Erstens partizipiere der Beklagte an der Vermarktung eines Buches, zweitens führe er Spendenaufrufe durch und

---

378 *Vergani*, [1999] E.I.P.R., S. 450, 454 mit Hinweis auf Planned Parenthood Federation of America v. Bucci, 42 U.S.P.Q. 2d 1430.

379 Planned Parenthood Federation of America Inc. v. Bucci 42 U.S.P.Q. 2d, 1430.

380 S. 1434: "It is well settled that the scope of "in commerce" as a jurisdictional predicate of the Lanham Act is broad and has a sweeping reach". Der Einwand des Beklagten, die Definition des Lanham Act sei eine wesentlich engere, wies das Gericht mit dem Hinweis zurück, dies gelte nur für die Anforderungen, die eine Marke im Hinblick auf eine Registrierung zu erfüllen habe, siehe FN 7, Seite 1434.

381 S. 1434: "Second, Internet users constitute a national, even international, audience, who must use interstate telephone lines to access defendant's web site on the Internet. The nature of the Internet indicates that establishing a typical home page on the Internet, for access to all users, would satisfy the Lanham Act's "in commerce" requirement."

drittens verletze er bewußt geschäftliche Interessen der Klägerin.[382] Dieser Fall zeigt unter anderem[383] den Wechsel im Verständnis der Markenfunktionen nach amerikanischem Recht hin zu einem Eigentumsschutz, der unabhängig ist von Verwechslungsgefahr oder einem konkreten Warenbezug, wodurch der Marke ein absoluter Schutz gewährt würde.[384]

Eine solch weite Ausdehnung des geschäftlichen Verkehrs nach nationalem Markenrecht vorzunehmen, begegnet erheblichen Bedenken.[385] Obschon europäische Markengesetze in Umsetzung der Markenrechtsrichtlinie insgesamt die Marke als geistiges Eigentum betrachten und dies in vielen Vorschriften deutlich zum Ausdruck kommt, bedeutet dies nicht eine Abkehr vom Erfordernis des Handelns im geschäftlichen Verkehr, der die oben skizzierte Rechtsprechung der U.S.A. nahe kommt. Es stellt seit jeher eine allgemeine Voraussetzung der Anwendung des Markengesetzes dar, mit Hilfe dessen zum Ausdruck gebracht wird, daß - wie auch das Wettbewerbsrecht - sich das Markenrecht auf den wirtschaftlichen Wettbewerb bezieht und das Marktverhalten von Unternehmen regelt.[386] Die Benutzung von Domains zur Gegenpropaganda beeinträchtigt zwar faktisch die geschäftlichen Interessen des Zeicheninhabers, erfolgt aber seitens des Vereines, sonstiger Organisationen oder Privatpersonen nicht zu geschäftlichen Zwecken.[387] Markenrechtliche Ansprüche scheiden daher grundsätzlich aus, wenn sich Privatpersonen

---

382 S. 1435.

383 Siehe auch Jews for Jesus v. Brodsky 993 F.Supp. 282.

384 *Vergani*, [1999] E.I.P.R., S. 450, 459. Diesen Funktionenwechsel sieht das Gericht in Panavision International v. Toeppen ebenfalls vollzogen durch die Einführung der neuen Schutztatbestände zum Verwässerungsschutz, 945 F.Supp. 1296, 1301.

385 Zu weit geht insofern die Entscheidung des LG München "deutsches-theater.de" (NJW-CoR 1998, S. 111, Ls.), wenn es dort heißt, die "Verwendung einer nach dem Markengesetz geschützten Bezeichnung als Domain-Name im Internet ist *in jedem Fall* eine Benutzung im geschäftlichen Verkehr". Die pauschale Einordnung des Mediums Internet als eine rein kommerzielle Einrichtung berücksichtigt die vielfältigen Nutzungsformen nicht.

386 *Fezer*, § 14 RN 40.

387 Grundsätzlich dazu *Ingerl/Rohnke* § 14 RN 36.

und Organisationen mit einer ideellen Zielsetzung eine Domain registrieren lassen.

b. Einfache Hyperlinks zu kommerziellen Websites

Beachtenswert ist an der Entscheidung **Planned Parenthood v. Bucci** jedoch die Erwägung des Gerichts, ein Handeln im geschäftlichen Verkehr sei auch damit zu begründen, daß der Beklagte einen Hyperlink zu einer kommerziellen Website setzte und damit einen fremden Warenabsatz fördere. Auch das LG Hamburg[388] bejahte ein eigenes Handeln im geschäftlichen Verkehr, wenn jemand aus Kostengründen einen Hyperlink zu einer Website setze, auf der Werbung geschaltet werde. Es liege dann kein Handeln zu ausschließlich privaten Zwecken vor, da sich der Domain-Inhaber als Werbeträger im geschäftlichen Verkehr betätige.[389] Es stellt sich hier die Frage, unter welchen Voraussetzungen das Setzen eines Hyperlinks dazu führen kann, daß entweder ein eigenes Handeln im geschäftlichen Verkehr vorliegt oder aber der Verwender des Hyperlinks zumindest fremden Geschäftszweck fördert.

Zu weit würde es gehen, in jeder Verwendung eines Hyperlinks zu kommerziellen Websites ein Handeln im geschäftlichen Verkehr anzunehmen. Denn Hyperlinks werden häufig als bloß zitatartiger Verweis auf fremde, inhaltlich ergänzende oder verwandte Websites benutzt, ohne daß der Verwender damit einen bestimmten Zweck verfolgt.

aa. Entgeltliche Vorteile bei der Verwendung eines Hyperlinks

Die Entscheidung des LG Hamburg stellt darauf ab, daß der Verwender des Hyperlinks hier einen eigenen entgeltlichen Nutzen verfolgt, da er sich durch den Hyperlink kostenlosen "Webspace" erkaufen konnte.[390]

---

388 LG Hamburg MMR 2000, S. 436, 437 "luckystrike.de".

389 Siehe oben FN 388.

390 Siehe oben FN 388. Die Entscheidung geht allerdings insofern zu weit, als sie den Verwender des Hyperlinks als Werbeträger bewertet. Denn allein die Verbindung zu einer Website, auf der Werbung geschaltet wird, bedeutet nicht, daß

Es ließe sich hier argumentieren, daß ähnlich wie bei dem Verkauf einer Domain in der Verwendung des Hyperlinks eine "Geschäftstätigkeit" zu erblicken sei.

Zu bedenken ist hieran aber, daß nach §§ 14, 15 MarkenG das Zeichen selbst im geschäftlichen Verkehr benutzt werden muß. Es reicht grundsätzlich nicht aus, daß dessen Verwender in irgend einer Art und Weise im geschäftlichen Verkehr tätig ist. Benutzt wird das Zeichen hier aber als Domain zur Kennzeichnung der eigenen Website, nicht aber als Hyperlink zur Kennzeichnung der fremden, kommerziellen Website. Hier einen Zusammenhang dergestalt herzustellen, daß die Zeichenverwendung als Domain auch die fremde Website kennzeichnet, kann nicht überzeugen. Der einfache Hyperlink wird in der Darstellung auf dem Bildschirm in vielen Fällen die Domain der fremden Website oder eine damit in Zusammenhang stehende Kennzeichnung nutzen. Ebenso erscheint die Domain der fremden Website im URL-Feld der aufgerufenen Seite. Beides bedeutet, daß die Domain der eigenen Website nicht mehr zur Kennzeichnung der fremden Website genutzt wird, sondern hier eine Neukennzeichnung vorliegt. Dies bestätigt sich auch vor dem Hintergrund, daß der Domain-Inhaber dann keine Markenverletzung begehen würde, wenn er den Hyperlink entfernt. Es fehlt daher an einem ausreichenden Zusammenhang zwischen der Domain und einer mit dieser in Zusammenhang stehenden geschäftlichen Tätigkeit des Domain-Inhabers.

bb. Hyperlinks ohne direkten entgeltlichen Nutzen

Ein eigenes Handeln im geschäftlichen Verkehr könnte aber dann anzunehmen sein, wenn die Verbindung zwischen den Websites den Eindruck entstehen läßt, es handele sich - obwohl die fremden Inhalte nur per Hyperlink erreichbar sind - um dem Verwender des Hyperlinks zure-

---

sich der Verwender des Hyperlinks selbst als Werbeträger, dem Anzeigengeschäft vergleichbar, betätigt.

chenbare Inhalte. Für die Frage, unter welchen Voraussetzungen eine solche Zurechnung in Betracht kommt, fehlen bislang geeignete Kriterien.[391]

Handelt es sich unter Berücksichtigung aller objektiven Umstände[392] um eigene Inhalte, so handelt der Domain-Inhaber selbst im geschäftlichen Verkehr. Handelt es sich dagegen objektiv um fremde Inhalte, liegt kein eigenes Handeln im geschäftlichen Verkehr vor. Gesetzlich geregelt ist die Unterscheidung zwischen eigenen, fremden und dem Bereithalten fremder Inhalte im Internet lediglich in § 5 TDG[393] bzw. MDStV[394] bei denen es um die (Mit-)Verantwortlichkeit für auf der verbundenen Website dargestellte rechtswidrige Inhalte geht.[395] Obgleich die Zurechnungsvorschrift des § 5 TDG/MDStV einen anderen Regelungsbereich betreffen, nämlich unter welchen Umständen Diensteanbieter bzw. Anbieter eigener und fremder Inhalte "verantwortlich" sind für persönlichkeitsverletzende, urheber- oder markenrechtsverletzende Inhalte oder wettbewerbswidrige Inhalte, können die Vorschriften jedenfalls einen ersten Anhaltspunkt dafür geben, wo die Grenze zwischen eigenen und fremden Inhalten verläuft.

---

391 *Hoeren/Sieber/Viefhues*, Kap.6 RN 101 ff. diskutiert, ob im Rahmen der Warenähnlichkeit die auf fremden Websites über Hyperlinks erreichbaren Waren bzw. Branchen einbezogen werden müssen. Eine solche Zurechnung soll restriktiv gehandhabt werden. Nur wenn branchenübergreifende Tätigkeiten und Lizenzierungen gerade in der betroffenen Branche bereits bekannt sind, sollen geschäftliche Verbindungen in den Augen des Verkehrs naheliegen. Die Zurechnung soll aber durch eindeutige Hinweise auf den Wechsel zu der Website eines anderen deutlich gemacht werden können.

392 Siehe zur Berücksichtigung aller objektiven Umstände bei der Prüfung, ob ein Handeln im geschäftlichen Verkehr vorliegt LG Mannheim WRP 1999, S. 1057, 1058 "Joop!".

393 Als Art. 1 des am 1. August 1997 in Kraft getretenen IuKDG (Informations- und Kommunikationsdienstegesetz) wurde das Gesetz über die Nutzung von Telediensten (TDG) erlassen.

394 Die Regelungen des § 5 Abs. 1 bis Abs. 3 TDG sind wortgleich mit § 5 Abs. 1 bis Abs. 3 MDStV (Staatsvertrag der Länder über Mediendienste).

395 Zur Unvereinbarkeit des § 5 TDG mit Völker- und Europarecht siehe *Lehmann*, CR 1998, S. 232 ff.

§ 5 TDG/MDStV unterscheidet zwischen dem Bereithalten eigener Inhalte zur Nutzung, dem Bereithalten fremder Inhalte zur Nutzung und der Vermittlung des Zugangs zur Nutzung. Eigene Inhalte sind auch solche, die sich der Anbieter zu eigen macht.[396] Für das Bereithalten eigener Inhalte ist eine Verantwortlichkeit nach § 5 Abs. 1 TDG/MDStV stets zu bejahen, für die Vermittlung des Zugangs zu fremden Inhalten ist eine Verantwortlichkeit nach § 5 Abs. 3 TDG/MDStV dagegen stets zu verneinen. Für das Bereithalten fremder Inhalte zur Nutzung nach § 5 Abs. 2 TDG/MDStV kommt es für eine Haftung auf die Kenntnis des Inhalts sowie die Möglichkeit und Zumutbarkeit der Verhinderung einer Nutzung dieser Inhalte an. Für die Abgrenzung sind alle objektiven Umstände heranzuziehen.[397]

Die rechtliche Einordnung von Hyperlinks in dieses Regelungssystem ist umstritten.[398] Nicht zu überzeugen vermag die Ansicht, daß es sich bei Hyperlinks lediglich um eine reine Zugangsvermittlung handelt, da dieser Begriff aus technischer Sicht zu beleuchten ist und daher lediglich das sog. Access-Providing oder ihm vergleichbare Telekommunikationsdienstleistungen umfaßt.[399] Damit verbleiben die Alternativen, daß eigene Inhalte angeboten oder fremde Inhalte bereit gehalten werden.

Freytag weist zutreffend darauf hin, daß im Normalfall der Verweisende zwar das Ziel seines Verweises auswählt, auf die inhaltliche Gestaltung der verbundenen Seite aber keinen Einfluß nimmt, was folgerichtig zu einer Einordnung als Bereithalten fremder Inhalte führt.[400] Etwas anderes könne nur dann gelten, wenn sich der Anbieter fremde Inhalte zu eigen mache, insbesondere bei einer tatsächliche Einflußnahme auf die Gestaltung der fremden Website. Dann könne durch den Einsatz eines

---

396 *Freytag*, S. 171/172.

397 *Freytag*, S. 174/175; nach a.A. kommt es darauf an, ob der Anbieter aus Sicht der Nutzer die Verantwortung übernehmen will, siehe die Gegenargumentation bei *Freytag*, S. 174/175.

398 Zum Streitstand *Bettinger/Freytag*, CR 1998, S. 545, 548 ff.; *Freytag*, S. 229 ff.

399 *Bettinger/Freytag*, CR 1998, S. 545, 549; *Freytag*, S. 162 ff. und S. 231.

400 *Freytag*, S. 231.

Hyperlinks als Zwischenelement keine Haftungserleichterung eintreten. Der Inhalt sei aber nicht nur bei tatsächlicher Einflußnahme ein eigener bzw. zu eigen gemacht, sondern auch bei Nachweis eines bestimmenden eigenen Interesses an der vorliegenden inhaltlichen Gestaltung der verbundenen Seite, sofern für den Nutzer nicht erkennbar sei, daß es sich um ein fremdes Angebot handele. Namentlich komme dies bei den sogenannten Deep-Links (hier: Inline-Links) sowie Frames in Betracht.[401] Hier spreche vieles für eine Übernahme fremder Inhalte im Sinne eigener Inhalte (Zueigenmachen) nach § 5 Abs. 1 TDG/MDStV[402], da das Angebot des Anbieters durch die fremden Leistungen sinnvoll ergänzt werde und die Fremdheit des Angebots für den Nutzer häufig nicht erkennbar sei. Interessengerecht ist dann auch eine volle Verantwortlichkeit nach § 5 Abs. 1 TDG/MDStV.

Fehlt aber wie bei einfachen Hyperlinks ein solches bestimmendes eigenes Interesse, so gelangt man zu einer Einordnung einfacher Hyperlinks unter § 5 Abs. 2 TDG/MDStV, d.h. es handelt sich hierbei lediglich um das Bereithalten fremder Inhalte. Hält der Inhaber der Website lediglich fremde Inhalte bereit, so kann dies kein eigenes Handeln im geschäftlichen Verkehr begründen.[403]

Zu bedenken ist auch hier,[404] daß § 14 MarkenG die Benutzung eines Zeichens im geschäftlichen Verkehr verlangt. Das Zeichen wird auch hier nur als Domain zur Kennzeichnung der eigenen Website genutzt,

---

401 *Freytag*, S. 232, wobei *Freytag* (FN 645) mit dem Begriff des "Deep Links" das bezeichnet, was im Rahmen der hiesigen Untersuchungen mit dem Begriff des "Inline-Link" bezeichnet wird.

402 *Bettinger/Freytag*, CR 1998, S. 545, 550; *Freytag*, S. 231 f.

403 Es kann hier nicht mehr auf eine Interessenabwägung, wie sie § 5 Abs. 2 TDG/MDStV vorsieht, ankommen. Bei der Haftungsregelung des § 5 Abs. 2 TDG/MDStV geht es letztlich um die Frage, ob der Verwender des Hyperlinks die Verbreitung der fremden rechtswidrigen Inhalte verhindern kann und muß. Auch wenn fremde Inhalte nur bereit gehalten werden, kann die Nutzungsverhinderung durch Entfernen des Hyperlinks zumutbar sein. Das Bereithalten erkennbar fremder Inhalte kann dagegen kein eigenes Handlen im geschäftlichen Verkehr begründen.

404 Siehe oben S. 108.

nicht aber im Zusammenhang mit der fremden Website. Vielmehr wird als Hyperlink meist ein Zeichen gewählt, daß in einem Zusammenhang mit der fremden Website steht. Zudem erscheint bei einem Aktivieren des Links die neue URL der neuen Website. In beidem wird der Verkehr eine Neukennzeichnung erblicken. Es fehlt daher an einem ausreichenden Zusammenhang zwischen der Domain und einer unter dieser betriebenen geschäftlichen Tätigkeit.

Einfache Hyperlinks führen demnach in aller Regel nicht dazu, daß der Verwender des Hyperlinks im geschäftlichen Verkehr handelt, da lediglich fremde Inhalte bereit gehalten werden.

c. Deep-Links, Inline-Links und Frames zu kommerziellen Websites

Wie oben erwähnt, wird vertreten, daß eigene Inhalte unter Berücksichtigung aller objektiven Umstände aber auch dann vorliegen können, wenn der Verwender eines Links sich fremde Inhalte zu eigen macht, d.h. ein eigenes bestimmendes Interesse an der konkreten Gestaltung der Website hat und die Tatsache der fremden Herkunft der Seite verborgen bleibt, namentlich bei Deep-Links (hier: Inline-Links) und Frames.[405]

Der Verwender eines Deep-Links, der nicht auf die Homepage der fremden Seite führt, sondern auf eine tieferliegende Seite, hat zwar häufig ein eigenes bestimmendes Interesse an der konkreten Gestaltung des Ausschnitts, zu dem er den Deep-Link setzt, da dieser Ausschnitt das eigene Angebot sinnvoll ergänzt. Bei dem Aufruf der fremden Seiten erscheint jedoch in dem URL-Feld die fremde Domain. Wird diese Domain oder ein entsprechendes Zeichen auch in der Bildschirmdarstellung als Link auf der verweisenden Seite eingesetzt, liegt aus objektiver Sicht ein fremdes Angebot vor. Der Verwender des Deep-Link handelt folglich nicht selbst im geschäftlichen Verkehr.

---

[405] Siehe dazu FN 401: mit "Deep-Link" bezeichnet *Freytag* die sog. "Inline-Links".

Bei Inline-Links und Frames erscheint hingegen nicht die fremde Domain in dem URL-Feld, sondern die eigene Domain. Bei den Inline-Links wird das Angebot zudem ohne weiteres in das eigene Angebot integriert, ohne daß ein entsprechender Link aktiviert werden müßte, der evtl. einen Hinweis darauf geben könnte, daß es sich um einen Verweis auf eine fremde Website handelt. Bei den "Frames" muß zwar ein Link noch aktiviert werden. Ist dieser auf dem Bildschirm neutral gestaltet (indem Umschreibungen verwendet werden, wie etwa "weitere Hinweise" o.ä. und erfolgt auch sonst kein Hinweis darauf, daß eine Verbindung zu fremden Angeboten hergestellt wird, so handelt es sich auch hier objektiv um ein eigenes Angebot des Verwenders. Integriert der Verwender von Inline-Links und Frames somit kommerzielle Angebote in sein Angebot, handelt er selbst im geschäftlichen Verkehr.

4. Ergebnis

Markenrechtliche Ansprüche scheiden in aller Regel dann aus, wenn sich Privatpersonen zu privaten Zwecken oder Organsisationen mit ideeller Zielsetzung Domains registrieren lassen, an denen ein Dritter ein Kennzeichenrecht hat. Ein Handeln im geschäftlichen Verkehr läßt sich insbesondere nicht damit begründen, dass ein Handeln im Internet von Natur aus geschäftlich sei.

Ausnahmsweise können auch Privatpersonen oder Organisationen mit ideeller Zielsetzung im geschäftlichen Verkehr handeln, wenn technische Mittel dazu eingesetzt werden, Verbindungen zu kommerziellen Websites herzustellen. Es muß allerdings der Eindruck entstehen, daß es sich um Inhalte des Domain-Inhabers handelt. Das ist namentlich bei Inline-Links und Frames der Fall. Da dem Internet-Nutzer bei diesen technischen Gestaltungsmitteln der Wechsel zu einem fremden Angebot verborgen bleibt, handelt es sich objektiv um ein Angebot des Domain-Inhabers. Er handelt dann selbst im geschäftlichen Verkehr.

Außerhalb der vorgenannten Sachverhalte richtet sich ein erster Schwerpunkt der rechtlichen Untersuchungen auf die Frage des kennzeichenmäßigen Gebrauchs einer Domain. Wie oben festgestellt wurde, ist auch nach dem Markengesetz die kennzeichenmäßige Nutzung eines Zeichens Voraussetzung eines Schutzes nach §§ 14 Abs. 2 Nr. 1 bis Nr. 3, 15 Abs. 2 und Abs. 3 MarkenG.[406] Eine kennzeichenmäßige Nutzung liegt nicht nur dann vor, wenn eigene Waren bzw. ein eigener Geschäftsbetrieb mit dem fremden Zeichen gekennzeichnet wird, sondern auch dann, wenn fremde (Original-)Waren bzw. Geschäftsbetriebe mit dem fremden Zeichen gekennzeichnet werden.[407] Es ist daher zu prüfen, ob eine Domain dazu dienen kann, Waren bzw. Dienstleistungen von solchen eines anderen Unternehmens zu unterscheiden (Produktidentifizierung) oder einen Geschäftsbetrieb von anderen zu unterscheiden (Unternehmensidentifizierung). Dabei stehen die Verwendung eines Zeichens als Mittel zur Produktidentifizierung und als Mittel zur Unternehmensidentifizierung gleichwertig nebeneinander.[408] Es kommt sowohl bei § 14 Abs. 2 MarkenG als auch bei § 15 Abs. 2 und Abs. 3 MarkenG nur darauf an, daß das Zeichen überhaupt kennzeichenmäßig verwendet wird, d.h. entweder als Mittel zur Produktidentifizierung oder als Mittel zur Unternehmensidentifizierung.

Dabei ist zunächst die technische Funktion der Domain zu berücksichtigen. Die der Domain zugrundeliegende Ziffernfolge dient in erster Linie der Herstellung einer Verbindung zwischen zwei dem Netz angeschlossenen Rechnern. Insofern unterscheidet sich die Domain in keiner Weise von anderen der Verbindung dienenden technischen Elementen wie Telefonnummern, Telefaxnummern und dergleichen. Die Domain erfüllt insoweit eine technische Adressfunktion hinsichtlich des angeschlossenen Rechners. Darüber hinaus ist das Nummernsystem durch ein

---

406 Siehe oben S. 38 f.
407 Siehe oben S. 39 ff.
408 Siehe oben S. 19 f.

Buchstabensystem ersetzt worden, das es dem jeweiligen Inhaber erlaubt, maximal 63 Ziffern frei wählbar zu besetzen. Daraus entwickelte sich naturgemäß die gängige Praxis der Registrierung von Unternehmensbezeichnungen oder Marken. Insoweit könnte der Domain auch eine kennzeichenrechtliche Identifizierungsfunktion zukommen.

1. Die Rechtsprechung zum kennzeichenmäßigen Gebrauch

Zur Begründung dafür, daß einer Domain überhaupt kennzeichnende Wirkung zukommen kann, wurde vielfach auf die Entscheidung des BGH "**Fernschreibkennung**" verwiesen.[409] Die Klägerin verteidigte hier den von ihr geführten Firmenbestandteil "Kores" gegen die Verwendung der Fernschreibkennung "kora d" durch die Beklagte. Der BGH[410] ließ zwar unentschieden, ob eine Fernschreibkennung selbst Schutz nach § 16 UWG (heute § 15 MarkenG) beanspruchen könne. Eine kennzeichenmäßige und daher rechtsverletzende Nutzung der Kennung folge aber in jedem Fall daraus, daß die Fernschreibteilnehmer eine zur Kennzeichnung geeignete, auf den Inhaber hinweisende Buchstabenzusammenstellung auswählen könnten und davon auch weitestgehend Gebrauch machten.[411] Der BGH wies ferner darauf hin, daß die Fernschreibkennung sowohl auf den Fernschreiben selbst als auch in den amtlichen Fernschreibverzeichnissen und im sonstigen Geschäftsverkehr (Abdruck auf Geschäftspapieren) Verwendung fände. Diese nach außen hin optische Wahrnehmbarkeit rechtfertige die Annahme eines kennzeichenmäßigen Hinweises auf das mit der Kennung bezeichnete Unternehmen.

---

[409] Siehe etwa OLG Karlsruhe MMR 1999, S. 604, 605 "badwildbad.com" mit Hinweis auf BGH WRP 1986, S. 267 "Fernschreibkennung"; Vorinstanz OLG Hamburg GRUR 1983, S. 191; OLG Hamburg CR 1999, S. 184, 185 "emergency.de"; LG Düsseldorf GRUR 1998, S. 159, 163 "epson.de".

[410] BGH WRP 1986, S. 267 "Fernschreibkennung".

[411] BGH WRP 1986, S. 267 "Fernschreibkennung".

Während in einigen frühen Entscheidungen der Domain generell eine kennzeichnende Funktion zuerkannt wurde,[412] wird nun allgemein dann eine kennzeichnungsrechtliche Qualität einer Second Level Domain angenommen, wenn die Domain vom Verkehr nicht nur als bloße Adresse verstanden wird,[413] sondern eine eigenwillige Wortschöpfung mit Unterscheidungskraft darstellt.[414] Insbesondere dann, wenn die Domain erkennbar aus Namen, Firmenbezeichnungen, Markenwörtern oder entsprechenden Abkürzungen bestehe, stelle ihre Wiedergabe auf dem Bildschirm einen kennzeichenmäßigen Gebrauch dar.[415] In neueren Entscheidungen gehen die Gerichte zum Teil schon stillschweigend von einer kennzeichenmäßige Nutzung einer Domain aus, wenn diese aus unterscheidungskräfigen Bestandteilen besteht.[416] Zum Teil wird schon von gesicherter Erkenntnis gesprochen.[417]

Jedoch wählen Unternehmen nicht immer ihre Firma oder Produktkennzeichnungen als Domain aus.[418] Ebenso naheliegend sei es - insbesondere für nicht bekannte Unternehmen - Sachbezeichnungen zu wählen.[419] Daraus folge, daß bei der Wahl einer solchen Sachbezeichnung oder daran angelehnter Begriffe, die Wahrnehmung der Domain als Kennzeichen auf seiten des Verkehrs besonders fernliegend sei. Nach Ansicht des OLG Hamburg schließt aber nicht jede Wahl eines Gat-

---

412 OLG Hamm MMR 1998, S. 214, 215 "krupp.de" = K&R 1998, S. 216 217; OLG Köln CR 1999, S. 385 "herzogenrath.de"; offengelassen LG München I CR 1997, S. 540, 541 "freundin.de".

413 OLG Hamburg K&R 2000, S. 512, 513 "kulturwerbung.de".

414 OLG München GRUR 2000, S. 518, 519 "buecherde.com".

415 OLG München MMR 1999, S. 547 "buecher.de/amazon.de"; LG Frankfurt CR 1997, S. 287, "das.de"; LG Braunschweig CR 1998, S. 364, 365 "deta.com".

416 Siehe LG München I CR 2000, S. 464 ff. "intershopping.com"; LG Hamburg MMR 2000, S. 436, 437 "luckystrike.de"; OLG Frankfurt MMR 2000, S. 486 ff. "alcon.de"; OLG Hamburg MD 2001, S. 315 ff. "derrick.de".

417 OLG Köln CR 1999, S. 385 "herzogenrath.de".

418 LG Hamburg MMR 1998, S. 46, 47 "bike.de".

419 "Durchaus nachvollziehbar" ist nach Ansicht des OLG Frankfurt a.M. WRP 1997, S. 341, 342 "wirtschaft-online.de" die Wahl einer verallgemeinernden, beschreibenden Online-Adresse. Auf die Entscheidung wird genauer noch in anderem Zusammenhang einzugehen sein.

tungsbegriffes die Annahme einer kennzeichenmäßigen Nutzung aus.[420] Der Gattungsbegriff müsse dem Nutzer bereits im allgemeinen Sprachgebrauch begegnet sein, so daß er etwas ganz bestimmtes damit verbinde.[421] Der Begriff "Kulturwerbung" sei etwa so unspezifisch, daß der Verkehr sich im Regelfall darunter nichts konkretes vorstellen könne und ihn auch in einem Lexikon nicht als Stichwort erwarte. Daher liege die Annahme nahe, daß der Begriff ein bestimmtes "Internetsubjekt" kennzeichne.[422]

Das Landgericht Düsseldorf wählte in seiner Entscheidung "**epson**"[423] für die Beurteilung der kennzeichenmäßigen Nutzung einen anderen Ansatz. Anknüpfungspunkt sei nicht die Rechtsnatur der Domain, sondern vielmehr diejenige der angreifenden Kennzeichnung. Handele es sich dabei um ein geschütztes Zeichen, genieße dieses Schutz unabhängig davon, ob die Verwendung als Domain einen Hinweis auf den Anbieter zulasse. Tatsächlich ist die Frage, inwieweit eine Domain selbst kennzeichenrechtlichen Schutz erlangen kann, von der Frage zu trennen, ob die Verwendung einer Domain eine kennzeichenmäßige Benutzung des geschützten Kennzeichens darstellt.[424] Letztlich kann jedoch das eine als auch das andere nur einheitlich beantwortet werden, wenn es um den kleinsten gemeinsamen Nenner geht, nämlich um die Frage, ob die Domain vom Verkehr überhaupt als kennzeichnend verstanden wird.[425] Die Ausführungen des Landgerichts Düsseldorf sind lediglich vor dem Hin-

420 OLG Hamburg K&R 2000, S. 512, 514 "kulturwerbung.de".

421 OLG Hamburg K&R 2000, S. 512, 515 "kulturwerbung.de".

422 Siehe oben 421. Etwas anderes gilt nach Ansicht des LG Hamburg etwa für die Bezeichnung "lastminute", mit der der Verkehr "kurzfristig gebuchte Reisen" verbinde, LG Hamburg K&R 2000, S. 409, 410 "lastminute.de".

423 LG Düsseldorf GRUR 1998, S. 159, 160 "epson".

424 *Fezer*, WRP 2000, S. 669, 671.

425 So wohl auch *Fezer*, WRP 2000, S. 669, 671. Das OLG Hamburg CR 1999, S. 184, 185, 186 "emergency" = NJW-RR 1999, S. 625 führt zur Begründung des Namensschutzes für eine Domain dieselben Gründe an, die zur Bejahung einer namensmäßigen oder markenmäßigen Benutzung angeführt werden. *Kur*, The Domain Name Versus Trade Mark Dilemma, S. 7 trennt wie das Landgericht Düsseldorf zwischen dem selbständigen Schutz einer Domain und dem Schutz des Kennzeicheninhabers gegen eine Domain. Bei letzterem falle der Konflikt jedenfalls in den Bereich des Markenrechts.

tergrund zu verstehen, daß der Entscheidung insgesamt die Annahme zugrunde liegt, die Domain kennzeichne die Website als solche,[426] also weder den Inhaber noch dessen angebotene Waren. Diese Annahme führt dazu, daß das Gericht sich nicht mit der Frage auseinandersetzt, ob die Domain auf den Inhaber bzw. dessen Waren hinweist.

Ein besonderer Sachverhalt lag der Entscheidung des OLG München "**buecher.de/amazon.de**"[427]zugrunde. Die von der Beklagten benutzte Domain "buecher.de" führte nicht zu einer Website mit eigenem Warenangebot. Bei einer Anwahl erfolgte lediglich eine automatische Weiterleitung zu der eigentlichen Website der Beklagten. Das Gericht begründete die Verneinung eines kennzeichenmäßigen Gebrauchs nicht nur, wie zu erwarten gewesen wäre, damit, daß die konkrete Bezeichnung wegen ihres beschreibenden Gehalts einen Herkunftshinweis nicht enthalte und auch nicht über eine besondere Verkehrsgeltung verfüge. Die Entscheidung stützt sich auch auf die konkrete Verwendungsform der Domain. Diese führe lediglich über einen Kommunikationspfad zu der eigentlichen Website, auf der die Antragsgegnerin dann unter ihren Domains Produkte anbiete. Auch dies schließe die Annahme eines betrieblichen Herkunftshinweises aus.

2. Stimmen aus der Literatur

Auch in der Literatur wird nahezu einheitlich ein kennzeichenmäßiger Gebrauch der Domain bejaht.[428] Sowohl die schlagwortartige Herausstel-

---

426 LG Düsseldorf GRUR 1998, S. 159, 161 "epson".

427 OLG München MMR 1999, S. 547 ff. "buecher.de/amazon.de".

428 *Bettinger*, GRUR Int. 1997, S. 402, 409; *Gabel*, NJW-CoR 1996, S. 322, 324; *Jaeger-Lenz*, Rechtsgeschäfte im Netz, S. 183, 188, 189; *dies.* K&R 1998, S. 9, 12; *Kur*, The Domain Name Versus Trade Mark Dilemma, S. 7; *dies.* CR 1996, S. 325, 327; *dies.* CR 1996, S. 590, 591, 592; *Nordemann*, NJW 1997, S. 1891, 1893 verzichtet zwar auf das Erfordernis des kennzeichenmäßigen Gebrauchs, bejaht aber den Schutz einer Domain nach § 5 Abs. 2 MarkenG; *Nordemann/Goddar/Tönhardt/Czychowski*, CR 1996, S. 645, 652; *Völker/Weidert*, WRP 1997, S. 652 656 ff.; *Ubber*, WRP 1997, S. 497, 504; *Freitag*, MA 1996, S. 495, 496; *Wagner*, ZHR 162 (1998), S. 701, 708; *Biermann*, WRP 1999, S. 997, 999; *Omsels*, GRUR 1997, S. 328, 334 will im Falle der Verwendung eines

lung der Domain außerhalb des Internet, etwa auf Geschäftsbriefen, in Werbeanzeigen oder auf der Ware selbst[429], als auch die Benutzung der Domain allein als Zieladresse schließen es nicht aus, diese als Hinweis auf den Geschäftsbetrieb oder als Unterscheidungsmerkmal gegenüber Produkten anderer Unternehmen zu verstehen.[430] Auch hier wird zum Teil ein Vergleich zur Rechtsprechung des BGH zur rechtlichen Einordnung von Fernschreibkennungen gezogen.[431] Nur vereinzelt finden sich hierzu Gegenstimmen, die auf die mangelnde Vergleichbarkeit von Domain und Fernschreibkennung hinweisen.[432]

Von den Befürwortern eines kennzeichenmäßigen Gebrauchs wird berücksichtigt, daß zwar die primäre Funktion einer Domain die Individualisierung und Identifizierung eines Objektes, nämlich des Rechners[433], sei, nicht aber die Kennzeichnung von Personen, Gewerbebetrieben oder Produkten.[434] Die Domains verdankten ihre Existenz aber gerade dem Umstand, daß sie - anders als beliebige Zahlen- oder Buchstabenfolgen - über diese Funktion hinausgehen, indem sie faktisch die Kennzeichnung des jeweiligen Internet-Anbieters mit Hilfe leicht einprägsamer Begriffe ermöglichen.[435] Kennzeichnungsfunktion komme der Domain dann im mittelbaren Sinne zu, wenn und soweit sie als Bezeichnung derjenigen Personen oder Unternehmen aufgefaßt wird, die über das angesteuerte

---

fremden Zeichens eine Vermutung für den kennzeichenmäßigen Gebrauch sprechen lassen; *Schwarz/Poeck*, Kap. 4-2.1, S. 20 ff.; *Bücking*, NJW 1997, S. 1886, 1887; *Reinhardt*, WRP 2001, S. 13, 14.

429 *Bettinger*, GRUR Int. 1997, S. 402, 409, siehe insbesondere FN 53 zu Beispielen der Benutzung auf der Ware selbst in den U.S.A.; lediglich *Graefe*, Markenartikel 1996, S. 100, 102 will einen kennzeichenmäßigen Gebrauch nur dann annehmen, wenn die Domain auch außerhalb des Internet die Domain in "optischer und verbaler Verbindung" zu den angebotenen Produkten benutzt wird.

430 *Bettinger*, GRUR Int. 1997, S. 402, 409.

431 *Völker/Weidert*, WRP 1997, S. 652, 656; *Bettinger*, GRUR Int. 1997, S. 402, 409; *Jaeger-Lenz*, Rechtsgeschäfte im Netz, S. 183, 188, 189; *Freitag*, MA 1996, S. 495, 496.

432 *Wilmer*, CR 1997, S. 562, 565.

433 *Völker/Weidert*, WRP 1997, S. 652, 656 stellen darauf ab, daß die Domain der Kennzeichnung der Website dient, also einer Datei.

434 *Kur*, CR 1996, S. 325, 327; OLG München CR 1999, S. 778 "tnet.de".

435 *Wagner*, ZHR 162 (1998), S. 701, 707.

Gerät zu erreichen sind.[436] Insbesondere dann, wenn die Domain aus einer Marke oder geschäftlichen Bezeichnung gebildet werde, stelle sie einen Hinweis auf den hinter der Marke oder geschäftlichen Bezeichnung stehenden Rechteinhaber dar.[437] Dem stehe auch nicht die technisch zwingende Verwendung der weiteren Angaben (http://www sowie die Top Level Domain) als Zusatz zur Domain entgegen, da diesen Bestandteilen in den Augen des Verkehrs keine Unterscheidungskraft zukomme.[438]

Gegen eine Funktion der Domain als Identifizierungs- und Kennzeichnungsmittel werden aber auch die sich ändernden Nutzungsgewohnheiten ins Feld geführt. Nachdem es zu Beginn des enormen Wachstums des Internet noch durchaus mit großer Wahrscheinlichkeit möglich war, die gewünschte Website durch Eingabe der bereits bekannten Kennzeichnung "zu erraten",[439] haben sich die Gewohnheiten hier zum Teil erheblich geändert. Da nicht nur die Inhaber bekannter Marken und geschäftlicher Bezeichnungen auf den Markt strömen, sondern in zunehmendem Maße auch kleinere Anbieter das Internet nutzen, ist es zum einen nicht mehr ungewöhnlich, wenn die Domain mehr und mehr neben der Bezeichnung des Adressaten auch diejenige eines Providers enthält, der als Dienstleister den Auftritt des Unternehmens per Website anbietet.[440] Zum anderen gibt es eine Vielzahl von Beispielen dafür, daß Domain-Inhaber und vermuteter Namens- oder Markenberechtigter nicht identisch sind[441] bzw. in verstärktem Maße beschreibende Begriffe gewählt werden. All dies soll unweigerlich zu einer standardmäßigen Nutzung der Suchmaschinen führen, um zu einer gewünschten Website zu gelangen.[442] Folge dieser Entwicklung soll sein, daß die Kenntnis der Domain von weitaus geringerer Bedeutung sei und die Domain daher

---

436 *Kur*, CR 1996, S. 590, 591.
437 *Nordemann*, NJW 1997, S. 1891, 1892; *Reinhardt*, WRP 2001, S. 13, 14.
438 *Völker/Weidert*, WRP 1997, S. 652, 657.
439 Nordemann/Goddar/Tönhardt/Czychowski, CR 1996, S. 645, 652.
440 *Hahn/Wilmer*, NJW-CoR 1997, S. 485, 486.
441 *Wilmer*, CR 1997, S. 562, 563.
442 *Hahn/Wilmer*, NJW-CoR 1997, S. 485, 486; *Wilmer*, CR 1997, S. 562, 564.

herabsinke zu einer überwiegend technischen Adresse.[443] Nicht in Abrede gestellt werden kann, daß das Verkehrsverständnis maßgeblich für die rechtliche Einordnung der Domain ist, welches wiederum abhängig ist von den tatsächlichen Gegebenheiten und Besonderheiten der Nutzung.[444] Ob jedoch die zunehmende Nutzung von Suchmaschinen oder die teilweise Übung, die Auswahl einer Domain an beschreibenden Begriffen zu orientieren, geeignet sind, die Funktion der Domain auf ihre technische Aufgabe herabzuwürdigen, bleibt im einzelnen zu prüfen.

3. Eigene Stellungnahme

Den Befürwortern einer kennzeichenmäßigen Benutzung einer Domain ist darin zuzustimmen, daß der Domain eine kennzeichnende Wirkung zukommen kann. Aus den vielfältigen Möglichkeiten, die sich bei der Wahl einer Domain bieten, folgt jedoch, daß ihr weder generell eine Kennzeichenfunktion zuzusprechen ist, noch ihr eine Kennzeichenfunktion prinzipiell abzusprechen ist.[445] Es kommt vielmehr darauf an, welche konkrete Bezeichnung für welche konkreten Angebote als Domain gewählt wird.

a. Identifizierungs- neben Adressfunktion

Wie sowohl von der Rechtsprechung als auch in der Literatur übereinstimmend ausgeführt wird, bedeutet alleine die Tatsache, daß die Domain auch die Funktion einer technischen Adresse hat, nicht, daß sie nicht auch kennzeichnungsrechtliche Qualität haben kann. Ein Unterschied zu den von der Rechtsprechung als Kennzeichen verstandenen Fernschreibkennungen ist insoweit nicht erkennbar, als die Domain nicht

---

443 *Hahn/Wilmer*, NJW-CoR 1997, S. 485, 486; *Hoeren*, NJW 1998, S. 2849, 2850.

444 *Kur*, The Domain Name Versus Trade Mark Dilemma, S. 7; *dies.*, CR 1996, S. 590, 591; *Nordemann*, NJW 1997, S. 1891, 1892. *Wilmer*, CR 1997, S. 562, 564 will aus diesen schwankenden Nutzungsgewohnheiten und der Vielzahl denkbarer Gestaltungen einer Domain generell die Zuordnung zum Namensrecht wegen der damit einhergehenden Rechtsunsicherheit verneinen.

445 *Fezer*, WRP 2000, S. 669, 670.

nur als Adresse dient, sondern auch den Adressaten bzw. dessen Produkte kennzeichnet. Die Erwägungen des BGH in der Entscheidung "Fernschreibkennung"[446] sind uneingeschränkt übertragbar auf die Domain. Nicht nur erscheint diese in der Statuszeile der angewählten Website, sondern auch in den Suchergebnissen der Suchmaschinen, bei Ausdruck der gewünschten Seiten sowie im allgemeinen Geschäftsverkehr und in der Werbung. Von der Domain unterscheidet sich die Fernschreibkennung insoweit, als letztere nicht benötigt wird, um eine Verbindung zu dem Teilnehmer herzustellen. Der technische Vorgang vollzieht sich vielmehr dadurch, daß der Absender die Nummer des gewünschten Empfängers eingibt und erst aufgrund eines Impulses des empfangenden Gerätes die Buchstabenkennung von dem Fernschreibgerät am Anfang und Ende des Dokumentes ausgedruckt wird, so daß sie dem Empfänger als Hinweis auf den Absender dient.[447] Der Hinweischarakter der Domain auf den "Absender" der auf der Website enthaltenen Informationen und ähnlichem ist gegenüber einer Fernschreibkennung folglich noch dadurch erhöht, daß ein Abrufen der Website nur bei aktiver Eingabe der hinweisenden Kennung möglich ist. Selbst wenn die Anzeige der Website als Ergebnis eines Suchvorganges unter Zuhilfenahme einer Suchmaske erfolgt, wird die Domain als Hyperlink angezeigt und rückt somit in das Blickfeld des Betrachters.

Eine fehlende Vergleichbarkeit ist auch nicht damit zu begründen, daß der Internet-Nutzer bei Eingabe einer "falschen" Domain möglicherweise sofort erkennt, daß er nicht den gewünschten Adressaten erreicht hat und so die Gefahr von Verwechslungen oder Zuordnungsverwirrungen weit geringer ist. Dieser Aspekt betrifft jedoch nicht die Frage der kennzeichenmäßigen Benutzung.

An einer Qualifizierung als kennzeichenmäßiger Gebrauch ändert auch nichts, daß die Möglichkeit, eine Domain zu "erraten", durch ver-

[446] BGH WRP 1986, S. 267 "Fernschreibkennung".
[447] OLG Hamburg (als Vorinstanz zu BGH WRP 1986, S. 267 "Fernschreibkennung") GRUR 1983, S. 191.

änderte Nutzungsgewohnheiten, insbesondere die Zwischenschaltung von Servern oder die verstärkte Nutzung von Suchmaschinen, beeinträchtigt werden könnte. Zum einen sind die Nutzungsgewohnheiten im Internet so vielfältig wie auch die Struktur des Netzes selbst.[448] Wegen der unüberschaubaren Anzahl von Suchprogrammen und den zum Teil eher unstrukturierten und häufig unbefriedigenden Ergebnissen, ist die Direkteingabe von bekannten Kennzeichen oder Branchenbezeichnungen jedenfalls nicht unüblich.[449] Aber auch bei Zuhilfenahme von Suchmaschinen tritt die Domain dem Nutzer optisch entgegen, sei es auch nicht bei der direkten Eingabe, sondern als Ergebnis einer Suchanfrage oder nach Aufruf der Website in der Statuszeile derselben. Insbesondere diese Statuszeile dient dem Verkehr dazu, die Herkunft der Website zu bestimmen. Daher entfällt auch in diesen Fällen eine herkunftshinweisende Funktion der Domain nicht.

b. Kennzeichenmäßiger Gebrauch einer Third Level Domain

Grundsätzlich richtet sich die Frage, ob eine kennzeichnungsmäßige Nutzung einer Domain vorliegt, nach der Second Level Domain. Der Nutzer gewöhnt sich darüber hinaus jedoch zunehmend an die Zwischenschaltung von Servern. Der an sich kennzeichnende Teil der Domain wird dann von der Second Level Domain auf die Third Level Domain verdrängt. Die dann typische Erscheinungsform der Domain (etwa "nivea.xxx.de") schließt im Einzelfall ebenfalls nicht die kennzeichnende Wirkung der Third Level Domain aus.[450] Der Verkehr wird in diesen Fällen bei zunehmender Gewöhnung sein Hauptaugenmerk auf die Third Level Domain richten und darin den kennzeichnenden Teil im Hinblick auf die Herkunft der Inhalte (und nicht die technische Bereitstellung)

---

448 OLG Hamburg MMR 2000, S. 40, 42 "mitwohnzentrale.de". Siehe auch *Sosnitza*, K&R 2000, S. 209,212, der darauf hinweist, daß schon die eigene Lebenserfahrung zeige, daß die Suche nach Inhalten nicht allein oder vorwiegend über Suchmaschinen erfolge.

449 OLG Hamburg MMR 2000, S. 40,42 "mitwohnzentrale.de".

450 So auch LG Duisburg MMR 2000, S. 168, 170.

erblicken.[451] Denn die Third Level Domain zeigt nicht eine Untergliederung des Angebots des Inhabers der Second Level Domain an;[452] die Unterdateien einer Website werden vielmehr rechts von der Top Level Domain angezeigt. In dem URL-Feld erscheint dann etwa "www.beiersdorf.de/nivea". Im übrigen kann es nicht darauf ankommen, daß die tatsächlichen Gegebenheiten nicht immer einheitlich sind.[453] Mag im Einzelfall die Gestaltung der Domain die Annahme eines kennzeichnenden Charakters ausschließen, ist die Konsequenz dieser Abweichungen nicht die generelle Verneinung einer kennzeichnenden Wirkung.

c. Unterscheidung nach der Art des verwendeten Zeichens

Festzuhalten bleibt daher zunächst, daß ein im Rahmen der §§ 14 Abs. 2, 15 Abs. 2 und Abs. 3 MarkenG zu fordernder kennzeichenmäßiger Gebrauch einer Second oder auch Third Level Domain jedenfalls nicht prinzipiell auszuschließen ist. Es stellt sich jedoch nach wie vor die Frage, welche Bezeichnungen vom Verkehr als Mittel zur Produktidentifizierung und/oder als Mittel zur Unterscheidung von Geschäftsbetrieben verstanden werden. Dabei ist nochmals zu betonen, daß im Rahmen des kennzeichenmäßigen Gebrauchs beides gleichwertig nebeneinandersteht.[454] § 14 MarkenG ist also auch dann verletzt, wenn ein ähnliches oder identisches Zeichen zur Unterscheidung eines Geschäftsbetriebes benutzt wird. Ebenso ist § 15 MarkenG verletzt, wenn das Zeichen zur Unterscheidung von Produkten verwendet wird.

---

451 *Nordemann*, NJW 1997, S. 1891, 1895 weist im Zusammenhang mit der Prüfung einer zeichenrechtlichen Verwechslungsgefahr darauf hin, daß zwar grundsätzlich von größter Bedeutung die Second Level Domain sei. Da aber der Internet-Nutzer die Domain in seiner Gesamtheit wahrnehme, könne auch die Verletzung auf einer unteren Ebene durchaus rechtsverletzend sein. Siehe auch *Wegner*, CR 1999, S. 250, 253.

452 LG Duisburg MMR 2000, S. 168, 170.

453 *Bücking*, NJW 1997, S. 1886, 1890.

454 Siehe oben S. 19 f.

Sowohl von den Gerichten als auch von Seiten der Literatur ist bislang angeführt worden, das Zeichen müsse "eine eigene Wortschöpfung mit Unterscheidungskraft" darstellen[455] oder "erkennbar aus Namen, Firmenbezeichnungen, Markenwörtern oder entsprechenden Abkürzungen" bestehen.[456] Darauf, ob die Domain aus einem existierenden Namen, einer Firmenbezeichnung oder einer Marke besteht, kann es jedoch nicht ankommen.[457] Damit ist vielmehr gemeint, daß die Domain in den Augen des Verkehrs nicht anderen Zwecken als der Unterscheidung von Produkten oder Geschäftsbetrieben dienen darf; insbesondere darf sie nicht dem Zweck dienen, eine Sache ihrer Art nach, eine Gattung, einen Gegenstand zu bezeichnen.[458]

Auch wenn es hier nicht um den Rechtserwerb an einem Zeichen, sondern um eine rechtsverletzende Benutzung geht, können die Voraussetzungen, unter denen jemand ein Recht an einem Zeichen erwirbt, z.T. auch für die Frage, wann eine Domain kennzeichenmäßg verwendet wird, herangezogen werden. So ist Voraussetzung für die Registrierung einer Marke u.a. deren Unterscheidungskraft nach § 8 Abs. 2 Nr. 1 MarkenG für die Waren oder Dienstleistungen, die der Anmeldung zugrundeliegen. Nur wenn der Marke Unterscheidungskraft zukommt, kann sie als Mittel zur Unterscheidung von Unternehmensprodukten dienen und so vom Verkehr verstanden werden.[459] Fehlt dem Zeichen eine solche Unterscheidungskraft, kann es Schutz nach § 4 Nr. 2 MarkenG erlangen, wenn es innerhalb der beteiligten Verkehrskreise Verkehrsgeltung erworben hat. Auch dann nimmt der Verkehr das Zeichen aufgrund dauernder Übung als Mittel zur Unterscheidung von Unternehmensprodukten war. Das gleiche gilt für Unternehmensbezeichnungen nach § 5 Abs.

---

455 OLG München GRUR 2000, S. 518, 519.

456 OLG München MMR 1999, S. 547 "buecher.de/amazon.de".

457 Siehe auch *Bücking*, MMR 2000, S. 656, 660 im Hinblick auf den Rechtserwerb eines Kennzeichens.

458 Zu dieser Abgrenzung vom markenmäßigen Gebrauch *V. Linstow*, WRP 2000, S. 955.

459 *Fezer*, § 8 RN 29.

2 S. 1 MarkenG.[460] Ausgehend hiervon ergibt sich für die kennzeichenmäßige Nutzung einer Domain folgendes:

aa. Benutzung eines Phantasiezeichens

Verwendet jemand als Domain ein Phantasiezeichen (etwa "www.nivea.de", "www.audi.de", "www.persil.de"), so erblickt der Verkehr unabhängig von dem konkreten Produktangebot schon in der Domain eine Kennzeichnung. Da diese Wörter im allgemeinen Sprachgebrauch keine Bedeutung haben, können sie nur kennzeichenmäßig benutzt werden.[461] Das gleiche gilt auch für solche Namen, die keine weitere sprachliche Bedeutung haben.[462] Die Verwendung solcher Domains ist in aller Regel kennzeichenmäßig.

bb. Zeichen mit einer sprachlichen Bedeutung

Daneben können auch Zeichen als Domain registriert werden, die eine allgemeine sprachliche Bedeutung haben. Dem Verkehr ist geläufig, daß auch Gattungsbegriffe oder sonst sprachübliche Begriffe in einer Domain verwendet werden. [463] Der Gebrauch von Domains, die ein Wort aus dem allgemeinen Sprachgebrauch verwenden, hält den Verkehr allerdings nur in zwei Fällen davon ab, in der Domain eine Kennzeichnung zu erblicken. Dies gilt zum einen dann, wenn der Verkehr tatsächlich mit dem gewählten Begriff bestimmte Vorstellungen verbindet und unter der Domain gerade zu diesem Begriff Informationen und Angebote erwar-

---

460 Auch hier setzt ein Rechtserwerb entweder Unterscheidungskraft oder Verkehrsgeltung voraus, *Fezer*, § 5 RN 3.

461 *V. Linstow*, WRP 2000, S. 955.

462 Siehe das Beispiel bei *v. Linstow*, WRP 2000, S. 955: der Name "Winter" kann sowohl kennzeichenmäßig benutzt werden zur Kennzeichnung einer Person als auch nicht kennzeichenmäßig zur Bezeichnung einer Jahreszeit.

463 *Bettinger*, GRUR Int. 1997, S. 402, 418, FN 97 weist darauf hin, daß etwa Anwaltskanzleien Domains wie "lexmundi.org", "transpatent.de" oder "anwalt.de" haben registrieren lassen. Siehe auch OLG Hamburg CR 1999, S. 779, 781 "mitwohnzentrale.de".

tet.[464] Zum anderen gilt dies nur dann, wenn die aus einem sprachüblichen Begriff gebildete Domain tatsächlich für eine Website verwendet wird, auf der mit dem Gattungsbegriff umschriebene Waren oder Dienstleistungen angeboten werden.

(1). Kein konkreter Begriffsinhalt

Um ein Phantasiezeichen und nicht ein Zeichen mit allgemeiner sprachlicher Bedeutung, mit dem der Verkehr bestimmte Vorstellungen verbindet, handelt es sich etwa auch dann, wenn zwar die einzelnen Bestandteile eines Wortes im allgemeinen Sprachgebrauch Verwendung finden, nicht aber das zusammengesetzte Wort.[465] So verbindet der Verkehr mit dem unspezifischen Begriff "kulturwerbung" keine bestimmten Vorstellungen, so daß er auch hinter dieser Kennung ein "Internetsubjekt" erwartet.[466] Auch für die Domain "emergency.de" entschied das OLG Hamburg, daß die Bedeutung dieses Begriffes im Sinne von "Notfall" das Kennzeichen allenfalls zu einem "sprechenden" mache, also eine bestimmte Aussage beinhalte, nicht aber seine Unterscheidungskraft beeinträchtige, da die deutschen Verkehrskreise nicht den Begriff "emergency" benutzen, um einen Notfall zu bezeichnen.[467]

(2). Konkreter Begriffsinhalt

Handelt es sich dagegen um ein sprachübliches Wort, so kann das Zeichen nach § 8 Abs. 2 Nr. 1 MarkenG dennoch konkrete Unterscheidungskraft besitzen, wenn es für Waren, Dienstleistungen oder Branchen benutzt wird, die in keiner Beziehung zu der sprachüblichen Bedeutung

---

464 OLG Hamburg K&R 2000, S. 512, 514 "kulturwerbung.de".

465 Das LG München I CR 2000, S. 464 ff. "intershopping.com" machte hinsichtlich der kennzeichenmäßigen Nutzung der Domain keine Ausführungen. Das Gericht ging jedoch (S. 466) davon aus, daß es sich bei der angegriffenen Marke "intershop" um ein "Kunstwort" handele. Nichts anderes kann dann auch für die Domain "intershopping" gelten.

466 OLG Hamburg K&R 2000, S. 512, 514 "kulturwerbung.de".

467 OLG Hamburg CR 1999, S. 184, 186 "emergency.de".

des Zeichens stehen.[468] Hierin zeigt sich die "Zweidimensionalität" des Markengesetzes. Es kommt nicht allein auf das verwendete Zeichen, sondern auch auf die zugrundeliegenden Produkte oder Branchen an. So kommt dem Begriff "apple" für Computer durchaus Unterscheidungskraft zu.[469] Der Begriff "Buecher" hat hingegen für Bücher nicht die Funktion eines betrieblichen Herkunftshinweises.[470] Es ist daher für die Frage der kennzeichenmäßigen Nutzung bei sprachüblichen Begriffen mit konkretem Begriffsinhalt stets zu prüfen, welche Inhalte die Website aufweist. Ist der sprachübliche Begriff hinsichtlich der angebotenen oder beworbenen Produkte oder Branchen unterscheidungskräftig, so wird der Begriff auch kennzeichenmäßig verwendet.

cc. Zeichen mit Verkehrsgeltung

Wird der sprachübliche Begriff hingegen für solche Produkte oder Branchen benutzt, die seiner sprachlichen Bedeutung entsprechen (etwa www.theaterkasse.de für einen Online-Bestellservice), so kann das Zeichen in den Augen der beteiligten Verkehrskreise nur dann kennzeichenmäßig verwendet werden, wenn es Verkehrsgeltung erworben hat.[471] Dann hat das Zeichen nicht nur eine abstrakte Herkunftsfunktion, sondern weist auf die Herkunft der Produkte aus einem ganz bestimmten Unternehmen (§ 14 MarkenG) oder auf ein bestimmtes Unternehmen (§

---

468 Siehe den Wortlaut des § 8 Abs. 2 Nr. 1 MarkenG: "Von der Eintragung ausgeschlossen sind Marken, denen *für die Waren oder Dienstleistungen* jegliche Unterscheidungskraft fehlt."

469 *V. Linstow*, WRP 2000, S. 955. Ebenso ging das OLG München in der Entscheidung "freundin.de" nicht darauf ein, welche Waren auf der fraglichen Website angeboten wurden, sondern ging wohl stillschweigend von einer entsprechenden Verkehrsgeltung der Bezeichnung "freundin" aus.

470 OLG München MMR 1999, S. 547 "buecher.de/amazon.de". Der Unternehmensbezeichnung der Klägerin kam nur deswegen Unterscheidungskraft zu, weil - wie das Gericht betonte - sie in ihrer Firma den Bestandteil ".de" führte (also "Buecher. De AG) und dies *noch* im geschäftlichen Verkehr üblich sei.

471 LG Hamburg MMR 1998, S. 46, 47 "bike.de"; das OLG München (CR 1999, S. 382) begründete in der Entscheidung "shell.de" die kennzeichenmäßige Nutzung auch damit, daß der Name und die Marke "shell" überragende Bekanntheit hätten. Einer solchen Begründung hätte es jedoch hier nicht bedurft, da es sich ohnehin um ein Phantasiezeichen handelt.

15 MarkenG) hin. Wie bei der Feststellung des erforderlichen Bekanntheitsgrades,[472] ist auch bei dem erforderlichen Maß an Verkehrsdurchsetzung keine Festlegung in Prozentsätzen möglich.[473] Gerade bei sprachüblichen, beschreibenden Begriffen sind jedoch wegen des besonderen Freihalteinteresses von Mitbewerbern besondere Anforderungen an den Grad der Verkehrsdurchsetzung zu stellen.[474]

§ 23 Nr. 2 MarkenG, der die beschreibende Verwendung eines Zeichens erlaubt, ist in diesen Fällen stets zu berücksichtigen. Allerdings ist zu bedenken, daß regelmäßig keine berechtigten Gründe auf Seiten des Domain-Inhabers stehen werden. Zur Beschreibung einer Ware oder Dienstleistung ist es regelmäßig nicht erforderlich, das Zeichen auch als Domain zu verwenden.[475]

d. Ergebnis

Im Ergebnis wird eine Domain somit dann kennzeichenmäßig verwendet, wenn sie (1) aus einem Phantasiezeichen gebildet ist oder (2) einem sprachüblichen Begriff mit konkretem Begriffsinhalt, der hinsichtlich der angebotenen oder beworbenen Produkte oder Branchen unterscheidungskräftig ist oder (3) einem sprachüblichen Begriff, der zwar hinsichtlich der angebotenen oder beworbenen Produkte oder Branchen nicht unterscheidungskräftig ist, jedoch aufgrund seiner Verkehrsgeltung als Herkunftshinweis dient.

---

472 Siehe oben S. 50 ff.

473 *Fezer*, § 4 RN 123.

474 OLG München MMR 1999, S. 547, 548 "buecher.de/amazon.de", da der Verkehr keine Ausweichmöglichkeiten habe und Bücher nur mit dem Begriff "Bücher" bezeichnen könne. Siehe auch BGHZ 30, 357, 372 "Nährbier"; BGHZ 45, 131, 139 "Shortening".

475 OLG München MMR 1998, S. 668, 669 "freundin.de".

Wird die Domain nach den oben genannten Grundsätzen im geschäftlichen Verkehr kennzeichenmäßig verwendet, ist der Anwendungsbereich des § 14 (bzw. § 15) MarkenG eröffnet. Für eine rechtsverletzende Benutzung sind jedoch die weiteren Voraussetzungen der §§ 14 Abs. 2, 15 Abs. 2 und Abs. 3 MarkenG zu prüfen.

1. Die Registrierung einer identischen Domain

Bei der Registrierung einer identischen Domain[476] für identische Waren ergibt sich im Hinblick auf § 14 Abs. 2 Nr. 1 (bzw. unter denselben Voraussetzungen bei § 15 Abs. 2) MarkenG keine weitere Prüfung. Im Einzelfall kann die Benutzung des Zeichens noch nach § 23 Nr. 1 MarkenG zulässig sein. Wird die Domain hingegen für ähnliche Waren oder Dienstleistungen benutzt, ist zu prüfen, ob eine Verwechslungsgefahr im Sinne des § 14 Abs. 2 Nr. 2 MarkenG vorliegt. Dabei steht die Identität der Domain mit dem Grad der Ähnlichkeit der Waren oder Dienstleistungen und der Kennzeichnungskraft des angreifenden Zeichens in Wechselwirkung.[477]

Es stellt sich zunächst die Frage, welche Produkte den Vergleichsmaßstab für die Prüfung der Verwechslungsgefahr nach § 14 Abs. 2 Nr. 2 MarkenG bilden. In Betracht kommt die Gegenüberstellung der tatsächlich angebotenen Waren oder Dienstleistungen, aber auch die Berücksichtigung der Website selbst als Ware, wie dies unter anderem das Landgericht Düsseldorf in seiner Entscheidung "Epson" praktizierte.[478]

476 Eine Identität liegt schon bei geringfügigen Abweichungen nicht mehr vor. "pizza direkt" ist etwa nicht identisch mit "pizza-direkt" oder "pizza direct" (OLG Hamm NJW-RR 1999, S. 631 "Pizza Direkt/Direct"). Eine solche Verwendung fällt schon in den Bereich ähnlicher Zeichen nach § 14 Abs. 2 Nr. 2 MarkenG.

477 Siehe allgemein zur Verwechslungsgefahr oben S. 43 ff.

478 LG Düsseldorf GRUR 1998, S. 159, 162 "Epson".

a. Das klassische Domain-Grabbing

Von ganz erheblicher Bedeutung ist die Frage der zu vergleichenden Waren bzw. Dienstleistungen (bzw. Branchen im Rahmen des § 15 Abs.2 MarkenG) in den Fällen des Domain-Grabbing, bei denen die Domain ohne jeden Waren- oder Dienstleistungsbezug auf der Website selbst registriert wird. Den klassischen Fall bilden hier Sachverhalte des Domain-Handels, in denen also Dritte den Handel mit Domains betreiben und damit Markenrechte mit meist völlig andersartigen Warenbereichen tangieren. Nach Ansicht des Landgerichts Düsseldorf kommt es nicht darauf an, welche Waren oder Inhalte auf der Website angeboten würden, die mit der registrierten Domain im Internet plaziert wird.[479] Das Gericht hält einen Vergleich zu dem Angebot zweier Zeitschriften unter demselben Titel für gerechtfertigt, für die es ebenfalls entbehrlich sei, eine Ähnlichkeit anhand des Inhalts der Zeitschrift zu konstatieren. Nicht der Inhalt, sondern das Produkt "Zeitschrift" selbst sei maßgeblich. Auf Seiten des Markeninhabers sei deswegen die Website in den Vergleich einzustellen, da diese in Zukunft bereitgehalten werden solle. In einer späteren Entscheidung[480] begrenzte dieselbe Kammer die Heranziehung der Website als Vergleichsgröße auf die Fälle, in denen Handel mit Domains betrieben werde.[481] In anderen Fällen sei auf die tatsächlich angebotenen Waren/Dienstleistungen bzw. auf die den Tätigkeitsbereich umfassenden Branchen abzustellen. Trotz dieser Beschränkung kann der Ansatz des Landgerichts Düsseldorf auch in Fällen des Domain-Grabbing nicht überzeugen. Schon der Wortlaut des § 14 Abs. 2 Nr. 2 MarkenG, der eindeutig neben der Ähnlichkeit der Zeichen die Ähnlich-

---

[479] LG Düsseldorf GRUR 1998, S. 159, 162 "Epson".

[480] LG Düsseldorf 34 O 27/98 "glass.de", unter www.netlaw.de/urteile/lgd_6.htm, S. 4, zuletzt abgerufen am 25.01.2000.

[481] Dies verwundert insofern, als zwar in den Fällen des Domain-Grabbing auf Seiten des Domain Händlers die Domain bzw. die Website die angebotene Ware sein mag. Die "Epson"-Entscheidung zeichnet sich aber gerade dadurch aus, daß auf Seiten des Markeninhabers die Website als die in den Vergleich einzubeziehende Ware erachtet wird. Die Begründung des Gerichts in "glass.de", siehe FN 480, zu einer unterschiedlichen Behandlung beider Fälle vermag daher nicht zu überzeugen.

keit der sich gegenüberstehenden Waren verlangt, steht einem solchen Ansatz entgegen.[482] Denn letztlich weist die Entscheidung dem Kriterium der Warenähnlichkeit keine Relevanz mehr zu.[483] Die Website stellt lediglich das Kommunikationsmittel bzw. Werbemedium dar, mit Hilfe dessen das Unternehmen sich selbst oder seine Waren präsentiert[484], so daß der Vergleich zu einer herkömmlichen Werbeanzeige naheliegt.[485] Nicht aber stellt die Website auf Seiten des Markeninhabers das Produkt "Zeitschrift" dar.[486] Die für das Produkt "Zeitschrift" kennzeichnende Leistung besteht gerade in der Aufarbeitung, Auswahl und Präsentation von Informationen,[487] wohingegen die Unternehmenswebsite der reinen Darstellung des Unternehmens und seiner Produkte dient und daher dem Bereich klassischer Werbung zuzuordnen ist. Die Website ist nur dann die in den Vergleich einzubeziehende Ware, wenn es sich tatsächlich um das Angebot einer Zeitschrift "online" handelt, wie dies zum Teil schon üblich ist.[488] Zwar mag es sich in den Fällen des Domain-Grabbing auf Seiten des Domain-Händlers bei der angebotenen Ware um die Domains bzw. die damit konnektierten Websites handeln, nicht aber auf Seiten des Markeninhabers oder Inhabers einer geschäftlichen Bezeichnung.[489] In welche Warenklasse die Domain bzw. Website auch fallen mag,[490] so wird der Markeninhaber doch in den seltensten Fällen ebenfalls in dieser Warenklasse eingetragen sein, so daß ein Gebrauch der Domain nicht untersagt werden kann. Das Domain-Grabbing läßt sich daher nicht mit Hilfe dieses "Tricks"[491] lösen, der im übrigen, selbst bei einer ergebnisorientierten Betrachtung, nicht erforderlich ist. Eine Lösung ist auch bei

---

482 *Kur/Bettinger*, AIPPI Yearbook 1998/VI, g) (3).
483 *Kur*, The Domain Name Versus Trade Mark Dilemma, S. 9.
484 *Wegner*, CR 1999, S. 250,255.
485 *Biermann*, WRP 1999, S. 997, 1000; *Wagner*, ZHR 162 (1998), S. 701, 713.
486 *Biermann*, WRP 1999, S. 997, 1000.
487 *Wegner*, CR 1999, S. 250, 255.
488 Siehe etwa www.spiegel.de, www.stern.de, www.focus.de.
489 Insoweit ist die Einsicht des LG Düsseldorf 34 O 27/98 "glass.de", siehe FN 480, unvollständig.
490 *Wegner*, CR 1999, S. 250, 255 bejaht eine Einordnung in Warenklasse 38 (Telekommunikation).
491 So die Terminologie *Wagners*, ZHR 162 (1998), S. 701, 713.

einer traditionellen Betrachtung der sich gegenüberstehenden Waren bzw. Dienstleistungen oder Branchen möglich,[492] wie im folgenden dargelegt wird.

b. Die Registrierung einer identischen Domain für ähnliche Waren und Dienstleistungen

Es stellt sich danach die Frage, ob bei sich gegenüberstehenden identischen Domains die Ähnlichkeit der Waren und Dienstleistungen nach den herkömmlichen Grundsätzen zu lösen ist oder ob nicht erneut die technischen Besonderheiten zu einem teilweisen Abweichen von den allgemeinen Beurteilungsmaßstäben zwingen. Nach herkömmlichen Maßstäben liegt eine Waren- oder Branchennähe nur dann vor, wenn zwischen den betreffenden Erzeugnissen so enge Beziehungen bestehen, daß sich den Abnehmern, wenn sie an den Waren dasselbe Zeichen angebracht sehen, der Schluß aufdrängt, daß diese Waren vom selben Unternehmen stammen.[493] Das Kriterium der Waren- bzw. Branchennähe beruht auf der an sich sinnvollen Erwägung, daß mit der Begrenzung des Markenrechts auf bestimmte Waren und/oder Dienstleistungen eine pauschale Monopolisierung einprägsamer Begriffe im Sinne einer weitestgehenden Öffnung des "Markenraumes" vermieden wird, dennoch den berechtigten Interessen des Markeninhabers hinreichend Rechnung getragen wird.[494] Letztlich ist dies Ausdruck der dem Markengesetz zugrundeliegenden herkömmlichen Konzeption eines unmittelbar zusammentreffenden Auftritts von Kennzeichen und Ware bzw. Unternehmensbezeichnung und unternehmerischer Tätigkeit. Der virtuelle Raum des Internet führt hier eine bedeutsame Trennung durch. Das Betätigungsfeld des Domain-Inhabers bzw. die Warengruppe der so bezeich-

---

492 *Jaeger-Lenz* in *Lehmann*, S. 192; *dies.*, K&R 1998, S. 9, 13 zieht, auf reine Marken beschränkt, eine Lösung über § 14 Abs. 2 Nr. 3 MarkenG sowie §§ 1, 3 UWG. Stehen Unternehmensbezeichnung in Rede, ist auch an § 15 Abs. 3 MarkenG sowie § 12 BGB zu denken, siehe dazu die folgenden Untersuchungen.

493 EuGH GRUR Int. 1994, S. 614, 615 "Ideal-Standard II".

494 *Wagner*, ZHR 162 (1998), S. 701, 712.

neten Waren geht aus der Domain selbst nicht hervor,[495] so daß in dieser Phase, das heißt vor einem Aufruf der Website, die Warenähnlichkeit keine, zumindest aber eine weit geringere Rolle spielt.[496] Erst nach einem Aufruf der Website wird deutlich, für welche Waren und/oder Dienstleistungen unter der Domain angeboten oder beworben werden. Dies verdeutlicht gleichzeitig die zu herkömmlichen Markenkollisionen unterschiedliche Interessenlage.[497] Während das Markengesetz, von den Ausnahmen des Bekanntheitsschutzes abgesehen, den Markeninhaber vor der Gefahr von Verwechslungen schützt, geht es bei der Nutzung einer fremden Marke als Domain eher um die damit einhergehende Blockierung der Domain für den Markeninhaber bzw. um das mögliche Abwerben von Kunden, die, obwohl sie den "Irrtum" erkennen, auf der einmal abgerufenen Website verbleiben, wenn das Angebot dem von ihnen gewünschten entspricht.[498] Vor diesen Gefahren schützt das Markenrecht prinzipiell nicht. Dennoch ist nicht von der Hand zu weisen, daß die Fälle der Nutzung einer fremden Marke als Domain kennzeichenrechtliche Züge aufweisen, da dem Kennzeicheninhaber die berechtigte Nutzung des Kennzeichens als Domain verwehrt bleibt. Die folgenden Untersuchungen richten sich daher auf die Frage, ob eine markenrechtlich relevante Verwechslungsgefahr unabhängig von den auf der Website beworbenen oder angebotenen Waren und/oder Dienstleistungen auch dann angenommen werden kann, wenn eine identische Domain genutzt wird.

aa. Relevanter Zeitpunkt für die Feststellung der Verwechslungsgefahr

Ein erster Ansatz zur Überwindung der sich auf der Website darstellenden Unähnlichkeit der Waren und/oder Dienstleistungen böte sich, wenn man zwischen der Domain und der Website eine "klare Zäsur"[499]

---

495 *Kur*, FS Beier, S. 272.
496 *Jaeger-Lenz* in *Lehmann*, S. 191; *Kur*, The Domain Name Versus Trade Marke Dilemma, S. 1.
497 *Kur*, The Domain Name Versus Trade Mark Dilemma, S. 6.
498 *Kur*, The Domain Name Versus Trade Mark Dilemma, S. 6.
499 *Wegner*, CR 1999, S. 250, 253.

treffen würde. Da häufig die Domain isoliert in das Blickfeld des Betrachters gerät und dem Betrachter zunächst den einzigen Anhaltspunkt bietet, könnte eine Verwechslungsgefahr als Gefahrentatbestand schon auf dieser Grundlage zu bejahen sein.[500] Die Folge dieser Zäsur wäre, daß der Inhalt der Website, auch wenn sich eine Unähnlichkeit bei erster Betrachtung erweisen würde, nicht mehr geeignet wäre, diese Gefahr zu beseitigen.[501] Dieser Ansatz wird von den Befürwortern damit begründet, daß die Domain dem Internet-Nutzer auch außerhalb des Internet, das heißt isoliert, in der Werbung, auf Geschäftsbriefen oder in wissenschaftlichen Arbeiten begegne und dann nicht die Möglichkeit bestehe, sich durch direktes Aufrufen der Website Kenntnis von dem Inhalt zu verschaffen.[502] Letztlich entspricht dieser Gedanke im Ergebnis dem Ansatz des Landgerichts Düsseldorf in seiner Entscheidung "epson",[503] da auch hier dem Erfordernis der Ähnlichkeit der Produkte bzw. Branchen entgegen dem Wortlaut des § 14 Abs.2 Nr.2 MarkenG (entsprechendes gilt für § 15 Abs.3 MarkenG)[504] keine Bedeutung mehr beigemessen würde. Es mag zwar richtig sein, daß das Betätigungsfeld des Domain-Inhabers aus der Domain selbst nicht hervorgeht. Dies bietet jedoch keinen hinreichenden Anlaß, eine Verwechslungsgefahr auf die bloße Identität der Zeichen zu stützen. Daß also die mit der Domain konnektierte Website häufig Klarheit schafft und Verwirrungen beseitigt, kann im Rahmen der

---

500 So *Marwitz*, WRP 2001, S. 9, 11 f., die aus der Schaffung einer solchen "anfänglichen" Verwechslungsgefahr, die unabhängig von den zugrundeliegenden Waren oder Dienstleistungen bestehen soll, verschiedene Obliegenheiten des Domain-Inhabers folgert, etwa die Einrichtung von Indexseiten mit Hinweisen auf weitere Kennzeicheninhaber etc.

501 Hoeren/Sieber/Viefhues, Kap. 6 RN 91.

502 *Kloos*, CR 1997, S. 543 bezeichnet dies als "tatsächliche Verwechslungsgefahr" über die Herkunftsidentität, wobei nicht ganz klar wird, ob *Kloos* die Warenähnlichkeit auf Null reduzieren möchte oder aber die Verwechslungsgefahr bei isolierter Betrachtung der Domain als ausreichend erachtet. *Wegner*, CR 1999, S. 250, 253 bezieht seine Ausführungen aber nur auf die im Rahmen des Namensrechts zu prüfende Zuordnungsverwirrung, bezieht auf Seite 255 die Website bei der Beurteilung der Warenähnlichkeit dann doch wieder ein.

503 Siehe oben FN 478.

504 LG Hamburg v. 25.03.1998 "eltern.de", unter www.netlaw.de/urteile/lghh_4.htm, zuletzt besucht am 23.05.1998.

zur Bejahung einer Verwechslungsgefahr auch erforderlichen Prüfung der Warenähnlichkeit nicht vernachlässigt werden.[505]

Nachdem weder der Ansatz des Landgerichts Düsseldorf,[506] wie oben dargelegt, noch das alleinige Abstellen auf die Domain zu überzeugen vermag, bleibt es bei dem Vergleich der tatsächlich angebotenen Waren/Dienstleistungen bzw. den sich gegenüberstehenden Branchen, wofür letztlich der Inhalt der Website maßgeblich ist.[507] Wie bereits zuvor dargestellt,[508] orientiert sich die Prüfung nicht an dem das Warenzeichenrecht prägenden Begriff der Warengleichartigkeit, sondern erfolgt in einem flexiblen System in Wechselwirkung insbesondere zu dem Grad der Zeichenähnlichkeit (wobei es hier zunächst um die Registrierung identischer Domains geht) und der Kennzeichnungskraft des angreifenden Zeichens.

bb. Reduzierung der Ähnlichkeit auf Null

Nach Ansicht *Wagners* folgt aus dieser Wechselwirkung zwischen der Ähnlichkeit der Zeichen und der Branchennähe, daß die Annahme einer Verwechslungsgefahr auch bei völliger Branchenverschiedenheit nicht ausgeschlossen sei.[509] § 15 Abs. 2 MarkenG habe nur die Verwechs-

---

505 *Viefhues*, MMR 1999, S. 123.

506 Siehe oben FN 478.

507 *Völker/Weidert*, WRP 1997, S. 652, 658. *Viefhues*, MMR 1999, S. 123 hält einen pauschalen Rückgriff auf die Branche der Parteien für nicht zulässig. Die Domain werde im Zusammenhang mit dem Inhalt der Website verwendet, so daß zur Bestimmung der Branche auch nur darauf zurückgegriffen werden sollte. Fälle, in denen der Inhalt der Website einen engeren Branchenbereich abdeckt als das Unternehmen im übrigen abdeckt, werden in der Praxis nicht von großer Relevanz sein. Zudem werden die Branchen einander zumindest ähnlich sein, so daß dies auf die Bestimmung des Ähnlichkeitsbereichs zwischen den Unternehmen keinen Einfluß haben wird.

508 Siehe S. 43.

509 *Wagner*, ZHR 162 (1998), S. 701, 713. Schon *Klippel*, S. 436, 437 schlug vor, den Verwässerungsschutz von geschäftlichen Bezeichnungen nicht auf § 12 BGB zu stützen, sondern § 16 UWG a.F. anzuwenden und ausnahmsweise die Verwechslungsmöglichkeit der Bezeichnungen alleine genügen zu lassen. Die Ansicht stand aber unter dem Vorbehalt der Beachtung der von der Rechtsprechung entwickelten, strengen Voraussetzungen des Verwässerungsschutzes.

lungsgefahr zur Voraussetzung ohne eine Branchennähe ausdrücklich zu normieren.[510] Im Gegensatz dazu verlange § 14 Abs. 2 Nr. 2 MarkenG zwar doppelte Identität bzw. Ähnlichkeit. In den Erwägungsgründen der Markenrechtsrichtlinie[511] stelle der europäische Gesetzgeber jedoch klar, daß es "unbedingt erforderlich [sei], den Begriff der Ähnlichkeit im Hinblick auf die Verwechslungsgefahr auszulegen".[512] Dem habe der Gesetzgeber durch die Ersetzung der das WZG prägenden starren Warengleichartigkeit durch das Kriterium der Warenähnlichkeit Rechnung getragen.[513] Wenn auch im realen Leben eine "absolute Ähnlichkeitsgrenze" gelte, so sei dieser Grundsatz im virtuellen Bereich des Internet jedenfalls außer Kraft gesetzt[514], da das Internet nicht nach Branchenzugehörigkeit und regionaler Verkehrsgeltung zu unterscheiden vermöge.[515] *Wagner* stützt sich zur Begründung seiner Annahme, eine Verwechslungsgefahr sei auch bei völliger Branchenverschiedenheit nicht ausgeschlossen, auf die Entscheidung des BGH "**Condux**".[516] Die für Misch- und Zerkleinerungsmaschinen eingetragene klägerische Marke stand der Bezeichnung "Kondex" der Beklagten gegenüber, die wärmetechnische Geräte herstellte. Im Rahmen des § 16 UWG a.F. (heute § 15 MarkenG) anerkannte der BGH eine Wechselwirkung der die Verwechslungsgefahr begründenden Umstände dergestalt, daß eine solche Gefahr um so eher zu bejahen sei, je verwandter die Waren seien, aber auch bei Waren, die sich wirtschaftlich entfernter stünden, gegeben sein könne, wenn die Zeichen selbst nur geringfügig voneinander abwichen.[517] Zumindest eine Verwechslungsgefahr im weiteren Sinne[518] komme auch bei Waren ver-

---

510 *Wagner*, s.o., läßt aber Ausführungen dazu vermissen, woran sich die Gefahr von Verwechslungen dann zu orientieren hat. Die Gefahr von Verwechslungen anhand der Identität von Bezeichnungen ist dem Markengesetz insgesamt fremd, ohne daß dies besonderer Erwähnung in § 15 Abs. 2 MarkenG bedarf.

511 GRUR Int. 1989, S. 294.

512 *Wagner*, ZHR 162 (1998), S. 701, 713.

513 *Wagner*, ZHR 162 (1998), S. 701, 714.

514 *Wagner*, ZHR 162 (1998), S. 701, 713 FN 66.

515 *Wagner*, ZHR 162 (1998), S. 701, 712.

516 BGH GRUR 1959, S. 484 "Condux".

517 BGH GRUR 1959, S. 484, 485 "Condux".

518 Siehe zum Begriff oben S. 43 ff. Eine solche Verwechslungsgefahr kann auch dann, wenn der Verkehr erkennt, daß es sich um verschiedene Zeichen aus ver-

schiedener Branchen in Betracht und sei besonders dann naheliegend, wenn die Zeichen starke Ähnlichkeit aufwiesen und das angreifende Zeichen eine hohe Kennzeichnungskraft besitze.[519] Der BGH betonte aber weiter, daß die Annahme einer Verwechslungsgefahr nur aufgrund einer Zeichenähnlichkeit, neben einem Verzicht auf die Ähnlichkeit der Branchen, der Lebenswirklichkeit widerspreche, wenn die unter diesen Bezeichnungen vertriebenen Waren nach der Verkehrsauffassung völlig wesensfremd seien.[520] Im dort zu entscheidenden Fall ließ es das Gericht für die Anwendbarkeit des § 16 UWG a.F. genügen, daß nach den Umständen des Einzelfalls[521] die Gefahr bestehe, der Inhaber der älteren Bezeichnung werde in Zukunft möglicherweise von dem Ruf des anderen, auf dessen Verhalten er keinen Einfluß habe, sei es durch Mängel oder aus anderen Gründen, in Mitleidenschaft gezogen.[522]

Der Entscheidung kann nicht, wie von *Wagner* angeführt, entnommen werden, daß auch bei völliger Branchenverschiedenheit Verwechslungsgefahren je nach Einzelfall zu befürchten sein können. Lediglich "entferntere Warenbereiche" können unter Umständen eine "wirtschaftliche Warennähe" begründen.[523] Die Begründung des Gerichts zur Branchenähnlichkeit läßt vielmehr vermuten, daß nach damaligem Verständnis an

---

schiedenen Herkunftsstätten handelt, angenommen werden, wenn aufgrund besonderer Umstände auf wirtschaftliche oder organisatorische Verbindungen geschlossen wird.

519 BGH GRUR 1959, S. 484, 486 "Condux".

520 BGH GRUR 1959, S. 484, 486 "Condux".

521 Der BGH berücksichtigte insbesondere den Umstand, daß die Beklagte den Sitz in der Nähe der Klägerin hatte (S. 486) und sich die Waren in denselben Fabrikationsräumen wiederfinden könnten, was eine "wirtschaftliche Warennähe" zur Folge habe (S. 487).

522 Die Entscheidung fand in der Anmerkung *Heydts* (Anm. zu BGH GRUR 1959, S. 484 "Condux", S. 487, 488) Zustimmung. Das Gericht habe zutreffend berücksichtigt, daß es bei § 16 UWG a.F. nicht auf die Gefahr einer Verwechslung der angebotenen Waren ankomme, sondern darauf, ob bezüglich der beiderseitigen Betriebe Verwechslungsgefahr bestehe. Eine Ungleichartigkeit im warenzeichenrechtlichen Sinne stehe einem Verwechslungsschutz nach § 16 UWG a.F. nicht entgegen.

523 BGH GRUR 1959, S. 484, 487 "Condux".

einer absoluten Ähnlichkeitsgrenze festzuhalten war.[524] Die infolge der Markenrechtsreform wiederholt ins Feld geführte Relativität der Verwechslungsgefahr ändert hieran nichts. Die Relativität bezieht sich nur auf die Verwechslungsgefahr selbst, nicht aber auf die Bestimmung der Ähnlichkeit von Waren,[525] so daß eine Änderung der Rechtsprechung diesbezüglich nicht zu erwarten ist. Unähnliche Waren werden nicht durch eine erhöhte Kennzeichnungskraft oder große Ähnlichkeit der Zeichen ähnlicher. Der Bereich, in dem Interessenkonflikte auftreten können, kann zwar bei Vorliegen dieser Voraussetzungen erweitert werden, so daß Verwechslungsgefahr trotz entfernterer Warenbereiche bzw. Branchen besteht. Dem Gesetzeswortlaut des § 14 Abs. 2 MarkenG folgend ist jedoch eine absolute Grenze der Ähnlichkeit anzunehmen, bei der markenrechtliche Interessenkonflikte ausgeschlossen sind.[526] Auch aus systematischen Gesichtspunkten ist an einer absoluten Grenze der Ähnlichkeit festzuhalten. Denn für unähnliche Waren bzw. Dienstleistungen sieht das Gesetz den Bekanntheitsschutz der §§ 14 Abs. 2 Nr. 3, 15 Abs. 3 MarkenG vor. Die besonderen Schutzvoraussetzungen dieser Normen würden umgangen, ließe man schon einen Verwechslungsschutz bei unähnlichen Waren bzw. Dienstleistungen zu. Nur die berühmte Marke mit ihrem hohen Bekanntheitsgrad verdient einen so weitgehenden Schutz. Die relativierte Verwechslungsgefahr erlaubt lediglich eine Annäherung an den Bekanntheitsschutz in der Form, daß mit zunehmender Entfernung der Branchen bzw. Waren- oder Dienstleistungsbereiche höhere Anforderungen an die Kennzeichnungskraft zu stellen sind, um die Entfernung gleichsam auszugleichen. Schutz im Bereich des Unähnlichen kann aber erst dort gewährt werden, wo die Marke Berühmtheit erlangt hat.

---

[524] So im Ergebnis auch BPatG GRUR 1996, S. 204, 206 "swing"; *Kliems*, GRUR 1995, S. 198, 202; *Kunz-Hallstein*, GRUR 1996, S. 6, 8.

[525] *Kliems*, GRUR 1995, S. 198, 202 mit Verweis auf *Heydt*, GRUR 1971, S. 435, 437.

[526] Kunz-Hallstein, GRUR 1996, S. 6, 8; *Althammer/Ströbele/Klaka*, § 9 RN 33.

cc. Bestimmung der absoluten Ähnlichkeitsgrenze

Wo die unterste Grenze der zu bestimmenden Warenähnlichkeit verläuft, könnte sich aus der zu § 16 UWG a.F. ergangenen Rechtsprechung ergeben. Anders als im warenzeichenrechtlichen Bereich, der an den starren Begriff der Gleichartigkeit anknüpfte,[527] ist die Verwechslungsgefahr im Hinblick auf den Schutz geschäftlicher Bezeichnungen seit jeher auf der Grundlage einer Wechselwirkung der zu berücksichtigenden Faktoren geprüft worden.[528] Die dabei entwickelten Grundsätze sind geeignet, auch für den im Rahmen des § 14 Abs. 2 Nr. 2 MarkenG zu bestimmenden Ähnlichkeitsbereich Richtungen zu weisen.[529] Übereinstimmend stellten die Gerichte fest, daß bei § 16 UWG eine Gleichartigkeit im warenzeichenrechtlichen Sinne nicht erforderlich sei,[530] die beiden Geschäftsbereiche aber nicht so weit voneinander entfernt sein dürften, daß die Gefahr ausscheide, ein nicht unerheblicher Teil der angesprochenen Verkehrskreise könne durch die gleiche oder verwechslungsfähige Bezeichnung zu der irrigen Annahme verleitet werden, die fragli-

527 BGH GRUR 1958, S. 339, 340 "Technika": Die Gleichartigkeit sei nach objektiven Maßstäben abzugrenzen. Das Ausmaß der Verwechslungsfähigkeit der Zeichen sowie Umfang der Verkehrsgeltung habe außer Betracht zu bleiben.

528 BGH GRUR 1956, S. 172 "Magirus"; BGH GRUR 1959, S. 484 "Condux"; in BGH GRUR 1958, S. 339 "Technika" nahm der BGH die Wechselwirkung auch im warenzeichenrechtlichen Bereich an; BGH GRUR 1960, S. 550 "Promonta"; BGH GRUR 1984, S. 471 "Gabor/Caber"; BGH GRUR 1986, S. 253 "Zentis"; BGH GRUR 1990, S. 1042 "Datacolor".

529 Ebenso *Teplitzky*, GRUR 1996, S. 1, 3.

530 So BGH GRUR 1958, S. 339, 341 "Technika". Die Aussage, § 16 UWG greife auch gegenüber Zeichen durch, die für ungleichartige Waren geführt würden, darf nicht zu der Annahme verleiten, auch unter Geltung des Markengesetzes sei damit ein Verzicht auf das Erfordernis der Warenähnlichkeit möglich. Denn prinzipiell ist der Warenähnlichkeitsbereich bereits weiter zu ziehen als der Gleichartigkeitsbereich, *Althammer/Ströbele/Klaka*, § 9 RN 34. Der BGH führt in der oben genannten "Technika"-Entscheidung dann auch weiter aus, daß der wirtschaftliche Abstand der Waren dennoch durchaus bedeutsam ist (S. 341) und die Annahme geschäftlicher Beziehungen davon abhängt, welche Arbeitsgebiete typisch sind für die Unternehmen. Nur wenn sich diese überschneiden, ist eine auch für § 16 UWG a.F. zu fordernde Verwechslungsgefahr zu bejahen. Damit bewegt sich der Schutz des § 16 UWG a.F. in einem dem jetzigen Ähnlichkeitsbereich vergleichbaren Raum.

chen Waren oder Dienstleistungen stammten aus demselben Geschäftsbereich oder es bestünden geschäftliche Verbindungen.[531] Die Überschneidung der Verbraucherkreise genügte hierfür nicht, da diese vielfach einen Bedarf für Waren verschiedenster Herkunft und Verwendungszwecke hätten.[532] Zu berücksichtigen sei aber, daß nach dem Erfahrungsstand der Abnehmer insbesondere bei größeren Unternehmen eine Beteiligung in mehreren Branchen nicht unüblich sei.[533] In Fortführung dieses Gedankens kann die Vorstellung des Verkehrs ausreichend sein, das eine Unternehmen befasse sich mit dem Vertrieb der anderen Waren, und sei es auch nur durch eine Beteiligung an dem anderen Betrieb oder in sonstiger wirtschaftlicher Form, etwa durch Zulieferungsvereinbarungen. Für den Vergleich kommt es nicht nur auf die aktuelle Tätigkeit des Unternehmens an, sondern die Beurteilung orientiert sich auch an einer nicht nur theoretischen Möglichkeit einer nicht ganz fernliegenden Sortimentsausweitung.[534] Die absolute Grenze der Ähnlichkeit von Branchen bzw. Waren/Dienstleistungen ist somit dort zu ziehen, wo trotz einer Identität der sich gegenüberstehenden Zeichen und einer hohen Kennzeichnungskraft der älteren Marke eine Verwechslungsgefahr auszuschließen ist.[535] Trotz der Registrierung einer identischen Domain besteht etwa zwischen Arzneimitteln/Medizinprodukten und den Dienstleistungen der Vermögensverwaltung sowei dem Erwerb und der Veräußerung von Unternehmensbeteiligungen keine Ähnlichkeit.[536] Diese Unternehmensgegenstände sind auch so verschieden, daß der Verkehr weder Fehlvorstellungen darüber unterliegen kann, daß ein Unternehmen so

531 BGH GRUR 1986, S. 253, 255 "Zentis"; BGH GRUR 1984, S. 471, 472 "Gabor/Caber"; BGH GRUR 1974, S. 162, 163 "etirex"; BGH GRUR 1977, S. 543, 546 "Der 7. Sinn"; *Klippel* GRUR 1986, S. 697, 698 mit weiteren Nachweisen zur Rechtsprechung.

532 BGH GRUR 1958, S. 339, 341 "Technika"; BGH GRUR 1959, S. 484, 486 "Condux".

533 BGH GRUR 1959, S. 484, 486 "Condux".

534 BGH GRUR 1986, S. 253, 256 "Zentis"; OLG Frankfurt MMR 2000, S. 486, 487 "alcon.de".

535 Althammer/Ströbele/Klaka, § 9 RN 34.

536 OLG Frankfurt WRP 2000, S. 772, 773 "alcon.de".

weit expandieren könne, noch, daß wirtschaftliche Zusammenhänge bestehen könnten.[537]

Die Bestimmung der Ähnlichkeit von Waren/Dienstleistungen bzw. Branchen nach diesen Grundsätzen gilt nicht nur für § 15 Abs. 2 MarkenG unvermindert fort,[538] sondern wegen der flexibleren Prüfung der Verwechslungsgefahr nach der neuen Konzeption des Markengesetzes auch bei § 14 Abs. 2 Nr. 2 MarkenG. Ob Waren bzw. Dienstleistungen ähnlich sind, ist daher anhand der oben genannten Kriterien zu bestimmen. Durch das Medium Internet bedingte Unterschiede ergeben sich hierbei zunächst nicht.[539]

dd. Erweiterungen des Warenbereiches durch Hyperlinks

Möglicherweise könnte das Warenangebot, das sich auf der Website befindet, um diejeingen Warenangebote zu ergänzen sein, die per Hyperlink zu einer anderen Website in die Ausgangs-Website eingebunden werden.[540] Ob per Hyperlink verbundene Websites bei der rechtlichen Wertung einbezogen werden können, ist bereits bei der Prüfung, ob ein Handeln im geschäftlichen Verkehr vorliegt, untersucht worden.[541] Ein Handeln im geschäftlichen Verkehr allein damit zu begründen, daß auf

---

537 OLG Frankfurt WRP 2000, S. 772, 773 "alcon.de".

538 Althammer/Ströbele/Klaka, § 15 RN 3.

539 Mit Vehemenz spricht sich auch *Fezer* gegen einen "domainrechtlichen Begriff der Verwechslungsgefahr" aus, WRP 2000, S. 669, 674. Siehe zur Anwendung der herkömmlichen Grundsätze bei Domain-Streitigkeiten: OLG München Mitt. 2000, S. 512, 513 "teambus.de"; OLG Frankfurt MMR 2000, S. 486, 487 "alcon.de" mit Hinweis auf OLG Frankfurt MarkenR 2000, S. 101 "Jost" = GRUR 2000, S. 517 (hier hatte der Senat es abgelehnt, eine Branchennähe allein deswegen anzunehmen, weil beide Parteien an der Börse notiert waren). Für eine Branchennähe reiche es nicht aus, daß beide Parteien im Internet mit einer Website vertreten seien. Siehe auch LG München I CR 2000, S. 464, 465 "intershopping.com"; LG Frankfurt a.M. AZ 2/6 O 261/97 "lit.de", unter www.netlaw.de/urteile/lgf_4.htm, zuletzt besucht am 23.05.1998.

540 *Hoeren/Sieber/Viefhues*, Kap. 6 RN 101 ff.

541 Siehe oben S. 108 ff.

einer nicht-kommerziellen Website ein einfacher Hyperlink zu einer kommerziellen Website gelegt wurde, ist abgelehnt worden.[542]

Bei der Prüfung, für welche Waren der potentielle Verletzer das Kennzeichen nutzt, stellt sich wiederum die Frage, ob die Domain auch für Warenangebote benutzt wird, die sich auf einer anderen Website befinden und durch Hyperlink erreichbar sind. Angenommen ein Anbieter nutzt die Domains "xyz1.de", "xyz2.de" und "xyz3.de" für gänzlich verschiedene Waren, wobei die Websites untereinander per einfachem Hyperlink verbunden sind, jedoch nur das Warenangebot auf der Website "xyz2.de" ähnlich zu dem für die Marke "xyz" registrierten Waren ist. Hier fühlt man sich nun zunächst verleitet anzunehmen, daß alle drei Websites von einem Anbieter betrieben werden und daher auch die Domains "xyz1.de" und "xyz3.de" markenrechtsverletzend genutzt werden, da es sich letzlich um ein Angebot handelt. *Viefhues* ist der Ansicht, daß je größer der sachliche Zusammenhang zwischen der jeweiligen Geschäftstätigkeit der Inhaber verschiedener Websites oder zwischen dem jeweiligen Inhalt der Websites sei, je eher die Gefahr von Verwechslungen bestünde.[543] Selbst wenn in dem URL-Feld eine neue Domain angezeigt werde und der Nutzer diese Veränderung bemerke, sei dann nicht auszuschließen, daß der Nutzer die Website als Teil eines Dateien-Pools wahrnehme und daher die Inhalte dem Betreiber zurechne.[544]

---

542 Zur Wiederholung: Zum einen bleibt das Angebot bei einfachen Hyperlinks ein fremdes, da der Verwender in aller Regel weder Einfluß auf die Gestaltung der Website nimmt, noch ein eigenes bestimmendes Interesse an der Gestaltung hat. Zum anderen muß nach § 14 Abs. 2 MarkenG das Zeichen im geschäftlichen Verkehr benutzt werden. Es reicht nicht, wenn eine neue Kennzeichnung (Hyperlink) auf ein kommerzielles Angebot hinweist. Hingegen macht sich der Verwender von Inline-Links und Frames die fremden Angebote dann zu eigen, wenn er nicht besonders darauf hinweist, daß es sich um fremde Angebote handelt, so daß er dann auch im geschäftlichen Verkehr handelt.

543 *Hoeren/Sieber/Viefhues*, Kap. 6 RN 104/105.

544 *Hoeren/Sieber/Viefhues*, Kap. 6 RN 104; auch *Viefhues* befürwortet jedoch eine restriktive Handhabung. Eine Zurechnung soll nur dann erfolgen, wenn eine Verbindung zwischen den Unternehmen "naheliegt", nicht schon dann, wenn eine solche Beziehung nicht ausgeschlossen werden kann.

In die Prüfung der Warenähnlichkeit sind jedoch nur solche Waren einzubeziehen, die von dem potentiellen Verletzer *unter dem Kennzeichen* angeboten werden. Zum einen muß es sich daher um ein eigenes Angebot handeln, zum anderen müssen diese Waren mit dem Kennzeichen versehen werden. Es genügt nicht, daß der Anbieter die Waren überhaupt, d.h. möglicherweise auch unter einem anderen Kennzeichen anbietet. Dies entspricht auch dem sonst üblichen Grundsatz, wonach sich ein Unterlassungsgebot nur auf diejenigen Waren beziehen kann, die den für die Marke eingetragenen zumindest ähnlich sind, nicht jedoch auf alle von dem potentiellen Verletzer angebotenen Waren.

(1). Einfache Hyperlinks

Den Wertungen des § 5 TDG/MDStV entsprechend handelt es sich bei einfachen Hyperlinks in aller Regel um das Bereithalten fremder Inhalte.[545] Der Nutzer erkennt in aller Regel schon an dem Wechsel in dem URL-Feld und der Anzeige der "neuen" Domain, daß hier auf fremde Angebote verwiesen wird. Diese fremden Angebote sind nicht in die Prüfung der Warenähnlichkeit einzubeziehen. Der obige Beispielsfall zeigt zudem auch, daß es sich bei der Domain "xyz2.de" um eine Neukennzeichnung handelt. Eine Domain wird nicht nur dann kennzeichenmäßig genutzt, wenn sie dem Nutzer isoliert oder in der Werbung entgegentritt. Auch das Erscheinen in dem URL-Feld stellt eine kennzeichenmäßige Nutzung dar.[546] Zudem wird der Hyperlink in der Bildschirmdarstellung in vielen Fällen ebenfalls die fremde Domain wiedergeben, so daß auch dies dem Verkehr als Hinweis auf eine Neukennzeichnung dient. Dementsprechend fehlt es an dem erforderlichen Zusammenhang zwischen den Domains "xyz1.de" und "xyz3.de" und den unter der Domain "xyz2.de" angebotenen Waren.

---

545 Siehe oben S. 109 ff.

546 Siehe zu den Voraussetzungen, unter denen eine kennzeichenmäßige Nutzung vorliegt S. 115 ff.

Auch hier[547] bestätigt sich dieses Ergebnis vor dem Hintergrund, daß der Website-Betreiber dann keine Markenverletzung begehen würde, wenn er den Hyperlink zu "xyz2.de" von den Websites "xyz1.de" und "xyz3.de" entfernen würde. Es geht also folglich darum, daß die Domain "xyz2.de" letztlich markenverletzend genutzt wird. Wird diese gelöscht, so verliert auch jeder Hyperlink zu dieser Seite seine Bedeutung. Die per einfachem Hyperlink in eine Website eingebundenen Inhalte sind folglich, sofern die Nutzung einer Domain und nicht der Hyperlink selbst beanstandet wird, nicht zu berücksichtigen.

Etwas anderes könnte nur dann gelten, wenn weder der Hyperlink noch die Domain einen Hinweis auf eine Neukennzeichnung geben. Das ist namentlich dann der Fall, wenn ein allgemein gehaltener Hyperlink ("Weitere Hinweise zum Thema ...." oder generische Begriffe) auf eine Website führt, die als Domain einen generischen, thematisch verwandten Begriff nutzt. Nur dann könnte dem Nutzer evtl. verborgen bleiben, daß es sich um ein fremdes Angebot handelt.

(2). Deep-Links, Inline-Links und Frames

Auch bei den sog. Deep-Links, d.h. bei solchen Links, die nicht auf die Homepage der fremden Seite verweisen, sondern auf tieferliegende Seiten, erscheint bei Aufruf der fremden Seite in dem URL-Feld die fremde Domain. Auch hier spricht daher einiges dafür, daß der Verkehr darin eine Neukennzeichnung sehen wird. Zwar erscheint bei einer Aktivierung nicht die Homepage der Website, sondern eine tieferliegende Seite. Doch können auch tieferliegende Seiten den Eindruck einer Neukennzeichnung durch ihre besondere Gestaltung unterstreichen.

Bei den sog. Inline-Links und Frames erscheint hingegen im URL-Feld nicht die Domain der neuen Website, sondern die der Ausgangs-Website. Hier gilt das bereits zum Handeln im geschäftlichen Verkehr

[547] Siehe die gleichlautende Argumentation bei der Prüfung des Handelns im geschäftlichen Verkehr, S. 108 ff.

ausgeführte.[548] Jedenfalls dann, wenn der Link neutral gestaltet ist und - wie dies bei Inline-Links und Frames häufig der Fall ist - kein fremdes Kennzeichen genutzt wird, entsteht zunächst nicht der Eindruck einer Neukennzeichnung. Der Verkehr geht daher zunächst davon aus, daß auch diese Waren *unter dem Zeichen*, d.h. unter der Domain angeboten werden. Ferner ist jedoch auch Voraussetzung, daß es sich um ein eigenes Warenangebot des Website-Betreibers handelt.

Auch hier ist auf die Wertungen des § 5 TDG/MDStV zurückzugreifen. Eigene Inhalte im Sinne des § 5 Abs. 1 TDG/MDStV liegen auch dann vor, wenn sich ein Anbieter fremde Inhalte dadurch zu eigen macht, daß er maßgeblichen Einfluß auf die Gestaltung der Inhalte nimmt oder ein bestimmendes eigenes Interesse an der Vermittlung dieser Inhalte hat, sofern nicht erkennbar ist, daß es sich um einen Verweis auf ein fremdes Angebot handelt.[549] Es wurde bereits festgestellt, daß eigene Inhalte nach § 5 Abs. 1 TDG/MDStV namentlich bei Inline-Links und Frames vorliegen.[550]

Hierbei ist zu berücksichtigen, daß es bei der Beurteilung der Warenähnlichkeit nicht auf die objektiven Umstände ankommt, sondern auf die objektive Sicht der beteiligten Verkehrskreise.[551] Bei der Abgrenzung zwischen eigenen und fremden Inhalten nach § 5 TDG/MDStV ist hingegen eine Gesamtwürdigung aller objektiven Umstände vorzunehmen.[552] Stellt man auf objektive Umstände bei der Frage, wann eigene Inhalte vorliegen, ab, so können auch solche Umstände berücksichtigt werden, die sich der Kenntnis des Nutzers entziehen. Dies sind insbesondere etwa die wirtschaftlichen Vorteile, die der Anbieter aus der Verbindung per Hyperlink zieht. Diese Umstände können dann, wenn es auf

548 Siehe oben S. 113 ff.
549 *Freytag*, S. 172.
550 Siehe dazu S. 113 ff.
551 *Fezer*, § 14 MarkenG RN 337.
552 *Freytag*, S. 174/175; nach a.A. ist entscheidend, ob der Anbieter aus der Sicht des Nutzers die Verantwortung übernehmen will, siehe Nachweise bei *Freytag*, S. 174/175 mit zutreffender Begründung gegen diese Ansicht.

die Sicht der beteiligten Verkehrskreise ankommt, regelmäßig nicht berücksichtigt werden, da sie dem Nutzer nicht bekannt sind. Maßgeblich ist hier der Eindruck, den der Nutzer bei der Betrachtung des Angebotes gewinnt.

Auch bei Anwendung dieses Maßstabes kann sich jedoch für Inline-Links und Frames keine andere Wertung als im Rahmen des TDG/MDStV ergeben. Den beteiligten Verkehrskreisen fehlen in aller Regel Anhaltspunkte dafür, daß es sich um fremde Angebote handelt. Wenn weder der Link selbst, noch die Anzeige in dem URL-Feld einen Hinweis auf die Fremdheit des Angebotes liefern, wird der Verkehr annehmen, es handele sich um ein eigenes Angebot des Website-Betreibers. Diese Inhalte sind dann im Rahmen der Prüfung der Warenähnlichkeit ebenfalls zu berücksichtigen.

c. Zusammenfassung

Bei der für die Registrierung einer identischen Domain nach §§ 14 Abs. 2 Nr. 2, 15 Abs. 2 MarkenG maßgeblichen Frage nach der Waren-/Dienstleistungsähnlichkeit oder Branchenähnlichkeit gilt kein besonderer "domainrechtlicher" Begriff der Verwechslungsgefahr. Insbesondere ist in den Waren-/Dienstleistungs- oder Branchenvergleich nicht die Ware "Website" einzubeziehen, sondern die auf dieser tatsächlich angebotenen oder beworbenen Waren/Dienstleistungen oder Branchen.

Es kommt allerdings in Betracht, solche Inhalte fremder Websites in den Vergleich einzubeziehen, die sich der Domain-Inhaber durch technische Mittel zu eigen gemacht hat. Nicht schon der Einsatz von einfachen Hyperlinks führt dazu, daß der Eindruck entsteht, der Verwender mache sich fremde Inhalte zu eigen. Etwas anderes kann jedoch insbesondere bei der Verwendung von Inline-Links und Frames gelten. Je nach deren Ausgestaltung und dem Inhalt der fremden Seite kann dem Nutzer verborgen bleiben, daß es sich um fremde Inhalte handelt. Im Rahmen der Prüfung der Warenähnlichkeit sind diese Inhalte dann zu berücksichtigen.

Dennoch bleibt bei der Anwendung der allgemeinen Beurteilungsgrundsätze ein Bereich, in dem die Waren/Dienstleistungen oder Branchen trotz einer Identität der Zeichen und einer starken Kennzeichnungskraft des angreifenden Zeichens unähnlich sind. Dies betrifft insbesondere die Fälle des Domain-Grabbing, bei denen auf Seiten des Domain-Inhabers die Ware "Domain" in den Vergleich einzustellen ist. Diese Fälle sind daher in aller Regel nicht über §§ 14 Abs. 2 Nr. 2, 15 Abs. 2 MarkenG zu lösen.

2. Die Registrierung einer ähnlichen Domain

Bisher sind die Ansprüche des Kennzeicheninhabers gem. §§ 14 Abs. 2 Nr. 2, 15 Abs. 2 MarkenG gegen die Nutzung einer identischen Domain untersucht worden. Beide Vorschriften gewähren einen Schutz jedoch auch gegen die Verwendung ähnlicher Zeichen, soweit daraus Verwechslungsgefahren folgen können.

a. Maßgeblichkeit der Second Level Domain

Wie bereits ausführlich dargelegt, besteht die Domain aus mehreren Bestandteilen.[553] Die Kürzel "http" und "www", die für alle Domains gleich sind und daher keine kennzeichenrechtliche Qualität haben,[554] sind für die Beurteilung der Zeichenähnlichkeit nicht von Belang.[555] Der Domain-Inhaber hat hingegen bei der Second Level Domain die freie Wahl bei der Gestaltung von maximal 63 Belegstellen[556] und eine einge-

---

553 Siehe oben S. 76 f.

554 Neben dem World Wide Web existieren zwar noch andere Informationssysteme im Internet. Wegen der überragenden Bedeutung des WWW kann jedoch auf eine Ausweitung der Überlegungen verzichtet werden.

555 *Samson*, S. 91; siehe auch FN 438. A.A. *Apel/Große-Ruse*, WRP 2000, S. 816, 817, soweit von der Top Level Domain in kennzeichnender Form Gebrauch gemacht wird ("france-tele.com" gegen die Marke France Telecom).

556 Siehe die Vergaberichtlinie der DENIC e.G., unter www.denic.de/doc/faq/vergaberichtlinie.html, zuletzt besucht am 11.01.2001. Einer Pressemeldung von NSI zufolge, sind unter der Top Level Domain "com" nunmehr Registrierungen von bis zu 67 Belegstellen (inklusive der Top Level Domain) möglich, was eine erhebliche Erweiterung des Namensraumes mit sich bringt. Allerdings bewegen

schränkte Wahl hinsichtlich der Top Level Domain. Von den derzeit neun generic Top Level Domains (gTLD) stehen dem Anmelder die Kürzel "com", "net" und "org" zur Verfügung, ohne daß besondere Voraussetzungen zu erfüllen sind.[557] Eine Eintragung kann auch unter der für Deutschland geltenden country code Top Level Domain (ccTLD) "de" erwirkt werden. Die mit weitem Abstand größte Anzahl der Registrierungen erfolgt unter der Top Level Domain "com".[558] Schon die inhaltliche Vielfalt der unter diesem Kürzel abrufbaren Websites zeigt, daß die Top Level Domain wenig geeignet ist, als Hinweis auf Inhalte oder Herkunft der abrufbaren Inhalte zu dienen. Obwohl die Top Level Domain "com" nach den Vergaberichtlinien kommerziellen Unternehmen vorbehalten sein soll, wird dies in keiner Weise einer Überprüfung unterzogen und kann daher nicht als inhaltliche Beschreibung herangezogen werden.[559] Die Top Level Domain wird daher von den beteiligten Verkehrskreisen nicht als Unterscheidungsmittel wahrgenommen.[560] Dies gilt sowohl für die generischen Top Level Domains als auch für die Länderkürzel, die als regionales bzw. nationales Zuordnungskriterium

---

sich 45 Prozent aller Registrierungen zwischen 8 und 12 Belegstellen, so daß die Bedeutung der Erweiterung eher beschränkt ist; siehe unter www.netsol.com/news/2000/pr_20000302.html, zuletzt besucht am 5.03.2000.

557 Siehe oben S. 76 f.

558 Von den weltweit 35.158.339 Eintragungen sind 21.243.558 "com"-Registrierungen (Stand 25.01.2001), siehe www.netnames.com/dnrs/netnames.client.login. Insbesondere u.s.-amerikanische Unternehmen scheinen die Top Level Domain "us" völlig zu ignorieren, was zu einer bedenklichen Dichte der Registrierungen unter der Top Level Domain "com" geführt hat. In der Statistik taucht die ccTLD "us" daher gar nicht auf. Die Erweiterung der Top Level Domains ist aus diesem Grund einer der umstrittensten Bereiche, siehe www.wired.com/news/news/technology/ story/21507.html?wnpg=2 (zuletzt besucht am 21. Februar 2000).

559 *Biere*, Anm. zu OLG Köln CR 1999, S. 385 "herzogenrath.de", CR 1999, S. 387 ist der Ansicht, daß zumindest bei Städtenamen unter der Top Level Domain "com" Angebote der Stadt selbst nicht erwartet werden könnten.

560 *Samson*, S. 91; *Hoeren/Sieber/Viefhues*, Kap. 6 RN 85; *Nordemann*, NJW 1997, S. 1891, 1895; *Wegner*, CR 1999, S. 250, 254; LG Braunschweig Urteil vom 5.08.1997, AZ 9 O 188/97 "deta.com", unter www.netlaw.de/urteile/lgbs_2.htm, S. 7; LG Düsseldorf GRUR 1998, S. 159, 161 "epson.de"; LG Braunschweig K&R 1999, S. 573 "stadtinfo.com".

erkannt werden. Die Zeichenähnlichkeit ist daher an der Second Level Domain und in Ausnahmefällen anhand der Third Level Domain[561] zu messen.[562]

Im Hinblick auf die Zeichenähnlichkeit bedarf eine Sachverhaltskonstellation der besonderen Erwähnung. Die Kürzel "net" und "com" genießen infolge ihrer durch das Internet erlangten Bedeutung auch als Bestandteile von Unternehmensbezeichnungen Beliebtheit. Es stellt sich dann die Frage, ob etwa ein Unternehmen mit der Bezeichnung "Netcom" gegen die Domain www.net.com vorgehen kann. Eine Erweiterung der zeichenrechtlich relevanten Bestandteile auf die Top Level Domain führte jedoch auch hier zu einer noch erheblicheren Verengung des Namensraumes. Das Zeichen "Netcom" könnte sich dann sowohl gegen die Domain "netcom.com" als auch gegen "netcom.de" und "net.com" durchsetzen. Eine so weite Ausdehnung des marken- oder namensrechtlichen Schutzes ist nicht gerechtfertigt.[563] Es verbleibt daher auch in diesen Fällen bei der von der Rechtsprechung favorisierten Nichtberücksichtigung der Top Level Domain.[564]

561 Siehe auch oben S. 122 f.

562 *Nordemann*, NJW 1997, S. 1891, 1895.

563 Insbesondere nicht bei Bezeichnungen mit schwacher Kennzeichnungskraft durch beschreibende Elemente, wie etwa "net" und "com", vgl. BGH GRUR 1997, S. 468, 469 "NetCom".

564 OLG München GRUR 2000, S. 518, 519 "buecherde.com". Das LG Köln, AfP 1997, S. 655, 666 ließ dahinstehen, ob die Verwendung eines Titels in einer Unterdatei (www.uni-online.de/karriere/karriere) Ansprüche aus §§ 5, 15 MarkenG begründen könne, da der Titel "karriere" von der Antragsgegnerin jedenfalls in anderem Zusammenhang titelmäßig verwendet wurde. Mit *Fezer*, § 3 RN 305 ist schon die kennzeichenmäßige Nutzung mit zunehmender Länge der Domain fraglich. Eine Identität oder auch nur Ähnlichkeit der Zeichen kann bei einer Übereinstimmung in nur einem Bestandteil der Domain, die eine Unterdatei kennzeichnet, nicht mehr angenommen werden. A.A. *Apel/Große-Ruse*, WRP 2000, S. 816, 817.

b. Abstandsgebot

Keine Einigkeit besteht darüber, ob die üblichen Grundsätze zur Bewertung der Zeichenähnlichkeit ohne Einschränkung anwendbar sind.[565] Grundlage aller Überlegungen ist, daß die Mittel zur Wahl einer Domain gegenüber den sonstigen zur Unterscheidung geeigneten Mitteln erheblich herabgesetzt sind. Nicht nur, daß keine Bildelemente, Farben oder spezifische Schriftarten möglich sind; auch die Länge der Domain ist auf 63 Elemente beschränkt.[566] Gegenüber vormals 24 Elementen[567] ist der gestalterische Spielraum zwar schon erheblich erhöht, doch bleibt der Namensraum beschränkt.

Nach Ansicht einiger soll daher im Bereich des Domain Name System eine Verwechslungsgefahr nur bei Identität der Zeichen anzunehmen sein.[568] Schon die geringste Abweichung bei der Eingabe der Domain - sei es auch nur ein Bindestrich - führt bereits zu einer Fehlermeldung oder der Anwahl einer unerwünschten Website.[569] Der Internet-Nutzer sei daher zu einer besonderen Aufmerksamkeit und Sensibilität hinsichtlich noch so kleiner Unterschiede gezwungen, so daß nur bei Identität der Zeichen eine Verwechslungsgefahr bestünde.[570] Die Rechtfertigung für diese Beschränkung auf den Identitätsbereich sei der knappe Fundus an Adressen im Domain Name System. Daß praktische Bedürfnisse zu erheblichen Beschränkungen des Schutzumfanges einer Marke oder Unternehmensbezeichnung führen könnten zeige die frühere Rechtspre-

---

565 Dafür spricht sich insbesondere *Hoeren* in *Becker*, S. 50 aus; a.A. *Schwarz/Poeck*, Kap. 4-2.2, S. 24 f.; *Hoeren/Sieber/Viefhues*, Kap. 6 RN 83; *Nordemann*, NJW 1997, S. 1891, 1893; *Wegner*, CR 1999, S. 250, 254; *Fezer*, WRP 2000, S. 669, 674.

566 *Reinhardt*, WRP 2001, S. 13, 16.

567 Hoeren/Sieber/Viefhues, Kap. 6 RN 81.

568 *Biermann*, WRP 1999, S. 997, 1000; *Hoeren* in *Becker*, S. 50.

569 *Wegner*, CR 1999, S. 250, 254.

570 *Hoeren/Sieber/Viefhues*, Kap. 6 RN 82. *Apel/Große-Ruse*, sind allerdings der Ansicht, daß die Annahme, Internet-Nutzer würden mehr Genauigkeit aufwenden, entbehre jeder statistischen Grundlage. Verläßliche Rückschlüsse über rechtserhebliche Tatsachen seien hier nicht möglich.

chung zu § 25 WZG.[571] Danach hing der für einen Ausstattungsschutz (Benutzungsmarke)[572] erforderliche Grad an Verkehrsdurchsetzung neben dem Grad an Unterscheidungskraft insbesondere von einem Freihaltebedürfnis der Mitbewerber an einer Bezeichnung ab.[573] Ein gesteigertes Freihaltebedürfnis hatte demnach erhöhte Schutzanforderungen im Hinblick auf den erforderlichen Grad an Verkehrsdurchsetzung zur Folge.[574] Insbesondere bei Buchstabenkombinationen galt es nach Ansicht des BGH, im Interesse eines Freihaltebedürfnisses eine Monopolisierung der nur in beschränkter Zahl als Warenzeichen zur Verfügung stehenden Buchstaben und Zahlen und deren Zusammenstellungen zu verhindern und diese Zeichen für die Allgemeinheit freizuhalten.[575]

Eine Schutzbegrenzung auf die Verwendung identischer Zeichen im begrenzten Namensraum des Internet läßt sich mit einer Bezugnahme auf diese Rechtsprechung nur bedingt begründen. Der BGH statuierte in der Rechtsprechung zu § 25 WZG lediglich einen relativen Begriff der Verkehrsgeltung, so daß eine allgemeine Festlegung auf bestimmte Prozentzahlen nicht möglich war.[576] *Hoeren*[577] hingegen verlangt in Anlehnung daran eine absolute Beschränkung auf die Zeichenidentität. Weder die Kennzeichnungskraft eines Zeichens noch die Entfernung der Waren- bzw. Branchenbereiche könnte dann berücksichtigt werden. Ein tatsächliches "Freihaltebedürfnis" ist aufgrund des begrenzten Namensraumes im Internet zwar nicht abzustreiten. Monopolisierungen von Kennzeichen in einem allzu weiten Ähnlichkeitsbereich führen tatsächlich zu weitreichenden Beschneidungen der übrigen Internet-Anbieter hinsicht-

---

571 *Hoeren* in *Becker*, S. 50.

572 Neben einem Markenschutz durch Eintragung konnte ein Zeichen "Ausstattungsschutz" nach § 25 WZG durch Verkehrsgeltung erlangen. Diesem Ausstattungsschutz entspricht heute die Benutzungsmarke nach § 4 Nr. 2 MarkenG, *Fezer*, Einl. RN 6 und § 4 RN 21.

573 *Busse/Starck*, § 25 RN 21.

574 Siehe etwa BGH GRUR 1960, S. 83, 85 "Nährbier"; BGH GRUR 1979, S. 470, 471 "RBB/RBT"; BGH GRUR 1971, S. 305, 308 "Konservenzeichen II".

575 BGH GRUR 1971, S. 470, 471 "RBB/RBT":

576 *Busse/Starck*, § 25 RN 21.

577 Siehe oben FN 571.q

lich ihres namensmäßigen Auftritts. Allein dieses praktische Bedürfnis kann jedoch nicht dazu führen, das Merkmal der Zeichenähnlichkeit auf eine Zeichenidentität zu beschränken.[578]

In die Richtung einer Schutzgewährung nur bei identischen Zeichen weist die Entscheidung **TeleTech Customer Care Management (California) Inc. v. Tele-Tech Co.**[579]. Das Gericht wies darauf hin, daß die Einfügung eines Bindestriches (tele-tech.com) einen ausreichenden Abstand zu der Marke der Klägerin (TeleTech) aufweisen würde und der Beklagten daher nicht zu untersagen sei.[580] An der Entscheidung ist jedoch zweierlei hervorzuheben. Zum einen firmierte die Beklagte selbst unter der Bezeichnung "Tele-Tech";[581] zum anderen handelte es sich bei der klägerischen Marke um eine "vermutlich" berühmte Marke.[582] Beides mag das Gericht dazu veranlasst haben, den Ähnlichkeitsbereich enger zu fassen. In einer Entscheidung des OLG Hamm heißt es zur Zeichenähnlichkeit, daß die Domain "**pizza-direkt.de**" einen *gewissen Abstand* zu der klägerischen Marke "Pizza Direct" wegen der unterschiedlichen Schreibweise einhalte.[583] Diese noch so geringe Abweichung verhindere eine Sperrwirkung der Domain gegenüber der Marke des Antragstellers. Das Fehlen einer Verwechslungsgefahr begründete das Gericht jedoch

578 *Fezer*, WRP 2000, S. 669, 674.

579 42 U.S.P.Q. 2d, 1913. Siehe auch Wired Magazin v. Women's Wire ("wire.net" gegen "wired.com"), zitiert bei *Schwarz/Poeck*, Kap. 4-2.2, S. 22.

580 42 U.S.P.Q. 2d, 1913, 1915.

581 Siehe zu dieser "Gleichnamigkeit" S. 197 ff. Bestehen gleichwertige Rechte an den Bezeichnungen, reicht unter Umständen sogar die Beifügung eines Bindestriches.

582 Eine endgültige Entscheidung darüber ist dem Hauptsacheverfahren vorbehalten. Im einstweiligen Rechtsschutz genügt es, die überwiegende Wahrscheinlichkeit eines Erfolges in der Hauptsache darzulegen, die eine endgültige Entscheidung über die Berühmtheit der Marke nicht voraussetzt, siehe 42 U.S.P.Q. 2d, 1913, 1917. Siehe allgemein zu der umfassenden Interessenabwägung im einstweiligen Rechtsschutz und den dabei zu berücksichtigenden Faktoren Maritz Inc. v. Cybergold Inc., 947 F.Supp. 1338 ff.

583 OLG Hamm NJW-RR 1999, S. 631 "Pizza Direkt/Direct".

letztlich mit den unterschiedlichen Dienstleistungsbereichen, in denen die Parteien tätig waren.[584]

Den Rechtsschutz nur bei identischen Domains zu gewähren bzw. schon die Einfügung eines Bindestriches als ausreichenden Abstand genügen zu lassen, ist weithin auf Ablehnung gestoßen.[585] Daß ein Bindestrich - zumindest bei identischen Warenbereichen und im übrigen identischen Zeichen - unerheblich ist, ist in einigen gerichtlichen Entscheidungen bereits bestätigt worden.[586] Insbesondere bei Firmenbezeichnungen mit Leerzeichen biete es sich an, dieses durch einen Bindestrich zu füllen, da das Domain Name System Leerzeichen nicht erlaube.[587] In solchen Fällen den hinzugefügten Bindestrich oder ähnlich geringfügige Abweichungen zur Grundlage einer Schutzversagung gegenüber dem Kennzeicheninhaber zu machen, würde dessen berechtigten Interessen nicht gerecht. Insbesondere in neueren Entscheidungen hat sich eine klare Linie der Gerichte herausgebildet, die allgemeinen

---

584 Es standen sich gegenüber ein Lieferservice für Speisen und Getränke und die Einrichtung eines Pizza-Führers im Internet (nebst Werbeplattform für Anbieter von Pizza), OLG Hamm NJW-RR 1999, S. 631 "Pizza Direkt/Direct".

585 *Schwarz/Poeck*, Kap. 4-2.2, S. 24 f.; *Hoeren/Sieber/Viefhues*, Kap. 6 RN 83; *Nordemann*, NJW 1997, S. 1891, 1893; *Wegner*, CR 1999, S. 250, 254; *Röhrborn*, CR 2000, S. 466, Anm. zu LG München I CR 2000, S. 464 ff. "intershopping.com".

586 LG Köln AZ 31 O 55/99 v. 10.06.1999, unter www.netlaw.de/urteile/lgk_11.htm, zuletzt besucht am 22.02.2000; LG München AZ 1 HKO 12216/97 v. 17.09.1997 "deutsches-theater.de" = NJW-CoR 1998, S. 111 (Ls.), der hinzugefügte Bindestrich wurde nicht als relevanter Bewertungsfaktor diskutiert; a.A. LG Koblenz AZ 1 HO 125/99 v. 27.10.1999 "allesueberwein.de", unter www.netlaw.de/urteile/lgko_1.htm, zuletzt besucht am 22.02.2000: dem Antragsgegner war ursprünglich untersagt worden, die Domain www.alles-ueber-wein.de zu nutzen. Der dann zur Entscheidung stehende Ordnungsmittelantrag richtete sich gegen die Domain www.allesueber wein.de. Das Gericht wies den Antrag zurück, da Punkte, Gedankenstriche und Schrägstriche bei Domains eine entscheidende Rolle spielten. Die neue, ohne Bindestriche geführte Domain des Antragsgegners stelle daher keine den Kern der Unterlassungsverfügung treffende Benutzung dar.

587 LG Köln, siehe FN 586.

Grundsätze zur Zeichenähnlichkeit anzuwenden und im Domain Name System keine Besonderheiten gelten zu lassen.[588]

Ohne Zweifel unterliegt der Namensraum im Internet den bereits geschilderten Beschränkungen hinsichtlich der Gestaltung, so daß er sich gegenüber dem markenrechtlichen Fundus als enger erweist.[589] Zusätzlich wirkt sich die Eindimensionalität des Internet aus. Während das Markenrecht darauf basiert, daß selbst identische Bezeichnungen bei Unähnlichkeit der Waren- oder Branchen koexistieren können, nimmt das Domain Name System auf die Branchen- oder Warenbereiche keine Rücksichten. Es entsteht so ein eindimensionaler Namensraum, der dadurch erheblich begrenzt ist. Ein zwingendes Bedürfnis, die Ansprüche des Kennzeicheninhabers auf die Nutzung identischer oder nahezu identischer Domains zu reduzieren, ist dennoch nicht zu erkennen. Sind die Parteien in ähnlichen Branchen tätig und steht dem Kennzeicheninhaber das prioritätsältere Recht zu, ist der Domain-Inhaber nicht weiter schutzbedürftig. Unter Anwendung normaler kennzeichenrechtlicher Grundsätze wäre es ihm verwehrt, ein ähnliches Zeichen für dieselbe oder ähnliche Branchen- bzw. Warengruppe zu nutzen. Es ist nicht ersichtlich, aus welchem Grund seine Möglichkeiten hinsichtlich der Nutzung einer Domain so erheblich erweitert werden sollten, daß ihm hier nun die Nutzung eines ähnlichen Zeichens erlaubt sein sollte. Wird dagegen eine nur geringfügig abweichende Domain im Warenunähnlichkeitsbereich benutzt, scheidet ein Schutz nach §§ 14 Abs. 2 Nr. 2, 15 Abs. 2 MarkenG ohnehin aus.[590] Hier kommt es darauf an, ob dem Zeicheninhaber nach

---

588 OLG München Mitt. 2000, S. 512 hielt das Zeichen "Tembus" und die Domain "www.teambus.de" zwar für ähnlich, die Branchen jedoch für unähnlich. LG München I CR 2000, S. 464, 465 bejahte eine Zeichenähnlichkeit zwischen "intershop" und "www.intershopping.com". Nach OLG München GRUR 2000, 518, 519 sind die Zeichen "buecher.de AG" und "buecherde.com" klanglich nahezu identisch und im Schriftbild nur marginal unterschiedlich.

589 *Schwarz/Poeck*, Kap. 4-2.2, S. 24: Auch die weltweite Zugriffsmöglichkeit steigere das Freihaltebedürfnis nicht, da durch den Einsatz der country code Top Level Domains in jedem Land die gleiche Second Level Domain registriert werden könne.

590 Siehe dazu S. 197 ff.

§§ 14 Abs. 2 Nr. 3, 15 Abs. 3 MarkenG oder §§ 1 UWG, 12, 823 Abs. 1, 826 BGB gewährt werden kann. Diese Vorschriften erlauben möglicherweise die Berücksichtigung sämtlicher Interessen sowohl des Domain-Inhabers als auch des Kennzeicheninhabers. Im Rahmen der §§ 14 Abs. 2 Nr. 2, 15 Abs. 2 MarkenG sind Zeichen jedenfalls nicht nur dann ähnlich, wenn sie identisch oder nahezu identisch sind.

Vernachlässigt werden kann hingegen die klangliche Verwechslungsgefahr zwischen einem Zeichen und einer Domain.[591] So stellt sich die Frage, ob etwa die Zeichen "t-online" und "www.d-online.de" verwechslungsfähig sind.[592] Ein allzu striktes Festhalten an dem Kriterium der klanglichen Verwechslungsgefahr zur Beurteilung der Zeichenähnlichkeit würde dem Umstand, daß die Domain dem Benutzer meist auf Sicht begegnet, nicht gerecht. Dies und die besondere Aufmerksamkeit, zu der der Internet-Nutzer bei Eingabe der Domain angehalten ist, bedingen eine strengere Bewertung.[593] *Jaeger-Lenz*[594] befürwortet eine Änderung der Beurteilungsgrundsätze nur für Zeichen mit durchschnittlicher oder schwacher Kennzeichnungskraft. Für Zeichen mit einem Bekanntheitsgrad im Sinne des § 14 Abs. 2 Nr. 3 MarkenG sollen dagegen die üblichen Bewertungsmuster zur Zeichenähnlickeit zur Anwendung kommen. Diese Differenzierung beinhaltet letztlich den ohnehin anerkannten Grundsatz, daß die Verwechslungsgefahr im Sinne des § 14 Abs. 2 Nr. 2

591 *Kur*, CR 1996, S. 590, 593; *Wegner*, CR 1999, S. 250, 254; *Schmieder*, NJW 1999, S. 3088, 3095; *Jaeger-Lenz* in *Lehmann*, S. 195; *Reinhardt*, WRP 2001, S. 13, 16. Gegen die Anwendung besonderer Grundsätze: *Schwarz/Poeck*, Kap. 4-2.2, S. 25;

592 *Jaeger-Lenz* in *Lehmann*, S. 195 verweist auf zwei Entscheidungen des LG Frankfurt AZ 2-06 O 409/97 "t-offline.de" und AZ 315 O 236/97 "d-online.de", in denen das Gericht jedoch keine Abweichungen von den üblichen Beurteilungskriterien erkennen ließ.

593 Die erhöhte Aufmerksamkeit des Nutzers folgt aus den technischen Gegebenheiten des Domain Name System. Ein Vergleich zur Beurteilung der Verwechslungsgefahr, wenn sich das Angebot an Fachpublikum richtet (*Nordemann*, NJW 1997, S. 1891, 1894 FN 2), ist weder angezeigt noch überzeugend. Das rapide Wachstum hat gezeigt, daß die Benutzung des Internet nicht einem Fachpublikum vorbehalten ist, sondern sich zu einem Massenmedium entwickelt hat (diese Entwicklung schon bedenkend *Nordemann*, NJW 1997, S. 1891, 1894).

594 Jaeger-Lenz in Lehmann, S. 195.

MarkenG mit zunehmender Kennzeichnungskraft um so eher zu bejahen ist. Als gemeinsamer Ausgangspunkt kann daher gelten, bei der Prüfung einer klanglichen Verwechslungsgefahr Zurückhaltung zu üben und bei eklatanten Abweichungen in der Schreibweise eine Verwechslung eher zu verneinen; es sei denn, die Identität der betroffenen Waren oder Dienstleistungen oder die hohe Kennzeichnungskraft des Klagezeichens zwingen zu einer anderen Betrachtung. Ausgehend hiervon bestehen gegen die Annahme einer Verwechslungsgefahr des Zeichens "t-online" mit der Domain "www.d-online.de" wegen der hohen Kennzeichnungskraft des Klagezeichens keine Bedenken.

IV. Die Registrierung einer identischen Domain für unähnliche Waren und Dienstleistungen

Wie die umfangreiche Diskussion der WIPO zum Sonderschutz bekannter und berühmter Marken erkennen läßt, besteht auch im System der Domain Names ein virulentes Interesse an dem Schutz bekannter Marken.[595] Nach nationalem Recht wird, in Umsetzung der fakultativen Vorschrift des Art. 5 Abs. 2 MarkenRL,[596] dem Inhaber einer bekannten Marke auch außerhalb des Bereiches ähnlicher Waren und Dienstleistungen Schutz gewährt,[597] so daß die bekannte Marke erheblich privilegiert ist; gleiches gilt nach § 15 Abs. 3 MarkenG für Unternehmensbezeichnungen.[598] Wie oben ausgeführt, hängt ein Schutz nach §§ 14 Abs. 2 Nr. 1 und Nr. 2, 15 Abs. 2 MarkenG auch im Domain Name System davon ab, daß sich identische oder ähnliche Waren/Dienstleistungen oder Branchen gegenüberstehen. Liegt insoweit Unähnlichkeit vor, insbesondere in den Fällen des Domain-Grabbing, versagt ein Schutz nach diesen Vorschriften. Da ein Nebeneinander von identischen Bezeichnungen im

---

595 WIPO Final Report, Chapter 5, unter www.wipo2.wipo.int/process/eng/final/FinalReport_4.html, zuletzt besucht am 10.01.2001. Siehe auch die Darstellung auf S. 84 ff.

596 EG-Richtlinie 89/104/EWG v. 21.12.1988, GRUR Int.1989, S. 294 ff.

597 Siehe allgemein zum Bekanntheitsschutz S. 49 ff.

598 Die folgenden Ausführungen zu § 14 Abs. 2 Nr. 3 MarkenG sind daher auf Unternehmensbezeichnungen übertragbar.

Internet trotz unähnlicher Waren/Dienstleistungen oder Branchen nicht möglich ist, ist der Kennzeicheninhaber jedoch erheblich beeinträchtigt, da er unter seinem Kennzeichen nicht im Internet auftreten kann. Derjenige, dessen Marke oder Unternehmensbezeichnung den Grad der Bekanntheit erreicht, kann deswegen erheblich besser stehen. §§ 14 Abs. 2 Nr. 3, 15 Abs. 3 MarkenG stellen aber besondere Anforderungen an die Unlauterkeit des Handelns. In vier Varianten ist eine unlautere Beeinträchtigung der bekannten Marke oder Unternehmensbezeichnung dem Wortlaut der §§ 14 Abs. 2 Nr. 3, 15 Abs. 3 MarkenG nach zu bejahen. Wer die Unterscheidungskraft des Zeichens ausnutzt (1) oder beeinträchtigt (2) oder die Wertschätzung ausnutzt (3) oder beeinträchtigt (4) kann auf Unterlassung in Anspruch genommen werden, wenn dies ohne rechtfertigenden Grund in unlauterer Weise geschieht.[599]

Die Rechtsprechung zur Registrierung einer aus einem bekannten[600] oder berühmten[601] Kennzeichen abgeleiteten Domain bejaht überwiegend die Unlauterkeit der Registrierung, ohne sich mit den oben genannten Tatbestandsalternativen im einzelnen auseinander zu setzen. Das OLG München sieht es als unlauter an, daß dem Inhaber des bekannten Kennzeichens die Möglichkeit genommen wird, in einer üblich gewordenen Form - nämlich unter der Marke oder geschäftlichen Bezeichnung - einen Internet-Anschluß zu erlangen und einen bereits erworbenen Besitzstand zu verwirklichen.[602] Es drängten sich Parallelen zur unlauteren Sperrung einer bevorstehenden Markeneintragung mittels einer eigenen Sperrmarke auf.[603] Auch die Behinderung des Zeicheninhabers ist als ein

---

599 Siehe die allgemeine Darstellung des § 14 Abs. 2 Nr. 3 MarkenG auf S. 49 ff., insbesondere S. 52 ff.

600 OLG München MMR 1998, S. 668 ff. "freundin.de"; die Vorinstanz LG München I CR 1997, S. 540 ff. mit Anm. *Kloos*, S. 543 ff. verneinte die tatbestandlichen Voraussetzungen des § 14 Abs. 2 Nr. 3 MarkenG.

601 Zu § 12 BGB: OLG München BB 1999, S. 2421 ff. "Rolls Royce" = K&R 1999, S. 569 (die Revision wird beim BGH geführt); OLG Hamm MMR 1998, S. 214 ff. "krupp.de" mit Anm. *Berlit*, S. 216 f. = K&R 1998, S. 216 ff. = NJW-CoR 1998, S. 175 ff.

602 OLG München MMR 1998, S. 668, 670 "freundin.de".

603 Siehe FN 602.

die Unlauterkeit begründender Umstand anerkannt worden;[604] in der Entscheidung "zwilling.de" bejahte das OLG Karlsruhe neben der Beeinträchtigung der Wertschätzung des Klagezeichens die Unlauterkeit damit, daß bei einer aus einem bekannten Kennzeichen abgeleiteten Domain Gütevorstellungen ausgenutzt würden, um die Aufmerksamkeit des Internet-Nutzers auf das eigene Angebot zu lenken.[605]

Es soll nachfolgend anhand der einzelnen Tatbestandalternativen der §§ 14 Abs. 2 Nr. 3, 15 Abs. 3 MarkenG geprüft werden, inwiefern sich die Registrierung einer mit einer bekannten Marke oder Unternehmensbezeichnung identischen Domain den einzelnen Tatbestandsalternativen zuordnen läßt.

1. Ausnutzung und Beeinträchtigung der Wertschätzung

Die Ausnutzung der Wertschätzung eines bekannten Kennzeichens folgt denselben Regeln wie die zu § 1 UWG entwickelte Rufausbeutung eines fremden Kennzeichens.[606] Voraussetzung ist also die Übertragung eines verwertbaren Rufes auf die eigenen Produkte des Domain-Inhabers. Eine Verletzung der §§ 14 Abs. 2 Nr. 3, 15 Abs. 3 MarkenG kann sich daher nicht allein aus dem Umstand der Registrierung einer Domain und dem Angebot unähnlicher Waren/Dienstleistungen oder Branchen ergeben.[607] Wenn die Domain konnektiert ist, sich aber keine

---

604 OLG München CR 1999, S. 382 "shell.de".

605 OLG Karlsruhe MMR 1999, S. 171 "zwilling.de".

606 Siehe S. 53 ff.

607 *Hoeren/Sieber/Viefhues*, Kap. 6 RN 142. Eine Rufausbeutung will *Wegner*, CR 1999, S. 250, 256 mit Verweis auf BGHZ 126, S. 208, 211 "McLaren" = GRUR 1994, S. 732 auch dann annehmen, wenn es an einer Übertragung des Rufes fehlt, der fremde Ruf aber aus anderen Gründen eine wichtige Voraussetzung für den Absatz der Waren ist. Der Domain-Inhaber nutze zur Förderung seines Absatzes die auf der Bekanntheit und dem guten Ruf basierende Kanalisierungsfunktion der Domain. Die Entscheidung des BGH "McLaren" trägt dieses Ergebnis nicht. Auf S. 213 der zitierten Entscheidung begrenzt der BGH den Schutz auf die unlautere Beeinträchtigung des in Frage stehenden Rufs mit Verweis auf BGH GRUR 1994, S. 808 ff. "Markenverunglimpfung" oder eine anstößig mißbräuchliche Ausnutzung für den eigenen Warenabsatz mit Verweis auf BGHZ 86, S. 90, 94 "Rolls Royce" (siehe dazu die obigen Ausführungen zur

Inhalte auf einer Website abrufen lassen (insbesondere in Fällen des Domain-Grabbing), fehlen in aller Regel Anhaltspunkte für die Übertragung eines verwertbaren Rufs. Registriert ein Domain-Grabber bekannte Kennzeichen als Domain mit der Absicht, diese weiter zu veräußern, so geht es nicht um die Übertragung eines Rufes, sondern darum, Profit daraus zu ziehen, daß ein starkes Interesse nicht zuletzt des Kennzeicheninhabers an dieser Domain besteht. Sind Inhalte dagegen abrufbar, erfolgt die Beurteilung der Unlauterkeit nach den allgemeinen Regeln.[608] Erforderlich ist eine Wertung aller Umstände des Einzelfalles, ohne daß sich Besonderheiten bezüglich der Nutzung des Kennzeichens als Domain ergäben. Läßt sich etwa jemand die Domain "www.dimple.de" registrieren und bietet er darunter nicht hochwertige Herrenkosmetik (verwertbarer Ruf), sondern Putzmittel an (kein verwertbarer Ruf), so nutzt der Domain-Inhaber nicht die Wertschätzung der bekannten Marke aus.[609]

Die Wertschätzung des bekannten Zeichens ist hingegen beeinträchtigt, wenn ein sogenannter "inkompatibler Zweitgebrauch" vorliegt, d.h. die Gefahr besteht, daß ein negatives Image des Domain-Inhabers auf den Kennzeicheninhaber übertragen wird. Unter diesem Gesichtspunkt ist die Nutzung der bekannten Marke "Dimple" für Putzmittel unzulässig.[610] Es ist also auch hier von dem jeweiligen Inhalt der Website abhängig, ob die konkrete Nutzung des Zeichens als Domain die Gefahr abwertender Assoziationen mit dem Kennzeichen weckt. Die Registrierung der Domain allein ist dazu nicht geeignet.

Beeinträchtigung der Wertschätzung). Nach Ansicht des BGH bedarf es in jedem Fall eines anstößigen Elements, daß regelmäßig darin zu sehen ist, daß eine Beziehung zwischen der eigenen und der fremden Ware (nur) hergestellt wird, um vom fremden Ruf zu profitieren. Aus der reinen Domain-Registrierung kann die Absicht, von einem fremden Ruf profitieren zu wollen, im Unähnlichkeitsbereich nicht gefolgert werden.

608 Siehe S. 53 ff.

609 BGH GRUR 1985, S. 550 ff. "Dimple".

610 BGH GRUR 1985, S. 550, 553 "Dimple".

2. Beeinträchtigung der Unterscheidungskraft

Häufig werden sich rufausbeutende oder rufbeeinträchtigende Merkmale auf der Website nicht finden, entweder weil überhaupt keine Inhalte bereit gehalten werden oder solche Inhalte, durch welche die Wertschätzung des Zeichens weder ausgenutzt noch beeinträchtigt wird. Die Domain bleibt für den Inhaber des bekannten Kennzeichens dennoch gesperrt. Es stellt sich dann die Frage, ob allein die Benutzung des Zeichens als Domain geeignet sein kann, die Unterscheidungskraft der Marke zu beeinträchtigen, d.h. die bekannte Marke oder Unternehmensbezeichnung in relevantem Umfang zu verwässern. Ein Kennzeichen wird insbesondere dann verwässert, wenn die Gefahr besteht, daß die einmalige, über den Kreis der Abnehmer hinausgehende Kennzeichnungs- und Werbekraft durch identische oder fast identische Bezeichnungen geschwächt werden könnte.[611] Bei der Frage, ob eine Domain ein Kennzeichen verwässern kann, kommt es darauf an, in welchem Umfang sie dem Verkehr in Erscheinung tritt.

Zu überlegen gilt zunächst, welche Fallgestaltungen den bisherigen Ergebnissen folgend nicht gelöst werden konnten. Es bleiben zunächst die Sachverhalte des Domain-Grabbing; da die Ware/Dienstleistung des Domain-Inhabers der Handel mit Domains ist, kann ein Identitäts- oder Verwechslungsschutz in aller Regel nicht bejaht werden. Sofern Inhalte unter der Domain angeboten werden, bleiben ferner die Fälle, bei denen sich nach einem Vergleich der Waren/Dienstleistungen oder Branchen deren Unähnlichkeit ergibt.[612]

Soll mit der Domain Handel betrieben werden, befindet sie sich zwar in einem konnektierten Status.[613] Inhalte sind jedoch nicht abrufbar und

611 Siehe oben S. 55 ff. und BGH GRUR 1987, S. 400 "Pirelli"; BGH GRUR 1959, S. 182, 186 "Quick"; OLG Düsseldorf GRUR 1983, S. 379, 380 "Rosenthal".

612 Scheitert eine Verwechslungsgefahr allerdings daran, daß die Zeichen nicht die erforderliche Ähnlichkeit aufweisen, scheitert auch ein Bekanntheitsschutz nach §§ 14 Abs. 2 Nr. 3, 15 Abs. 3 MarkenG.

613 Siehe zu dem Begriff FN 359.

die Domain zeigt sich auch nicht in klassischen Medien. Hier tritt die Domain dem Verkehr nur als Anzeige der Suchmaschinen nach entsprechender Suchanfrage und nach direkter Eingabe im URL-Feld des Bildschirms entgegen. Nutzt der Domain-Inhaber die Domain hingegen tatsächlich für das Bereithalten von Inhalten auf der Website, so wird die Domain dem Verkehr nicht selten auch in klassischen Werbemedien begegnen, sowie auf Ausdrucken der Website.

Der Fähigkeit der Domain, die Unterscheidungskraft eines Kennzeichens zu beeinträchtigen, d.h. dieses zu verwässern,[614] wird zum Teil ihre primäre Adressfunktion entgegengehalten.[615] Die Rechtsprechung verlange für die Verwässerung eines Kennzeichens die konkrete Gefährdung der Werbekraft; das Erscheinen des Zeichens im URL-Eingabefeld und auf den Ausdrucken der Website stelle aber eine eher beiläufige Verwendung dar, die keine rechtlich beachtliche Gefährdung mit sich führe, solange die Domain nicht auch in der Werbung schlagwortartig herausgestellt werde.[616] Die bloße Registrierung der Domain sei vorrangig mit den Grundsätzen der wettbewerbsrechtlichen Behinderung nach § 1 UWG zu fassen, da auch eine Rufausbeutung ausscheide.[617] Hingegen wurde in der Entscheidung **Intermatic v. Toeppen**[618] eine Verletzung des Lanham Act Sec. 43 c (Verwässerungsschutz) auch bei bloßer Registrierung der Domain, mit der Absicht, diese zu verkaufen, bejaht.

Einigkeit besteht zunächst darüber, daß eine kursorische Bejahung der Beeinträchtigungsgefahr dem Ausnahmecharakter des Schutzes vor Verwässerung nicht gerecht wird.[619] Genügt in einigen Fällen schon der

614 Siehe S. 55 ff.

615 *Bettinger*, GRUR Int. 1997, S. 402, 412.

616 *Bettinger*, GRUR Int. 1997, S. 402, 412/413 mit Verweis auf BGH GRUR 1987, S. 711 ff. "Camel Tours".

617 Siehe FN 616.

618 41 U.S.P.Q. 2d, 1223.

619 BGH GRUR 1987, S. 711, 713 "Camel Tours". Zwar hat der Bekanntheitsschutz des § 14 Abs. 2 Nr. 3 MarkenG nicht mehr den Ausnahmecharakter, den der zu § 12 BGB bzw. § 823 Abs. 1 BGB entwickelte Verwässerungsschutz hat. In erster Linie bezieht sich die Schutzerweiterung aber auf den zu fordernden Bekanntheitsgrad, nicht auf die die Unlauterkeit begründenden Merkmale. Die auf

Verlust der Alleinstellung des Markeninhabers, bedarf es nach Ansicht des BGH vielfach der Feststellung besonderer unlauterer Umstände.[620] Solche besonderen Umstände können etwa darin gesehen werden, daß der Verkehr an die berühmte Marke denkt; ob eine solche Gedankenverbindung den Werbewert der berühmten Marke jedoch in rechtlich relevanter Weise gefährden könne, hänge von dem Inhalt der Vorstellungen ab und davon, in welcher Art und Weise und bei welchen Gelegenheiten der Verkehr mit der Bezeichnung in Berührung komme.[621]

Eine Abweichung von dem Grundsatz, daß schon der Verlust der Alleinstellung eine Verwässerung bedeutet, hält der BGH etwa dann für angezeigt, wenn sich eine Marke und eine Unternehmensbezeichnung gegenüber stehen.[622] Die Bezeichnungen begegneten sich hier auf unterschiedlichen Kennzeichnungsebenen, nämlich einmal als Marke (Produktidentifizierung) und einmal als Unternehmensbezeichnung (Unternehmensidentifizierung). Bei unterschiedlichen Kennzeichnungsebenen könne nicht allein der Verlust der Alleinstellung, sondern nur besondere Umstände zu einer Verwässerung auf der Ebene des betroffenen Kennzeichens führen. Der BGH schränkt folglich die Wirkung und Bedeutung der Alleinstellung einer Marke dann ein, wenn ein identisches oder ähnliches Zeichen auf einer anderen Kennzeichnungsebene benutzt wird. Begegnet der Verkehr dem Kennzeichen einmal als Marke und einmal als Unternehmensbezeichnung, so muß dies noch nicht zu der Befürchtung Anlaß geben, die Werbekraft der Marke als Kennzeichen für bestimmte Waren oder Dienstleistungen sei beeinträchtigt. Hier kommt es dann darauf an, ob der Verkehr trotz der unterschiedlichen Kennzeichnungsfunktionen der sich gegenüberstehenden Zeichen an die berühmte

---

dem Ausnahmecharakter basierenden Überlegungen des BGH sind daher weiterhin anwendbar. *Hoeren/Sieber/Viefhues*, Kap. 6 RN 174 will bei berühmten Kennzeichen auch ohne besondere unlautere Umstände einen Schutz zuerkennen.

620 BGH GRUR 1987, S. 711, 713 "Camel Tours".

621 Siehe FN 620.

622 BGH GRUR 1987, S. 711, 713 "Camel Tours".

Marke denkt; besteht eine Gedankenverbindung, kommt es für eine rechtlich relevante Beeinträchtigung des Werbewerts der berühmten Marke weiter darauf an, in welcher Art und Weise und bei welchen Gelegenheiten der Verkehr mit der Bezeichnung in Berührung kommt.

Dieser Gedanke läßt sich auf die Nutzung eines bekannten Kennzeichens als Domain übertragen. Zwar geht es hier nicht um unterschiedliche Kennzeichnungsebenen, jedoch begegnet das bekannte Kennzeichen bei einer Nutzung als Domain dem Verkehr "nur" im Internet. Die Nutzung einer Domain kann zwar einen kennzeichenmäßigen Gebrauch darstellen,[623] so daß in einem solchen Fall eine Verwässerungsgefahr nicht mit dem Argument verneint werden kann, der Domain komme vorrangig lediglich eine Adressfunktion zu. Jedoch liegt allein in der Nutzung eines Zeichens als Domain noch keine umfassende Nutzung als Kennzeichnungsmittel. Zumindest die Qualität der Nutzung ist eine andere als wenn das Zeichen zur Markierung von Produkten oder Unternehmen im geschäftlichen Verkehr in einer üblichen Art und Weise verwendet würde. Dies führt nun nicht dazu, daß die Domain insgesamt nicht verwässernd genutzt werden könnte.[624] Folge ist lediglich, in Anlehnung an die Entscheidung des BGH "Camel Tours",[625] daß es einer genaueren Betrachtung der Vorstellungen des Verkehrs sowie der Art der Nutzung bedarf.

Handelt es sich um einen Fall des Domain-Grabbing, d.h. sind Inhalte nicht abrufbar, so kann die Gedankenverbindung, die der Verkehr zu der bekannten Marke oder Unternehmensbezeichnung herstellt, allenfalls in der Vorstellung münden, der Kennzeicheninhaber selbst sei noch nicht mit Inhalten im Internet vertreten. Da sich die Inhaberschaft der Website nicht erkennen läßt, führt die Konnektierung der Domain weder zu einem Verlust der Alleinstellung noch zu einer rechtlich relevanten Beeinträchtigung der Werbekraft des Kennzeichens. Trotz der möglichen

---

623 Siehe dazu die Ergebnisse oben S. 130 f.

624 So *Bettinger*, GRUR Int. 1997, S. 402, 412, sofern die Domain nicht in der Werbung schlagwortartig herausgestellt wird.

625 Siehe FN 619.

Frustration des Internet-Nutzers, die auf eine erfolglose Internet-Suche hin folgen mag, führt dies nicht zu einer rechtlich erheblichen Verwässerung des Kennzeichens vergleichbar der Nutzung eines identischen Kennzeichens durch Dritte im allgemeinen Geschäftsverkehr. Etwas anderes gilt, wenn die Verwendung einer bekannten Marke oder Unternehmensbezeichnung als Domain tatsächlich zu einem (unähnlichen) Waren- oder Dienstleistungsangebot oder dessen Bewerbung führt. Zwar erscheint die Domain dem Verkehr auch dann nur in eingeschränktem Umfang; die Vorstellungen des Verkehrs konkretisieren sich aber dahin, daß unter der Bezeichnung entweder ein anderes Unternehmen auftritt oder andere Produkte gekennzeichnet werden. Die dadurch bewirkte Beeinträchtigung ist der einer Benutzung im allgemeinen Geschäftsverkehr gleichzusetzen. Die Qualität des Internet als weltweit zugängliches Massenmedium bringt eine nicht unerhebliche Präsenz der Website und ihrer Inhalte mit sich. Darin liegt die relevante Beeinträchtigung der Werbewirksamkeit des Angriffszeichens, so daß der Kennzeicheninhaber die Nutzung der Domain nach § 14 Abs. 2 Nr. 3 oder § 15 Abs. 3 MarkenG untersagen kann. Auf eine schlagwortartige Herausstellung der Domain in der Werbung kann es dann nicht mehr ankommen.

3. Ausnutzung der Unterscheidungskraft

Für die letzte Tatbestandsalternative der §§ 14 Abs.2 Nr. 3, 15 Abs. 3 MarkenG, die Ausnutzung der Unterscheidungskraft, fehlt es bisher an vergleichbaren delikts- oder wettbewerbsrechtlichen Tatbeständen. Wie bereits dargestellt, sieht *Fezer* darin eine bloße "Aufmerksamkeitsausbeutung", die nicht zu beanstanden ist.[626] Daß einer bekannten Marke von Natur aus die Eignung zukommt, Aufmerksamkeit zu erregen, stellte der BGH in der zitierten Entscheidung "Markenverunglimpfung I" bereits fest.[627] Als unlauteres Merkmal kam dort jedoch hinzu, daß die unter der Marke vertriebenen Waren negative Assoziationen weckten, wor-

---

626 *Fezer*, § 14 RN 424; siehe auch S. 55 ff.
627 BGH GRUR 1994, S. 808, 811 "Markenverunglimpfung I".

aus eine unlautere Beeinträchtigung des Rufes der bekannten Marke folgte. Mit *Fezer*[628] und in Einklang mit der bisherigen Rechtsprechung des BGH ist die Erregung von Aufmerksamkeit durch Nachahmung eines bekannten Kennzeichens grundsätzlich beanstandungsfreies Mittel des Wettbewerbs. Es müssen daher Merkmale hinzukommen, die es rechtfertigen, von einer *Ausnutzung* der Unterscheidungskraft zu sprechen. Der offene Wortlaut der §§ 14 Abs. 2 Nr. 3, 15 Abs. 3 MarkenG ermöglicht zwar - ebenso wie die Generalklausel des § 1 UWG - die Berücksichtigung aller unlauteren Umstände, jedoch nur dann, wenn eine der Tatbestandsalternativen der §§ 14 Abs. 2 Nr. 3, 15 Abs. 3 MarkenG erfüllt ist. Dazu ist nach dem eindeutigen Wortlaut die *Ausnutzung* der Unterscheidungskraft eines bekannten Kennzeichens erforderlich. Wie der BGH festgestellt hat,[629] weist eine bekannte Marke per se die Eignung auf, Aufmerksamkeit zu erregen. Dieser Aufmerksamkeitseffekt der bekannten Marke kann jedoch nicht mit dessen Ausnutzung gleichgesetzt werden. Allein die Tatsache, daß sich jemand eine bekannte Marke als Domain für unähnliche Waren/Dienstleistungen registrieren läßt und hofft, die Nutzer würden in der Erwartung, Angebote des Inhabers des bekannten Kennzeichens zu finden, die Website häufiger aufsuchen, kann nicht ausreichen.

Eine Ausnutzung der Unterscheidungskraft läßt sich auch nicht damit begründen, daß der Kennzeicheninhabers durch die Registrierung der Domain in seiner geschäftlichen Betätigung behindert wird. Die Behinderung bei der Nutzung des bekannten Kennzeichens als Domain beeinträchtigt den Inhaber zwar faktisch ebenso schwerwiegend wie eine Rufausbeutung, -beeinträchtigung oder Verwässerung seiner Marke, da er die Werbekraft seines Zeichens im Internet nicht nutzen kann. §§ 14 Abs. 2 Nr. 3, Abs. 3 MarkenG ermöglichen die Berücksichtigung solcher zusätzlichen unlauteren Umstände aber erst dann, wenn tatbestandlich festgestellt werden kann, daß die Unterscheidungskraft des Zeichens

---

[628] *Fezer*, § 14 RN 424.
[629] Siehe oben FN 627.

ausgenutzt wird.[630] Würde man hier allein auf die Behinderung des Kennzeicheninhabers abstellen, so würden §§ 14 Abs. 2 Nr. 3, 15 Abs. 3 MarkenG eine über den Wortlaut der Vorschrift hinausgehende Ausdehnung erfahren, die auch sachlich nicht gerechtfertig ist. Denn das Markengesetz knüpft an einen zweidimensionalen Namensraum an, d.h. bei der Frage einer rechtsverletzenden Benutzung geht es immer sowohl um die Zeichen als auch die zugrundeliegenden Waren/Dienstleistungen oder Branchen. Folgt aber die Behinderung des Kennzeicheninhabers gerade daraus, daß er aufgrund der Eindimensionalität des Domain Namen Systems in seinem geschäftlichen Tätigkeitsbereich behindert wird, so fällt dies nicht in den Regelungsbereich des Markengesetzes. Der Schutz der §§ 14 Abs. 2 Nr. 3, 15 Abs. 3 MarkenG kann daher nicht auf solche Tatbestände ausgedehnt werden, die gerade in einem engen Zusammenhang mit dieser Eindimensionalität stehen. Hier sind Ansprüche nach §§ 1 UWG, 823, 826 BGB und evtl. § 12 BGB zu prüfen.

V. Die Registrierung eines Gattungsbegriffes als Domain

Nicht nur die Registrierung bekannter Marken oder von Unternehmensbezeichnungen als Domain hat sich großer Beliebtheit erfreut. Bei der Suche nach einfachen und gut merkbaren Domains sind die potentiellen Anmelder rasch darauf gestoßen, allgemein beschreibende Begriffe, wie etwa "buecher.de"[631] oder "bike.de"[632], registrieren zu lassen.[633] In diesen Fällen bestanden tatsächlich Rechte an diesen Bezeichnungen, aus denen der jeweilige Rechteinhaber vorgehen konnte.[634] An dieser

---

630 So im Ergebnis auch *Hoeren/Sieber/Viefhues*, Kap. 6 RN 145. Ein solcher Anspruch auf Freihaltung einer Domain falle im Hinblick darauf schwer, daß die Domain dann auch gegenüber solchen Interessenten freigehalten werden müßte, die die Domain für Informationen aus einer nicht verwandten Branche oder für nicht ähnliche Waren verwenden wollen; a.A. *Kur*, WRP 1997'.

631 OLG München MMR 1999, S. 547 "buecher.de/amazon.de".

632 LG Hamburg MMR 1998, S. 46 "bike.de".

633 Vgl. die Beispiele bei *Bettinger*, CR 1997, S. 273 Anm. zu OLG Frankfurt CR 1997, S. 271 "wirtschaft-online.de".

634 Auch an solchen Bezeichnungen können Kennzeichenrechte erworben werden, wenn die Bezeichnung trotz ihrer sprachüblichen Bedeutung für die konkreten

Stelle geht es dagegen um solche Begriffe, an denen niemand ein Kennzeichenrecht geltend machen kann, weil die Bezeichnungen schutzunfähig sind. Nach § 8 Abs. 2 Nr. 1 MarkenG sind insbesondere solche Bezeichnungen einem markenrechtlichen Schutz nicht zugänglich, die für die konkreten Waren/Dienstleistungen nicht unterscheidungskräftig sind; nach § 8 Abs. 2 Nr. 2 MarkenG sind ferner solche Begriffe nicht schutzfähig, an denen ein konkretes Freihaltebedürfnis der Mitbewerber besteht. So ist etwa die Bezeichnung "Buecher" für Bücher nicht unterscheidungskräftig, wenn tatsächlich der Handel mit Büchern betrieben wird. Es besteht zudem auch ein Freihaltebedürfnis von Mitbewerbern, weil diese ihre Waren nicht anders als mit dem Begriff "Bücher" bezeichnen können.[635]

Das OLG Frankfurt a.M. diskutierte eine von der Antragstellerin vorgebrachte analoge Anwendung des § 8 Abs. 2 Nr. 1 und Nr. 2 MarkenG gegen die Registrierung der Domain "wirtschaft-online.de".[636] Mit Recht bejahte das Gericht eine "gewisse" Parallelität der Interessenlagen. Da die Domain für andere Nutzer aufgrund der technisch bedingten Einmaligkeit gesperrt ist, verschafft die Registrierung eines glatt beschreibenden Begriffes dem Inhaber eine *tatsächliche* Monopolstellung. Hingegen richten sich die von § 8 Abs. 2 Nr. 1 und Nr. 2 MarkenG betroffenen Interessen gegen die Schaffung einer förmlich anerkannten, d.h. *rechtlichen* Monopolstellung, die dem Inhaber ein umfassendes Verbietungsrecht auch gegen verwechslungsfähige Kennzeichnungen verschafft.[637]

Gegen eine Anwendbarkeit des § 8 Abs. 2 Nr. 1 und Nr. 2 MarkenG spricht zunächst, daß bei der Registrierung einer beschreibenden Domain

---

Waren/Dienstleistungen oder Branchen unterscheidungskräftig sind, siehe oben zum kennzeichenmäßigen Gebrauch S. 128 ff.

635 Siehe zu den Besonderheiten im Fall "buecher.de" FN 471. Die Klägerin firmierte hier als "Buecher.de AG", so daß der Bezeichnung nach Ansicht des Gerichts ausnahmsweise Unterscheidungskraft zukam.

636 OLG Frankfurt a.M. CR 1997, S. 271, 272 "wirtschaft-online.de".

637 OLG Frankfurt a.M. CR 1997, S. 271, 272 "wirtschaft-online.de"; ebenso LG München I CR 1997, S. 545, 546 "sat-shop.com".

nicht ein allgemeines Freihaltebedürfnis der Mitbewerber betroffen ist, wie es § 8 Abs. 2 Nr. 2 MarkenG verlangt.[638] Die Registrierung der Domain verhindert weder die Benutzung des Begriffes zur Bezeichnung von Produkten oder Unternehmen, noch die sonstige Verwendung im geschäftlichen Verkehr. Abgesehen von diesem Unterschied in der Interessenlage, fehlt es für die Registrierung von Domains an einem dem markenrechtlichen Registrierungsverfahren vergleichbaren staatlichen Prüfungs- und Überwachungsinstrumentarium.[639] Die Rechtsfolgen eines Verstoßes gegen materielle Schutzvoraussetzungen (Verweigerung der Eintragung oder Löschung durch das Patent- und Markenamt) setzen solche staatlichen Prüfungs- und Überwachungsinstrumenatrium aber voraus. Da es bei der Registrierung einer Domain ferner nicht um formellen Markenschutz in einem staatlicher Prüfungsverfahren geht, besteht auch kein entsprechendes Bedürfnis. § 8 Abs. 2 MarkenG ist daher nicht anwendbar.

Auf einhellige Ablehnung ist eine Analogie zu § 8 Abs. 2 Nr. 1 und Nr. 2 MarkenG auch in der Literatur gestoßen.[640] Der Registrierung generischer oder beschreibender Begriffe ist daher mit wettbewerbsrechtlichen Vorschriften, namentlich §§ 1, 3 UWG, beizukommen.[641] Von den Umständen des Einzelfalles ist abhängig, ob eine Irreführung nach § 3 UWG zu bejahen ist, weil die Domain Erwartungen weckt, die nicht erfüllt sind.[642]. Ebenso von den Umständen des Einzelfalles ist abhängig,

---

638 *Hoeren/Sieber/Viefhues*, Kap. 6 RN 211 spricht zu Recht von einem Tabuisierungsbedürfnis. Es gehe nicht darum, den Begriff für alle freizuhalten, sondern darum, die Verwendung jederman zu untersagen.

639 Siehe oben FN 637.

640 *Bettinger*, Anm. zu OLG Frankfurt CR 1997, S. 271 "wirtschaft-online.de", S. 273; *Kur*, CR 1996, S. 325, 328; *dies.* in *Löwenheim/Koch* Kap. 8.4.1, S. 366; *Völker/Weidert*, WRP 1997, S. 652, 660 FN 80; *Schwarz/Poeck*, Kap. 4-2.2, S. 65 f.; *Hoeren/Sieber/Viefhues*, Kap. 6 RN 206 ff., RN 210; *Wagner*, ZHR 162 (1998), S. 701, 717.

641 Gegen eine Anwendbarkeit dieser Vorschriften bestehen hier gerade keine Bedenken, weil Kennzeichenrechte eben nicht betroffen sind.

642 *Wagner*, ZHR 162 (1998), S. 701, 718 stellt auf die Fallgruppe der unberechtigten Inanspruchnahme einer Spitzen- oder Alleinstellungsbehauptung ab, soweit dem Kunden suggeriert werde, der jeweilige Anbieter repräsentiere eine gesamte Branche. In Betracht kommen dafür Bezeichnungen wie "anwalt.de", "steuerbe-

ob eine unzulässige Alleinstellungsbehauptung[643] mit der konkreten Domain verbunden ist oder sich die Sittenwidrigkeit aus einem Kanalisierungseffekt ergibt.[644]. Da es sich hierbei jedenfalls nicht um ein kenn-

---

rater.de". Solche Bezeichnungen sollen nur den berufständischen Vereinen oder Kammern zustehen; siehe auch *Kur*, CR 1996, S. 325, 329. Die Domain "aerztekammer.de" weckt die Erwartung, Informationen über oder von Bundes- oder Landesärztekammern zu erhalten; wird der Nutzer unter der Domain mit einem Angebot auf Eintragung in ein gewerbliches Branchenverzeichnis konfrontiert, liegt darin eine unzulässige Irreführung, siehe LG Heidelberg v. 13.08.1997 "aerztekammer.de", siehe Kurzbesprechung in WRP 1997, S. 1230.

643 LG Köln GRUR-RR 2001, S. 41 ff. "DerProzessfinanzierer.de".

644 *Hoeren/Sieber/Viefhues*, Kap.6 RN 213/214. Ob sich eine Kanalisierungsfunktion in tatsächlicher Hinsicht verwirklicht, hängt entscheidend von den Nutzungsgewohnheiten ab. Das OLG Frankfurt (CR 1997, S. 271, 273) will eine unsachliche Beeinflussung der Teilnehmer davon abhängig machen, wie die Domain im einzelnen präsentiert wird. Biete sich die Domain in der Werbung des jeweiligen Unternehmens dar, sei ein Kanalisierungseffekt ausgeschlossen, da es an einer spontanen Auswahlmöglichkeit zwischen mehreren Angeboten von vornherein fehle. Die Auswahl könne dann nicht von der Domain beeinflußt werden. Die Kanalisierungsfunktion als Unlauterkeitsmoment des § 1 UWG anerkannte hingegen das OLG Hamburg in seiner Entscheidung "mitwohnzentrale.de" (MMR 2000, S. 40 ff; mit Beschluß vom 04.05.2000 hat der BGH die Revision zugelassen, siehe unter www.jurpc.de/aufsatz/20000105.htm, zuletzt besucht am 12.06.2000). Die Beurteilung der maßgeblichen Gewohnheiten der Nutzer meinte das Gericht auch ohne Einholung eines Sachverständigengutachtens aus eigener Sachkunde beurteilen zu können. Aufgrund der weltweiten Erstreckung des Mediums und der Komplexität und Unübersichtlichkeit der Angebote könne der "typische Nutzer" weder nach Alter, noch Nationalität, Bildung oder Interesse charakterisiert werden. Ein einheitliches Verhalten sei daher nicht Maßstab der Beurteilung, so daß ausreichend sei, wenn nicht unerhebliche Teile der Verkehrskreise Angebote über die Direkteingabe generischer oder beschreibender Begriffe zu lokalisieren suchten. Wer nicht über eine prägnante Marke oder Unternehmenskennzeichen verfüge, werde daher nach anderen Wegen suchen, den Teilnehmer auf seine Website zu leiten. Aus dieser unter wirtschaftlichen Gesichtspunkten verständlichen Veranlassung der Anbieter zur Registrierung generischer oder beschreibender Begriffe zog das OLG Hamburg den Schluß, die Nutzer würden dann auch versuchen, durch Direkteingabe dieser Begriffe zu entsprechenden Angeboten zu finden. Wer im Internet nach bestimmten Angeboten sucht, wird sich in den seltensten Fällen mit nur einem zufrieden geben. Die Überwindung räumlicher Entfernungen ermöglicht gerade einen mit geringem Aufwand verbundenen Vergleich der Angebote. Selbst wenn einige Nutzer den Weg der Direkteingabe generischer oder beschreibender Begriffe wählen sollten, ist das den Kanalisierungseffekt belegende Verbleiben des Nutzers auf der angewählten Website nicht frei von tatsächlichen Zweifeln. Über den Verbleib wird die Qualität und Preiswürdigkeit des Angebots entscheiden, so

zeichenrechtliches Problem handelt, soll dem nicht weiter nachgegangen werden.

B. Ansprüche nach §§ 12, 823 Abs. 1, 826 BGB

Bisher sind Ansprüche des Kennzeicheninhabers nach den §§ 14 Abs. 2 Nr. 1 bis Nr. 3, 15 Abs. 2 und Abs. 3 MarkenG untersucht worden. Nach den dortigen Ergebnissen lassen sich die Fälle lösen, in denen eine Domain im geschäftlichen Verkehr kennzeichenmäßig für identische oder ähnliche Waren/Dienstleistungen oder Branchen benutzt wird. Bekannte Marken genießen auch bei einer Nutzung für unähnliche Waren/Dienstleistungen oder Branchen Schutz gegen eine Beeinträchtigung ihrer Unterscheidungskraft (Verwässerungsschutz), wenn tatsächlich Inhalte auf der Website angeboten werden. Es bleiben daher die Fälle, in denen eine nicht bekannte Marke oder Unternehmensbezeichnung für unähnliche Waren/Dienstleistungen oder Branchen benutzt wird, sowie die Fälle des Domain-Grabbing, bei denen konkrete Inhalte auf der Website nicht abrufbar sind und daher auch eine Verwässerung des bekannten Zeichens nicht zu befürchten ist.

---

daß sich der Verwender dieser Begriffe dem üblichen Leistungswettbewerb stellt. Der Grund für die Wahl einer solchen Bezeichnung liegt in vielen Fällen nicht zwingend in der Absicht, eine Kanalisierung der Kundenströme zu bewirken; verfügt ein Unternehmen nicht über eine schlagkräftige Marke oder Unternehmensbezeichnung, soll dem Abnehmer eine prägnante, gut merkbare Marke oder Unternehmensbezeichnung in der allgemeinen Werbung gegenübertreten, so daß er sich an diese eher erinnert als an eine unter Umständen längere Unternehmensbezeichnung, die auch noch mit Bindestrichen oder ähnlichem versehen werden muß. Die Kanalisierung kann jedenfalls nicht pauschal zur Begründung der Unlauterkeit herangezogen werden; die Umstände des Einzelfalles bedürfen auch hier einer genauen Bewertung. Mögen diese in dem vom OLG Hamburg entschiedenen Fall für eine unlautere Ausnutzung der Kanalisierung gesprochen haben, läßt sich aus der Entscheidung jedoch kein allgemein gültiger Rechtssatz ableiten.

I. Namensrechtlicher Schutz nach § 12 BGB

Denkbar ist für diese Fälle ein Rückgriff auf einen namensrechtlichen Schutz nach § 12 BGB. Der Schutz des Namens setzt nach § 12 BGB das *Bestreiten des Rechts zum Gebrauch eines Namens* (1. Alt.) oder die *Verletzung eines rechtlich geschützten Interesses durch den unbefugten Gebrauch* des gleichen oder ähnlichen Namens voraus (2. Alt.). Daß die Rechtsprechung seit jeher[645] nicht nur den bürgerlichen Namen, sondern auch die Bezeichnungen nicht rechtsfähiger Personenvereinigungen und juristischer Personen namensrechtlich schützt, wurde bereits erwähnt.[646] Dem Schutz unterliegen daher auch die Firma, deren Bestandteile, besondere Geschäftsabzeichen und in Ausnahmefällen auch Marken, soweit diese im Verkehr als Unternehmenskennzeichen verstanden werden.[647] Die Einbeziehung dieser, dem bürgerlichen Namen verwandten Bezeichnungen, führt nicht zu einer unbesehenen Prüfung der Tatbestandsvoraussetzungen nach den gleichen Grundsätzen wie sie zum Schutz von Personennamen entwickelt worden sind. Bleibt auch die Rechtsgrundlage des § 12 BGB identisch, so ist bereits festgestellt worden, daß die Funktionsdivergenz zwischen bürgerlichem Namen und Unternehmenskennzeichen zu Einschränkungen des Schutzumfangs des §

645 Siehe zur rechtshistorischen Entwicklung *Klippel*, S. 305 ff.

646 *Fabricius*, JR 1972, S. 15 weist auf die aus dem Jahr 1927 stammende Rechtsprechung des Reichsgerichts hin, die der BGH unvermindert fortführte; siehe etwa BGH GRUR 1960, S. 550 551 "Promonta". Die Anwendung des § 12 BGB auf Unternehmensbezeichnungen ist historisch zu begründen, vgl. *Klippel*, S. 309. Da ein Schutz nach § 37 Abs. 2 HGB versagte, wenn ein Firmenmißbrauch nicht durch unbefugte Firmenführung vorliege, sondern etwa durch Verwendung als Warenzeichen erfolgte, wurde ein Rückgriff auf § 12 BGB für erforderlich gehalten. *Fabricius*, JR 1972, S. 15 ff. widerspricht dieser extensiven Anwendung des § 12 BGB insbesondere mit dem Argument, § 28 UWG werde ohne sachliche Begründung unterlaufen, da der BGH bei § 12 BGB - anders als bei § 16 UWG erforderlich - die erforderliche Gegenseitigkeit der Schutzgewährung zwischen dem Auslandsstaat und dem Heimatstaat nicht für erforderlich halte. Da der frühere § 16 UWG nunmehr als § 15 MarkenG Eingang in das Markenrecht gefunden hat, ist das Argument schon aus diesem Grunde nicht mehr haltbar. Vgl. im übrigen die Gegenargumentation *Knaaks*, S. 21.

647 Siehe auch *Götting*, S. 79.

12 für die Unternehmensbezeichnungen führt.[648] Erfaßt insbesondere das Merkmal der Interessenverletzung des § 12 S.1 2.Alt. BGB bei dem Schutz des bürgerlichen Namens die Verletzung jeden ideellen oder vermögensrechtlichen Interesses und sogar bloßer Affektionsinteressen,[649] ist der für Unternehmenskennzeichen relevante Bereich schützenswerter Interessen bislang auf den Schutz vor Verwechslungs- und Verwässerungsgefahren begrenzt worden.[650] Die Anwendungsbereiche des § 15 Abs. 3 MarkenG und des § 12 BGB sind daher bislang im wesentlichen deckungsgleich.

Das LG Düsseldorf erblickte die für § 12 BGB erforderliche Interessenverletzung hingegen in dem Umstand, daß die Domain nur einmal registriert werden könne.[651] Der Namensträger sei daher gehindert, sich seines eigenen Namens zur Bezeichnung seiner Internet-Adresse zu bedienen. Die Bedenken hiergegen, das prioritätsältere Recht setze sich branchenübergreifend gegenüber jedem jüngeren Recht durch, so wie dies eigentlich nur für berühmte Kennzeichnungen anerkannt ist, drängen sich auf. Sie werden auf Seiten des Gerichts dadurch auszuräumen versucht, daß eine branchenunabhängige Durchsetzung nur dann erfolgen dürfe, wenn auf Seiten des Domain-Inhabers weder ein besseres noch (bei Branchenverschiedenheit) überhaupt ein Recht an der betreffenden Bezeichnung erkennbar sei.

Die Entscheidung läßt, wie andere auch, eine systematische Prüfung des § 12 BGB nach herkömmlichen Grundsätzen vermissen. Wenn auch § 12 BGB seinem Wortlaut nach, insbesondere seiner umfassenden Interessenabwägung wegen, sich durch seine durch die Rechtsprechung geprägte Flexibilität kennzeichnet, bleibt eine systematische Prüfung unentbehrlich, um eine systemwidrige Ausdehnung des Namensschutzes im Hinblick auf den Schutz geschäftlicher Bezeichnungen zu verhindern.

---

648 *Knaak*, S. 19; *Schwarz/Poeck*, Kap. 4-2.2, S. 48 f. Siehe oben S. 65 ff.
649 *Götting*, S. 96; BGH GRUR 1958, S. 302, 303 "Lego".
650 Siehe oben S. 65 ff.
651 LG Düsseldorf MMR 1999, S. 369, 370 "nazar".

1. Anwendbarkeit des § 12 BGB

Ein Rückgriff auf § 12 BGB, der häufig die Bezeichnung "Generalklausel des Kennzeichenrechts" erfährt,[652] setzt zunächst voraus, daß § 12 BGB neben den markenrechtlichen Vorschriften bei fehlender Verwechslungs- und Verwässerungsgefahr überhaupt Anwendung findet. Wie oben ausgeführt, ist der Anwendungsbereich des § 12 BGB grundsätzlich dann nicht mehr eröffnet, wenn der Regelungsbereich der markenrechtlichen Vorschriften betroffen ist.[653] Wie oben erwähnt, bleiben für den Anwendungsbereich ds § 12 BGB zunächst die Fälle, in denen die Domain nicht im geschäftlichen Verkehr benutzt wird. Hier schließen die markenrechtlichen Vorschriften eine ergänzende Anwendung anderer Vorschriften jedenfalls nicht aus. § 12 BGB ist daher grundsätzlich anwendbar. Ob die Vorschrift jedoch tatsächlich für Unternehmensbezeichnungen einen Schutz gegen private Nutzungen gewährt ist keine Frage des Anwendungsbereiches, sondern der Voraussetzungen des § 12 BGB. Gleiches gilt auch für Nutzungen, die nach den obigen Ausführungen nicht kennzeichenmäßig sind.[654] Auch hier ist der Anwendungsbereich des § 12 BGB zwar eröffnet. Ein Schutz kann gleichwohl nicht gewährt werden, weil § 12 BGB ebenfalls eine namensmäßige Nutzung voraussetzt.

Problematisch ist die Heranziehung des § 12 BGB allerdings dann, wenn aufgrund der Unähnlichkeit der sich gegenüberstehenden Waren/Dienstleistungen oder Branchen keine Verwechslungsgefahr besteht und/oder kein Tatbestand des §§ 14 Abs. 2 Nr. 3, 15 Abs. 3 MarkenG erfüllt ist. Gerade für die kennzeichenmäßige Nutzung eines Zeichens im geschäftlichen Verkehr enthalten die markenrechtlichen Vorschriften spezielle Voraussetzungen. Nach an sich zutreffender Argumentation des BGH kommt der gesetzlichen Regelung gleichsam eine Begrenzungsfunktion zu, so daß das negative Verbietungsrecht des Kennzeicheninha-

---

[652] *Götting*, S. 80; *Knaak*, S. 18.
[653] Siehe oben S. 60 ff.
[654] Siehe oben S. 122 ff.

bers gerade auf diese Tatbestände beschränkt ist.[655] Allerdings basieren die Regelungen des Markengesetzes darauf, daß identische oder ähnliche Zeichen durchaus koexisitieren können, soweit es sich um unähnliche Waren/Dienstleistungen oder Branchen handelt und kein Tatbestand der §§ 14 Abs. 2 Nr. 3, 15 Abs. 3 MarkenG vorliegt. Durch solche koexistierenden Zeichen wird der Kennzeicheninhaber grundsätzlich in seiner eigenen geschäftlichen Sphäre nicht beeinträchtigt. Die Zweidimensionalität des Markenrechts, d.h. der Zusammenhang zwischen Zeichen und Ware/Dienstleitung oder Branche existiert dagegen im Domain Name System nicht. Hier kann ein identisches Zeichen nur einmal existieren, gleichviel für welche Waren/Dienstleistungen oder Branchen es benutzt wird. Beeinträchtigungen, die sich aus dieser Exklusivität ergeben können, gehören nicht zum Regelungsbereich des Markengesetzes. Dies erlaubt einen Rückgriff auf § 12 BGB. Damit ist gleichwohl nicht die Frage beantwortet, ob § 12 BGB tatsächlich einen Schutz gegen die Registrierung einer identischen Domain außerhalb eines Verwechslungs- oder Bekanntheitsschutzes gewährt. Dies ist vielmehr anhand der Voraussetzungen eines namensrechtlichen Schutzes im einzelnen zu prüfen.

2. Benutzung als Name

Gemeinsame Voraussetzung eines Schutzes nach § 12 S. 1 1. Alt. BGB (Namensleugnung) und § 12 S. 1 2. Alt. BGB (Namensanmaßung) ist die Benutzung einer Bezeichnung als Name.

In drei gleichlautenden Entscheidungen lehnte das Landgericht Köln[656] einen namensmäßigen Schutz nach § 12 BGB wegen fehlender Namensfunktion der Domain ab. An eine namensmäßige Wirkung der Domain könne nach Ansicht des Landgerichts nur dann gedacht werden, wenn der Benutzer in der Verwendung der gewählten Buchstabenkom-

---

655 Siehe oben S. 60 ff.

656 LG Köln BB 1997, S. 1121 "kerpen.de" m. Anm. *Zahrndt*; LG Köln NJW-CoR 1997, S. 304 "kerpen.de", "hürth.de" und "pulheim.de" (in Leitsätzen); LG Köln GRUR 1997, S. 377 "hürth.de"; LG Köln CR 1997, S. 291 "pulheim.de".

bination einen Hinweis auf die Person des Namensträgers sehen müßte.[657] Da die Domain aber frei wählbar sei,[658] dränge sich ein erkennbarer Zusammenhang dem Betrachter nicht unmittelbar auf. Zwar könne eine Domain durchaus im Einzelfall die Funktion eines Namens erfüllen, doch bedeute zumindest die Wahl eines Städtenamens nicht zwingend, daß sich die juristische Person auf der Website selbst darstelle. Die Verneinung der namensmäßigen Nutzung ist zu Unrecht viel gescholten worden.[659] Es ist nicht von der Hand zu weisen, daß bei der Wahl eines Städtenamens die Vorstellungen des Verkehrs gespalten sein können, da sich durchaus auch kommerzielle Angebote dahinter verbergen können.

In einer der ersten zu dieser Thematik veröffentlichten Entscheidung des LG Mannheim[660] bejahte das Gericht dagegen eine namensmäßige Verwendung der Domain "**heidelberg.de**" mit der Erwägung, daß - von Ausnahmen abgesehen - häufig aus der Domain auf die Person geschlossen werden könnte, welche die Website unterhalte. Verwende jemand einen Städtenamen ohne weitere Zusätze, liege es nahe, Informationen nicht nur über, sondern von der Stadt selbst zu erwarten. Daß einige andere unbekannte Orte oder natürliche Personen denselben Namen trügen,[661] ändere an dem zuvor genannten Verständnis nichts, da der Ver-

---

657 LG Köln BB 1997, S. 1121.

658 Auch Vereinsnamen und Unternehmensbezeichnungen sind frei wählbar, ohne daß ein kennzeichenrechtlicher Schutz daran scheitert, siehe *Klippel*, S. 306 mit Hinweis auf RGZ 74, S. 114 ff.

659 *Zahrndt*, Anm. zu LG Köln BB 1997, S. 1121, BB 1997, S. 1121; *Völker/Weidert*, WRP 1997, S. 652, 655; *Bücking*, NJW 1997, S. 1886, 1890 unterstellt dem Gericht zu Unrecht einen falschen Ansatz. Die Entscheidungen lassen eindeutig erkennen, daß in anderen Fällen eine namensmäßige oder auch kennzeichenmäßige Nutzung einer Domain in Betracht kommen kann. *Kur*, The Domain Name Versus Trade Mark Dilemma, S. 8 meint, die Entscheidungen erklärten sich daraus, daß die Städtebezeichnungen weniger bekannt seien. Da § 12 BGB in seiner richterlichen Handhabung sehr flexibel sei, mag diese Erwägung den letzten Ausschlag gegeben haben.

660 LG Mannheim CR 1996, S. 353 "Heidelberg" m. Anm. *Hoeren* =WiB 1996, S. 956 m. Anm. *Westerwelle* = GRUR 1997, S. 377.

661 *Wilmer*, CR 1997, S. 562, 564 verweist zu Unrecht auf eben diesen Aspekt zur Verneinung eines namensmäßigen Schutzes. Dem ist entgegenzuhalten, daß auch Namen mehrfach existieren können. Namensschutz bzw. ein in den Augen des Verkehrs namensmäßiger Gebrauch setzt nicht voraus, daß es sich um etwas

kehr auch dann nicht erwarte, daß sich hinter der Domain Personen verbergen, die weder Heidelberg heißen noch in Heidelberg ansässig sind, wie dies bei der Beklagten der Fall war.[662] Die Betrachtung jüngerer Urteile[663] zu nahezu identischen Sachverhalten zeigt deutlich eine einheitliche Linie[664] der Gerichte, eine namensmäßige Verwendung einer Domain zumindest dann anzunehmen, wenn die Bezeichnung als Hinweis auf einen bestimmten Namensträger verstanden werden muß.[665]

---

einmaliges handelt. Es kommt einzig darauf an, daß nicht unerhebliche Teile des Verkehrs den Namensschutz in Anspruch nehmenden Namensträger dahinter vermuten.

662 Mit einer gleichlautenden Argumentation bejahte auch das Landgericht Lüneburg einen Unterlassungsanspruch gemäß § 12 BGB an der Domain "celle.de". Nach allgemeinem Sprachverständnis werde mit der isolierten Verwendung eines Ortsnamens die Kommune als solche bezeichnet, LG Lüneburg CR 1997, S. 288 "celle.de" m. Anm. *Strömer*.

663 OLG Karlsruhe MMR 1999, S. 604 "badwildbad.com"; OLG Köln NJW-CoR 1999, S. 171 "alsdorf.de"; OLG Köln CR 1999, S. 385 "herzogenrath.de" = NJW-RR 1999, S. 622; LG Duisburg MMR 2000, S. 168, 169 zur namensmäßigen Nutzung eines Städtenamens als Third Level Domain.

664 Das OLG Köln spricht von "gesicherter Erkenntnis", CR 1999, S. 385 "herzogenrath.de".

665 Das OLG Karlsruhe verweist auf die gängige Praxis auch juristischer Personen des Öffentlichen Rechts, im Internet Werbung zu betreiben, so daß auch die Wahl des Städtenamens auf die juristische Person hinweise, OLG Karlsruhe MMR 1999, S. 604, 605 "badwildbad.com". Besondere Bedeutung erlangt die Entscheidung dadurch, daß hier, anders als in den vorgenannten Fällen, nicht eine Registrierung unter der Top Level Domain "de" vorgenommen worden war, sondern unter der eigentlich kommerziellen Unternehmen vorbehaltenen Domain "com". Dem maß das Gericht keine besondere Bedeutung zu, zum einen mit dem Argument, der Bestandteil verfüge über keine namensmäßige Kennzeichnungskraft und trete daher gegenüber dem Bestandteil "badwildbad" zurück. Zum anderen sei den Nutzern nicht bekannt, daß unter der Top Level Domain "com" lediglich kommerzielle Anbieter aufträten. Dies liege nicht zuletzt daran, daß nicht-kommerzielle Anbieter keineswegs an einer Eintragung unter dieser Top Level Domain gehindert seien. Das OLG Köln wies auch den Einwand des Beklagten zurück, Kommunen müßten den Zusatz "Stadt" führen, da sich der Namensschutz auf die volle amtliche Bezeichnung, zu der dieser Bestandteil gehöre, beschränke.Dagegen *Wegner*, CR 1999, S. 250, 252: Die Verwendung des Suffixes "com" lasse eine Website der Stadt nicht erwarten; so auch *Biere*, Anm. zu OLG Köln CR 1999, S. 385 "herzogenrath.de", CR 1999, S. 387.Siehe auch LG Braunschweig NJW-CoR 1997, S. 303 "braunschweig.de".

Abgesehen von etwaigen Besonderheiten bei der Registrierung eines Städtenamens ist von den Gerichten allgemein ein namensmäßiger Gebrauch bejaht worden.[666] Es ergeben sich bei der Prüfung eines namensmäßigen Gebrauchs keine wesentlichen Abweichungen[667] gegenüber der Prüfung eines kennzeichenmäßigen Gebrauchs. Der Domain kann neben ihrer Adressfunktion auch eine Namensfunktion zukommen, sofern die konkrete Bezeichnung wie ein Name verstanden wird. Kennzeichenmäßig ist daher (1) die Benutzung eines Phantasiezeichens, (2) die Benutzung eines sprachüblichen Begriffs, der hinsichtlich der zugrundeliegenden Branchen unterscheidungskräftig ist oder (3) die Verwendung eines sprachüblichen Begriffs, der hinsichtlich der zugrundeliegenden Branchen zwar nicht unterscheidungskräftig ist, jedoch aufgrund seiner Verkehrsgeltung als Hinweis auf ein bestimmtes Unternehmen verstanden wird.[668]

---

666 OLG München CR 1999, S. 382, 383 "shell.de"; LG Düsseldorf GRUR 1998, S. 159, 161 "epson"; LG Frankfurt MMR 1998, S. 151, 152 "lit.de"; OLG Hamm MMR 1998, S. 214, 215 "krupp.de" m. Anm. *Berlit* = K&R 1998, S. 216, 217 = NJW-CoR 1998, S. 175, 176 - siehe hierzu die Kritik *Wagners*, ZHR 162 (1998), S. 701, 706 dessen Ansicht nach statt § 12 BGB vorrangig § 15 Abs. 3 MarkenG zu prüfen gewesen wäre; LG Braunschweig MMR 1998, S. 272 "deta.com"; KG NJW 1997, S. 3321, 3322; LG Frankfurt CR 1997, S. 287 "das.de"; OLG Stuttgart K&R 1998, S. 263, 265 "steiff.com"; ÖOGH MMR 1999, S. 90, 92; LG Düsseldorf MMR 1999, S. 369, 370; OLG Düsseldorf MMR 1999, S. 556 (Ls.) = WRP 1999, S. 343; OLG München CR 1999, S. 778 "tnet.de" bejaht den selbständigen Schutz von Domains als Unternehmenskennzeichen, wenn der konkrete Gebrauch dies nahelegt; OLG München K&R 1999, S. 569 "rollsroyce.de" = BB 1999, S. 2421 (die Revision beim BGH wird geführt unter dem Aktenzeichen I ZR 240/99); OLG München K&R 1999, S. 570 "vossius.de" = ZUM-RD 1999, S. 474 = BB 1999, S. 2422 (die Revision beim BGH wird geführt unter dem Aktenzeichen II ZR 304/99); OLG Düsseldorf WRP 1999, S. 343, 346 "ufa.de" = NJW-RR 1999, S. 626; OLG Karlsruhe WRP 1998, S. 900 "zwilling.de"; LG Düsseldorf NJW-RR 1999, S. 629 "JPNW".

667 Der einzige Unterschied besteht darin, daß ein rein markenmäßiger Gebrauch, also zur Produktidentifizierung, nicht genügt, da § 12 BGB eine Benutzung als Name voraussetzt. Bei den beteiligten Verkehrskreisen muß daher der Eindruck entstehen, Gegenstand der Identifizierung sei ein Unternehmen.

668 Siehe oben S. 125 ff.

3. Namensleugnung nach § 12 S. 1 1. Alt. BGB

Hinsichtlich der weiteren Voraussetzungen eines Namensschutzes nach § 12 BGB hat die Prüfung wegen der unterschiedlichen Voraussetzungen getrennt nach den beiden Tatbestandsalternativen des § 12 BGB zu erfolgen. Die bisherige Ausfüllung des Tatbestandes der Namensleugnung bzw. Namensbestreitung durch Rechtsprechung und Literatur[669] läßt eine Parallele zur Nutzung einer identischen Domain zunächst nicht besonders naheliegend erscheinen.[670] Denn meist geht es dem Domain-Inhaber um eine tatsächliche Nutzung der Domain und nicht darum, dem Namensinhaber sein Recht streitig zu machen. Auch in den Fällen des Domain-Grabbing geht es letztlich darum, sich den wirtschaftlichen Wert einer Domain-Registrierung zunutze zu machen. Betrachtet man aber die technische Wirkung einer Registrierung, so wird der Kennzeicheninhaber durch die Registrierung einer identischen Domain nicht nur in der Nutzung seines Namens behindert, sondern die Nutzung wird, auf den Bereich des Internet beschränkt, unmöglich gemacht, da der Kennzeicheninhaber eine identische Bezeichnung nicht mehr registrieren lassen kann. Eine Funktionsstörung ist die Folge, die sich inhaltlich von denjenigen Beeinträchtigungen unterscheidet, die sich sonst aus der gleichzeitigen Benutzung einer identischen Bezeichnung ergeben, nämlich durch Verwechslungs- oder Verwässerungsgefahren. Die Möglichkeit des öffentlichen Auftritts unter einem Namen oder einer geschäftlichen Bezeichnung ist durch das Internet um ein wesentliches Medium ergänzt worden. Diese wirtschaftlich wertvolle Position entgeht dem Namensinhaber. Denn anders als andere Medien erlaubt das Internet rein technisch keine Koexistenz von Namen oder geschäftlichen Bezeichnungen.

Ob eine Bewertung der Nutzung einer identischen Domain nach § 12 S. 1 1.Alt. BGB systematisch bedenkenfrei ist, hängt von dem Anwendungsbereich der jeweiligen Tatbestandsalternative ab. Eine Abgrenzung

---

[669] Siehe dazu *Klippel*, S. 412 f. m.w.N.

[670] So aber LG Frankfurt CR 1997, S. 287 "das.de".

erfolgt nach *Klippel*[671] zu Recht danach, ob der Name *zum Eigengebrauch* (§ 12 S. 1 1. Alt. BGB) oder *gegen Fremdgebrauch* (§ 12 S. 1 2. Alt. BGB) geschützt werden soll. Das namensbestreitende Element nach § 12 S. 1 1. Alt. BGB stellt nicht die Nutzung des Namens durch eine anderen Person dar. Die Beeinträchtigung liegt vielmehr in der Verhinderung der erschöpfenden Namensnutzung durch den Namensinhaber. Das Verhalten des Angreifers muß zu erkennen geben, daß er das Recht eines Dritten zum Gebrauch eines bestimmten Namens nicht anerkennt.[672] Daß die Namensanmaßung sich quantitativ durch ein Mehr an Handlung (Benutzung des Namens) auszeichnet, darf nicht über den qualitativen Unterschied hinwegtäuschen. Der Eingriff durch Namensleugnung wiegt wesentlich schwerer, da der Namensinhaber daran gehindert wird, sich seines Namens als sprachliches und gedankliches Mittel zur Unterscheidung zu bedienen. § 12 S. 1 2. Alt. BGB trägt dafür Sorge, daß - wie noch zu zeigen sein wird - der Funktionsbereich unangetastet bleibt und sinnvolle Ausdehnungen der Tätigkeit möglich bleiben. Den Auftritt des Namensinhabers als solchen sichert hingegen § 12 S. 1 1. Alt. BGB.

Die Eintragung einer identischen Domain im Unähnlichkeitsbereich zeichnet sich sowohl durch namensleugnende Elemente aus Sicht des Namensinhabers als auch durch namensanmaßende Elemente aus Sicht des Domain-Inhabers aus. Für eine tatbestandsmäßige Einordnung ist entscheidend, worin der Schwerpunkt der vorwerfbaren Handlung liegt. Im Vordergrund steht die Registrierung der Domain und deren Nutzung durch den jeweiligen Inhaber. Die Folge einer weltweiten Sperrung für andere Namensinhaber ergibt sich als bloßer technischer Nebeneffekt. Richtet sich die Handlung des Domain-Inhabers also nicht zielgerichtet nach Art eines Angriffs auf das Namensrecht, wird die Annahme einer Namensleugnung dem Wesen der Handlung nicht gerecht. Die Registrie-

---

671 *Klippel*, S. 413 zurückgehend auf *Nipperdey*, DRZ 1948, S. 177.
672 MüKo/Schwerdtner, § 12 RN 97; Soergel/Heinrich, § 12 RN 170.

rung verhilft zu einer Nutzung der Bezeichnung als Domain, so daß das Anmaßen dieser Position schwerer wiegt.[673]

4. Namensanmaßung nach § 12 S. 1 2. Alt. BGB

Tatbestandlich fällt die Registrierung einer identischen Domain daher in den Anwendungsbereich des § 12 S. 1 2. Alt. BGB, dem in der Praxis der Gerichte die größere Bedeutung innerhalb der beiden Tatbestandsalternativen des § 12 BGB zukommt. Einigkeit besteht darüber, daß sich der Inhaber eines Unternehmenskennzeichens eines Schutzes nach § 12 BGB nur verdient macht, wenn er sich, in Anpassung an seinen begrenzten Tätigkeitsbereich,[674] auf die Verletzung geschäftlicher Interessen berufen kann. Anders als bei §§ 14 Abs. 2, 15 Abs. 2 und Abs. 3 MarkenG geht es dabei nicht um die Frage, ob der Domain-Inhaber im geschäftlichen Verkehr handelt, sondern darum, ob geschäftliche Interessen des Namensinhabers verletzt sind. Der Schutzbereich des § 12 BGB kann also insoweit weiter sein, als möglicherweise selbst private Handlungen geschäftliche Interessen des Namensträgers verletzen können.

a. Erweiterungen des Namensschutzes

Festzuhalten bleibt nach den obigen Feststellungen,[675] daß § 12 BGB durch die Rechtsprechung zwar eine Ausdehnung auf den Schutz geschäftlicher Bezeichnungen erfahren hat. Gleichzeitig ist ein geschäftliches Interesse des Inhabers einer Unternehmensbezeichnung bislang nur dann als verletzt angesehen worden, wenn Verwechslungsgefahren im engeren oder weiteren Sinne durch identische Zeichen hervorgerufen wurden oder die Gefahr bestand, ein berühmtes Zeichen werde durch ein identisches Zeichen verwässert.

---

673 So im Ergebnis auch *Samson*, S. 127.
674 *Götting*, S. 96.
675 Siehe allgemein zum Namensschutz S. 63 ff.

Dies führt zu einer weitestgehenden Kongruenz der Schutzbereiche des § 15 MarkenG und § 12 BGB.[676] Auch bei einer solchermaßen eingeschränkten Anwendung des § 12 BGB ist das Ergebnis eine Schutzverweigerung, wie sie sich auch bei einer Anwendung der §§ 14, 15 MarkenG ergibt. Es ist daher vielfach eine Abschaffung des Domain Name System befürwortet worden.[677] Zur Lösung des durch das aktuelle Registrierungsverfahren bedingten Konflikts zwischen Domain-Inhaber und Kennzeicheninhaber könnte jedoch an eine Erweiterung des bisherigen Namensschutzes gedacht werden. So ließen sich interessengerechte Ergebnisse erzielen, wenn es gelänge, beim Namensschutz (1) die Branchenähnlichkeit auf Null zu reduzieren oder (2) neben der Verwässerungsgefahr einen zweiten Ausnahmetatbestand zu bilden, der sich auf eine unzulässige Behinderung des Namensinhabers gründet.

aa. Reduzierung der Branchenähnlichkeit auf Null

Wie dies auch bei §§ 14, 15 MarkenG bereits diskutiert worden ist, ließen sich Benutzungshandlungen zumindest im Bereich unähnlicher Branchen namensrechtlich erfassen, wenn auf die Ähnlichkeit der Branchen verzichtet werden könnte.[678] Voraussetzung bliebe zwar auch dann die Annahme einer Verwechslungsgefahr. Da das Internet bzw. das Domain Name System einen eindimensionalen Namensraum schafft, wäre die Gefahr von Verwechslungen hier aber nur anhand der Ähnlichkeit

---

676 *Knaak*, S. 21. Daß die Rechtsprechung später die Verwechslungsgefahr nicht mehr im Rahmen der Unbefugtheit des Namensgebrauches prüfte, sondern im Rahmen der Interessenverletzung steht in direktem Zusammenhang mit der Ausdehnung des Namensschutzes auf den Schutz vor Verwässerung. Die Unbefugtheit der Nutzung hätte bei einem Schutz vor Verwässerung eben nicht mehr mit den Tatbeständen einer Verwechslungsgefahr entsprechend § 16 UWG a.F. begründet werden können. Die Handhabe für eine weitere Ausdehnung des Namenschutzes auf einen Verwässerungsschutz bot das Erfordernis der Interessenverletzung, siehe *Klippel*, S. 338.

677 *Biermann*, WRP 1999, S. 997, 1005.

678 Das OLG Stuttgart K&R 1998, S. 263, 264 "steiff.com" nimmt zu einer Branchenähnlichkeit keine Stellung. Die Verwendung eines Firmenschlagwortes weise jedenfalls auf das damit bezeichnete Unternehmen bzw. den Namensträger hin.

der Bezeichnungen und ihrer Kennzeichnungskraft zu messen. Das KG[679] vertritt die Auffassung, daß jedenfalls bei einer Verwechslungsgefahr im engeren Sinne, bei der eine echte Identitätstäuschung hervorgerufen wird, eine Branchengleichheit oder Branchennähe nicht erforderlich sei. Eine weitere Begründung dieser Auffassung kann auch den angeführten Zitatstellen[680] nicht entnommen werden. Es ließe sich anführen, daß § 12 BGB, anders als zumindest § 14 Abs. 2 Nr. 2 MarkenG, nicht explizit an eine Branchennähe anknüpft, weswegen der Wortlaut eine entsprechende Reduzierung zuließe. Diesem Wortlautargument läßt sich entgegenhalten, daß auch § 15 Abs. 2 MarkenG auf eine Branchenähnlichkeit nicht explizit Bezug nimmt. Da die (explizite) Nennung des Tatbestandmerkmales "Branchenähnlichkeit" jedoch nicht nötig ist - bereits der Begriff der Verwechslungsgefahr setzt gedanklich eine Branchennähe voraus - kann diese Begründung nicht überzeugen. Im übrigen ist auf die Ausführungen zu § 14 Abs. 2 MarkenG zu verweisen.[681] Auch dem Namensrecht sind Interessenkonflikte durch Namensanmaßung im Unähnlichkeitsbereich fremd, sofern nicht die Gefahr von Verwässerungen eines berühmten Zeichens besteht. Daneben führt dieser Ansatz nicht zu einer wesentlichen Verbesserung der Rechtsposition der Kennzeicheninhaber. Bei einem Verzicht auf die Betrachtung der Website zur Feststellung einer Branchenähnlichkeit könnte eine Beeinträchtigung des Identitätsinteresses nur dann angenommen werden, wenn der Verkehr die Domain nur einem bestimmten Unternehmen zuordnet. Das kann nur für berühmte Unternehmensbezeichnungen gelten, die ohnehin Schutz gegen Verwässerung im Unähnlichkeitsbereich genießen. Gerade bei Zeichen mit schwacher oder normaler Kennzeichnungskraft wird die Domain alleine hingegen überhaupt keine oder keine klaren Vorstellungen hervorrufen. Eine Vielzahl von Kollisionen, bei denen gerade keine bekannten oder berühmten Marken betroffen sind, läßt sich also auch bei einer vergleichenden Betrachtung allein des Kennzeichens mit der Do-

---

679 KG NJW 1997, S. 3321, 3322.

680 *Palandt/Heinrichs*, § 12 RN 30; *Baumbach/Hefermehl* (17.Auflage), § 16 RN 58.

681 Siehe S. 137 ff.

main nicht zufriedenstellend lösen. Zudem läßt dieser Ansatz keinen Raum für die Betrachtung des wesentlichsten Faktors: Die fehlende Berechtigung auf Seiten des Domain-Inhabers. Zeichen mit schwacher oder normaler Kennzeichnungskraft könnten sich dann nicht durchsetzen und müßten eine Sperrung der Domain hinnehmen, auch wenn auf ihrer Seite das zwar schwache, aber bessere, weil ältere Recht streitet.

bb. Behinderung des Namensinhabers als Interessenverletzung

Kollisionen ließen sich nur dann sinnvoll lösen, wenn sowohl die Interessen des Zeicheninhabers als auch die des Domain-Inhabers in einer umfassenden Interessenabwägung berücksichtigt werden. Das hieße aber, den bisherigen Schutzumfang des § 12 BGB, der vor Verwechslungs- und Verwässerungsgefahren schützt, zu erweitern. Es gälte dann, einen weiteren Ausnahmetatbestand zu bilden, der die Berücksichtigung der besonderen Interessen an der Nutzung eines Kennzeichens als Domain zuließe.[682] Das Interesse an der Nutzung einer dem allgemeinen Auftreten des Zeicheninhabers angepaßten Domain müßte ebenso ins Gewicht fallen wie Verwechslungen oder Verwässerungen des Zeichens und den daraus resultierenden Funktionsstörungen.

Daß sich eine Berücksichtigung auch anderer Interessen als dem Identitäts- und Individuierungsinteresse[683] nicht schlechthin verbietet, legt nicht nur der offene Wortlaut des § 12 BGB, sondern auch der von der Rechtsprechung nachträglich entwickelte Tatbestand des namensrechtlichen Verwässerungsschutzes nahe. Wie von Seiten der Rechtsprechung aber betont, handelt es sich dabei um einen besonders gelagerten Ausnahmefall, der nicht weiter auszudehnen ist, als es die Bedürfnisse des

---

682 So LG München CR 1997, S. 479, 481 "juris", wenn die konkrete Domain nach den Regeln der DENIC e.G. die "natürlichste" Adresse darstellt. Auch OLG München CR 1999, S. 382, 383 "shell.de". *Ubber*, WRP 1997, S. 497, 508; *Samson*, S. 127/128; dagegen *Bettinger*, GRUR Int. 1997, S. 402, 415/416, der an einer namensmäßigen Fehlzurechnung festhalten will.

683 Siehe oben S. 66 ff.

Verkehrs zwingend erfordern.[684] Dies zeigen schon die hohen Voraussetzungen des Verwässerungsschutzes, nämlich neben einer überragenden Kennzeichnungskraft ein langer Gebrauch des Zeichens, umfassende Werbung sowie Verkehrsdurchsetzung.[685] Die hohen Anforderungen verdeutlichen die Vorsicht vor weiteren Ausdehnungen des namensrechtlichen Schutzes bei geschäftlichen Bezeichnungen. Dies ist nicht zuletzt durch den Charakter des Unternehmenskennzeichens als Namensimmaterialgüterrecht begründet.[686] Der Name der juristischen Person genießt keinen Schutz absoluter persönlichkeitsrechtlicher Interessen, sondern nur funktionsgerechten Schutz. Wo die Grenzen des geschützten Funktionsbereiches verlaufen, zeigt prinzipiell § 15 MarkenG, der sowohl den Verwechslungsschutz als auch einen den Verwässerungsschutz ersetzenden Bekanntheitsschutz normiert. Dieser Kernbereich der geschützten Funktionen einer Unternehmensbezeichnung wird grundsätzlich durch die Verwendung einer identischen Domain für gänzlich unähnliche Waren nicht verletzt, sofern nicht ein Tatbestand des § 15 Abs. 3 MarkenG vorliegt.

Das MarkenG basiert aber auf der Grundkonzeption eines mehrdimensionalen Namensraumes. Die Beschränkung auf den Ähnlichkeitsbereich und die Tatbestände des § 15 Abs. 3 MarkenG ist gerechtfertigt vor dem Hintergrund einer größtmöglichen Öffnung dieses Namensraumes für koexistierende Bezeichnungen. Das Recht an einer Marke oder geschäftlichen Bezeichnung rechtfertigt nicht eine umfassende Monopolisierung des Zeichens für solche Branchen, die keinerlei Berührungspunkte zu dem Angebot des Kennzeicheninhabers aufweisen. Einen eindimensionalen Namensraum, wie ihn das Internet schafft, kann das Markenrecht

---

[684] BGHZ 19, S. 23, 31 "Magirus" = GRUR 1956, S. 172 ff.

[685] BGH GRUR 1960, S. 550, 552 "Promonta"; BGHZ 19, S. 23, 27 "Magirus" = GRUR 1956, S. 172 ff.

[686] *Klippel*, S. 577 ff., der daraus allerdings die grundsätzliche Unanwendbarkeit des § 12 BGB ableiten will und auf eine Schutz nach § 16 UWG a.F., § 24 WZG a.F., § 37 HGB verweist. Das Immaterialgüterrecht der juristischen Person sei über diese Vorschriften hinreichend geschützt. Eine Ausnahme sei nur zuzulassen, wenn das Firmenrecht bestritten werde. Insoweit bestehe ein Schutzbedürfnis, das über eine analoge Anwendung des § 12 BGB zu befriedigen sei, S. 581.

jedoch nicht zufriedenstellend lösen, wenn man - wie oben vertreten - an den traditionellen Begriffen insbesondere der Verwechslungsgefahr festhalten will. Dies bedeutet aber nicht, daß Unternehmensbezeichnungen in einem eindimensionalen Namensraum keiner Funktionsstörung unterliegen können. Ebenso wie die Schutzlücke bei Verwässerungsgefahren eine Schließung durch § 12 BGB notwendig machte, ermöglicht die flexible Vorschrift des § 12 BGB auch hier interessengerechte Lösungen. Zur Vermeidung konturloser und Rechtsunsicherheit erzeugender Einzelfallergebnisse müssen jedoch Bewertungsmaßstäbe gebildet werden; die Meßlatte ist so hoch zu setzen, daß § 12 BGB seinen Charakter als Vorschrift zum Schutz des Namens nicht zu Lasten einer Biligkeitsvorschrift einbüßt. Bei Anwendung des persönlichkeitsrechtlich geprägten Namensschutz des § 12 BGB ist daher im Hinblick auf mögliche Interessenverletzungen Zurückhaltung geboten.

Zur Bildung eines Ausnahmetatbestandes mit ebenso hoher Eingriffsqualität, wie die Rechtsprechung für einen Verwässerungsschutz voraussetzt, ist die Behinderung des Namensinhabers durch eine Domain-Registrierung zu beleuchten. Die auf dem betrieblichen Marketingkonzept beruhende Tätigkeit des Kennzeicheninhabers wird durch die Registrierung seines Kennzeichens als Domain durch Dritte um das wesentliche Element Internet begrenzt. Daß das Internet für Unternehmen eine enorme wirtschaftliche Bedeutung aufweist, kann nicht in Abrede gestellt werden. Parallelen zum unzulässigen Behinderungswettbewerb nach § 1 UWG drängen sich hier auf.[687]

(1). Behinderungswettbewerb nach § 1 UWG

---

[687] Siehe insgesamt zu diesem Tatbestand *Baumbach/Hefermehl*, § 1 UWG RN 208 ff. Speziell zur Domain-Registrierung unter dem Gesichtspunkt einer Behinderung durch Aneignung eines Kennzeichens *Hoeren/Sieber/Viefhues*, Kap. 6 RN 150 ff.; das OLG Dresden (AZ 14 U 3613/97 v. 20.10.1998 "cyberspace.de", unter www.afs-rechtsanwaelte.de/urteile55.htm, zuletzt besucht am 22.02.2000) sieht in der Sperrung der Domain für den Kennzeicheninhaber eine unzulässige Absatzbehinderung nach § 1 UWG, die auch in der Errichtung von Vertriebshindernissen ohne sachlichen Grund liegen kann.

Im Grundsatz gilt, daß wirtschaftlicher Wettbewerb, der durch Güte und Preiswürdigkeit der eigenen Leistung erreicht wird, nicht zu beanstanden ist, selbst wenn Mitbewerber dadurch Nachteile erleiden.[688] Wettbewerbswidrig i.S. eines Behinderungswettbewerbs nach § 1 UWG ist erst eine Handlung, durch die jemand zu erreichen versucht, daß der Mitbewerber seine Leistung auf dem Markt nicht oder nicht rein zur Geltung bringen kann, also in der Darbietung seiner Leistung behindert wird.[689] Die Folge ist, daß die Abnehmer einen echten, auf ihrem Willen beruhenden Leistungsvergleich nicht mehr vornehmen können.[690] Diese Konkretisierung eines Behinderungswettbewerbs ist zugeschnitten auf § 1 UWG, der ein konkretes Wettbewerbsverhältnis voraussetzt. Die Behinderung findet zwischen zwei Wettbewerbern mit sich deckenden Abnehmerkreisen statt.

Bereits diese Konkretisierung einer wettbewerbswidrig behindernden Handlung bedarf einer Korrektur für die hier zu untersuchenden Fälle: Durch die Registrierung einer identischen Domain ist nicht der Leistungswettbewerb als solcher betroffen, sondern der "Namenswettbewerb". Es kann daher nicht darauf ankommen, ob dem Verbraucher ein echter, objektiver Leistungsvergleich abgeschnitten wird. Eine Präsentation seiner Leistungen ist dem Namensinhaber auch unter einer seinem Namen nur beinahe identischen oder ähnlichen Domain (etwa durch Hinzufügen eines Bindestrichs o.ä.) meist möglich. Dem Verbraucher wird aber das Auffinden seines gewünschten Anbieters, den er unter seinem üblichen Namen auch im Internet erwartet, erschwert. Eben dies kann zu wirtschaftlichen Beeinträchtigungen führen.

Daneben ist nach § 1 UWG zwischen typischen Formen eines wettbewerbswirdrigen Behinderungswettbewerbs, die schon ihrer Natur nach kein Mittel des Leistungswettbewerbs sein können[691] und solchen, die

---

688 *Baumbach/Hefermehl*, § 1 UWG RN 208.
689 Siehe oben FN 688.
690 Siehe oben FN 688.
691 Es sind dies etwa Gewalt, Bedrohung, Boykott oder Geschäftsehrverletzung, siehe *Baumbach/Hefermehl*, § 1 UWG RN 208.

zwar primär typische Mittel des Leistungswettbewerbs sind, aufgrund besonderer Umstände aber eine wettbewerbswidrige Behinderung beinhalten, zu unterscheiden.[692] Handelt es sich um ein zunächst typisches Mittel des Wettbewerbs, d.h. ergibt sich nicht aus der Art der Handlung schon die Wettbewerbswidrigkeit, ist die Feststellung besonderer unlauterer Umstände erforderlich.

(2). Die Registrierung einer Domain als primär typisches Mittel des Leistungswettbewerbs

Die Präsentation von Waren oder Dienstleistungen auf einer Website ist zunächst ein solches primäres Mittel des Leistungswettbewerbs, so daß auch die Registrierung einer schlagkräftigen und gut merkbaren Domain zu den beanstandungsfreien Wettbewerbsmitteln gehört. Es müssen daher besondere Umstände hinzutreten, die die Wettbewerbswidrigkeit der Registrierung der Domain begründen können.

(3). Schutzwürdiger Besitzstand auf Seiten des Kennzeicheninhabers

Daß auf Seiten des Inhabers der Unternehmensbezeichnung ein schutzwürdiger Besitzstand besteht, bedarf keiner besonderen Erwähnung. Durch die Registrierung einer Domain wird dieser Besitzstand jedoch nicht gestört, da der Bestand der Unternehmensbezeichnung an sich nicht beeinträchtigt wird.[693] Es geht hier vielmehr darum, daß der Kennzeicheninhaber in einer Ausdehnung dieses Besitzstandes auf den Bereich des Internet dadurch behindert wird, daß er sein Kennzeichen nicht als Domain registrieren kann.[694] Dies allein begründet jedoch noch nicht die Unlauterkeit des Handelns. Selbst eine Aneignung fremder Kennzeichenrechte[695] ist nur dann unlauter, wenn es sich um einen zielgerichte-

[692] *Baumbach/Hefermehl*, § 1 UWG RN 208.
[693] Hoeren/Sieber/Viefhues, Kap. 6 RN 152.
[694] Hoeren/Sieber/Viefhues, Kap. 6 RN 153.
[695] So ist etwa denkbar, daß sich jemand eine Marke eintragen läßt, die ein Dritter zwar seit längerem zur Produktkennzeichnung nutzt, sich aber nicht hat eintragen lassen.

ten Eingriff in das fremde Kennzeichenrecht handelt.[696] Auch eine Behinderung bei der Ausdehnung eines Kennzeichenrechts auf einen bisher wirtschaftlich nicht genutzten Bereich kann daher nur dann relevant sein, wenn es sich um einen zielgerichteten Eingriff handelt.

(4). Zielgerichtetheit der Behinderung

Zielgerichtet ist die Behinderung des Kennzeicheninhabers dann, wenn er in bösem Glauben zu dem Zweck, den Kennzeicheninhaber zu behindern, handelt. Auch im Rahmen der von der WIPO entwickelten "Uniform Dispute Resolution Policy"[697] spielt die Bösgläubigkeit des Domain-Inhabers eine entscheidende Rolle. Nach Ziff. 4 b. (i) bis (iii) der Policy[698] ist die Registrierung insbesondere dann bösgläubig, wenn

- die Domain primär zu dem Zweck registriert wurde, sie an den Kennzeicheninhaber oder an Wettbewerber zu verkaufen, zu lizenzieren oder auf sonstige Weise zu veräußern, um damit Gewinne zu erzielen, die über den Kosten der Registrierung liegen;

- die Domain zu dem Zweck registriert wurde, den Kennzeicheninhaber von der Nutzung seines Kennzeichens als Domain auszuschließen, sofern nicht nur eine einzelne, sondern eine Vielzahl von Domains registriert wurden;

- die Domain in erster Linie in der Absicht der Behinderung eines Wettbewerbers registriert wurde.

Die erste Gruppe umfasst jene Fälle, in denen der Domain-Inhaber eine Weiterveräußerungsabsicht gegenüber dem Kennzeicheninhaber oder direkten Wettbewerbern bekundet hat. Zur zweiten Gruppe gehören die

---

696 OLG München WRP 1996, S. 1056, 1057.

697 Unter www.icann.org/udrp/udrp-policy-24oct99.html, zuletzt besucht am 10.01.2001.

698 Ziff. 4 b. (iv) betrifft die Fallgruppe der "Verwechslungsabsicht" und ist daher hier zu vernachlässigen, da im Rahmen der §§ 14 Abs. 2, 15 Abs. 2 schon die Gefahr von Verwechslungen genügt, siehe *Bettinger*, WRP 2000, S. 1109, 1115.

Fälle, in denen eine solche Absicht zwar nicht geäußert worden ist, der Domain-Inhaber sich aber eine Vielzahl von Domains hat registrieren lassen, ohne daß dies etwa durch seinen eigenen Geschäftsbetrieb begründet ist. Die dritte Fallgruppe stellt allein auf eine Behinderungsabsicht ab, ohne Indizien zu benennen, die eine solche Absicht nahelegen können. Hierzu wird vertreten, daß bereits aus der Kenntnis einer entsprechenden Marke oder geschäftlichen Bezeichnung auf eine entsprechende Absicht geschlossen werden könne, wenn kein schutzwürdiger Grund für die Registrierung der Domain zu erkennen sei.[699]

Die Annahme einer Bösgläubigkeit des Domain-Inhabers stößt bei den ersten beiden Fallgruppen nicht auf Bedenken. Hier ist die Behinderungsabsicht des Domain-Inhabers so offensichtlich, daß an der Zielgerichtetheit seines Handelns keine Zweifel bestehen. Es ist dann auch gerechtfertigt, eine Interessenverletzung des Namensinhabers im Rahmen des § 12 BGB anzuerkennen, da er ohne Grund an einer Nutzung seines Kennzeichens als Domain behindert wird. Bedenken bestehen aber dagegen, bereits bei einer Kenntnis des Domain-Inhabers von einer entsprechenden Marke oder Unternehmensbezeichnung und einem Fehlen eines schutzwürdigen Grundes für die Registrierung einer Domain einen zielgerichteten Eingriff anzunehmen. Aufgrund der Tatsache, daß im Unähnlichkeitsbereich grundsätzlich niemand daran gehindert ist, ein identisches Zeichen zu nutzen, sofern sich die Unlauterkeit nicht aus §§ 14 Abs. 2 Nr. 3, 15 Abs. 3 MarkenG ergibt, kann dazu führen, daß jemand ein solches Zeichen für sich registrieren läßt, ohne damit unlautere Ziele zu verfolgen. Dies muß auch nicht der Lebenserfahrung widersprechen,[700] wenn der Domain-Inhaber die Marke lediglich ausnutzt, um

---

699 *Bettinger*, WRP 2000, S. 1109, 1115. Eine nachvollziehbare und anerkennenswerte Motivation wird meist auch dann anerkannt, wenn der Domain-Inhaber zwar kein eigenes Recht geltend machen kann, es sich bei der Domain aber um einen beschreibenden Begriff handelt, siehe die Beispiele bei *Bettinger*, a.a.O. und WIPO Arbitration and Mediation Center WRP 2000, S. 779 "libro.com".

700 So *Bettinger*, WRP 2000, S. 1109, 1115.

Aufmerksamkeit zu erregen.[701] Die Behinderungsabsicht des Domain-Inhabers kann sich aber aus anderen Umständen ergeben. Gerade die o-ben diskutierten Fälle der Nutzung eines fremden Kennzeichens als Domain innerhalb einer politischen oder sonstigen ideellen Zielsetzung[702] weisen eine eindeutige Zielrichtung des Angriffs auf. Es werden, wie der Fall **Planned Parenthood v. Bucci**[703] eindrucksvoll verdeutlicht, gerade solche Kennzeichen als Domain gewählt, deren Inhaber konträre gewerbliche Ziele verfolgt. Nicht nur wird die Domain dazu benutzt, potentielle Kunden des Unternehmens umzuleiten, sondern über die damit erzielte Aufmerksamkeit hinaus geht es um die Blockade der Domain in der Absicht der Behinderung des Geschäftsbetriebes.[704]

Eine Interessenverletzung im Sinne des § 12 BGB kann daher dann angenommen werden, wenn der Domain-Inhaber entweder (1) eine Weiterveräußerungsabsicht bekundet hat oder (2) sich ohne ersichtlichen Grund eine Vielzahl von Domains hat registrieren lassen oder (3) sich die Behinderungsabsicht aus anderen Umständen ergibt, wie z.B. dann, wenn der Domain-Inhaber auf der Website gezielte Gegenpropaganda betreibt. Alle diese Tatbestände setzen jeweils voraus, daß der Domain-Inhaber Kenntnis von dem Bestehen einer entsprechenden Unternehmensbezeichnung hat. Einer positiven Kenntnis ist es gleichzusetzen, wenn der Domain-Inhaber nicht alle Möglichkeiten ausgeschöpft hat, seine Domain im Hinblick auf entgegenstehende Rechte Dritter zu überprüfen.[705] Auch eine Unkenntnis infolge grober Fahrlässigkeit begründet

---

701 Dies ist an sich nicht unzulässig, siehe die Ausführungen zu §§ 14 Abs. 2 Nr. 3, 15 Abs. 3 MarkenG auf S. 166 ff.

702 Siehe oben S.105 ff.

703 Siehe oben FN 379.

704 *Nordemann*, NJW 1997, S. 1891, 1896 zur namensrechtlichen Interessenverletzung. Schumacher, Anm. zu LG Bonn MMR 1998, S. 110, S. 111, 112 führt die Betriebsbezogenheit des Eingriffs zurück auf die Beschränkung möglicher Werbestrategien und damit die unternehmerische Entschließungsfreiheit.

705 Obwohl er sich gegenüber den Vergabestellen vertraglich hierzu verpflichtet, siehe Vergaberichtlinien der DENIC unter www.denic.de/doc/faq/vergaberichtlinie.html und www.denic.de/doc/DENIC/agb.html, zuletzt besucht am 11.01.2001.

in aller Regel den Vorwurf der Bösgläubigkeit.[706] Mangels internationaler Datenbanken zu Marken und Unternehmensbezeichnungen ist die Feststellung identischer und ähnlicher Zeichen dem Domain-Anmelder zunächst nur auf nationaler Ebene zuzumuten.[707] Im Rahmen markenrechtlicher Schadensersatzansprüchen ist ein Dritter darüberhinaus nur verpflichtet, für identische oder ähnliche Waren/Dienstleistungen oder Branchen eine Recherche etwa bei spezialiserten Recherchediensten in Auftrag zu geben und selbst Nachforschungen zu betreiben.[708] Sowohl bei der Bekundung einer Weiterveräußerungsabsicht als auch bei der Registrierung einer Vielzahl von Domains oder dann, wenn auf der Website Gegenpropaganda betrieben wird, werden jedoch in aller Regel Anhaltspunkte für eine positive Kenntnis vorliegen.

Darüber hinaus kann auch der Kennzeicheninhaber Maßnahmen ergreifen, die zur Bösgläubigkeit des Domain-Inhabers führen. Die erste Maßnahme, die der Kennzeicheninhaber ergreift, wenn er Kenntnis von einer rechtsverletzenden Domain-Registrierung erhält, ist die Abmahnung des Domain-Inhabers. Als notwendiges vorprozessuales Mittel zur Vermeidung der negativen Kostenfolge des § 93 ZPO ist eine Abmahnung auch hier auszusprechen. Sie führt zu einer Bösgläubigkeit des Domain-Inhabers hinsichtlich entgegenstehender Rechte.

b. Ergebnis

Der Namensschutz des § 12 BGB für Unternehmensbezeichnungen ist grundsätzlich beschränkt auf solche Interessenverletzungen, die aus einer Verwechslungs- oder Verwässerungsgefahr resultieren. Der Bereich der relevanten Verwechslungsgefahren kann auch nicht dadurch erweitert werden, daß im Domain Name System nur die Zeichen, nicht aber die zugrundeliegenden Branchen miteinander verglichen werden. § 12 BGB erlaubt hingegen die Einbeziehung auch anderer geschäftlicher Interes-

[706] So auch die Legaldefinition in § 932 Abs. 2 BGB.
[707] *Bettinger*, WRP 2000, S. 1109, 1115.
[708] Zu den allgemeinen Anforderungen *Althammer/Stöbele/Klaka*, § 14 RN 154.

sen, sofern die Verletzungshandlungen eine hohe Eingriffsqualität aufweisen. In Anlehnung an die Tatbestände einer unlauteren Behinderung im Sinne des § 1 UWG müssen bei einer Domain-Registrierung besondere Umstände festgestellt werden, die erkennen lassen, daß es sich bei der Registrierung um einen zielgerichteten Angriff gegen ein existierendes Kennzeichen handelt.

In Anlehnung an die von der WIPO im Rahmen der Uniform Domain Name Dispute Resolution Policy entwickelten Grundsätze handelt es sich dann um einen zielgerichteten Angriff, wenn die Domain allein mit der Absicht, diese weiterzuveräußern und daraus Gewinn zu schlagen, registriert wird. Einer solchen Absicht steht es gleich, wenn eine Vielzahl von Domains registriert wird. Da der Domain-Inhaber kein echtes Interesse an der Nutzung aller von ihm registrierten Domains haben kann, steht auch hier die Behinderung der jeweiligen Kennzeicheninhaber im Vordergrund der Registrierung. Gleiches gilt dann, wenn jemand ein fremdes Zeichen als Domain nutzt, um auf der Website gezielte Gegenpropaganda zu betreiben. Eingriffsqualität haben hingegen diejenigen Tatbestände nicht, in denen jemand eine Domain, die identisch oder ähnlich mit einem existierenden Kennzeichen ist, registrieren läßt und auf der Website gänzlich unähnliche Waren oder Dienstleistungen anbietet. Hier sind keine Umstände dafür ersichtlich, daß eine Behinderung des Kennzeicheninhabers im Vordergrund stehen würde.

Handelt es sich in diesen Fällen um ein bekanntes Kennzeichen, so genießt es unter dem Gesichtspunkt der Beeinträchtigung der Unterscheidungskraft (Verwässerung) nach den obigen Ausführungen Schutz nach §§ 14 Abs. 2 Nr. 3, 15 Abs. 3 MarkenG. Ohne Schutz bleiben daher nur nicht bekannte Kennzeichen, die als Domain von einem Dritten für unähnliche Angebote genutzt werden.

Wie oben ausgeführt,[709] ist § 823 BGB neben markenrechtlichen Vorschriften grundsätzlich dann anwendbar, wenn ein fremdes Kennzeichen außerhalb des geschäftlichen Verkehrs oder nicht kennzeichenmäßig benutzt wird und der Anwendungsbereich des Markengesetzes aus diesem Grund gerade nicht eröffnet ist. Wie schon zu § 12 BGB festgestellt wurde, ist wegen der Eindimensionalität des Domain Name Systems der Anwendungsbereich für ergänzende Vorschriften aber auch dann eröffnet, wenn zwar eine kennzeichenmäßige Nutzung im geschäftlichen Verkehr vorliegt, aber kein Tatbestand der §§ 14 Abs. 2, 15 Abs. 2 und Abs. 3 MarkenG erfüllt ist.[710] Neben § 12 BGB ist § 823 Abs. 1 BGB insbesondere für solche Fälle, in denen ein reines Markenrecht betroffen ist, also eine Marke, die nicht gleichzeitig auch Schutz als Unternehmensbezeichnung nach § 12 BGB genießt, von Bedeutung.

Ein Schutz nach § 823 Abs. 1 BGB setzt einen Eingriff in den eingerichteten und ausgeübten Gewerbebetrieb des Kennzeicheninhabers voraus.[711] Die für einen geschäftlichen Betrieb registrierten Marken repräsentieren gerade den Betrieb oder seine Produkte, so daß eine Beeinträchtigung der Kennzeichenpositionen immer auch den Betrieb als solchen trifft.[712]Der Qualifizierung als Eingriff steht auch nicht entgegen, daß ein Internet-Auftritt im Unternehmen erst geplant, nicht aber schon ausgeführt ist. *Bücking* stellt noch darauf ab, daß nur bereits getroffene betriebliche Maßnahmen geschützt sind und daher entsprechende Marketingkonzepte zur Vorbereitung des Auftritts im Internet zumindest im Ansatz umgesetzt worden sein müßten.[713] Geht man dagegen mit der neueren Lehre davon aus, daß bereits die Zugangsmöglichkeit zur gewerblichen Betätigung geschützt ist,[714] so erstreckt sich der Schutz des §

709 Siehe oben S. 60 ff.
710 Siehe oben S. 175 ff.
711 Siehe oben S. 72 ff.
712 Hoeren/Sieber/Viefhues, Kap. 6 RN 169.
713 *Bücking*, NJW 1997, S. 1886, 1887.
714 *Wegner*, CR 1999, S. 250, 257 mit Hinweis auf *MüKo/Mertens* § 823 RN 486.

823 Abs. 1 BGB auf den noch nicht realisierten Internet-Auftritt. Denn wenn schon der Zugang zur gewerblichen Betätigung überhaupt geschützt ist, muß auch die Ausdehnung der gewerblichen Tätigkeit auf eine solche im Internet von einem Schutz profitieren. Auch wenn man den Auftritt im Internet nicht als echte Erweiterung der Betätigung, sondern als lediglich neue Werbeform zur Förderung eines bereits existierenden Tätigkeitsbereichs begreift ,- wofür einiges spricht - so steht einem Schutz nach § 823 Abs. 1 BGB nichts mehr im Wege.

Im übrigen kann hinsichtlich der Voraussetzungen, unter denen ein zielgerichteter Eingriff vorliegt, auf die Ausführungen zu § 12 BGB verwiesen werden. Ein zielgerichteter Eingriff gegen den Gewerbebetrieb des Kennzeicheninhabers liegt demnach dann vor, wenn (1) eine Domain allein mit der Absicht, sie weiterzuveräußern, registriert wird, um daraus Gewinn zu schlagen oder (2) aufgrund einer Vielzahl von Registrierungen kein echtes Interesse des Domain-Inhabers an der Nutzung aller registrierten Domain zu erkennen ist oder (3) ein fremdes Kennzeichen als Domain registriert wird mit dem Ziel, auf der Website gezielte Gegenpropaganda zu betreiben. Auch bei § 823 Abs. 1 BGB bleiben daher solche Fälle übrig, in denen eine fremde Marke für das Angebot unähnlicher Waren oder Dienstleistungen benutzt wird und auch keinen Bekanntheitsschutz unter dem Gesichtspunkt der Verwässerung nach § 14 Abs. 2 Nr. 3 MarkenG genießt.

III. Deliktsrechtlicher Schutz nach § 826 BGB

Von einigen wird daneben die Anwendbarkeit des § 826 BGB als Auffangtatbestand zum Schutz allgemeiner materieller oder ideeller Interessen befürwortet.[715] Das Markengesetz schließt eine Anwendung des § 826 BGB grundsätzlich nicht aus, insbesondere nicht da, wo sein forma-

[715] *Völker/Weidert*, WRP 1997, S. 652, 660; *Ubber*, WRP 1997, S. 497, 510; *Ernst*, BB 1997, S. 1057, 1062, der zudem eine Anwendung des § 226 BGB in Verbindung mit § 823 Abs. 2 BGB befürwortet.

ler Schutz versagt.[716] Der wichtigste Unterschied zum Rechtsschutz nach § 823 BGB liegt darin, daß § 826 BGB ohne Verletzung eines bestimmten Rechtsgutes Ansprüche auch bei bloßen Vermögenschäden gewährt. Das OLG München hat hierzu ausgeführt, daß die bloße Registrierung einer oder mehrerer Domains für sich alleine keine Ansprüche aus § 1 UWG oder § 826 BGB begründen könne.[717] Hinzukommen müße die Absicht, die Domain für einen anderen zu sperren, um ihn an der Nutzung der Domain zu hindern, insbesondere um finanzielle Vorteile aus einem späteren Verzicht auf die Domain zu ziehen.[718]

Das OLG Frankfurt sprach dem Markeninhaber einen Unterlassungsanspruch auf der Grundlage der §§ 826, 226 BGB gegen die Registrierung einer gleichlautenden Domain zu.[719] Nach Ansicht des Gerichts könne ein solcher Anspruch auch ohne Gewinnerzielungsabsicht zugesprochen werden, wenn sich aus anderen Gründen eine schikanöse, vorsätzlich sittenwidrige Schädigungsabsicht ergebe.[720] Auch hier kann auf die zu § 12 BGB sowie § 823 Abs. 1 BGB diskutierten Tatbestände verwiesen werden. In den dort genannten Fällen, in denen eine Behinderung des Kennzeicheninhabers im Vordergrund der Registrierung steht, kann in aller Regel auch von einer entsprechenden Schädigungsabsicht ausgegangen werden, so daß sich ein Unterlassungsanspruch auch nach § 826 BGB ergibt. Ein solcher Anspruch kommt sowohl für Marken als auch für Unternehmensbezeichnungen in Betracht.

C. Das Recht der Gleichnamigen

Bislang sind lediglich die Fälle diskutiert worden, in denen dem Domain-Inhaber selbst keine Kennzeichenrechte an der Bezeichnung zustanden. Wie schon mehrfach erwähnt, kollidieren gerade im Domain Name System jedoch häufig mehrere Kennzeichen miteinander, die im

716 *Palandt*, § 826 RN 19.
717 OLG München Mitt. 2000, S. 512, 513.
718 Siehe oben FN 717.
719 OLG Frankfurt WRP 2000, S. 645, 646 "weideglück.de".
720 OLG Frankfurt WRP 2000, S. 645, 646 "weideglück.de".

übrigen aufgrund ihrer Waren-/Dienstleistungs- oder Branchenferne friedlich koexistieren. Der Ausgleich zwischen mehreren Kennzeicheninhabern birgt daher ein weiteres zentrales Konfliktfeld. Zu diesem Ausgleich bei "Gleichnamigkeit" haben bisher sowohl das OLG Hamm in "krupp.de"[721] als auch das OLG München in "shell.de"[722] Stellung genommen. In beiden Fällen waren die Namensrechte nach § 12 BGB von Inhabern berühmter Marken dadurch betroffen, daß ein Dritter mit einem identischen Familiennamen sich die Domain hatte reservieren lassen. In beiden Entscheidungen fiel die Interessenabwägung zugunsten des Inhabers der berühmten Marke aus. Wegen der überragenden Verkehrsgeltung des Namens sei dem Inhaber des Familiennamens eher die Pflicht zur Abstandswahrung aufzuerlegen.[723] Er könne durch geringfügige Zusätze (etwa durch Hinzufügen des Vornamens), welche die ursprüngliche Kennzeichnungskraft seines Namens unangetastet ließen, die Kollision beseitigen.[724] Die Anwendung der Grundsätze der Gleichnamigen ist auch in der Literatur auf breite Zustimmung gestoßen.[725] Dabei wird zum Teil zwischen der auch im sonstigen Verkehr üblichen Gleichnamigkeit mit Verwechslungsgefahr und einer Gleichnamigkeit ohne Verwechslungsgefahr unterschieden.[726] Die gegenseitige Behinderung Gleichnamiger, ohne daß eine Verwechslungsgefahr oder eine Verwässerung zu befürchten ist, resultiert aus der bereits erwähnten Eindimensionalität des

721 OLG Hamm MMR 1998, S. 214 "krupp.de".
722 OLG München CR 1999, S. 382 "shell.de".
723 OLG Hamm MMR 1998, S. 214 "krupp.de".
724 OLG Hamm MMR 1998, S. 214 "krupp.de"; ebenso LG Paderborn MMR 2000, S. 49, 50, das ein überwiegendes Interesse des Inhabers einer Unternehmensbezeichnung nicht anerkannte, da diesem eine überragende Verkehrsgeltung fehlte.
725 *Wagner*, ZHR 162 (1998), S. 701, 711/714 ff.; *Jaeger-Lenz* in *Lehmann*, S. 183, 193; *Nordemann*, NJW 1997, S. 1891, 1895; *Nordemann/Goddar/Tönhardt/Czychowski*, CR 1996, S. 645, 653; *Ubber*, WRP 1997, S. 497, 508; a.A. *Omsels*, GRUR 1997, S. 328, 335, der an dem das Kennzeichenrecht prägenden Prioritätsgrundsatz festhalten möchte. Abhilfe sei de lege ferenda nur möglich, wenn alle Anbieter, die eine Berechtigung an der Domain haben, verpflichtet wären, gemeinsam eine Internetseite zu eröffnen, die mit der von allen gewünschten Adresse angewählt wird und über Hyperlinks zu den einzelnen Anbietern führt.
726 *Nordemann*, NJW 1997, S. 1891, 1895.

Namensraumes im Internet.[727] Besteht zwischen den Zeichen eine Verwechslungsgefahr, soll die Nutzung als Domain im Sinne von § 23 Nr. 1 MarkenG lauter sein, wenn entsprechend dem Recht der Gleichnamigen der Prioritätsjüngere alles Erforderliche und Zumutbare getan hat, um mögliche Verwechslungen zu vermeiden; im übrigen sei er zur Führung unterscheidender Zusätze zu verpflichten.[728] Dagegen sei der Kollisionsfall ohne Verwechslungsgefahr eine echte Besonderheit des Internet, da andere Namensinhaber allein aufgrund des eindimensionalen Namensraumes im Internet beeinträchtigt werden, ohne daß die Gefahr von Verwechslungen oder Verwässerung bestehen muß.[729] Auch hier könne der Prioritätsjüngere verpflichtet werden, seine Domain technisch abzuwandeln. Hierfür genügten allerdings geringfügige Abweichungen in nur einem Buchstaben oder einem Bindestrich, da die Gefahr einer Verwechslung ohnehin nicht bestünde. Etwaige Irrtümer der Internet-Nutzer müßten hingenommen werden.[730] Ein echter Interessenausgleich könne auch dadurch bewirkt werden, daß jedem an der Domain Berechtigten die Möglichkeit geboten wird, von dieser Domain aus per Hyperlink auf seine eigene Adresse zu verweisen.[731] Ferner könnte möglichen Irrtümern dadurch begegnet werden, daß alle Berechtigten gleichermaßen verpflichtet werden, Verwechslungen dadurch vorzubeugen, daß der Be-

---

727 Aus diesem Umstand versuchen spezialisierte Unternehmen bereits Vorteile zu ziehen. Die britische Firma "Netnames" etwa wirbt in einer Werbeanzeige mit der Überschrift "And you thought it was *your* company name". Darunter befinden sich vier Abbildungen mit jeweils folgenden Untertiteln:

1. www.preztige.nl Adult Entertainment Services, Amsterdam
2. www.preztige.com.hk Fruit Wholesalers, Hong Kong
3. www.preztige.co.uk Insurance Brokers, London
4. www.preztige.com Pizza Company, Washington D.C.

Die Firma Netnames bietet einen sogenanntes "Total Domain Management" an, d.h. umfassende Dienstleistungen zur Registrierung, Änderung und Überwachung der Domains auf potentielle Verletzungen weltweit, um Unternehmensbezeichnungen und Marken zu schützen.

728 Siehe FN 726.

729 Siehe FN 726.

730 Siehe FN 726.

731 *Wagner*, ZHR 162 (1998), S. 701, 716. Die Domain in Alleinstellung würde dann nur eine "Portal Page" beherbergen, die zu den einzelnen Berechtigten führt.

zeichnung branchendefinierende Zusätze hinzugefügt werden müssen.[732] Es fehlt jedoch an einer staatlichen Behörde mit der Kompetenz, diese Grundsätze zu implementieren und die Namensinhaber etwa dazu zu verpflichten, eine gemeinsame "Portal Page" einzurichten.[733] Demnach bedarf es einer Prüfung, wie ein bestmöglicher Ausgleich mit Hilfe der vorhandenen gesetzlichen Regelungen, die dem besser Berechtigten einen Anspruch auf Unterlassung zuerkennen, zu erreichen ist.[734]

I. Grundzüge des Rechts der Gleichnamigen

Das Recht der Gleichnamigen im eigentlichen Sinne ist im Firmenrecht entwickelt worden.[735] Der Grundgedanke dabei war, daß aus dem Namensrecht die grundsätzliche Befugnis folgt, sich des eigenen Namens auch im geschäftlichen Verkehr bedienen zu dürfen, auch dann, wenn ein Dritter prioritätsältere Kennzeichenrechte an der Bezeichnung hat.[736]Soweit die Nutzung des Namens im geschäftlichen Verkehr redlich und ohne die Absicht geschieht, Verwechslungen herbeizuführen, sich an eine bekannte Bezeichnung anzulehnen oder sonst unlautere Umstände vorliegen, ist jedem Namensinhaber die Nutzung seines Namens erlaubt[737] Das Reichsgericht beschränkte diese Befugnis noch auf den firmenrechtlichen Zwang zur Führung des Namens.[738] War der Firmeninhaber nach handelsrechtlichen Vorschriften nicht gehalten, den Namen zu führen, wurde die Namensführung dem älteren Benutzer gegenüber

---

732 *Wagner*, ZHR 162 (1998), S. 701, 716.

733 Siehe zum Begriff "Portal Page" FN 731. *Marwitz*, WRP 2001, S. 9, 12 meint, daß die Einrichtung einer solchen Portal Page zu den Obliegenheiten des Domain-Inhabers gehöre, der durch die Registrierung der Domain eine "anfängliche Verwechslungsgefahr" geschaffen habe, die unabhängig von den zugrundeliegenden Waren oder Dienstleistungen deswegen bestehe, weil das Domain Name System diese Zweidimensionalität nicht kenne.

734 Siehe FN 732.

735 *Knaak*, S. 56; RGZ 170, S. 265, 270.

736 BGHZ 14, S. 155, 159 "Farina"; BGH GRUR 1966, S. 623, 625; *Knaak*, S. 16; siehe auch *Fezer*, § 15 RN 92 m.w.N.; *v.Schultz*, GRUR 1997, S. 408, 410; siehe auch Gesetzesbegründung zu § 23 MarkenG, BT-Drucksache 12/6581, S. 80.

737 BGH GRUR 1966, S. 623, 625 "Farina".

738 Siehe ausführlich *Knaak*, S. 33 ff.

als unbefugt im Sinne des § 12 BGB erachtet.[739] Diese Rechtsprechung ist vom BGH zugunsten einer Namensführung, an der auch andere schutzwürdige Interessen bestehen können, aufgegeben worden.[740] Nachdem das Handelsrechtsreformgesetz (HRefG)[741] dazu geführt hat, daß auch Einzelkaufleute und Personenhandelsgesellschaften nicht mehr den Namen des Einzelkaufmanns oder des persönlich haftenden Gesellschafters in der Firma führen müssen, kann es auf den firmenrechtlichen Zwang zur Führung eines Namens erst recht nicht mehr ankommen.[742] Vielmehr kommt es auf eine allgemeine Interessenabwägung an.[743] Den Aufhänger hierfür bietet im Rahmen des § 12 BGB das Merkmal "unbefugt", während im Markengesetz, d.h. bei einer Kollision mit Marken und Unternehmenskennzeichen, § 23 Nr. 1 MarkenG die Fälle der Gleichnamigkeit erfasst.

Ausgangspunkt der Interessenabwägung ist zunächst, daß im Kennzeichenrecht der Grundsatz der Priorität vorherrschend ist, d.h. das prioritätsjüngere Recht muß dem prioritätsälteren Recht grundsätzlich weichen. Nur wenn die Abwägung der beiderseitigen Interessen ergibt, daß ausnahmsweise der Prioritätsältere die Nutzung des jüngeren Zeichens hinnehmen muß, gilt dieser Grundsatz nicht. Das "Recht der Gleichnamigen" ist daher zum Teil als Ausnahme zum Prioritätsprinzip erachtet worden.[744]

---

739 RGZ 110, S. 234, 238 "Malzmann"; RGZ 116, S. 209, 212 "Stollwerck".

740 Siehe etwa BGH GRUR 1966, S. 623, 625 "Kupferberg" zur Führung des Namens eines Mitgesellschafters in der Firmenbezeichnung; *Knaak*, S. 36 der darauf hinweist, daß der BGH die registerrechtlichen Vorschriften im Rahmen der Interessenabwägung dennoch heranzieht, siehe BGH GRUR 1968, S. 212 "Hellige"; BGH GRUR 1985, S. 389, 390 "Familienname" nimmt zu den handelsrechtlichen Vorschriften keine Stellung; siehe auch *Fezer*, § 15 RN 99.

741 Vom 22.06.1998, BGBl. I, S. 1474.

742 Siehe auch *Plaß*, WRP 2000, S. 40 und 41, die darauf hinweist, daß es lediglich für die Partnerschaftsgesellschaft und den stillen Gesellschafter dabei geblieben ist, daß mindestens ein Partner der Partnerschaftsgesellschaft namentlich genannt sein muß bzw. der Stille unter seinem Namen an dem Handelsgewerbe eines anderen beteiligt sein muß.

743 *Plaß*, WRP 2000, S. 40, 41.

744 *Knaak*, S. 28, spricht sich gegen diese Einordnung der Rechtsprechung und Literatur aus. Der Prioritätsgrundsatz sei der übergeordnete Grundsatz, der bei der

Der Prioritätsgrundsatz verpflichtet grundsätzlich den Prioritätsjüngeren zur Führung unterscheidender Zusätze, um die Kollision zu vermeiden. Bei nur geringem zeitlichen Vorsprung des älteren Zeichens kann aber auch dessen Inhaber unter Umständen zur Beteiligung an der Beseitigung der Verwechslungsgefahr verpflichtet sein.[745] Von erheblicher Bedeutung ist sodann die Verkehrsbekanntheit der jeweiligen Unternehmensbezeichnungen und damit verbunden der Wert ihres Besitzstandes. Je höher die Verkehrsbekanntheit ist, desto weniger ist dem Inhaber des wertvollen Zeichens zuzumuten, Veränderungen hieran vorzunehmen.[746] Ergibt sich anhand einer Gesamtbewertung ein Rangverhältnis zwischen den Bezeichnungen, ist derjenige mit dem schwächeren Recht verpflichtet, seiner Bezeichnung unterscheidende Zusätze beizufügen. Unterscheidbar wird die Bezeichnung etwa durch zusätzliche Ortsbezeichnungen, Phantasieworte, eine andere Stellung des Namens in der Gesamtfirma etc.[747] Trotz der Führung von unterscheidenden Zusätzen bleibt häufig ein Rest von Verwechslungsgefahr bestehen. Ob derjenige mit dem besseren Recht diesen Rest von Verwechslungsgefahr hinzunehmen hat, bestimmt sich ebenfalls anhand einer Interessenabwägung, für die letztlich dieselben Gesichtspunkte ausschlaggebend sind.[748] Es geht dabei um die Frage, ob die "persönlichkeitsrechtlichen" Interessen des Prioritätsjüngeren an der Führung seines Namens stärker sind als die wettbewerbsrechtlich motivierten Interessen des Prioritätsälteren, der sich auf einen bereits erworbenen Besitzstand berufen kann.[749]

Ausräumung der Verwechslungsgefahr auch im Gleichnamigenrecht heranzuziehen sei. Denn üblicherweise werde der Prioritätsjüngere zur Führung unterscheidender Zusätze verpflichtet.

745 *Knaak*, S. 37.

746 *Knaak*, S. 37.

747 *Knaak*, S. 44.

748 *Knaak*, S. 45 ff.

749 *Knaak*, S. 52; *Plaß*, WRP 2000, S. 40, 42 spricht dem Prioritätsälteren einen Eigentumsschutz nach Art. 14 GG an seinem Immaterialgüterrecht zu, das mit einem Recht des Prioritätsjüngeren aus Art. 12 GG oder Art. 2 Abs. 1 GG kollidieren könne.

Diese zu § 16 UWG sowie § 12 BGB entwickelten Grundsätze sind nach Inkrafttreten des Markengesetzes an § 23 Nr. 1 MarkenG zu messen. Nach der Gesetzesbegründung soll § 23 Nr. 1 MarkenG "die Handhabe zur Fortführung der heutigen Rechtsprechung zur Befugnis der Namensführung" bieten.[750] Die Vorschrift erlaubt insbesondere wegen der umfassenden Unlauterkeitsprüfung eine Anwendung der zum Gleichnamigenrecht entwickelten Grundsätze.[751] Allerdings ist nicht mehr - wie in § 16 WZG - die Benutzung der "Firma" als Ausnahmetatbestand genannt. Das bedeutet, daß in Abweichung von § 16 WZG die Privilegierung des § 23 Nr. 1 MarkenG sich nicht schlechthin auf die Firma erstreckt, sondern nur solche Firmen erfaßt, die den Namen des Firmeninhabers tatsächlich enthalten. Erlaubt ist dann jedenfalls der firmenmäßige Gebrauch der einen Namen enthaltenden geschäftlichen Bezeichnung. Ob der prioritätsjüngere Gleichnamige alles Erforderliche und Zumutbare getan hat, um die Verwechslungsgefahr auszuräumen oder einer Verwässerungsgefahr vorzubeugen, ist im Rahmen der nach § 23 Nr. 1 MarkenG erforderlichen Lauterkeitsprüfung zu untersuchen.

Da es für die Frage, welche Interessen im Rahmen der Interessenabwägung zu berücksichtigen sind, auch darauf ankommt, welche Zeichen, ob Unternehmenskennzeichen oder Marken, sich gegenüberstehen, soll nachfolgend zwischen der Art der kollidierenden Zeichen unterschieden werden.

II. Kollision zwischen älterer Unternehmensbezeichnungen und jüngerer Unternehmensbezeichnung

Ausgehend von den oben dargestellten Grundsätzen ergibt sich für die Kollision von Unternehmensbezeichnungen im System der Domains folgendes: Es ist zwischen Kollisionen aufgrund von Verwechslungsgefahr und solchen ohne die Gefahr von Verwechslungen zu unterschieden.[752]

---

750 BT-Drucks. 12/6581, S. 80.

751 *v.Schultz*, GRUR 1997, S. 408, 410.

752 Siehe FN 726.

Den Regelfall, bei dem das Recht der Gleichnamigen zur Anwendung kommt, bildet der Fall, daß zwischen den kollidierenden Zeichen eine Verwechslungsgefahr besteht, die dem Prioritätsälteren grundsätzlich einen Unterlassungsanspruch gewährt. Eine Besonderheit des Internet stellt es jedoch dar, daß die Zeichen auch ohne Verwechslungsgefahr miteinander "kollidieren", da eine Domain aus technischen Gründen weltweit nur einmal vergeben werden kann. Die friedliche Koexistenz der Unternehmensbezeichnungen wird im Domain Name System gestört, da nur einer der beiden Kennzeicheninhaber seine Bezeichnung als Domain nutzen kann.

Besteht aufgrund der Branchenähnlichkeit zwischen den Unternehmenskennzeichen eine Verwechslungsgefahr, so gelten die oben dargestellten Grundzüge der Interessenabwägung. Es kommt im Rahmen des § 23 Nr. 1 MarkenG zunächst auf die Priorität der zugrundeliegenden Kennzeichen sowie ihre Verkehrsbekanntheit an. Derjenige, mit dem sich daraus ergebenden schwächeren Recht ist zur Unterlassung der Nutzung der Domain bzw. dazu verpflichtet, eine neue Domain mit unterscheidungskräftigen Zusätzen zu registrieren. Welche Domain mit welchem Zusatz geeignet ist, Verwechslungsgefahren zu beseitigen, ist von dem Gericht des Verletzungsprozesses nicht zu entscheiden.[753] Der zur Unterlassung Verpflichtete hat bei einer Neuregistrierung alles Erforderliche oder Zumutbare zu tun, um neuerlichen Verwechslungsgefahren vorzubeugen. Besonderheiten ergeben sich insofern, als auch schon der Ähnlichkeitsbereich zwischen Domains enger als sonst definiert worden ist.[754] In Einzelfällen kann sogar das Hinzufügen eines Bindestriches

753 BGH GRUR 1966, S. 623, 626 "Kupferberg"; Wagner, ZHR 162 (1998), S. 701, 716 sieht darin die eigentliche Lösung der Gleichnamigkeit bei Branchenverschiedenheit. Dem Störer bleibe die Wahl, wie er sein störendes Verhalten zu beseitigen habe. Er könne den Namensgleichen an der Domain beteiligen oder seiner eigenen Adresse Zusätze beifügen. Häufig geht es dem Inhaber der Domain aber gerade um sein "Ausschließlichkeitsrecht" an der Domain. Jede Art von Zusatz beeinträchtigt die Merkbarkeit der Domain.

754 Siehe oben S. 152 ff.

ausreichend sein, wenn sich in etwa gleich starke Kennzeichen gegenüber stehen.

Besteht hingegen wegen der Branchenferne keine Verwechslungsgefahr, so ist zunächst zu berücksichtigen, ob es sich auf Seiten des einen oder anderen Kennzeicheninhabers um eine bekannte oder berühmte Unternehmensbezeichnung handelt. Ist die bekannte Unternehmensbezeichnung gleichzeitig die prioritätsältere, so ist der Inhaber der prioritätsfüngeren Bezeichnung in jedem Fall zur Führung unterscheidender Zusätze in seiner Domain verpflichtet, da hier zusätzlich ein besonders schutzwürdiger Besitzstand auf Seiten des Prioritätsälteren besteht.[755] Steht der prioritätsälteren Bezeichnung ein bekanntes, aber prioritätsjüngeres Zeichen gegenüber, so kommt es darauf an, welches Interesse schwerer wiegt. Ist das ältere Zeichen nur unwesentlich älter und verfügt das jüngere über einen erheblichen Bekanntheitsgrad, so kann im Einzelfall auch der Inhaber des prioritätsälteren Kennzeichens zur Führung unterscheidender Zusätze verpflichtet sein.

Problematisch ist der Kollisionsfall, daß aufgrund der Branchenferne Verwechslungen nicht zu befürchten sind und es sich auf keiner Seite um ein bekanntes oder berühmtes Kennzeichen handelt.[756] Zur Lösung dieses Konflikts könnte man entweder allein auf die Priorität der Unternehmenskennzeichen oder die Priorität der Domain-Registrierung abstellen. Im Ergebnis bedeutet letzteres die Anerkennung des Prinzips des "first come, first serve", das von den Vergabestellen praktiziert wird. Die Priorität der Unternehmenskennzeichen dient hingegen nur dann einem interessengerechten Ausgleich, wenn das ältere Recht durch eine jüngere Bezeichnung tatsächlich angegriffen wird, d.h. Verwechslungsgefahren zu befürchten sind. Würde man unter Anwendung des Prioritätsgrundsatzes Rechte zur Führung einer Domain zuweisen, liefe dies jedoch auf eine Ausdehnung des Schutzes des Unternehmenskennzeichens hinaus,

---

755 OLG Hamm MMR 1998, S. 214 "krupp.de"; OLG München CR 1999, S. 382 "shell.de"; BGH GRUR 1966, S. 623 "Kupferberg".

756 Ein Schutz kommt dann nach § 12 BGB unter dem Gesichtspunkt einer Interessenverletzung durch Behinderung in Betracht, siehe dazu oben S. 185 ff.

das ihm weder § 15 MarkenG noch § 12 BGB zuerkennt. Stehen sich daher die Bezeichnungen von Unternehmen gegenüber, die in völlig verschiedenen Branchen tätig sind und keines von beiden bekannt oder berühmt ist, kann die Priorität einer Bezeichnung nicht die Registrierung einer Domain antasten. Fehlen sonstige unlautere Umstände für die Registrierung, bleibt es bei der Registrierung der Domain für den ersten Anmelder. Allerdings hat dieser auch noch so geringfügige Abweichungen in der Domain des anderen beanstandungslos hinzunehmen. Hier reicht unter Umständen sogar die Beifügung oder Auslassung eines Bindestrichs.[757] Irrtümer, denen der Internet-Nutzer aufgrund der starken Ähnlichkeiten der Bezeichnungen unterliegt, sind bei nahezu gleichwertigen Rechtspositionen hinzunehmen.

Gleiches gilt auch dann, wenn sich ein Unternehmenskennzeichen und die Domain einer Privatperson oder einer juristische Person des Öffentlichen Rechts gegenüberstehen. Wirtschaftliche Interessen sind im Internet nicht stets höher zu bewerten als etwa das Recht, sich auch zu privaten oder sonstigen Zwecken im Internet zu präsentieren. Städte und Kommunen sind daher, soweit das Angriffszeichen keine besondere Bekanntheit aufweist, nicht ohne weiteres zur Führung des Zusatzes "stadt" zu verpflichten.[758]

---

757 Die Beurteilung ist hier eine andere, als wenn auf Seiten des Domain-Inhabers keine Rechte streiten, siehe S. 152 ff.

758 Nicht ganz klar ist, ob *Ubber*, WRP 1997, S. 487, 508 die Verpflichtung zur Führung von Zusätzen von der Bekanntheit des angreifenden Zeichens abhängig machen will. Vorgeschlagen wird die Hinzufügung des Vornamens bei Privatpersonen, bei Städten die Voranstellung des Begriffes "stadt" und bei Unternehmen zusätzliche Firmenbestandteile oder Hinweise auf die Rechtsform, unter Umständen sogar das Ausweichen auf andere Top Level Domains. Gerade letzteres wird den Interessen des Kennzeicheninhabers jedoch in den wenigsten Fällen gerecht. Mögen die Top Level Domains "com" und "de" in einigen Fällen noch gleichwertig sein, ist in den meisten Fällen eine abweichende Gestaltung der Second Level Domain sinnvoller.

Weitaus problematischer als die Kollision zweier Unternehmenskennzeichen gestaltet sich das Aufeinandertreffen zweier Marken. Es ist zunächst danach zu unterscheiden, ob die prioritätsjüngere Marke und Domain aus einem Familiennamen gebildet ist oder ob es sich um eine Phantasiemarke handelt.

Bei einer reinen Phantasiemarke ist das Recht der Gleichnamigen nicht anwendbar, da das Zeichen dann keinen namensrechtlichen Bezug aufweist. Bei Verwechslungsgefahr oder bei Vorliegen eines Tatbestandes nach § 14 Abs. 2 Nr. 3 MarkenG gilt dann grundsätzliche der Prioritätsgrundsatz. Liegt weder eine Verwechslungsgefahr noch der Tatbestand des § 14 Abs. 2 Nr. 3 MarkenG vor, so gilt hinsichtlich der Domain-Registrierung das "first come first serve"-Prinzip.

Ist die prioritätsjüngere Marke und Domain hingegen aus einem Familiennamen gebildet, so ist danach zu unterscheiden, ob zwischen den Kollisionszeichen Verwechslungsgefahr besteht oder ein Tatbestand des § 14 Abs. 2 Nr. 3 MarkenG vorliegt. Besteht keine Verwechslungsgefahr und ist auch kein Tatbestand im Sinne des § 14 Abs. 2 Nr. 3 MarkenG erfüllt, so kommen ergänzende Ansprüche aus § 12 BGB in Betracht,[759] wenn sich die angreifende Marke gleichzeitig zum Unternehmenskennzeichen entwickelt hat. Insofern kann auf die nachfolgenden Ausführungen zur Kollision zwischen einer Unternehmensbezeichnung und einer Marke verwiesen werden.

Besteht hingegen zwischen den Kollisionszeichen Verwechslungsgefahr oder liegt ein Tatbestand des § 14 Abs. 2 Nr. 3 MarkenG vor, so gilt grundsätzlich - wie bei Phantasiemarken - der Prioritätsgrundsatz, so daß der Inhaber des jüngeren Zeichens grundsätzlich die Nutzung der Domain zu unterlassen hat. Die Anwendung des Rechts der Gleichnamigen

---

[759] Siehe oben zu der Berücksichtigungauch anderer Interessen als denjenigen vor Verwechslung und den in § 14 Abs. 2 Nr. 3 MarkenG genannten S. 185 ff.

ist auch dann, wenn die jüngere Marke aus einem Familiennamen besteht, grundsätzlich abzulehnen.[760] Das Recht der Gleichnamigen beruht auf dem Grundsatz, daß es niemandem verwehrt werden kann, unter seinem Namen im geschäftlichen Verkehr aufzutreten.[761] Diesen persönlichkeitsrechtlichen Einschlag weisen Marken nicht auf. Selbst wenn sie aus einem Familiennamen gebildet sind, besteht kein berechtigtes Interesse an der Nutzung des Zeichens, wenn damit in ältere Rechte eingegriffen wird.[762] Ausnahmen hiervon sind von der Rechtsprechung in nur ganz geringem Umfang in Betracht gezogen worden.[763] In der Entscheidung "Caren Pfleger" zog der BGH eine Einschränkung der Rechte Dritter nach dem Recht der Gleichnamigen für warenzeichenmäßige Verwendungen eines Namens nur bei Vorliegen ganz gewichtiger Gründe in Betracht.[764] Dann, wenn ein Namensträger durch besondere, schöpferische Leistung, die er bei der Schaffung oder Gestaltung einer bestimmten Ware oder Warenart unter seinem Namen erbracht habe, für den Verkehr erkennbar eine so enge Beziehung zwischen Ware und Namen hergestellt habe, daß es ihm unzumutbar wäre, auf die Kennzeichnung der Ware mit diesem Namen zu verzichten, sei ein dem Gleichnamigenrecht entsprechender Ausgleich gerechtfertigt.[765] Das gleiche Ergebnis läßt sich nunmehr auf § 23 Nr. 1 MarkenG stützen.[766] Auch die markenmäßige Nutzung eines Namens kann unter den vorgenannten engen Voraussetzungen mit den guten Sitten des Wettbewerbs vereinbar sein. Grundsätzlich ist es dem Namensinhaber zuzumuten, seine Waren mit einer anderen Bezeichnung zu kennzeichnen, soweit Dritte ältere Markenrechte geltend machen können. Für das Internet bedeutet dies, daß der Inhaber einer jüngeren - verwechslungsfähigen oder nach § 14 Abs.

---

760 BGH GRUR 1966, S. 499, 501 "Merck". Zwar erging die Entscheidung im Widerspruchsverfahren, jedoch nahm der BGH zur generellen Anwendbarkeit des Gleichnamigenrechts bei kollidierenden Warenzeichen hilfsweise Stellung.

761 BGH GRUR 1966, S. 499, 501 "Merck".

762 BGH GRUR 1966, S. 499, 501 "Merck".

763 BGH GRUR 1991, S. 475, 478 "Caren Pfleger".

764 Siehe oben FN 763.

765 Siehe oben FN 763.

766 Siehe OLG Hamburg GRUR 1997, S. 659 "Klaus Bree".

2 Nr. 3 MarkenG rechtsverletzenden - Bezeichnung diese als Domain nicht nutzen darf, sondern die Nutzung unterlassen muß. Seine Namensrechte an der Domain verhelfen ihm nur dann zu einer positiven Entscheidung, wenn die oben genannten, engen Voraussetzungen erfüllt sind oder er die Domain nicht nur markenmäßig, sondern auch firmenmäßig verwendet.[767]

IV. Kollision zwischen älterer Marke und jüngerer Unternehmensbezeichnung

Es können sich ferner ein älteres Markenrecht und eine jüngere Unternehmensbezeichnung, die gleichzeitig als Domain registriert worden ist, gegenüberstehen. Diese Kollision zwischen Marke und Unternehmensbezeichnung war früher mit Hilfe des § 16 WZG zu lösen.[768] Erlaubt war danach der firmenmäßige Gebrauch eines Zeichens im Gegensatz zu einem warenzeichenmäßigen Gebrauch.[769] Unter Geltung des MarkenG stehen sich zwar der markenmäßige und der firmenmäßige Gebrauch einer Bezeichnung als gleichwertig gegenüber, ohne daß es auf eine Unterscheidung ankäme;[770] dies gilt allerdings nur für den Verletzungstatbestand des § 14 bzw. § 15 MarkenG. Hierfür genügt die kennzeichenmäßige Nutzung des Zeichens, gleichviel ob diese markenmäßig oder firmenmäßig ist. Enthält eine Firma jedoch den bürgerlichen Namen des Inhabers und nicht nur einen bloßen Phantasienamen, kommt es für die

767 Eine Ausdehnung des § 23 Nr. 1 MarkenG kommt nicht in Betracht, siehe *Kur*, 3 J.W.I.P. 2, S. 307, 311. Im Hinblick auf die Lösung internationaler Konflikte soll nach *Kur* beim Aufeinandertreffen zweier Marken aus verschiedenen Ländern keine rechtsverletzende Benutzung vorliegen, wenn die Marke in einer Art und Weise gebraucht wird, die Einwirkungen auf den nationalen Markt nicht erwarten läßt und Verwechslungsgefahren bestmöglich zu verhindern geeignet ist. Dazu sind alle Umstände des Einzelfalles heranzuziehen, wie etwa die Sprache, in der das Angebot formuliert ist oder die unmißverständliche Warnung, daß die Produkte in einem bestimmten Staat nicht zum Verkauf angeboten werden.

768 Siehe *Knaak*, S. 66 ff.

769 *Fezer*, § 23 RN 21.

770 *Keller*, GRUR 1996, S. 607, 611, dieser Grundsatz folge schon aus der Gleichwertigkeit der Zeichen nach § 6 MarkenG.

Privilegierung des § 23 Nr. 1 MarkenG doch darauf an, ob die Bezeichnung nur firmenmäßig verwendet wird.[771] Es kommt daher darauf an, wann eine Domain "firmenmäßig" und nicht markenmäßig verwendet wird.

Für diese Abgrenzung ist zunächst die Rechtsprechung des BGH zu § 16 WZG hinsichtlich der Unterscheidung zwischen firmen- und marken-(warenzeichen-)mäßiger Nutzung zu beleuchten. Grundsätzlich stellte jeder Gebrauch eines Warenzeichens auch als Firma oder Geschäftsbezeichnung eine Verletzung des § 15 WZG dar.[772] Nur dann, wenn nach den Umständen des Einzelfalles ausgeschlossen werden könne, daß der unbefangene Durchschnittsbetrachter in dem Zeichen einen Hinweis auf die betriebliche Herkunft der angebotenen Waren sehe, sei ein warenzeichenmäßiger Gebrauch auszuschließen.[773] Ein Anwendungsfall des § 16 WZG sei nur dann gegeben, wenn zur Führung der Firma, d.h. des Familiennamens des Inhabers, eine gesetzliche Verpflichtung bestünde.[774] Dann sei ein firmenmäßiger, nicht dagegen markenmäßiger (warenzeichenmäßiger) Gebrauch zulässig.[775] Ein markenmäßiger Gebrauch in diesem Sinne liege vor, wenn der nach der Verkehrsauffassung zu beurteilende objektive Zweck der Zeichenverwendung die Bestimmung der betrieblichen Herkunft einer konkreten Ware ist.[776] Die Herausstellung einer Firma in Verbindung mit einer Ware zu Werbezwecken stelle in aller Regel einen warenzeichenmäßigen Gebrauch dar; ebenso die Anbringung der Firma auf der Ware selbst, wenn dies das einzige Kennzeichen sei.[777]

---

771 Siehe zu diesem "gespaltenen" Verständnis des markenmäßigen Gebrauchs schon *Knaak*, S. 83.

772 Siehe etwa BGH GRUR 1975, S. 257 "Buddelei"; BGH GRUR 1977, S. 491, 493 "Allstar".

773 BGH GRUR 1975, S. 257 "Buddelei"; BGH GRUR 1977, S. 491, 493 "Allstar".

774 BGH GRUR 1969, S. 690, 692 "Faber".

775 Siehe insgesamt zu der Rechtsprechung des BGH *Knaak*, S. 81 ff.

776 *Knaak*, S. 103.

777 *Knaak*, S. 103/104.

An diesen Grundsätzen hat sich durch die Neuregelung in § 23 Nr.1 MarkenG nichts wesentliches geändert. Nach wie vor ist bei Phantasiefirmen der firmenmäßige Gebrauch einem markenmäßigen Gebrauch im Rahmen des Verletzungstatbestandes gleichzustellen. Nur Firmen, die den Familiennamen ihres Inhabers enthalten, sind nach § 23 Nr.1 MarkenG privilegiert. Hier zeigt sich der einzige Unterschied zu § 16 WZG. Während die Rechtsprechung die Anwendbarkeit auf die handelsrechtliche Notwendigkeit zur Führung des Namens beschränkte, die nach dem HRefG ohnehin entfallen ist, war nach dem Willen des Gesetzgebers des Markengesetzes eine Einbeziehung auch der abgeleiteten Firma in den Schutz des § 23 Nr.1 MarkenG zu befürworten, ohne daß es auf eine handelsrechtliche Notwendigkeit zur Führung der Firma ankam.[778] Es bleibt somit festzuhalten, daß ein nach § 23 Nr. 1 MarkenG privilegierter Gebrauch einer Firma nur dann vorliegt, wenn die Verwendung des Zeichens unter keinem Gesichtspunkt auch der Bestimmung der Herkunft der von dem Benutzer des Zeichens angebotenen Waren oder Dienstleistungen dient.

Wie an anderer Stelle bereits erwähnt,[779] kann eine Domain sowohl firmenmäßig als auch markenmäßig verwendet werden. In vielen Fällen kennzeichnet die Domain die bestimmte Ware eines Herstellers.[780] In anderen Fällen dagegen wird das Unternehmen selbst gekennzeichnet. Eine Unterscheidung kann im Internet nicht danach getroffen werden, ob sich die Bezeichnungen auch auf den Produkten wiederfindet, da der Bezug zwischen Zeichen und Ware fehlt. Da somit in aller Regel nicht auszuschließen ist, daß der Verkehr die Domain auch als Kennzeichen der Herkunft der angebotenen Waren oder Dienstleistungen versteht, ist in aller Regel auch von einem markenmäßigen Gebrauch auszugehen. Dem Domain-Inhaber ist die Nutzung seiner geschäftlichen Bezeichnung daher zu untersagen, wenn ein Tatbestand des § 14 Abs. 2 MarkenG vorliegt und keine besonderen Interessen auf Seiten des Domain-Inhabers

---

778 Siehe FN 775.

779 Siehe oben S. 122 ff.

780 Etwa die Domain www.nivea.de der Firma Beiersdorf.

stehen.[781] Insofern kann auf die Ausführungen zur Kollision zweier Unternehmensbezeichnungen verwiesen werden.[782]

Zwar ist auch bei einer Kollision von Marke und geschäftlicher Bezeichnung das Aufeinandertreffen identischer Bezeichnungen ohne Verwechslungsgefahr oder einen Tatbestand nach § 14 Abs. 2 Nr. 3 MarkenG denkbar, doch stehen dem Markeninhaber dann in aller Regel weder markenrechtliche noch namensrechtliche Unterlassungsansprüche zu. Da § 12 BGB unter dem Gesichtspunkt der Interessenverletzung nur für Namen und Unternehmensbezeichnungen gilt, kann der Markeninhaber, dessen Marke sich nicht auch zu einer geschäftlichen Bezeichnung entwickelt hat, einen Schutz für sich nicht beanspruchen. Es gilt dann das von den Vergabestellen praktizierte Verfahren des "first come, first serve". Hat sich der Inhaber der geschäftlichen Bezeichnung die Domain zuerst registrieren lassen, ist seine Inhaberschaft nicht mehr angreifbar. Hat sich die ältere Marke hingegen auch zu einem Unternehmenskennzeichen entwickelt, kann auf die obigen Ausführungen zur Kollision gleichlautender Unternehmensbezeichnungen verwiesen werden.[783]

V. Kollision zwischen älterer Unternehmensbezeichnung und jüngerer Marke

Den letzten Kollisionsfall bildet das Aufeinandertreffen einer älteren Unternehmensbezeichnung mit einer jüngeren Marke. Unter dem Gesichtspunkt einer Gleichnamigkeit ist nur dann weiter zu prüfen, wenn die Marke aus einem Namen abgeleitet ist und keine reine Phantasiemarke darstellt, da nur dann überhaupt ein namensrechtlicher Konflikt

---

781 Das Internet führt rein tatsächlich zu einer Erhöhung der Verwechslungsgefahr, da der Inhaber der geschäftlichen Bezeichnung seinen regionalen Tätigkeitsbereich verläßt und die Domain für andere weltweit gesperrt ist. Koexistierende Unternehmensbezeichnungen, die sonst nicht als Störung empfunden werden, wirken sich aufgrund ihrer Registrierung als Domain dann beeinträchtigend aus.

782 Siehe oben S. 203 ff.

783 Siehe oben S. 203 ff.

besteht.[784] Der BGH löste diese Fälle unter Geltung des § 16 UWG nach dem Grundsatz von Treu und Glauben gemäß § 242 BGB.[785] Die Berufung auf ein nur formelles Markenrecht gegenüber einem sachlichen älteren Recht an einer geschäftlichen Bezeichnung widerspreche den Grundsätzen von Treu und Glauben und sei daher rechtsmißbräuchlich.[786]

Liegt ein Verletzungstatbestand nach § 15 Abs. 2 oder Abs. 3 MarkenG vor, d.h. ist zwischen den Kennzeichen Verwechslungs- oder Verwässerungsgefahr gegeben, greift die Parallelvorschrift des § 23 Nr. 1 MarkenG, der gleichermaßen für Unternehmensbezeichnungen und Marken gilt, auch in diesen Fällen ein, so daß es eines Rückgriffes auf § 242 BGB nicht bedarf. Wie bei sich gegenüberstehenden Marken[787] privilegiert § 23 Nr. 1 MarkenG nur die firmenmäßige Benutzung des in der Marke enthaltenen Namens. Da aber eine Domain in aller Regel auch markenmäßig benutzt wird, ist die Nutzung nicht nach § 23 Nr. 1 MarkenG privilegiert. Ein Ausgleich nach dem Recht der Gleichnamigen kommt bei einer markenmäßigen Nutzung der Marke aber nicht in Betracht, da der Marke - wie oben ausgeführt - der persönlichkeitsrechtliche Einschlag in aller Regel fehlt. Vielmehr sind die Konflikte nach dem reinen Prioritätsprinzip zu lösen.[788] Das ältere Unternehmenskennzeichen kann sich gegen die markenmäßige Nutzung als Domain zur Wehr setzen.[789]

---

784 Siehe oben Seite 207 ff.: die Marke weist grundsätzlich keinen persönlichkeitsrechtlichen Einschlag auf.

785 BGH GRUR 1955, S. 299, 301 "Koma".

786 BGH GRUR 1955, S. 299, 301 "Koma"; BGH GRUR 1964, S. 71, 73 "Personifizierte Kaffeekanne"; einen Rückgriff für entbehrlich hält *Knaak*, S. 109, da sich der Kollisionstatbestand durch eine Rückbesinnung auf die Funktionen der Kennzeichen lösen lasse.

787 Siehe oben S. 207 ff.

788 BGH GRUR 1995, S. 825, 828 "Torres".

789 Etwas anderes kann dann gelten, wenn die Bezeichnung nicht mehr nur markenmäßig genutzt wird, sondern auch als Unternehmensbezeichnung genutzt wird. Dient die Domain dann der Kennzeichnung des Inhabers der Website, gelten die Grundsätze bei kollidierenden Unternehmensbezeichnungen, s.o.

Besteht der Kollisionstatbestand nicht in dem Hervorrufen einer Verwechslungs- oder Verwässerungsgefahr, sondern in einer Behinderung des Inhabers der älteren geschäftlichen Bezeichnung gemäß § 12 BGB,[790] bestehen dagegen Bedenken gegen die Anwendung des Prioritätsgrundsatzes. Wie bei der Kollision gleichlautender Unternehmenskennzeichen kann es auf die Priorität des Rechtserwerbs nicht ankommen, da dies eine Erweiterung des markenrechtlichen Schutzbereiches des älteren Zeichens bedeuten würde. Da die Kennzeichen unter kennzeichenrechtlichen Gesichtspunkten rechtmäßig koexistieren, kann bei Fehlen weiterer unlauterer Umstände die Priorität eines Kennzeichens nicht gegen das gleichnamige und daher rechtmäßige jüngere Kennzeichen ins Feld geführt werden. Es bleibt daher auch in diesen Fällen bei dem Recht des ersten Zugriffs auf die Domain. Derjenige, der sich die Domain als erster hat registrieren lassen, muß sich ein älteres Recht nicht entgegenhalten lassen.

VI. Ergebnis

Im Domain Name System sind zwei Kollisionsfälle zu unterscheiden, in denen sich gleichlautende Kennzeichen von Inhabern gleicher Namen gegenüberstehen. Einmal ist dies der Regelfall, daß zwischen den Kennzeichen Verwechslungsgefahr besteht oder ein Tatbestand der §§ 14 Abs. 2 Nr. 3 oder § 15 Abs. 3 MarkenG vorliegt. Diese Fälle sind nach den allgemein zum Recht der Gleichnamigen entwickelten Grundsätze zu lösen. Dies bedeutet, daß bei sich gegenüberstehenden Unternehmensbezeichnungen neben der Priorität insbesondere der Schutzumfang der jüngeren Bezeichnung, d.h. deren Verkehrsbekanntheit, zu berücksichtigen ist. Je nachdem, welches Zeichen nach einer umfassenden Interessenabwägung den besseren Rang hat, ist zu entscheiden, ob der Inhaber des jüngeren Zeichens und der Domain zu unterscheidenden Zusätzen verpflichtet ist.

---

[790] Siehe oben S. 185 ff.

Stehen sich zwei Marken gegenüber, so bleibt es bei dem Prioritätsgrundsatz. Das Recht der Gleichnamigen ist in aller Regel selbst dann nicht anzuwenden, wenn die jüngere Marke aus einem Familiennamen abgeleitet ist, da die Marke grundsätzlich keinen persönlichkeitsrechtlichen Einschlag aufweist, sondern dem Markeninhaber zugemutet werden kann, sein Waren oder Dienstleistungen auch anders zu bezeichnen.

Bei der Kollision zwischen einer älteren Marke und einer jüngeren Unternehmensbezeichnung kommt es zunächst darauf an, daß die jüngere Unternehmensbezeichnung auch markenmäßig benutzt wird, da ihre Nutzung sonst nach § 23 Nr. 1 MarkenG privilegiert ist. Da aus der Sicht des Verkehrs eine Domain in der Regel auch markenmäßig benutzt wird, scheidet eine solche Privilegierung der Domain aus. Ob der Inhaber der jüngeren Unternehmensbezeichnung sich dennoch gegen das ältere Markenrecht durchsetzen kann, hängt von dem Ergebnis einer umfassenden Interessenabwägung ab. Insofern kann auf die Ausführungen zur Kollision zweier Unternehmensbezeichnungen verwiesen werden, d.h. es kommt insbesondere darauf an, ob das jüngere Zeichen über eine erhebliche Verkehrsbekanntheit verfügt.

Stehen sich eine ältere Unternehmensbezeichnung und eine jüngere Marke gegenüber, so bleibt es bei der Anwendung des Prioritätsgrundsatzes, da es der jüngeren Marke in jedem Fall an einem persönlichkeitsrechtlichen Einschlag fehlt, der Voraussetzung für die Anwendung des Gleichnamigenrechts wäre.

Eine Besonderheit des Domain Name System ist, daß Kennzeichen, auch ohne daß zwischen ihnen eine Verwechslungsgefahr besteht oder ein Tatbestand nach §§ 14 Abs. 2 Nr. 3, 15 Abs. 3 MarkenG vorliegt, miteinander "kollidieren", da eine Domain weltweit nur einmal registriert werden kann und gleichlautende Domains folglich gesperrt sind. In diesen Fällen ist es nicht gerechtfertigt, auf die Priorität der Kennzeichen abzustellen. Das prioritätsältere Recht, sei es eine Marke, sei es eine Unternehmensbezeichnung, geht nicht soweit, daß dessen Inhaber ein Recht zur Führung einer Domain zugesprochen werden kann. Hier gilt vielmehr der Grundsatz des "first come first serve", d.h. es steht demjenigen die Domain zu, der sie als erster für sich hat registrieren lassen. Andere Kennzeicheninhaber müssen in diesen Fällen auf andere Domains ausweichen.

D. Inhalte und Grenzen des Anspruches

Sowohl markenrechtliche Vorschriften (§ 14 Abs. 5, § 15 Abs. 4 MarkenG) als auch § 12 BGB gewähren als Folge eines Verstoßes einen Anspruch auf Unterlassung der beanstandeten Nutzung des Kennzeichens. Versteht man das Unterlassungs- gebot wörtlich, genügt die Erklärung des Domain-Inhabers gegenüber den Vergabestellen, auf die Rechte aus der Registrierung zu verzichten, so daß die Domain gelöscht wird. Zu dem von seiten des Kennzeicheninhabers gewünschten Erfolg einer eigenen Registrierung führt dies noch nicht. Das so verstandene Unterlassungsgebot birgt daher die Gefahr, daß zwischen der Verzichtserklärung des alten Domain-Inhabers und der Anmeldung des Kennzeicheninhabers ein Dritter die Domain für sich registrieren läßt.[791] Um dies zu vermeiden, ist von einigen Gerichten nicht nur der Verzicht auf die Domain angeordnet worden, sondern die Verpflichtung zur "Übertragung" der Domain bzw. Einwilligung in die Umschreibung.[792] Auch für die "Administrative Panel Decisions" sieht die "Uniform Domain Name Dispute Policy" der ICANN als Rechtsfolge eines Verstoßes die Übertragung der Domain vor.[793] Gleiches gilt für die gesetzliche Regelung in Sec. 3002 (a) des "Intellectual Property and Communications Omnibus Reform Act".[794] Die folgende Prüfung geht daher der Frage nach, ob die Rechtsfolgen eines Verstoßes gegen markenrechtliche Vorschriften und § 12

791 OLG München CR 1999, S. 382, 383 "shell.de".

792 OLG München CR 1999, S. 382, 383 "shell.de".

793 Ziff. 3, siehe unter www.domainmagistrate.com/dispute-policy.html, zuletzt besucht am 05.03.2000.

794 Sec. 3002 (a) des Gesetzes ist mit Wirkung zum 29. November 1999 als Sec. 43 (d) dem Lanham Act beigefügt. Sec. 43 (d) enthält in Subsection (1)(C) die mögliche Rechtsfolge der Übertragung der Domain. Siehe *Meyer/Kort*, Mitt. 2000, 479, 493.

BGB nach deutschem Recht eine Verurteilung zur aktiven Vornahme einer Übertragung der Domain tragen.

I. Unterlassungsanspruch

Nach §§ 14 Abs. 5, 15 Abs. 4 MarkenG und § 12 S. 2 BGB ist derjenige, der Kennzeichen beeinträchtigt, zur Unterlassung verpflichtet. Wie bei einem wettbewerbsrechtlichen Unterlassungsanspruch und einem zivilrechtlichen Anspruch nach § 1004 BGB, ist ein kennzeichenrechtlicher Anspruch auf die Abwehr künftiger Kennzeichenverletzungen ausgerichtet.[795] § 253 Abs. 2 Nr. 2 ZPO entsprechend muß der Klageantrag so bestimmt, d.h. die Verletzungshandlung so genau bezeichnet sein, daß sich der Verletzer umfassend verteidigen kann.[796] Dem folgend kann auch der Tenor eines stattgebenden Urteils nur die Verpflichtung zur Unterlassung einer konkreten Verletzungshandlung enthalten und so eine geeignete Grundlage für das Vollstreckungsverfahren bilden.[797] Von diesem prozessualen Erfordernis ist das materiellrechtliche Konkretisierungsgebot zu trennen, daß sich an Inhalt und Reichweite des Unterlassungsanspruches orientiert.[798] Der Tenor vieler Entscheidungen untersagt dem Verletzer, die Domain insgesamt im geschäftlichen Verkehr zu nutzen oder reserviert zu halten.[799] Handelt es sich bei den verletzten Kennzeichen um bekannte Marken oder Unternehmensbezeichnungen, begegnet der Umfang des Unterlassungsgebotes keinen Bedenken,[800] da es auf eine Verwendung für identische oder ähnliche Produkte oder Branchen nicht ankommt. Bei einer Verletzung der § 14 Abs. 2 Nr. 1 und Nr. 2 MarkenG ist der Unterlassungsanspruch dagegen nur begründet für die

795 *Fezer*, § 14 RN 509; *Palandt*, § 12 RN 34.
796 *Baumbach/Hefermehl*, Einl. UWG RN 457a.
797 *Pastor/Jestaedt*, Kap.27 RN 9. Siehe zu den Verpflichtungen des Unterlassungsschuldners bei der Einhaltung des Unterlassungsgebots *Allmendinger*, GRUR 2000, S. 966 ff.
798 *Pastor/Jestaedt*, Kap.27 RN 19 ff.
799 Siehe beispielsweise LG Düsseldorf GRUR 1998, S. 159, 160 "epson.de".
800 Siehe OLG Hamm K&R 1998, S. 216 "krupp.de"; OLG München CR 1999, S. 382 "shell.de"; OLG München K&R 1999, S. 569 "rolls-royce.de".

Benutzung des Zeichens für identische oder ähnliche Produkte; gleiches gilt für § 15 Abs. 2 MarkenG hinsichtlich der Branche, in der der Verletzer tätig ist. In einigen Fällen sind infolgedessen auch erlaubte Nutzungen des Domain-Inhabers denkbar. Wohl im Hinblick darauf ist in dem vor dem Landgericht München I verhandelten Fall "freundin.de"[801] der Antrag darauf beschränkt worden, die Benutzung der Bezeichnung "freundin" im Internet für eine Website zu untersagen, *unter der Dienstleistungen der Partnerschaftsvermittlung angeboten werden.* Da aber auch die zur Begründung des Unterlassungsantrages als markenverletzend angeführten Handlungen zur Begründung des Klageantrages und auch zur Bestimmung der Reichweite des sich hierauf gründenden Verbots im Hinblick auf § 890 ZPO heranzuziehen sind,[802] ist eine solche Einschränkung letztlich entbehrlich. Den Verletzer daher insgesamt zur Unterlassung der Benutzung einer identischen oder ähnlichen Domain zu verurteilen, ist daher frei von Bedenken.

II. Beseitigungsanspruch

Vielfach ist von den Gerichten auch eine Verpflichtung zur Mitwirkung an der Löschung der Domain,[803] zum Verzicht auf die Eintragung,[804] zur Abgabe der Erklärung auf Aufhebung der Domain,[805] oder zur Abgabe einer Freigabeerklärung[806] ausgesprochen worden. Dies geht über die bloße Unterlassung einer Handlung hinaus; es verpflichtet den Domain-Inhaber zur Vornahme einer Handlung. Diese Verpflichtung stellt eine der drei Grundformen wettbewerbsrechtlicher Beseitigungsansprüche dar; wenn Untätigkeit die Fortsetzung der Zuwiderhandlung ge-

---

801 LG München CR 1997, S. 540 "freundin.de". Das OLG München gab, obwohl es die Bekanntheit der Marke anerkannte, dem Antrag ebenfalls in dieser Form statt. Dies lag wohl an der Bindung des Gerichts gemäß § 308 ZPO.

802 BGH GRUR 1991, S. 319, 320 "Hurricane"; BGH GRUR 1991, S. 139, 140 f. "Duft-Flacon".

803 OLG München K&R 1999, S. 569, 570 "rolls-royce.de".

804 OLG München MMR 1998, S. 668, 670 "freundin.de".

805 LG Düsseldorf GRUR 1998, S. 159, 163 "epson.de".

806 OLG Düsseldorf WRP 1999, S. 343, 347 "ufa.de".

gen das Unterlassungsgebot bewirkt, ist der Unterlassungsschuldner zu bestimmten Beseitigungshandlungen zu verpflichten.[807] Die dogmatische Grundlage für markenrechtliche Ansprüche findet sich in §§ 14, 15, § 18 Abs. 3 MarkenG, § 1004 BGB. Nach Auffassung des Landgerichts Düsseldorf in der Entscheidung "epson.de"[808] eröffnet § 18 Abs. 3 MarkenG gerade weitergehende Beseitigungsansprüche als § 1004 Abs. 1 BGB.[809] Der Anspruch auf Löschung bedeutet nichts anderes als die in ständiger Rechtsprechung anerkannte Verpflichtung zur Löschung rechtsverletzender Warenzeichen und Firmen aus der Warenzeichenrolle und dem Handelsregister wegen der dauerhaften Gefahr der Weiterbenutzung.[810] Bei der Domain besteht nicht nur das Bedürfnis nach einer Ausräumung latenter Mißbrauchsgefahren. Wird die Domain nicht gelöscht, sondern etwa nur die Inhalte der Website, oder befanden sich von vornherein keine Inhalte auf dieser, stellt schon der konnektierte Zustand unter Umständen eine Benutzung dar oder birgt Wiederholungsgefahren. Eine nachhaltige Gefahrbeseitigung und Beseitigung der Störung ist nur durch Löschung der Domain zu verwirklichen.[811]

III. Anspruch auf Übertragung der Domain

Von diesem Anspruch auf Löschung ist die Verpflichtung zur Übertragung der Domain auf den Kennzeicheninhaber zu trennen. Der Rechtsnatur nach ist ein solcher Anspruch mit ergänzenden Beseitigungspflichten nicht zu rechtfertigen. Die Übertragung der Domain geht weiter als die Beseitigung des Störungszustandes und bürdet dem Domain-Inhaber auf, an einer Verbesserung der Rechtsposition des Kenn-

---

[807] *Lindacher*, GRUR 1985, S. 423. Die Befugnis der Judikative, Rechtsschutzlücken durch die Gewährung von Komplemenatäransprüchen zum Unterlassungsanspruch auch rechtsfortbildend zu schließen, wird von *Lindacher* unterstellt. Eine ernsthafte Diskussion hierüber wird auch in der übrigen Literatur nicht geführt, siehe etwa *Pastor/Loewenheim*, Kap. 71 RN 2.

[808] LG Düsseldorf GRUR 1998, S. 159, 163 "epson.de".

[809] So auch *Fezer*, § 18 RN 46.

[810] BGH GRUR 1960, S. 296, 298 "Reiherstieg"; BGH GRUR 1968, S. 431, 433 "Unfallversorgung; BGH GRUR 1970, S. 315 "Napoleon III".

[811] LG Düsseldorf GRUR 1998, S. 159, 163 "epson.de".

zeicheninhabers mitzuwirken.[812] Entsprechende Anträge sind daher von einigen Gerichten zurückgewiesen worden.[813] Daß eine direkte Übertragung den Interessen des Kennzeicheninhabers in besonderem Maße dient,[814] kann nicht in Zweifel gezogen werden. Auf der Suche nach einer diesen Anspruch gewährenden Rechtsgrundlage kann diese durch reine Wertungsgesichtspunkte nicht ersetzt werden.

1. § 8 Abs. 1 S. 2 PatG analog

Das OLG München zog bei der Ermittlung vergleichbarer Anspruchsinhalte in der Entscheidung "shell.de"[815] einen Vergleich zu § 8 Abs. 1 S. 2 PatG. Die Vorschrift gewährt dem tatsächlich an dem Patent Berechtigten einen Übertragungsanspruch gegen den Nichtberechtigten, der § 7 PatG folgend als Anmelder ein Patent erworben hat. Der Übertragungsanspruch ist dinglicher Natur und dem § 985 BGB rechtsähnlich.[816] Zweck der Vorschrift ist die Korrektur einer verfahrensbedingten Rechtsinhaberschaft, deren Unrichtigkeit sich aus der nach § 7 PatG ergebenden fehlenden Prüfung der sachlichen Berechtigung des Anmelders im Anmeldeverfahren ergeben kann.[817] Auch die Eintragung einer rechtsverletzenden Domain beruht letztlich auf einer fehlenden Prüfung der Berechtigung im Eintragungsverfah-

---

812 OLG Hamm MMR 1998, S. 214, 216 "krupp.de".

813 OLG Hamm MMR 1998, S. 214, 216 "krupp.de"; OLG München K&R 1999, S. 569, 570 "rolls-royce.de". Bejahend dagegen OLG München CR 1999, S. 382, 383 "shell.de"; LG Hamburg CR 1999, S. 47, 49 "eltern.de"; LG Bochum 14 O 152/97 "hellweg.de", unter www.netlaw.de/urteile/lgbo_2.html; LG München CR 1997, S. 479, 481 "juris.de".

814 So zur Rechtfertigung des Übertragungsanspruches *Biermann*, WRP 1999, S. 997, 1004.

815 OLG München CR 1999, S. 382, 383 "shell.de". Einem ebenfalls diskutierten Vergleich zu § 894 BGB soll hier nicht weiter nachgegangen werden. Wie von *Hackbarth*, Anm. zu OLG München CR 1999, S. 382, 384 richtig angemerkt, dient § 894 BGB der Aufrechterhaltung des öffentlichen Glaubens des Grundbuches nach § 892 BGB. Es fehlt daher an einer vergleichbaren Interessenlage.

816 *Schulte*, § 8 RN 2.

817 *Benkard*, § 8 RN 2.

ren,[818] so daß insoweit die Interessenlagen vergleichbar sind. Bedenken begegnet aber, daß die Domain keine dem Patent vergleichbare dingliche Rechtsposition gewährt; es kann nicht ausgeschlossen werden, daß neben dem Kläger des Verfahrens noch andere Berechtigte, eventuell besser Berechtigte, existieren. Infolgedessen kann eine echte Berechtigung in dem zweiseitigen Verfahren zwischen Domain-Inhaber und Kennzeicheninhaber nicht festgestellt werden. Das markenrechtliche Verletzungsverfahren kann nur eine Rechtsverletzung feststellen, nicht eine Rechtszuweisung, die über den Inhalt des Ausschließlichkeitsrecht eventuell hinausgeht, bewirken. Die Feststellung der Verletzung eines Kennzeichenrechts durch die Benutzung einer Domain kann nur die Nichtberechtigung des Domain-Inhabers zur Führung der Domain beinhalten. Gegenstand der Prüfung ist aber nicht, wie im Verfahren nach § 8 PatG, die dezidierte Feststellung der Berechtigung des Kennzeicheninhabers zur Führung der Domain in Relation zu allen potentiell Berechtigten. Für einen an § 8 PatG angelehnten Übertragungsanspruch fehlt es daher an einem wesentlichen Merkmal und damit an einer vergleichbaren Interessenlage: der dargelegten und nachgewiesenen Berechtigung an der Domain. Da Gleichnamigkeit im Kennzeichenrecht nicht ungewöhnlich ist, sind gleiche "Berechtigungen" nicht nur theoretisch denkbar. Ein Übertragungsanspruch hätte zur Folge, daß derjenige, der einen nachrangigen Warteplatz bei der Vergabestelle innehat,[819] durch das Klageverfahren eine erhebliche Verbesserung erwirken könnte unter Mißachtung gleichrangiger oder im Rang höherer Rechtspositionen. Es ist weder Aufgabe des Gerichts des Verletzungsverfahrens, noch ist es möglich, sämtliche Kennzeichenrechte auf ihre Wertigkeit hin zu untersuchen, um nur demjenigen mit der besten Berechtigung die Domain zuzuweisen. Ein

[818] In Frankreich ist zur Registrierung einer Domain dagegen der Nachweis einer entsprechenden Marke, geschäftlichen Bezeichnung oder eines Namens erforderlich.

[819] Es besteht die Möglichkeit, sich bei der DENIC e.G. in eine Warteliste für eine bestimmte Domain eintragen zu lassen. Verzichtet der Domain-Inhaber auf die Übertragung, wird der Rangnächste registriert.

Übertragungsanspruch läßt sich auch nicht damit rechtfertigen, daß derjenige, an den die Domain übertragen wird, keine absolute Rechtsposition erhält und andere Kennzeicheninhaber in einem neuen Verfahren eine Übertragung an sich erreichen können. Für eine solche Bevorzugung ist kein Grund ersichtlich. Dem in der Warteliste nachrangigen Kennzeicheninhaber kann zugemutet werden, sich - auch außergerichtlich - mit anderen Wartenden auseinander zu setzen.[820]

Etwas anderes kann für den Inhaber eines berühmten Kennzeichens gelten. Dieser wird in aller Regel eine Alleinstellung an seinem Kennzeichen genießen. Wird die Berühmtheit in dem Verletzungsverfahren festgestellt, bedeutet dies zwar nicht, daß Gleichnamige schlechthin ausgeschlossen sind.[821] Gleichnamige mit entsprechend hoher Bekanntheit im geschäftlichen Verkehr, die zur Führung der Domain ohne unterscheidende Zusätze berechtigt sind, sind aber nicht zu erwarten, so daß ein Übertragungsanspruch nach § 8 Abs. 1 S. 2 PatG analog nicht den oben genannten Bedenken begegnet. Auch wenn andere Namensrechte nach § 12 BGB bestehen sollten, genießt die berühmte Marke nach dem Recht der Gleichnamigen die schützenswertere Stellung. Die Berühmtheit des Kennzeichens kann daher eine Berechtigung zur Führung der Domain unter Ausschluß anderer Berechtigter mit sich führen. Der für eine nach § 14 Abs. 2 Nr. 3, § 15 Abs. 3 MarkenG erforderliche Bekanntheitsgrad reicht zur Begründung einer solchen Alleinstellung nicht

---

820 Die ZPO bietet keine verfahrensmäßige Möglichkeit, alle in den Wartelisten geführte oder sonst bekannte Kennzeicheninhaber in das Verfahren einzubeziehen. Die Wartenden können nicht unter dem Gesichtspunkt der Erstbegehungsgefahr als Streitgenossen gemäß §§ 59, 60 ZPO verklagt werden. Zum einen hängt ihre Berechtigung nicht von dem Verhältnis der Hauptparteien in Bezug auf die Domain ab. Zum anderen käme man zu einer Entscheidung nur, wenn der Hauptbeklagte zur Löschung der Domain verpflichtet wäre. Dieses "Hilfsverhältnis" steht der Streitgenossenschaft entgegen. Die Voraussetzungen einer Streitverkündung gemäß § 72 ZPO sind ebenfalls nicht gegeben. Für die Lösung bietet sich ein Verfahren der Mediation an.

821 Eine rein objektive Alleinstellung ist nicht erforderlich, siehe BGH GRUR 1966, S. 623, 624 "Kupferberg". Entscheidend ist die im Publikum herrschende Vorstellung. Soweit danach das Zeichen nur dem einen Unternehmen zugeordnet wird, können Gleichnamige mit eng begrenztem Tätigkeitskreis und einer geringen Bekanntheit die Alleinstellung nicht in Frage stellen.

aus. Ein Übertragungsanspruch kann daher nur bei Berühmtheit des Kennzeichens, die sich nach den oben dargestellten Grundsätzen beurteilt,[822] zuerkannt werden. Diese Überlegungen könnten letztlich für das OLG München hinsichtlich der berühmten Marke "shell" von ausschlaggebender Bedeutung gewesen sein.[823]

2. Anspruch aus Geschäftsführung ohne Auftrag und § 17 MarkenG analog

Vereinzelt ist eine analoge Anwendung der §§ 11, 17 MarkenG diskutiert worden.[824] § 17 Abs. 1 MarkenG gewährt einen Anspruch auf Übertragung der Marke an den Markeninhaber, wenn diese für einen Agenten oder Vertreter entgegen § 11 MarkenG, d.h. insbesondere ohne die Zustimmung des Inhabers, angemeldet worden ist. Der Löschungsgrund des § 11 MarkenG, also die Verletzung des Agenten- oder Vertreterverhältnisses, stellt den Rechtsgrund für die Übertragung dar.[825] Wie der patentrechtliche Übertragungsanspruch das Recht an dem Patent voraussetzt, setzt § 11 MarkenG die Inhaberschaft an der Marke im Verhältnis zu dem Agenten oder Vertreter voraus.[826] Es wird daher vertreten, daß eine Analogie hierzu bei der Registrierung einer Domain dann gerechtfertigt sei, wenn ein Domain-Grabber sich im Prozeß damit verteidige, er habe die Domain nur angemeldet, damit Dritte sie dem wahren Inhaber nicht entziehen könnten; damit sei eine Ähnlichkeit zur Geschäftsführung gegeben, also eine dem Agentenverhältnis des § 17 MarkenG nahe Rechtsbeziehung.[827] Bei einer bekannten Marke könne auf die oben genannte

---

822 Siehe die Darstellung im Rahmen des für § 14 Abs. 2 Nr. 3 MarkenG erforderlichen Bekanntheitsgrades, Seite 50 ff.

823 Siehe FN 815.

824 *Renck*, NJW 1999, S. 3587, 3589; letztlich ablehnend *Hackbarth*, Anm. zu OLG München CR 1999, S. 382 "shell.de", S. 384.

825 *Fezer*, § 17 RN 2.

826 *Fezer*, § 11 RN 8.

827 *Renck*, NJW 1999, S. 3587, 3589.

Einlassung des Beklagten sogar verzichtet werden, da ein entsprechender Fremdgeschäftsführungswille vermutet werden könne.[828]

Mit Ausnahme der berühmten Marke bestehen jedoch die oben genannten Bedenken[829] auch gegenüber einem markenrechtlichen Übertragungsanspruch fort. Zurückhaltung ist zudem im Hinblick auf ein - auch nur vergleichbares - Agenten- oder Vertreterverhältnis geboten. Zwar können neben ausdrücklichen und konkludenten Vertragsbindungen auch faktische Beziehungen ausreichend sein;[830] handelt es sich aber um einen beliebigen Dritten, begegnet selbst die Ausdehnung des § 17 MarkenG auf vorsätzliche Markenanmaßungen methodischen Bedenken.[831] Eine vergleichbare Beziehung zwischen dem Kennzeicheninhaber und dem Inhaber der Domain ließe sich allenfalls auf quasivertragliche Beziehungen aus einer Geschäftsführung ohne Auftrag gründen. Besteht ein solches Verhältnis, läßt sich ein Anspruch auf Übertragung der Domain evtl. auch als Rechtsfolge eines Herausgabeanspruches nach §§ 681 S. 2, 677, 667 BGB begründen. Einer Analogie zu § 17 MarkenG bedürfte es dann nicht.[832] Es kommt daher darauf an, ob sich eine Geschäftsführung des Domain-Anmelders begründen läßt.

An § 687 BGB entscheidet sich zunächst, ob eine echte oder "unechte" Geschäftsführung ohne Auftrag vorliegt. Da die Registrierung der Domain im Namen des Anmelders erfolgt, bestehen keine Bedenken, daß er das Geschäft als eigenes führt. In Betracht kommt daher allein eine "unechte" Geschäftsführung. Gemeinsame Voraussetzung der § 687 Abs. 1 und Abs. 2 BGB ist das objektiv fremde Geschäft. Wenn durch die Rechtsordnung eine andere Zuständigkeit geschaffen ist, etwa durch absolute Rechte,[833] handelt der Dritte in einem objektiv fremden Rechtskreis. Hierzu wird vertreten, daß derjenige, der bewußt ein fremdes

---

828 *Renck*, NJW 1999, S. 3587, 3589 FN 19.
829 Siehe oben S. 220 f.
830 *Fezer*, § 11 RN 9.
831 *Fezer*, § 17 RN 2.
832 So *Hackbarth*, Anm. zu OLG München CR 1999, S. 382, 384.
833 *Medicus*, RN 408.

Kennzeichen als eigene Domain anmelde, sowohl ein eigenes als auch ein fremdes Geschäft führe.[834] Zur Begründung wird auf eine Entscheidung des BGH verwiesen, in der einem Markeninhaber ein Anspruch auf Herausgabe des erzielten Gewinns durch die Nutzung seines Zeichens "in rechtsähnlicher Anwendung" des § 687 Abs. 2, 681, 667 BGB zugesprochen wurde.[835] Der Verkauf einer Ware unter rechtswidriger Benutzung eines fremden Kennzeichens sei sowohl ein eigenes als auch ein fremdes Geschäft; der Vertrieb der Ware und die Verwendung eines Kennzeichens seien untrennbar miteinander verbunden, so daß ein eventueller Gewinn auf beiden Faktoren beruhe.[836] Zwar gewährt das Recht an der Marke nach § 14 Abs. 1 MarkenG- wie auch § 15 Abs.1 MarkenG und § 12 BGB - ein Ausschließlichkeitsrecht. Der Zuweisungsgehalt dieses Rechtes ist aber beschränkt durch den konkreten Gegenstand der Kennzeichnung. Im Domain-Name-System ist es weiter beschränkt durch gleichrangige oder im Rang höhere Rechte Dritter, so daß ein alleiniges Recht auf Führung einer weltweit einmaligen Domain aus einem Kennzeichenrecht im Grundsatz nicht folgt. So wie zu § 8 Abs. 1 S. 2 PatG analog ein Recht zur Führung der Domain grundsätzlich nicht festgestellt werden kann, führt die Möglichkeit einer mehrfachen Rechtsinhaberschaft an identischen Kennzeichen dazu, daß nicht *ein* objektiv fremdes Geschäft einem bestimmten Kennzeicheninhaber zugewiesen werden kann, sofern der eindimensionale Namensraum des Internet in Rede steht.[837]

Dies unterscheidet die Domain-Konflikte von denen der Benutzung des Zeichens für ähnliche Produkte oder Kennzeichen (wie in dem oben zitierten Fall des BGH "Vitasulfal"). In dem von der fremden Benutzung

---

[834] *Hackbarth*, Anm. zu OLG München CR 1999, S. 382 "shell.de", S. 384.

[835] BGHZ 34, S. 320, 324 "Vitasulfal". Siehe aber zu den dogmatischen Bedenken *MüKo/Seiler*, § 687 RN 22.

[836] BGHZ 34, S. 320, 324 "Vitasulfal".

[837] Damit nicht vergleichbar sind die Fälle mehrerer Geschäftsherren, siehe *MüKo/Seiler*, § 677 RN 7. Sind mehrere zu einer Gefahrbeseitigung verpflichtet, ist jeder einzelne Geschäftsherr. Die Beteiligten schließen sich gegenseitig nicht aus. An einer Domain ist dagegen letztlich nur eine Berechtigung denkbar, die aber in dem Verletzungsverfahren nicht abschließend geklärt werden kann.

betroffenen Bereich steht dem Kennzeicheninhaber die alleinige Nutzung zu, so daß ein objektiv fremdes Geschäft ohne weiteres zu bejahen ist. Da aber im System der Domains mehrere eine "Berechtigung" innehaben können, kann es in einem Verletzungsverfahren zwischen den Parteien zu einer abschließenden Klärung über die Berechtigung nicht kommen. Ein absoluter Zuweisungsgehalt, wie etwa beim Eigentum, ist nicht zu begründen. Die Fremdheit des Geschäfts läßt sich auch dann nicht belegen, wenn der Domain-Inhaber keine eigenen Rechte an der Bezeichnung nachweisen kann. Zum einen steht die Registrierung nach den Vergaberichtlinien der DENIC e.G. und der ICANN jedermann - auch ohne entsprechende Nachweise - offen, so daß es sich unter diesem Gesichtspunkt um ein neutrales Geschäft handelt. Zum anderen kann auch dann nur eine relative Berechtigung des Kennzeicheninhabers gegenüber dem Domain-Inhaber festgestellt werden. Auch § 686 BGB kann nicht herangezogen werden. Die Vorschrift senkt nur die Anforderungen an den Geschäftsführungswillen, in dem die Vorstellung, das Geschäft sei einem konkreten und vom Geschäftsführer erkannten Geschäftsherrn zugewiesen, nicht vorausgesetzt wird.[838] Von dieser in der Person des Geschäftsführers liegenden, unbeachtlichen Fehlvorstellung ist die hier zur Prüfung stehende Frage, ob und wem ein bestimmtes Recht zugewiesen werden kann, zu trennen. Eine eindeutige Zuweisung ist nach den obigen Ausführungen nicht möglich, so daß ein objektiv fremdes Geschäft nicht anzunehmen ist.

Etwas anderes kann auch hier nur gelten, wenn es sich bei dem Angriffszeichen um eine berühmte Marke handelt. Die Alleinstellung dieser Marken begründet eine den absoluten Rechten angenäherte Rechtsposition, die eine Zuweisung der Domain an den Inhaber zu rechtfertigen vermag.[839] Liegt demnach ein objektiv fremdes Geschäft vor, ist für eine weitere Anwendung der Vorschriften über die Geschäftsführung ohne Auftrag gemäß § 687 Abs. 2 BGB erforderlich, daß der Geschäftsführer

---

838 *MüKo/Seiler*, § 686 RN 1, der dies mit dem Begriff der "Geschäftsführung ohne Auftrag für und gegen den, den es angeht" umschreibt.

839 So auch zu § 8 Abs. 1 S. 2 PatG analog, siehe oben S. 220 ff.

die Fremdheit des Geschäftes kennt. Die Kenntnis der Nichtberechtigung zur Führung als eigenes Geschäft folgt nicht schon daraus, daß der Anmelder keine eigenen Kennzeichenrechte an der Bezeichnung hat; die Registrierung ist in der Bundesrepublik bewußt von dem Nachweis von Kennzeichenrechten an der Domain freigehalten worden. Der für eine Anerkennung der Berühmtheit einer Marke erforderliche Bekanntheitsgrad[840] legt eine positive Kenntnis des Anmelders von dem Bestehen des Rechts an der Marke allerdings nahe. Im übrigen ist bei der Verletzung von Ausschließlichkeitsrechten eine Ausdehnung des § 687 Abs. 2 BGB auf die fahrlässige Eigengeschäftsführung anerkannt.[841] Es bietet sich an, dieselben Sorgfaltsanforderungen zu stellen wie bei den markenrechtlichen Schadensersatzansprüchen der § 14 Abs. 6, § 15 Abs. 5 MarkenG. Nur die nicht schuldhafte Überzeugung des Verletzers von dem Bestehen eines eigenen Benutzungsrechts an dem Zeichen als Domain kann Ansprüche ausschließen.[842] An die Sorgfaltsanforderungen im Rahmen der Prüfung der Fahrlässigkeit sind im allgemeinen keine allzu großen Anforderungen zu stellen.[843] Fahrlässig handelt insbesondere derjenige, der ein Kennzeichen im Wettbewerb zu nutzen beabsichtigt und sich nicht durch Markenrecherche und ähnliches über den Rechtsbestand an Kennzeichen informiert.[844] Nachdem sich die anfängliche Euphorie über den angeblich rechtsfreien Raum gelegt hat und allgemein bekannt ist, daß auch im System der Domains Kennzeichenrechte zur Geltung kommen, ist eine Recherchepflicht grundsätzlich zu bejahen. Nicht zuletzt wird

---

840 Siehe dazu die Entscheidungen des BGH zu berühmten Marken, S. 50 ff., insbesondere BGH GRUR 1991, S. 863 "Avon", wonach Bekanntheitsgrade von 65 % - 80 % nicht mehr genügen.

841 *Fezer*, § 14 RN 529, mit Verweis auf BGHZ 34, S. 320 "Vitasulfal". Zu der Verschuldensform nimmt der BGH in der genannten Entscheidung keine Stellung. Da aber die Kenntnis einer fehlenden Berechtigung nicht angesprochen wird, mag man hieraus den Schluß ziehen, auf eine solche komme es nicht an (die Kenntnis mag aber auch unstreitig gewesen sein); siehe auch *Palandt*, § 687 RN 6 m.w.N. zu Patent-, Geschmacksmuster-, Gebrauchsmuster und Urheberrechten; *MüKo/Seiler*, § 687 RN 23. Dagegen *Beuthien/Wasmann*, GRUR 1997, S. 255, 256 ff.

842 *Fezer*, § 14 RN 513.

843 *Fezer*, § 14 RN 514.

844 Siehe FN 843.

der Anmelder durch die Vergaberichtlinien der DENIC e.G. darauf aufmerksam gemacht.[845] Zu dem Umfang der Überwachungs- und Erkundigungspflicht gelten die üblichen Grundsätze.[846] Da jedem Anmelder bekannt ist, daß er mit seiner Registrierung sämtliche anderen Kennzeicheninhaber sperrt, wird ein Verschulden - zumal dann, wenn der Anmelder eigene Rechte nicht geltend machen kann und er nicht sämtliche Recherchemöglichkeiten ausnutzt- regelmäßig bejaht werden können.

Die Übertragung einer Domain kann daher nur an den Inhaber einer berühmten Marke in analoger Anwendung des § 17 Abs. 1, 11 MarkenG in Verbindung mit §§ 687 Abs. 2, 681, 667 BGB oder aber direkt aus den letztgenannten Vorschriften bejaht werden. Nach § 667 BGB ist der Geschäftsführer zur Herausgabe all desjenigen verpflichtet, was er aus der Geschäftsführung erlangt. Da die Inhaberschaft an der Domain somit Gegenstand des Herausgabeverlangens sein kann, bedarf es eines Rückgriffs auf § 17 Abs. 1 MarkenG analog nicht.

3. § 812 Abs. 1 S. 1 2. Alt. BGB

Stützen ließe sich ein Anspruch auf Übertragung der Domain möglicherweise auf die Eingriffskondiktion des § 812 Abs. 1 S. 1 2. Alt. BGB.[847] Auf dieser Grundlage bejahte der BGH etwa den Anspruch zur Zahlung einer angemessenen Lizenzgebühr für schuldlose Eingriffe in ein Markenrecht.[848] Die Rechtsfolge der Herausgabe dessen, was der Verletzer durch den rechtswidrigen Einbruch in eine fremde geschützte Rechtssphäre erlangt hat, würde auch hier den Übertragungsanspruch decken. Zur Bestimmung des Eingriffs in eine Rechtsposition ist allerdings erforderlich, deren Zuweisungsgehalt zu konkretisieren.[849] Damit

---

845 Siehe S. 95 ff.

846 Siehe die Darstellung bei *Althammer/Ströbele/Klaka*, § 14 RN 45.

847 So bei schuldlosem Handeln *Hackbarth*, Anm. zu OLG München CR 1999, S. 382, S. 384.

848 BGH GRUR 1987, S. 520 ff. "Chanel No.5 (I)"; für ein Gebrauchsmuster BGH GRUR 1982, S. 301 ff. "Kunststoffhohlprofil II".

849 Siehe BGH GRUR 1982, S. 301, 303 "Kunststoffhohlprofil II". Nichts anderes ergibt sich, wenn man mit *Staudinger/Lorenz*, § 812 RN 23 auf die "Inanspruch-

kann auf die obige Diskussion zu § 8 Abs. 1 S. 2 PatG sowie § 17 Abs. 1 MarkenG und die Vorschriften der Geschäftsführung ohne Auftrag verwiesen werden. Da der Zuweisungsgehalt des Kennzeichenrechts des Klägers nicht absolut bestimmt werden kann, verbietet sich auch hier - mit Ausnahme der berühmten Kennzeichen - eine Übertragung der Domain. Handelt es sich um ein berühmtes Kennzeichen, ist "erlangt" im Sinne des § 812 Abs. 1 S. 1 2. Alt. BGB die tatsächliche Inhaberschaft an der Domain. Allerdings stellt die Geschäftsführung den erforderlichen Rechtsgrund dar, so daß ein Anspruch aus § 812 Abs. 1 S. 1 2. Alt. BGB ausscheidet.

4. Zusammenfassung

Der Domain-Inhaber ist zur Unterlassung und Beseitigung der Störung verpflichtet. Seiner Beseitigungspflicht muß er druch geeignete Maßnahmen nachkommen, die zu einer Löschung der Domain führen. Daneben kann nur der Inhaber eines berühmten Kennzeichens eine Übertragung der Domain auf sich verlangen, da nur dem Inhaber eines berühmten Kennzeichens eine Berechtigung zur Führung der Domain unter Ausschluß anderer Berechtigter zugesprochen werden kann. Die Rechtsgrundlage für einen solchen Übertragungsanspruch stellen § 8 Abs. 1 S. 2 PatG analog und §§ 17 Abs. 1, 11 MarkenG i.V.m. §§ 681 S. 2, 677, 667 BGB dar.

3. Kapitel: Ansprüche des Kennzeicheninhabers gegen die Vergabestelle

Nachdem nun die Ansprüche gegen den Domain-Inhaber untersucht worden sind, stellt sich die Frage, ob nicht auch die DENIC e.G. als Störer in Anspruch genommen werden kann. Vor allem dann, wenn nach

nahme eines fremden, vermögenswerten Rechtsguts" abstellt. Wessen Rechtsgut im Verhältnis zu allen Kennzeicheninhabern letztlich durch die Domain tangiert ist, läßt sich im Verletzungsprozeß nicht feststellen.

den obigen Ausführungen eine direkte Übertragung der Domain auf den Kennzeicheninhaber ausscheidet, wäre eine direkte Inanspruchnahme der Vergabestellen für den Kennzeicheninhaber wirtschaftlich und zeitlich gesehen vorteilhafter. Nicht zuletzt gestaltet sich die Rechtsverfolgung oft deswegen schwierig, weil der Inhaber der Domain nicht immer zweifelsfrei ermittelt werden kann. Zwar ist entsprechend der Vorschläge der WIPO[850] einiges unternommen worden, um die Rechtsverfolgung gegen den Domain-Inhaber zu sichern. So können in der Whois-Datenbank der DENIC e.G. die Daten zu jeder eingetragenen Domain abgerufen werden.[851] Neben dem Domain-Inhaber werden ein administrativer und ein technischer Ansprechpartner sowie ein Zonenverwalter aufgeführt. Den Vergabebestimmungen zufolge muß es sich bei dem Antragsteller und Inhaber der Domain um eine natürliche oder juristische Person handeln, die ihren allgemeinen Gerichtsstand (§§ 13, 17 ZPO) in Deutschland hat.[852] Administrativer Kontakt muß eine natürliche Person mit inländischem Gerichtsstand sein. Wenn auch all dies der Sicherung der Position des Kennzeicheninhabers im Hinblick auf die Identifizierung des verantwortlichen Domain-Inhabers dient, besteht dennoch ein verständliches Interesse der Verletzten daran, die Löschung der Domain ohne Umwege durch die jeweilige Vergabestelle selbst zu bewirken. Der insoweit angreifbare „Beitrag“ der Vergabestellen besteht schlicht in der Registrierung kennzeichenverletzender Domains und ist daher eine Bedingung im Sinne einer "conditio-sine-qua-non" für etwaige Kennzeichenverletzungen.[853] Im folgenden ist daher zu untersuchen, ob dieser kausale Beitrag zu einer markenrechtlichen Verantwortlichkeit der Vergabestellen führen kann.[854]

---

[850] Siehe dazu S. 80 ff.

[851] Unter www.denic.de/servlet/Whois, zuletzt besucht am 2.03.2000.

[852] Siehe unter www.denic.de/doc/faq/vegaberichlinie.html und www.denic.de/doc/DENIC/agb.html, zuletzt besucht am 11.01.2001.

[853] OLG Frankfurt a.M CR 1999, S. 707, 708.

[854] Nicht Gegenstand der Untersuchung sind kartellrechtliche Fragen. Siehe dazu *Nordemann/Czychowski/Grüter*, NJW 1997, S. 1879 ff.; LG Frankfurt NJW-CoR 1999, S. 170 "ambiente.de"; *Bettinger/Freytag*, CR 1999, S. 28, 37; OLG Frankfurt CR 1999, S. 707 ff. = MMR 2000, S. 36 ff. und als Vorinstanz LG

Vorab sei festgestellt, daß sich eine Verantwortlichkeit mit § 5 TDG/MDStV nicht begründen läßt. Einer direkten Anwendung der Vorschriften steht entgegen, daß diese lediglich die Verantwortlichkeit für das Bereithalten von Inhalten zur Nutzung und die Zugangsvermittlung zu diesen Inhalten zum Gegenstand haben.[855] Inhalt in diesem Sinne sind nicht die Domains, sondern erst die Informationen, die mittels der Domain von einem Rechner abgerufen werden können.[856] Zwar liegt insoweit eine Regelungslücke vor, da sich die Verantwortlichkeit für rechtswidrige Domains nur nach den ungeschriebenen Grundsätzen einer adäquat kausalen Zurechnung bestimmen kann und nicht nach dem TDG/MDStV. Es liegt jedoch kein Anhaltspunkt dafür vor, daß diese Regelungslücke planwidrig wäre und die Nichtberücksichtigung von Domains auf einem Versehen beruhte.[857] Eine analoge Anwendung der Verantwortlichkeitsregelungen des TDG bzw. MDStV ist daher abzulehnen.[858]

Es ist darum nachfolgend zu untersuchen, unter welchen Voraussetzungen die Vergabestellen bei einer rechtswidrigen Benutzung eines Zeichens durch den Hauptstörer, d.h. den Domain-Inhaber, als Mitstörer ebenfalls verantwortlich sind. Terminologisch soll den folgenden Untersuchungen der Begriff des "Mitstörers" zugrunde gelegt werden. Der zum Teil auch verwendete Begriff des "mittelbaren Störers" ist nicht treffend, da damit in der zivilrechtlichen Literatur überwiegend die Haftung für ein Handeln Dritter (etwa des Vermieters für ein Handeln des Mieters, des Betriebsinhabers für ein Handeln von Arbeitnehmern etc.)

Frankfurt MMR 1999, S. 233 ff., das eine Verantwortlichkeit der DENIC e.G. auf § 26 Abs. 2 GWB stützt.

855 OLG Frankfurt CR 1999, S. 707, 708 "ambiente.de" = MMR 2000, S. 36 ff. = K&R 2000, S. 144 ff.; *Bettinger/Freytag*, CR 1999, S. 28, 31.

856 Siehe oben FN 855.

857 Die Amtliche Begründung zum TDG/MDStV (BT-Drucksache 13/7385 vom 09.04.1997, S. 19/20) nimmt ausdrücklich nur Bezug auf die Verantwortlichkeit für Inhalte im Rahmen von Online-Diensten. Siehe auch *Bettinger/Freytag*, CR 1999, S. 28, 31.

858 Siehe oben FN 855.

bezeichnet wird.[859] Dies wird im Markengesetz schon durch § 14 Abs. 7 MarkenG bzw. § 13 Abs. 4 UWG gesetzlich geregelt. Vom (Mit-)Störer wird im Wettbewerbsrecht überwiegend dann gesprochen, wenn ein Dritter einen Tatbeitrag zu einem Wettbewerbsverstoß eines anderen leistet, letztlich aber für seinen eigenen Beitrag und nicht die Handlung des Hauptstörers haftet.[860]

A. Rechtsprechungsübersicht in den U.S.A. und Deutschland

Sowohl in den U.S.A.[861] als auch in Deutschland haben sich die Gerichte mit einer Verantwortlichkeit der Vergabestellen beschäftigt.

I. Die u.s.-amerikanische Rechtsprechung

In **Lockheed Martin Corp. v. Network Solutions, Inc.**,[862] in der NSI alleine auf Beklagtenseite stand, verneinte das Gericht sowohl eine unmittelbare Markenverletzung als auch eine Verantwortlichkeit als Mitstörer (Contributory Infringement). Eine Markenverletzung unter Lanham Act Section 32, 15 U.S.C. § 1114(1) scheitere daran, daß NSI die

---

859 *Staudinger/Gursky*, § 1004 RN; *Soergel/Mühl*, § 1004 RN 88.

860 *v. Gierke*, WRP 1997, S. 892 spricht von „mittelbar an den Wettbewerbsverstößen Beteiligten“; *Köhler*, WRP 1997, S. 897 verwendet den Begriff des „Mitstörers“, ebenso BGH GRUR 1994, S. 441 „Kosmetikstudio“; i.ü. allgemeine Bezeichnung als „Störer“: BGH GRUR 1997, S. 909 „Branchenbuch-Nomenklatur“; BGH GRUR 1991, S. 769 „Honoraranfrage“; BGH GRUR 1997, S. 313 „Architektenwettbewerb“; BGH GRUR 1995, S. 62 „Betonerhaltung“; BGH GRUR 1990, S. 463 „Firmenrufnummer“; BGH GRUR 1988, S. 829 „Verkaufsfahrt II“; BGH GRUR 1988, S. 832 „Benzinwerbung“; BGH GRUR 1986, S. 683 „Ostkontakte“.

861 Andere Fallkonstellationen, in denen NSI ebenfalls an gerichtlichen Verfahren beteiligt war, werden als "domain name hijacking" bezeichnet. Es handelt sich um Fälle, in denen NSI nach Vorlage einer Markenregistrierung einen sog. "30-day letter" an den Domain-Inhaber sandte und die Löschung der Domain nach Ablauf dieser Frist ankündigte, siehe die Vergaberichtlinien S. 94 ff. Gegen diese Verfahrenspraxis wandten sich Domain-Inhaber, die sich zur Führung der Domain berechtigt glaubten; siehe Oppedahl, unter www.patents.com/pubs/comment.htm (zuletzt besucht am 25.02.2000) mit einem kurzen Überblick über die dazu relevanten Fälle.

862 985 F.Supp. 949 (C.D.Cal. 1997).

Marke nicht in Verbindung mit dem Verkauf, dem Vertrieb oder der Werbung für Waren oder Dienstleistungen verwende. Die Vergabestelle sei lediglich in den technischen Prozeß der Domain-Vergabe involviert. Dies beträfe eben nicht die Benutzung der Domain in ihrer auch möglichen Funktion als Marke.[863] Eine eigene markenrechtliche Benutzungshandlung erfordere mehr als die bloße Registrierung.[864] Ist eine unmittelbare Verletzungshandlung danach zu verneinen, gibt es nach amerikanischem Recht für eine mittelbare Verantwortlichkeit (Contributory Infringement) zwei Anknüpfungspunkte. Verantwortlich ist derjenige, der entweder (1) einen Dritten zu einer Markenverletzung veranlaßt hat oder (2) wiederholt einen Dritten mit einem Produkt beliefert in der Kenntnis oder der Möglichkeit einer Kenntnisnahme, daß das Produkt kennzeichenrechtswidrig verwendet wird. Da in diesem konkreten Fall nichts für eine bewußte Veranlassung sprach, setzte sich das Gericht intensiv mit der Möglichkeit einer Kenntnisnahme der Vergabestellen auseinander. Eine auch nach amerikanischem Recht erforderliche Verwechslungsgefahr sei von vielen variablen Faktoren abhängig und daher auch bei Verwendung eines identischen Zeichens nicht zwingend. Aus diesem Grund bestehe für die Vergabestellen nicht die Möglichkeit, sich mit einiger Sicherheit Kenntnis von kennzeichenrechtswidrigen Verwendungen einer Domain zu verschaffen. Zwar sind in dem Registrierungsantrag Angaben zu dem Zweck der Registrierung zu machen,[865] doch sind diese so allgemein gehalten, daß eine Verwechslungsgefahr

---

863 985 F.Supp. 949, 957 (C.D.Cal. 1997). Das Gericht vergleicht die Domains insoweit mit den in den U.S.A. beliebten anagrammatischen Telefonnummern (etwa 1-800-AMERICAN). Daß jemand diese Telefonnummern benutze, sei noch keine Verletzung. Erst dann, wenn mit der Buchstabenfolge Werbung betrieben werde, sei dies markenrechtlich relevant.

864 Siehe oben FN 863.

865 "to briefly describe the domain name Registrant and the purpose for which this domain name is being applied", siehe 985 F.Supp. 949, 963 (C.D.Cal. 1997). Nach den Vergabebestimmungen der DENIC e.G. sind zwar unter dem Stichwort "usage" auch Angaben zur Art der Verwendung zu machen, doch bezieht sich dies allein auf die Art des Internet-Zugangs (Electronic Mail bzw. Adressrecords = nsentry oder voller Internet-Zugang = nserver), siehe unter www.denic.de/doc/faq/vergaberichtlinie.html und www.denic.de/doc/DENIC/agb.html, zuletzt besucht am 11.01.2001.

auf dieser Grundlage nicht vorhergesehen werden könne.[866] Die Unsicherheiten in der Bewertung einer vermeintlich rechtsverletzenden Benutzung der Domain können nach Ansicht des Gerichts auch nicht durch eine Abmahnung des Kennzeicheninhabers ("demand letter") beseitigt werden.[867] Die wichtigste Feststellung des Gerichts ist jedoch, daß NSI keine Verpflichtung treffe, das Internet auf die rechtsverletzende Benutzung von Domains hin zu kontrollieren.[868] Die Registrierung umfasse nicht eine inhaltliche Überprüfung der unter der Domain noch zu errichtenden Websites. Das Gericht schließt seine Ausführungen mit praktischen Erwägungen zu den Problemen des Domain Name System. Die Schwierigkeiten der Markeninhaber seien nicht durch eine Ausweitung des Schutzes auf nicht markenmäßige Nutzungen zu lösen, sondern nur durch technische Innovationen, wie neue Top Level Domains für jede Warenklasse oder für Marken. Erleichterung brächte schon ein Verzeichnis aller Domains,[869] in dem diesen auch Logos etc. zur besseren Unterscheidbarkeit beigefügt werden könnten.

Einen anderen Standpunkt nahm der District Court in **Worldsport Networks Ltd. v. Artinternet S.A.**[870] ein. Die erste Verfügung des Gerichts, wonach NSI alle zukünftigen Anträge daraufhin zu überprüfen habe, daß eine zu der Marke des Klägers identische oder ähnliche Domain nicht mehr registriert werde, wurde zwar modifiziert, brachte aber nur wenig Erleichterung für NSI. Die Vergabestelle wurde dazu ver-

866 985 F.Supp. 949, 963 (C.D.Cal. 1997).

867 985 F.Supp. 949, 964 (C.D.Cal. 1997).

868 985 F.Supp 949, 966 (C.D.Cal. 1997).

869 NSI arbeitet schon seit einiger Zeit an einem solchen Verzeichnis (www.dotcomdirectory.com) der Eintragungen unter der Domain "com", siehe www.netsol.com/news/2000/pr_20000208.html, zuletzt besucht am 05.03.2000. Der Antragsteller verpflichtet sich mit Registrierung der Domain, einen Eintrag in diesem Verzeichnis zu dulden, siehe Service Specific Terms D des Service Agreement mit NSI, unter www.networksolutions.com/legal/service-agreement.html, zuletzt besucht am 05.03.2000.

870 No. 99-CV-616 U.S.D.C. for the Eastern District of Pennsylvania (nicht veröffentlicht), zitiert bei *Duffy*, unter www.counsel.com/stories/A968-1999Apr28.html, zuletzt besucht am 26.02.2000 und *Goddin*, unter http://news.cnet.com/news/0-1005-...9.html?tag=st.ne.1005-200-346433, zuletzt besucht am 26.02.2000.

pflichtet, nicht alle Anträge, sondern nur die des Beklagten auf Registrierung jeglicher Worte, Namen oder Bezeichnungen zurückzuweisen, die folgendes beinhalten: worldsport, worldsports, world-sport, world-sports.[871] Auch diese Verpflichtung trägt weitreichende Konsequenzen. Es ist stets hervorgehoben worden, daß die größte Stärke des Internet die Geschwindigkeit ist, mit der jegliche Aktivitäten im Netz stattfinden können.[872] Dazu gehört auch die unbürokratische Registrierung einer Domain. Verpflichtet man die Vergabestellen zu vorherigen Kontrollen, so ist mit erheblichen zeitlichen Verzögerungen zu rechnen.[873]

II. Deutsche Rechtsprechung

Mit einer Verantwortlichkeit der DENIC e.G. setzte sich das OLG Frankfurt a.M. intensiv auseinander.[874] Während das LG Frankfurt a.M als Vorinstanz einen Unterlassungsanspruch gegen die Vergabestelle auf der Grundlage des § 33 S. 1 1. Halbs. n.F. GWB begründete,[875] gab das OLG der Berufung statt und wies die Klage ab. Der kausale Beitrag der Vergabestellen lasse Ansprüche aus täterschaftlicher oder mittäterschaftlicher Verletzung kennzeichenrechtlicher oder wettbewerbsrechtlicher Tatbestände (§§ 14, 15 MarkenG, § 12 BGB, § 823 BGB, § 1 UWG) möglich erscheinen.[876] Auch seien eine Beihilfe zu diesen Tatbeständen nach § 830 Abs. 2 BGB, sowie eine Störerhaftung analog § 1004 BGB in Verbindung mit den oben genannten Tatbeständen und auch kartellrecht-

---

871 Siehe FN 870.

872 Siehe WIPO Final Report, Chapter 2, 99, unter http://wipo2.wipo.int/process/eng/final/FinalReport_2.html, zuletzt besucht am 10.01.2001.

873 Berücksichtigt werden muß auch auch, daß nicht jede Domain im geschäftlichen Verkehr benutzt wird. Die Verfügung des Gerichts in Worldsport v. Artinternet differenziert diesbezüglich nicht, so daß Bedenken über die Ausweitung des Markenrechts auf nicht kommerzielle Aktivitäten berechtigt sind, siehe die Stellungnahme der Domain Name Rights Coalition (DNRC) unter www.domain-name.org/worldsport.html.

874 OLG Frankfurt a.M. CR 1999, S. 707 ff. = MMR 2000, S. 36 ff. "ambiente.de".

875 LG Frankfurt a.M. MMR 1999, S. 233 ff. "ambiente.de" noch zu § 26 Abs. 2 GWB a.F.

876 OLG Frankfurt CR 1999, S. 707, 708.

liche Ansprüche grundsätzlich nicht auszuschließen. Markenrechtliche Ansprüche sind nach Ansicht des Gerichts jedenfalls unter dem Gesichtspunkt der mittelbaren Markenbenutzung in Betracht zu ziehen.[877] Ohne die dogmatische Grundlage einer Verantwortlichkeit näher zu konkretisieren, wurde eine Anwendung der Grundsätze zur Pressehaftung befürwortet, so daß die Vergabestellen nur unter besonderen Umständen zu Verantwortung zu ziehen seien.

Dies setze voraus, daß der Beteiligte die rechtliche und tatsächliche Möglichkeit zur Verhinderung der Handlung habe.[878] Nach dem sowohl im Kennzeichenrecht, wie auch Wettbewerbsrecht, geltenden Störerbegriff sei bei der Beurteilung der rechtlichen Möglichkeiten zur Verhinderung einer Störung darauf abzustellen, ob erfolgversprechende Maßnahmen von dem (Mit-)Störer nur mit unzumutbarem Aufwand, mit Blick auf unzumutbare Prüfungspflichten, zu treffen wären. Eine Prüfungspflicht sei dann mißachtet, wenn die DENIC e.G. vorsätzlich den ebenfalls vorsätzlich begangenen Verstoß eines Dritten fördern will bzw. diesen in Kenntnis der Rechtswidrigkeit billigend in Kauf nimmt, oder nach einem Hinweis auf die angebliche Rechtswidrigkeit einer Second Level Domain diese nicht sperrt, obwohl ein erkennbarer Verstoß gegen Kennzeichenrechte vorliegt.[879] Während die Vorsatzvariante auf eine Anwendung des § 830 Abs. 2 BGB hindeutet, ist Inhalt der letztgenannten Haftungsgrundlage die zuvor genannte, aus dem Wettbewerbsrecht stam-

[877] Die mittelbare Markenbenutzung von geschäftlichen Bezeichnungen sei auch nach neuem Markenrecht als ein "Benutzen" im Sinne von §§ 14, 15 MarkenG anzusehen. Zur Begründung weist das OLG auf § 14 Abs. 4 MarkenG hin, der einzelne Fälle einer mittelbaren Markenverletzung ausdrücklich als Verletzungshandlung aufführe. Die Aufzählung sei aber nur beispielhaft. Die Ausführungen des Gerichts lassen nicht klar erkennen, ob sich die folgenden Untersuchungen dann auf § 14 Abs. 4 MarkenG als Anspruchsgrundlage beziehen oder anhand der Nennung dieser Vorschrift nur belegt werden soll, daß mittelbare Verletzungshandlungen von dem Benutzungsbegriff erfaßt werden. Da das Gericht "jedenfalls" einen kausalen Beitrag der Vergabestellen erkennt, ist diese Frage wohl offengelassen worden; siehe OLG Frankfurt CR 1999, S. 707, 708.

[878] OLG Frankfurt CR 1999, S. 707, 708 mit Verweis auf BGH WRP 1997, S. 325 "Architektenwettbewerb", siehe zur Entwicklung des Störerbegriffs im Wettbewerbsrecht insgesamt S. 246 ff.

[879] OLG Frankfurt CR 1999, S. 707, 709.

mende Frage, inwieweit eine Verpflichtung zur Prüfung einer Verletzung besteht. Ein zu Prüfungen Anlaß gebender offensichtlicher Rechtsverstoß sei dann anzunehmen, wenn auch für die Beklagte unschwer erkennbar ein Domain-Name mit einem berühmten Kennzeichen übereinstimme und der Anmelder sich in unzulässiger Weise daran anzuhängen versuche oder die Domain rechtswidrig für den Kennzeicheninhaber sperre.[880] Im übrigen sei die Offensichtlichkeit eines Rechtsverstoßes auf die Vorlage eines rechtskräftigen und vollstreckbaren Urteils gegen den Anmelder, in dem die Registrierung bzw. Benutzung der Second Level Domain untersagt werde, zu reduzieren.[881] Nur in diesen Fällen sei evident, daß eine widerstreitende Sachentscheidung nicht mehr ergehen werde.[882]

Eine Prüfung der Vergabestellen sei *meist faktisch ausgeschlossen,* weil dies bedeute, sämtliche bestehenden Unternehmenskennzeichen sowohl in Bezug auf Priorität als auch im Hinblick auf deren Bestand und auf mögliche Verwechslungsgefahren zu untersuchen.[883] Diese Pflicht obliege aber sowohl aus tatsächlichen wie normativen Erwägungen dem Anmelder. Die Aufgabe der Vergabestellen bestehe nicht darin, durch umfassende rechtliche Prüfungen kennzeichenrechtliche Konflikte zu lösen oder zu vermeiden; ihre Aufgabe sei die kostengünstige, rasche und zuverlässige Vergabe der Second Level Domains. Ebenso wie das amerikanische Gericht[884] ist auch das OLG Frankfurt a.M. der Ansicht, daß eine Abmahnung des Kennzeicheninhabers die rechtliche Prüfung nicht wesentlich erleichtere, so daß diese den Verstoß für die Vergabestelle nicht im rechtlichen Sinne offensichtlich macht.

Die Entscheidung zielt erkennbar darauf ab, die Prüfung kennzeichenrechtlicher Konflikte den dafür bestimmten und befähigten Stellen, den

880 OLG Frankfurt CR 1999, S. 707, 709.
881 OLG Frankfurt CR 1999, S. 707, 711.
882 Siehe oben FN 881.
883 Siehe oben FN 880.
884 Siehe oben FN 867.

Gerichten, vorzubehalten.[885] Die Prüfungspflichten der Vergabestellen und letztlich damit deren Haftung wird auf den zu vernachlässigenden Tatbestand reduziert, daß der Konflikt zwischen Kennzeicheninhaber und Anmelder bereits gerichtlich zu Gunsten des ersteren entschieden worden ist. Ein weiterer Unterlassungsschuldner steht dem Kennzeicheninhaber damit letztlich nicht zur Verfügung. Eine ähnlich erhebliche Beschränkung der Verantwortlichkeit der DENIC e.G. bewirkt die Entscheidung des LG Magdeburg "**foris.de**".[886] Da die DENIC e.G. mit 13 Mitarbeitern 20000 Registrierungsanträge monatlich zu bearbeiten habe, sei eine Prüfungspflicht, der neutralen Rolle der Genossenschaft entsprechend, auf grobe und unschwer zu erkennende Verstöße beschränkt.[887] Werde die Verletzung eines Kennzeichens aber in der mündlichen Verhandlung in dem Rechtsstreit zwischen Kennzeicheninhaber und Domain-Inhaber festgestellt[888] und halte die Vergabestelle an der Registrierung dennoch fest, sei sie zur Unterlassung zu verurteilen. Die in der mündlichen Verhandlung in dem Rechtsstreit zwischen Kennzeicheninhaber und Domain-Inhaber erlangte Kenntnis der Vergabestelle sei jedenfalls nicht anders zu behandeln als grobe und offensichtliche Verstöße. Wie oben bedeutet dies aber, daß ein Klageverfahren gegen den eigentlichen Anmelder unentbehrlich bleibt.

Auch in der Literatur wird eine Haftung der Vergabestellen zum Teil bejaht.[889] Die Ansichten über den Umfang der Verantwortlichkeit gehen

---

885 Wagner, ZHR 162 (1998), S. 701, 721: da der Entscheidung der DENIC e.G. keine Bindungswirkung zukomme, bedeute eine doppelte Prüfung eine Vergeudung von Ressourcen, so daß die Beschränkung auf offensichtliche Kennzeichenverletzungen gerechtfertigt sei.

886 LG Magdeburg MMR 1999, S. 607 ff.

887 LG Magdeburg MMR 1999, S. 607 und 609 mit Hinweis auf die Grundsätze zur Pressehaftung.

888 Neben der DENIC e.G. war auch der eigentliche Anmelder Beklagter des Verfahrens.

889 *Bettinger/Freytag*, CR 1999, S. 28 ff.; *Wagner*, ZHR 162 (1998), S. 701, 719 ff.; *Renck*, NJW 1999, S. 3587, 3593; einen Unterlassungsanspruch zuerkennend *Nordemann*, NJW 1997, S. 1891, 1896, der einen Schadensersatzanspruch aber nur bei Vorliegen einer Prüfungspflicht bejahen will, die der DENIC e.G. nicht obliege; ohne Differenzierung bejahend *Völker/Weidert*, WRP 1997, S. 652, 661; offengelassen *Hoeren*, WRP 1997, S. 993, 997.

dabei auseinander. Befürwortet wird die Haftung nur für "flagrante" Verletzungen, da etwa in eklatanten Fällen des Domain-Grabbing mit geringem Aufwand einer Verletzung begegnet werden könne.[890] Andere sehen eine Verantwortlichkeit nur dann, wenn trotz Vorlage einer strafbewehrten Unterlassungserklärung oder eines rechtskräftigen Urteils die Domain nicht gelöscht wird.[891] Als Ergebnis ausführlicher Untersuchungen befürworten *Bettinger/Freytag* einen gegen die Vergabestellen gerichteten Unterlassungsanspruch in zwei Varianten.[892] Fördere die DENIC e.G. vorsätzlich den ebenfalls vorsätzlich begangenen Rechtsverstoß eines Dritten, seien Ansprüche auf Unterlassung, Beseitigung, Schadensersatz und Auskunftserteilung möglich. Aber auch, wenn sie nach einem Hinweis auf die Rechtswidrigkeit die Second Level Domain nicht sperre, obwohl es sich um einen groben und offensichtlichen Verstoß handele, (wie im Falle einer Übereinstimmung mit berühmten Kennzeichen) komme eine Haftung in Betracht.[893]

Die Stellungnahmen der Gerichte und der Literatur beziehen in ihre Erwägungen allesamt die eher neutrale Rolle der Vergabestellen ein. Die Ergebnisse begegnen daher keinen grundsätzlichen Bedenken. Die verschiedenen Ansätze und Beschränkungen zeigen aber die dogmatischen Unsicherheiten. Welche Anspruchsgrundlagen bzw. Haftungsnormen letztlich zur Anwendung kommen und woraus sich die Beschränkung auf offensichtliche und grobe Rechtsverstöße oder ähnliches ableiten läßt, ist den Ausführungen nicht eindeutig zu entnehmen.[894] Dies soll daher Gegenstand der folgenden Untersuchungen sein.

---

890 *Wagner*, ZHR 162 (1998), S. 701, 721.

891 *Renck*, NJW 1999, S. 3587, 3593, dem insoweit zuzustimmen ist, als eine strafbewehrte Unterlassungserklärung einem rechtskräftigen Urteil gegenüber der Vergabestelle gleich stehen muß, soweit eine Haftung überhaupt anzuerkennen ist.

892 *Bettinger/Freytag*, CR 1999, S. 28 ff.

893 *Bettinger/Freytag*, CR 1999, S. 28, 38. Eine "hinweisinduzierte" Prüfung sei im Gegensatz zu einer "proaktiven" Prüfung zumutbar, S. 35.

894 Eine Ausnahme bilden die Ausführungen von *Bettinger/Freytag*, CR 1999, S. 28 ff.

B. Dogmatische Einordnung einer markenrechtlichen Verantwortlichkeit von Tatbeitragenden

Anspruchsgegner eines markenrechtlichen Unterlassungsanspruches ist, wer das Zeichen entgegen §§ 14 Abs. 2 bis 4, 15 Abs. 2 und Abs. 3 MarkenG benutzt. Über die Verantwortlichkeit für diese Nutzung unterstützende, fördernde oder ermöglichende Handlungen finden sich keine Vorschriften.[895]

I. Markenrechtliche Rechtsprechung und Literatur

Möglich ist sowohl eine ergänzende Heranziehung der Teilnehmerhaftung des § 830 Abs. 2 BGB, der sowohl gegenüber Mittätern als auch gegenüber Anstiftern und Gehilfen einen Schadensersatzanspruch gewährt. Daneben ist im Bereich eines Unterlassungsanspruches, um den es bei einer Inanspruchnahme der DENIC e.G. in erster Linie gehen wird, auch an eine Störerhaftung zu denken, deren dogmatische Erfassung und inhaltliche Konkretisierung zu prüfen sein wird.

---

[895] § 14 Abs. 4 MarkenG verbietet als vorbereitende Benutzungshandlung lediglich, das Zeichen auf Aufmachungen, Verpackungen und anderen Kennzeichnungsmitteln anzubieten, in den Verkehr zu bringen oder zu besitzen oder sie ein- oder auszuführen. Zwar ist die Aufzählung in § 14 Abs. 4 MarkenG nicht abschließend (*Bettinger/Freytag*, CR 1999, S. 28, 32, *Starck*, FS Piper, S. 627, 628), so daß es durchaus denkbar ist, die Registrierung der Domain als vorbereitende Handlung dem § 14 Abs. 4 MarkenG zuzuordnen. Die Vorschrift setzt jedoch weiter voraus, daß die Gefahr besteht, die Kennzeichnungsmittel würden für identische oder ähnliche Waren oder Dienstleistungen benutzt. Hierzu sind Feststellungen zum Zeitpunkt der bloßen Registrierung der Domain jedoch nicht möglich, da der Domain-Inhaber keine Angaben dazu machen muß, wozu er die Domain benutzen will; so auch das Gericht in Lockheed Martin Corp. v. Network Solutions, 985 F. Supp. 949, 963, s.o. S. 232 ff. Hat sich die rechtswidrige Benutzung der Domain durch konkrete Inhalte der Website jedoch bereits konkretisiert, so liegt kein Anwendungsfall des § 14 Abs. 4 MarkenG mehr vor, da es nicht mehr um einen Gefahrentatbestand im Vorfeld einer kennzeichenrechtsverletzenden Benutzung mehr handelt, sondern sich diese bereits realisiert hat. Die Haftung für Tatbeiträge richtet sich dann nicht mehr nach § 14 Abs. 4 MarkenG. *Bettinger/Freytag*, CR 1999, S. 28, 32 meinen dagegen, daß sich Störerhaftung und Haftung für mittelbare Rechtsverletzungen (zu denen § 14 Abs. 4 MarkenG gehören soll) zumindest nach denselben Grundsätzen richten sollen.

1. Haftung als Teilnehmer

Nach nahezu einhelliger Meinung ist das Markenrecht als Sonderdeliktsrecht zu begreifen.[896] Dementsprechend werden mangels spezialgesetzlicher Regelungen im Markengesetz die zivilrechtlichen Vorschriften über Täterschaft und Teilnahme, §§ 830, 831, 832 BGB, ergänzend herangezogen.[897] Dies entspricht auch der Auffassung unter Geltung des WZG.[898] Als minus zu dem in § 830 Abs. 2 BGB gewährten Schadensersatzanspruch kann der Dritte auch auf Unterlassung und Beseitigung in Anspruch genommen werden.[899] Voraussetzung ist nach dem allgemeinen strafrechtlichen Verständnis der Vorschrift eine vorsätzliche Förderung einer vorsätzlichen Kennzeichenverletzung.[900] Sieht man einmal von dem Verschuldenserfordernis ab, so haftet als Mittäter/Teilnehmer zunächst jeder, der einen adäquat kausalen Beitrag zu der Rechtsverletzung setzt.[901] Daß die Registrierung von Internet-Domains conditio-sine-qua-non für folgende Kennzeichenverletzungen ist, steht außer Frage. Adäquat ist eine Ursache weiter, wenn der Erfolg der kausalen Handlung nicht außerhalb jeder Lebenswahrscheinlichkeit liegt, d.h. wenn gerade die Rechtsverletzungen vorhersehbar sind.[902] Dabei ist dies nicht im Sinne einer konkreten Vorhersehbarkeit zu verstehen, sondern als objektive Wahrscheinlichkeit. Im Sinne einer so verstandenen Adäquanz liegt die Wahrscheinlichkeit von Zeichenverletzungen durch die Registrierungsstellen jedenfalls nicht außerhalb der allgemeinen Lebenserfahrung, da es allgemeiner Übung entspricht, Kennzeichen als Domain zu registrieren. Als weiteres, einschränkendes Kriterium sei noch die Lehre vom Schutzzweck der Norm bedacht. Im Bereich der Schutzgesetz- bzw.

---

[896] *Althammer/Ströbele/Klaka*, MarkenG, § 14 RN 38; *Palandt/Thomas*, Einf v § 823 RN 3.

[897] *Althammer/Ströbele/Klaka*, MarkenG, § 14 RN 38.

[898] *Busse/Starck*, § 24 RN 2.

[899] *Bettinger/Freytag*, CR 1999, S. 28, 33.

[900] Siehe oben FN 899.

[901] RGZ 104, S. 376, 380; BGH GRUR 1957, S. 352, 353 „Pertussin II"; *Palandt/Heinrichs*, vor § 249 RN 54.

[902] *Palandt/Heinrichs*, vor § 249 RN 59.

Verkehrssicherungspflichtverletzungen werden über den Schutzzweck der Norm Einschränkungen der Haftung erreicht.[903] Der Teilnehmer muß danach eine Verkehrssicherungspflicht verletzen, die den Verletzten auch vor dem Teilnehmer und dessen Verhalten schützt. Selbst wenn sich nach diesen Grundsätzen die Tatbestandsmäßigkeit der Handlung der Vergabestelle feststellen ließe, scheitert eine Mitverantwortlichkeit jedoch in aller Regel am fehlenden Vorsatz.

Eben dieses Vorsatzelement befremdet aber gerade im System der verschuldensunabhängigen Unterlassungsansprüche. Der Unterlassungsanspruch nach dem Markengesetz ist von einem Verschulden unabhängig.[904] Dies ergibt sich für den markenrechtlichen Unterlassungsanspruch aus §§ 14 Abs. 5, 15 Abs. 4 MarkenG und gründet sich im übrigen auf den Rechtsgedanken des Reichsgerichts, daß „die Billigkeit es erfordern [mag], die Schadensersatzpflicht nur beim Vorhandensein eines Verschuldens anzuerkennen; es ist aber ein Gebot der Gerechtigkeit, daß auch ohne ein solches gegen die Wiederholung objektiv widerrechtlicher Eingriffe ein Schutz gegeben werde [...]".[905]

2. Störerhaftung als verschuldensunabhängige Haftung

Dementsprechend wählte der BGH in der **„Pertussin II"**-Entscheidung[906] einen anderen Ansatzpunkt. Der BGH sprach den geltend gemachten Unterlassungsanspruch mit der Begründung zu, bei der Beteiligung Mehrerer könne dem Rechtsinhaber nicht zugemutet werden, zu prüfen, welcher der an der Verletzungshandlung Beteiligten nun eine maßgebliche und wer eine nur untergeordnete Rolle spiele; es hafte daher grundsätzlich jeder, der willentlich und adäquat kausal an der rechtswidrigen Beeinträchtigung mitwirke. Eine Einschränkung nahm der BGH – entsprechend der allgemeinen Grundsätze zu § 1004 BGB –

---

[903] *MüKo/Mertens*, § 823 RN 15.
[904] RGZ 104, S. 376, 380.
[905] RGZ 60, S. 6, 7.
[906] BGH GRUR 1957, S. 352 „Pertussin II".

dahingehend vor, daß die gesetzte Ursache für den Erfolg adäquat sein müsse, d.h. nicht außerhalb jeder Wahrscheinlichkeit liegen darf. Wenn auch vom Grundsatz her jeder ursächlich Handelnde in Anspruch genommen werden kann, so deutete der BGH gleichsam auf eine möglicherweise zu treffende Einschränkung hin. Ein Vorgehen gegen „untergeordnete" Personen soll in Einzelfällen dann nicht in Betracht kommen, wenn der Hauptstörer bereits in Anspruch genommen worden ist oder eine Inanspruchnahme ohne besondere Schwierigkeiten möglich ist und ausreichenden Rechtsschutz bietet.

Die Entscheidung verwendet – ohne Nennung des § 1004 BGB – sowohl den Begriff des Störers als auch den des Gehilfen. Gleichzeitig wurde betont, daß eine Inanspruchnahme des Störers in Betracht kommt „gleichviel, ob der Störer sonst nach der Art seines Tatbeitrages als Täter oder Gehilfe anzusehen wäre". Dies deutet darauf hin, daß die Haftung als Teilnehmer einer Verletzungshandlung im markenrechtlichen Bereich um die Störerhaftung zu erweitern ist.

Diese Rechtsprechung des BGH knüpft nahtlos an die Rechtsprechung des Reichsgerichts an. Das Reichsgericht gab etwa einer Klage aus § 12 BGB – die es ausdrücklich als negatorische Unterlassungsklage bezeichnete – wegen Zeichenverletzung eines Lieferanten statt.[907] Das Reichsgericht verwendete die Begriffe des Täters bzw. Teilnehmers und des Störers nebeneinander ohne sich mit möglichen dogmatischen – nicht nur begrifflichen – Unterschieden auseinanderzusetzen.

II. Störerhaftung im Markenrecht

Im Gegensatz zu Täterschaft und Teilnahme ist die Störerhaftung seit jeher flexibler gestaltet worden, so daß die Einordnung der Haftung der Vergabestellen unter den Begriff des Störers zu einem Ergebnis im Sinne der Kennzeicheninhaber führen könnte. Greift man zurück auf die Überlegung, daß es sich bei den markenrechtlichen Verletzungstatbeständen

[907] RGZ 104, S. 376, 379.

um spezialgesetzlich geregelte unerlaubte Handlungen handelt[908] und das Markengesetz selbst keine konkretisierenden Vorschriften zur Beteiligung Dritter enthält, scheint eine ergänzende Heranziehung der §§ 830 bis 832 BGB zunächst folgerichtig. Es gilt aber zu beachten, daß diese Vorschriften sich auf die §§ 823 f. BGB beziehen, d.h. auf die schadensrechtliche Seite der unerlaubten Handlungen, bei denen jedenfalls ein Verschulden vorauszusetzen ist und so die Haftung Dritter hierüber das notwendige Korrektiv erhält. Vorliegend geht es nicht um Schadensersatzansprüche im Markengesetz, die ein Verschulden ebenfalls voraussetzen, sondern um Unterlassungsansprüche. Betrachtet man nun Unterlassungsansprüche nach dem BGB, so fällt folgendes auf:

Das BGB kennt grundsätzlich die sogenannte „deliktische Unterlassungsklage", die beschränkt bleibt auf die Verletzung des Persönlichkeitsrechts und des Urheberrechts[909], da dieses eine persönlichkeitsrechtliche Komponente aufweist.[910] Die Klage kann dann unmittelbar auf § 823 BGB gestützt werden. Im übrigen handelt es sich um „negatorische Unterlassungsklagen",[911] bei denen stets – bei der Verletzung jedweder absoluter Rechte – ein Rückgriff auf § 1004 BGB erfolgt.[912] § 1004 BGB ist von dem Begriff des Störers geprägt.

Dieses zivilrechtliche Anspruchssystem von verschuldensabhängigen Schadensersatzansprüchen und verschuldensunabhängigen Unterlassungsansprüchen andererseits findet sich im Markengesetz in der gleichen Weise wieder. Dogmatisch konsequent ist es daher, die Haftung eines Tatbeitragenden nicht nur an § 830 Abs. 2 BGB zu messen, son-

---

908 So auch schon BGH GRUR 1957, S. 352, 353 „Pertussin II".

909 BGHZ 42, S. 118, 124.

910 Vom Urheberrecht ist auch das Urheberpersönlichkeitsrecht erfaßt, *Schricker*, vor §§ 12 ff., RN 1 ff.

911 Von einer quasinegatorischen Unterlassungsklage wird dagegen zum Teil dann gesprochen, wenn es um sonstige deliktisch geschützten Rechtsgüter geht, auf die der Schutz des § 1004 BGB etwa ausgedehnt worden ist, vgl. *Staudinger/Gursky*, § 1004 RN 16.

912 *Palandt/Bassenge*, § 1004 RN 2.

dern auch eine verschuldensunabhängige Störerhaftung in Betracht zu ziehen.

C. Die Haftung Tatbeitragender außerhalb des Markenrechts

Im folgenden ist zu prüfen, unter welchen Voraussetzungen eine solche Störerhaftung im Markenrecht anzunehmen ist. Anhaltspunkte für die inhaltliche Ausgestaltung der Haftung könnte ein Vergleich zu der Ausgestaltung des Störerbegriffs sowohl zivilrechtlich als auch im gewerblichen Rechtsschutz, namentlich im Wettbewerbsrecht, Urheberrecht und Patentrecht, bieten. Ausgehend von den dort gefundenen Antworten läßt sich die Frage nach den Voraussetzungen einer Störerhaftung möglicherweise auch für das Markenrecht beantworten.

I. Konkretisierung des Störerbegriffs im Zivilrecht

In § 1004 BGB wird zwischen Zustands- und Handlungshaftung unterschieden.[913] Im Rahmen der Handlungshaftung ist als mittelbarer Störer verantwortlich, wer die störende Einwirkung Dritter adäquat ursächlich veranlaßt hat und sie verhindern kann.[914] Die hierzu gebildeten Fallgruppen beziehen sich jedoch auf die bereits zuvor erwähnte Haftung für fremdes Verhalten, ohne daß über die „Veranlassung" hinaus ein Tatbeitrag geleistet worden wäre.[915] Sie entsprechen daher der Haftung des Betriebsinhabers gem. § 13 Abs. 4 UWG bzw. § 14 Abs. 7 MarkenG, ohne daß daraus etwas für die vorliegende Problematik abgeleitet werden könnte.

Als Zustandsstörer haftet daneben, wer eine störende Anlage hält, wenn von seinem Willen die Beseitigung der Störung abhängt.[916] Da die

913 *MüKo/Medicus*, § 1004 RN 32; *Palandt/Bassenge*, § 1004 RN 17,18; *Soergel/Mühl*, § 1004 RN 88.
914 *MüKo/Medicus*, § 1004 RN 32.
915 Siehe auch BGH NJW 1982, S. 440; BGH NJW 1986, S. 2512; auch hier wird von mittelbarer Störerhaftung gesprochen.
916 *Palandt/Bassenge*, § 1004 RN 18.

Unterscheidung bzw. rechtliche Einordnung als Handlungs- bzw. Zustandsstörer rechtlich ohne Konsequenzen ist,[917] soll ihr nicht weiter nachgegangen werden. Auch der Zustandsstörer kann zur Unterlassung verpflichtet werden, die Beseitigungspflichten nach sich zieht.

II. Konkretisierung des Störerbegriffs im Wettbewerbsrecht

In der wettbewerbsrechtlichen Rechtsprechung wird der Störerebegriff in entsprechender Anwendung des § 1004 BGB dahingehend verstanden, daß derjenige als Störer haftet, der auch ohne Wettbewerbsförderungsabsicht und ohne Verschulden an dem Wettbewerbsverstoß eines Dritten in der Weise beteiligt ist, daß er in irgendeiner Weise willentlich und adäquat kausal an der Herbeiführung der rechtswidrigen Beeinträchtigung mitwirkt.[918] Dieses Mitwirken kann in der Unterstützung oder Ausnutzung der Handlung eines eigenverantwortlich handelnden Dritten bestehen, sofern der Inanspruchgenommene an der Herbeiführung der rechtswidrigen Beeinträchtigung beteiligt ist.[919] Diesen theoretischen Ansatz hat der BGH in einer umfangreichen Kasuistik konkretisiert. Sie soll im folgenden skizziert werden.

In der „**Rechenscheibe**"-Entscheidung [920] griff der BGH den in seiner Entscheidung „**Pertussin II**"[921] erstmalig entwickelten Begriff des Störers auf[922] und bejahte eine Verantwortung des beklagten Bankinstitutes,

---

917 *Wiegand*, S. 55.

918 Zuletzt BGH GRUR 1997, S. 313, 315 „Architektenwettbewerb".

919 Siehe FN 918.

920 BGH GRUR 1976, S. 256 ff.

921 BGH GRUR 1957, S. 352.

922 Das Berufungsgericht hatte die Klage bereits mangels Rechtsschutzbedürfnis durch Prozeßurteil abgewiesen, da der Kläger auch den Hauptstörer hätte in Anspruch nehmen können. Richtigerweise stellte der BGH fest, daß es sich hierbei nicht um eine Frage des Rechtsschutzbedürfnisses handele, sondern um eine Frage des materiellen Rechts. Das allgemeine Rechtsschutzbedürfnis kann einem Rechtsschutzsuchenden nur dann abgesprochen werden, wenn er schutzunwürdige Ziele verfolgt und wenn er schutzwürdige Ziele verfolgt nur dann, wenn ein anderer prozessualer Weg gleich sicher, aber einfacher begehbar ist (*Baumbach/Lauterbach*, Grundzüge § 253 RN 34). Dem Rechtsschutzsuchenden steht gegen den Dritten aber kein anderer prozessualer Weg als der der Unterlas-

das dem Hauptstörer – dem unstreitig ein Verstoß gegen die Zugabeverordnung zur Last gelegt werden konnte – seine Adresse in Deutschland zur Verfügung gestellt hatte, um den Postverkehr mit potentiellen Kunden sicherzustellen. Schon dies genügte für eine Verantwortlichkeit.

Eine weitere Entwicklung nahm der wettbewerbsrechtliche Störerbegriff in der Entscheidung des BGH „**Firmenrufnummer**".[923] Darin prüfte der BGH zunächst, ob der Dritte die rechtliche Möglichkeit zur Unterbindung des Wettbewerbsverstoßes hatte, insbesondere ob (auch vertragliche) Möglichkeiten zur Durchsetzung der begehrten Unterbindung bestand. Ferner prüfte der BGH, ob die rechtliche Möglichkeit zur Unterbindung des Verstoßes für den Mitstörer im Verhältnis zum Hauptstörer auch zumutbar sei. Während die Vorinstanz noch davon ausging, daß es für den Beklagten zumutbar sei, seinen vertraglichen Unterlassungsanspruch gegen die Gemeinden notfalls auch gerichtlich durchzusetzen, hielt der BGH dies im Hinblick auf die langfristigen Vertragsbeziehungen zwischen den Parteien für unzumutbar, da auf diese Weise die Beziehungen zwischen den Parteien auf das erheblichste belastet würden. Demnach genügte die einfache (wenn auch erfolglose) Aufforderung des Beklagten an die Gemeinden, künftig die wettbewerbswidrige Handlung zu unterlassen. Weitere Handlungen zur Verhinderung des Wettbewerbsverstoßes waren nach Ansicht des BGH nicht zumutbar.

Ob der untergeordnete Störer oder der Hauptstörer in Anspruch genommen werden kann, hängt damit nach Ansicht des BGH auch davon ab, ob dem untergeordneten Störer im Verhältnis zum Hauptstörer die Verhinderung des Wettbewerbsverstoßes rechtlich möglich und zweitens auch zumutbar ist, ob also dem mittelbaren Störer zumutbare Handlungen gegen den Hauptstörer zustehen.

---

sungsklage zu. Die Frage, ob ein Vorgehen gegen einen untergeordneten Störer nicht deshalb ausscheiden muß, weil ein anderer Hauptstörer gleichfalls in Anspruch genommen werden kann, ist eine Frage des materiellen Rechts und nach den allgemeinen Grundsätzen zur Haftung bei mehreren Stören zu entscheiden. Es handelt sich nicht um eine Frage des Rechtsschutzbedürfnisses.

923 BGH GRUR 1990, S. 463 ff.

Die vom BGH vorgenommene Einschränkung auf zumutbare Handlungsmöglichkeiten erscheint geradezu zwingend im Hinblick auf die nachfolgende Vollstreckung des Unterlassungstitels. Vollstreckt werden Unterlassungsurteile nach § 890 ZPO, wonach gegen den Unterlassungsschuldner bei Zuwiderhandlung gegen die Unterlassungsverpflichtung ein Ordnungsgeld, ersatzweise Ordnungshaft, oder Ordnungshaft angeordnet werden kann. Nach ganz überwiegender Ansicht[924] setzt dies wegen des teilweise strafähnlichen Charakters der Anordnung eine schuldhafte Zuwiderhandlung voraus. Ein Schuldvorwurf kann dem Unterlassungsschuldner nur dann angelastet werden, wenn er in zumutbarer Weise etwas hätte unternehmen können, um seiner Unterlassungsverpflichtung nachzukommen. Die Prüfung, ob dem Verpflichteten überhaupt zumutbare Handlungen zur Verfügung stehen, ist eine Frage des Erkenntnisverfahrens. Würde man diese Prüfung erst im Vollstreckungsverfahren vornehmen, so wären Titel existent, die unter keinen Umständen vollstreckbar wären. Diesem unerwünschten Zustand ist dadurch zu begegnen, daß die Frage der Zumutbarkeit irgendwelcher Handlungen bereits im Erkenntnisverfahren zu klären ist. Im Vollstreckungsverfahren konzentriert sich die Prüfung dann darauf, ob und welcher dieser Handlungen der Unterlassungsschuldner schuldhaft nicht nachgekommen ist.

In der Entscheidung „**Kosmetikstudio**“[925] zeigt sich erstmals die Tendenz des BGH, zumindest bei Publikationsorganen die Mitstörerhaftung im Hinblick auf die Zumutbarkeit verhindernder Maßnahmen von bestimmten Prüfungspflichten abhängig zu machen. Eine weitere Konkretisierung erfuhr diese Voraussetzung in der Entscheidung „**Betonerhaltung**“[926] Ein die Mitstörerhaftung begründendes Unterlassen liege dann nicht vor, wenn es nicht „zu den Aufgaben des Beklagten [gehöre], die

---

[924] Siehe Nachweise bei *Baumbach/Lauterbach*, § 890 ZPO RN 22, wobei *Hartmann* selbst die gegenteilige Ansicht vertritt.

[925] BGH GRUR 1994, S. 441.

[926] BGH GRUR 1995, S. 62.

sich aus dem Wettbewerbsverhältnis (...) ergebenden wettbewerblichen Auseinandersetzungen durch sein Eingreifen zu gestalten".[927]

Das Bestehen von Prüfungspflichten als Voraussetzung einer Mitstörerhaftung formulierte der BGH erstmals explizit in seiner Entscheidung „**Architektenwettbewerb**".[928] Die Beklagte forderte mehrere Architekten auf, Entwürfe anzufertigen, deren Entlohnung nicht den Mindestsätzen der Honorarordnung der Architekten und Ingenieure (HOAI) entsprach. Dagegen wandte sich die örtlich zuständige Architektenkammer. Der BGH lehnte eine Störerhaftung mit Hinweis auf die unklare Rechtslage ab, da die Beklagte bei rechtlich unklaren Sachverhalten keine Prüfungspflicht träfe. Es war umstritten, ob Planungsleistungen im Vorfeld eines Vertragsabschlusses überhaupt unter die HOAI fielen. Angesichts dessen könne auch keine Verpflichtung der Beklagten bestehen, die Einhaltung dieser Vorschriften zu überprüfen. Der BGH betonte ausdrücklich, daß dem Umstand des Umfangs von Prüfungspflichten bereits früher Rechnung getragen worden war,[929] es sich also nicht um eine Abkehr von der früheren Rechtsprechung handele. Dennoch ist die Entscheidung in der Literatur als Einschränkung der bisherigen Rechtspechung verstanden worden.[930]

Die mit der Entscheidung „**Architektenwettbewerb**" begonnene Rechtsprechung wurde mit der Entscheidung „**Branchenbuch-Nomenklatur**"[931] fortgesetzt. Bei der Prüfung des Umfangs von Prüfungspflichten sei an eine Heranziehung der für das Anzeigengeschäft entwickelten Grundsätze zu denken.[932] Um die Arbeit der für das Anzeigengeschäft tätigen Personen nicht unnötig zu erschweren, werden dort keine umfassenden Prüfungspflichten aufgestellt, sondern eine Haftung

927 BGH GRUR 1995, S. 62, 64 "Betonerhaltung".
928 BGH GRUR 1997, S. 313, 316.
929 Siehe FN 928 mit Verweis auf BGH GRUR 1995, S. 62 ff. "Betonerhaltung".
930 *Baumbach/Hefermehl*, Einl. UWG RN 327; *Teplitzky*, § 14 RN 8 und FN 16a; *Köhler* WRP 1997, S. 897, der von einem erkennbaren Unbehagen an der bisher uferlosen Ausdehnung spricht.
931 BGH GRUR 1997, S. 909.
932 BGH GRUR 1997, S. 909, 911 „Branchenbuch-Nomenklatur".

nur dann bejaht, wenn es sich um grobe, unschwer zu erkennende Verstöße handelt.[933]

Zur Frage der Haftung eines Mitstörers im Wettbewerbsrecht sind somit folgende Voraussetzungen von der Rechtsprechung skizziert worden:

- der Störer muß eine adäquat kausale Ursache gesetzt haben;
- die Inanspruchnahme des Hauptstörers darf nicht ohne besondere Schwierigkeiten möglich und ebenso erfolgversprechend sein;
- es muß die tatsächliche und rechtliche Möglichkeit bestehen, die wettbewerbswidrige Handlung des Hauptstörers in zumutbarer Weise zu verhindern;
- die Verhinderung des Wettbewerbsvesrtoßes ist insbesondere dann nicht zumutbar, wenn keine Prüfungspflichten des Mitstörers hinsichtlich möglicher Wettbewerbsverstöße des Hauptstörers bestehen.

Die wettbewerbsrechtliche Störerhaftung der Rechtspechung ist in der Literatur vielfach auf Kritik gestoßen. Neben ganz grundsätzlichen Bedenken gegen die negatorische Kausalhaftung überhaupt,[934] wurde auch geltend gemacht, dem Verletzten sei durchaus zumutbar, zu prüfen, wer als wirtschaftlich Interessierter und wer nur als Hilfsperson tätig sei und dann von vornherein den Hauptstörer in Anspruch zu nehmen.[935] Dem BGH ist insoweit zuzustimmen, als er der Kritik entgegensetzt, daß auch Fälle denkbar seien, in denen nur ein unmittelbares Vorgehen gegen die

---

933 Siehe FN 932.

934 *Picker*, S. 30 kritisiert, daß es sich „um einen um das Verschulden verkürzten Tatbestand handele", was gesetzessystematisch bedenklich sei. Unabhängig davon, ob diese Bedenken im Zivilrecht greifen mögen, stellt der Unterlassungsanspruch im Wettbewerbs- wie im Markenrecht nach dem eindeutigen gesetzgeberischen Willen tatsächlich einen solchen verkürzten Tatbestand dar.

935 *Staudinger/Gursky*, § 1004 RN 24.

Hilfsperson noch den gewünschten Erfolg verspricht.[936] Wie oben erwähnt, ist eine Inanspruchnahme des Mitstörers dann ausgeschlossen, wenn der Hauptstörer ebenso gut und mit den gleichen Erfolgsaussichten in Anspruch genommen werden kann. Gerade bei der Registrierung von Internet-Domains ist es jedoch denkbar, daß eine Inanspruchnahme der rechtlich Verantwortlichen nicht oder nicht rechtzeitig zu erreichen ist, da diese trotz der von DENIC geforderten Angaben oft nur schwer zu identifizieren sind. Es kann daher nicht von vornherein davon ausgegangen werden, daß alleine aufgrund der offensichtlich untergeordneten Stellung der Registraturstellen diese aus der Haftung ausscheiden. Vielmehr kann in Einzelfällen ein Vorgehen gegen die Registraturstellen die einzig erfolgversprechende Möglichkeit sein, insbesondere auch unter Beachtung der Globalität des Internet.

Nach *Köhler*[937] soll nur bei der Verletzung absoluter Rechte (so auch des Markenrechts) eine Anwendung des § 1004 BGB angezeigt sein, da hier die Verletzung eines absoluten Rechts die Rechtswidrigkeit des Handelns indiziere. Da das Wettbewerbsrecht aber bloße Verhaltenspflichten statuiere, solle dasselbe hier nicht gelten.[938] Habe der Mitstörer eine Verhaltenspflicht nicht selbst verletzt, sondern nur an ihr mitgewirkt, so müsse er eine eigene objektive Verhaltenspflicht außerhalb des Wettbewerbsrechts verletzen, die nicht erkennbar sei.

Köhler schlägt daher vor, auf die deliktsrechtlichen Grundsätze von Täterschaft und Teilnahme zurückzugreifen. Entgegen der h.M. und mit der neueren Lehre[939] soll eine vorsätzliche fremde Haupttat dabei für die Anwendung des § 830 Abs. 2 BGB nicht erforderlich sein. Dagegen soll es bei dem Teilnehmer bei dem Erfordernis einer vorsätzlichen Tat bleiben. Für den Mithaftenden bedeutet dieser Ansatz eine erhebliche Privilegierung, da für eine an sich negatorische Haftung nunmehr nur noch

---

936 BGH GRUR 1957, S. 352, 354 „Pertussin II".
937 *Köhler*, WRP 1997, S. 897 ff.
938 Schon dagegen bestehen Zweifel, siehe *Haedicke*, GRUR 1999, S. 397, 400 f.
939 *Larenz/Canaris*, Schuldrecht II 2, § 82 I 2 f, S. 569.

vorsätzliches Handeln eine Haftung auslöst.[940] Der Ansatz *Köhlers* mag zwar durch einen klaren und verläßlichen Rechtsrahmen überzeugen,[941] beruht aber zum einen auf der ungesicherten Loslösung von der h.M., die eine vorsätzliche Haupttat voraussetzt, und begegnet zudem erheblichen dogmatischen Bedenken. Die Durchbrechung des Grundsatzes einer verschuldensunabhängigen negatorischen Haftung ist nicht nur systemwidrig, sondern widerspricht dem darin zum Ausdruck kommenden Gedanken einer billigen Inanspruchnahme Dritter.[942]

Schünemann[943] äußert grundsätzliche Bedenken gegen die uferlose Ausdehnung des Störerbegriffs aus Gründen der „praktischen Notwendigkeit"; sie sei aus dogmatischer Sicht nicht haltbar. Bezogen auf wettbewerbsrechtliche Ansprüche hält er die Analogie zu § 1004 BGB deswegen verfehlt, weil das Wettbewerbsrecht gerade keine Besitzstände schütze, sondern Verhaltenspflichten statuiere. Insoweit befindet sich *Schünemann* in Einklang mit der Ansicht *Köhlers*[944]. *Schünemann* schlägt daher eine Lösung über § 13 Abs. 4 UWG vor.[945] Entsprechend könnte dies auch für § 14 Abs. 7, § 15 Abs. 6 i.V.m. § 14 Abs. 7 MarkenG diskutiert werden ; zu beachten ist aber, daß das Markengesetz im

---

[940] *Freytag*, S. 70. Unterschiede in den beiden Ansätzen ergeben sich nach *Köhler* (WRP 1997, 897, 899) ohnehin nur hinsichtlich der Abmahnungs- und Unterwerfungsproblematik. Die wettbewerbs- und markenrechtliche Abmahnung als allgemein anerkanntes vorprozessuales Mittel zur Streitbeilegung und erforderlich zur Vermeidung der negativen Kostenfolge des § 93 ZPO könne dazu dienen, den Empfänger bösgläubig zu machen. Dies wiederum würde bedeutet, daß die Abmahnung als solche im Rechtssinne erst ausgesprochen werden könnte, wenn der vermeintliche Verletzer zuvor durch formlose Mitteilung bösgläubig geworden ist. Für diese erste "formlose" Abmahnung käme ein Ersatzanspruch nach §§ 683, 670 BGB nicht in Betracht, da auch dieser Bösgläubigkeit voraussetzt. Bei einer Heranziehung des § 1004 BGB dagegen sei ohne weitere Zwischenakte eine ersatzpflichtige Abmahnung möglich. Es ist jedoch zweifelhaft, ob jede Abmahnung zur Bösgläubigkeit führen kann, da dies eine entsprechende Prüfungspflicht des Empfängers voraussetzt, die gerade Gegenstand der Rechtsprechung des BGH zum Störerbegriff ist.

[941] *Freytag*, S. 71.

[942] Siehe FN 905.

[943] *Schünemann*, WRP 1998, S. 120.

[944] *Köhler*, WRP 1997, S. 897.

[945] *Schünemann*, WRP 1998, S. 120, 123.

Gegensatz zum UWG sehr wohl Besitzstände schützt und eine Analogie zu § 1004 BGB auf weit weniger Bedenken stößt. *Schünemanns* Verständnis nach liegt die Funktion des § 13 Abs. 4 UWG nicht allein darin, den Betriebsinhaber für das wettbewerbswidrige Verhalten Dritter einstehen zu lassen, sondern vor allem darin, Angestellte und Beauftragte (selbstverständlich auch Organpersonen) zu Schuldnern des Unterlassungsanspruchs zu erheben. Daraus folgt die Problematik, daß prinzipiell alle Arbeitnehmer Unterlassungsschuldner für Wettbewerbsverstöße in dem Unternehmen sind. Dem will *Schünemann* mit dem Argument begegnen, den berechtigten Interessen des Arbeitnehmers könne im Innenverhältnis Rechnung getragen werden (durch Schadensersatzansprüche aus pFV, Arbeitsverweigerung etc.).[946] Sieht man einmal davon ab, daß das Arbeitsverhältnis hier über Gebühr belastet würde, ist auch das funktionelle Verständnis des § 13 Abs. 4 UWG ein anderes.

Denn eine Haftung des Betriebsinhabers nach § 13 Abs. 4 UWG setzt gerade einen Verstoß gegen die in Absatz 2 und Absatz 3 genannten Vorschriften durch den Angestellten oder Beauftragten voraus, d.h. dieser muß in vollem Umfang die Tatbestandsmerkmale der entsprechenden Verbotsnorm verwirklicht haben.[947] Bei §§ 1, 14 UWG bedeutet dies, daß er sogar selbst zu Zwecken des Wettbewerbs (etwa zugunsten des Betriebsinhabers) gehandelt haben muß, also in der Absicht, eigenen oder fremden Wettbewerb zu fördern.[948] Die Ansicht *Schünemanns* ist folglich insofern richtig, als § 13 Abs. 4 UWG ein wettbewerbswidriges Verhalten der Angestellten oder Beauftragten voraussetzt und lediglich eine Erfolgshaftung des Betriebsinhabers aufstellt. § 13 Abs. 4 UWG macht aber nicht jeden kausalen Beitrag eines Arbeitnehmers oder Beauftragten zur Grundlage einer Haftung, sondern setzt eine vollständige und tatbestandliche Handlung voraus.[949] Zudem wäre die Lösung *Schü-*

---

946 *Schünemann*, WRP 1998, S. 120, 123, 124.
947 *Baumbach/Hefermehl*, § 13 UWG RN 68.
948 BGH WRP 1996, S. 894, 896 „Lohnentwesungen".
949 Siehe auch *Haedicke*, GRUR 1999, S. 397, 400.

nemanns noch uferloser als die derzeit h.M. und könnte nicht von der Prüfung entbinden, welcher Tatbeitrag nun ausreichen soll.

Abgesehen von den genannten Stimmen begrüßte die Literatur die neuere Tendenz des BGH,[950] die Störerhaftung um die Prüfung des Vorliegens von Prüfungspflichten im Zusammenhang mit dem wettbewerbswidrigen Verhalten des Hauptstörers einzuschränken.[951] In der Haltung des BGH komme eine maßgebliche Berücksichtigung von sozialen Funktions- und Verantwortungsbereichen zum Ausdruck.[952]

III. Konkretisierung des Störerbegriffs im Presserecht

Der BGH deutete in seiner Entscheidung "Branchenbuch-Nomenklatur"[953] bereits an, daß sich der Umfang der Prüfungspflichten aus den zur Haftung der Presse entwickelten Grundsätzen ergeben könnte. Diese sollen daher im folgenden dargestellt werden. Die Haftung der Presse als Mitstörer für rechtswidrige Anzeigeninhalte besteht nur bei groben und jedenfalls offenkundigen Gesetzesverstößen.[954] Zwar sind auch Verleger und Anzeigenredakteure bei der Entgegennahme von Anzeigenaufträgen gehalten, die Anzeige daraufhin zu überprüfen, ob die Veröffentlichung gegen gesetzliche Vorschriften verstößt, doch hat sich dies im Hinblick auf Art. 5 Abs. 1 S. 2 GG an Praktikabilitätsgesichtpunkten messen zu lassen.[955]

Da in der Praxis der Presse rasche Entscheidungen fast ausschließlich unter Zeitdruck gefällt werden müssen, kann eine Einzelanalyse die Ar-

---

950 Siehe BGH GRUR 1997, S. 313 „Architektenwettbewerb“; BGH GRUR 1997, S. 909 „Branchenbuch-Nomenklatur“.

951 *Teplitzky*, Kap. 14 RN 10b; *Haedicke*, GRUR 1999, S. 397, 400 ff.

952 *Bettinger/Freytag*, CR 1999, S. 28, 34.

953 Siehe FN 932.

954 BGH WRP 1973, S. 19, 20 „Badische Rundschau“; BGH WRP 1988, S. 325; BGH WRP 1991, S. 19, 21 „Pressehaftung I“; BGH GRUR 1993, S. 53, 54 „ Ausländischer Inserent“; BGH GRUR 1994, S. 454, 455 „Schlankheitswerbung“.

955 BGH WRP 1973, S. 19, 20 „Badische Rundschau“; BGH GRUR 1994, S. 454 „Schlankheitswerbung“.

beit der Presse unzumutbar erschweren.[956] Die Einstellung juristisch geschulten Personals oder die Einholung externen juristischen Rats in jedem Fall hätte zudem erhebliche Auswirkungen auf die Wirtschaftlichkeit des Anzeigengeschäfts und damit den Bestand der Zeitung überhaupt.[957] Damit läßt die Rechtsprechung erkennen, daß bei Prüfung der Störerverantwortlichkeit nicht nur die Art des verletzten Rechtsguts oder die Art des Tatbeitrages eine entscheidende Rolle spielen, sondern auch zu erwägen ist, ob der im Hintergrund Handelnde seinen (rechtlich geschützten) Aufgaben sinnvollerweise noch nachkommen kann, wenn ihm umfassende Prüfungspflichten auferlegt werden. Die Verstöße sind jedenfalls nicht schon dann grob und offensichtlich, wenn der Verleger bzw. Redakteur von Wettbewerbern des die Anzeige Aufgebenden auf angebliche Verstöße hingewiesen wird.[958] Denn auch dann müßte eine personelle Vorsorge getroffen werden zur Prüfung der Rechtslage, die bereits nach dem oben Gesagten die Arbeit der Presse unzumutbar erschweren würde.[959]

IV. Konkretisierung des Störerbegriffs im Urheberrecht

Wenn auch das Urheberrecht in Aspekten mit sonstigen gewerblichen Rechtsgütern nicht immer gleichgestellt werden kann,[960] so lohnt doch ein Blick auf die urheberrechtliche Handhabung des Problems des Mitstörers. Schließlich ist es dem Markenrecht als gewerbliches Schutzrecht wenigstens strukturell verwandt.[961]

Der urheberrechtliche Unterlassungsanspruch basierte zunächst auf § 1004 BGB[962], später auf § 97 UrhG ohne daß mit der gesetzlichen Neuregelung eine Änderung gegenüber der Rechtsprechung zu § 1004 BGB

---

956 BGH GRUR 1994, S. 454 „Schlankheitswerbung".
957 BGH WRP 1988, S. 325.
958 BGH WRP 1988, S. 325.
959 BGH WRP 1988, S. 325.
960 BGHZ 17, S. 266, 277 „Tonbandgeräte I".
961 *Haedicke*, GRUR 1999, S. 397 untersucht eine für das Urheberrecht und Wettbewerbsrecht gemeinsame dogmatische Grundlage einer mittelbaren Haftung.
962 BGHZ 17, S. 266, 291 „Tonbandgeräte I".

bezweckt worden wäre.[963] Der Begriff des Störers bildet daher seit jeher die Grundlage der Untersuchungen zu Fällen der Beteiligung Dritter an fremden Urheberrechtsverletzungen. Zu Recht wird mangels Verschulden eine Haftung wegen Beihilfe von vornherein abgelehnt, ohne daß damit die Störerhaftung berührt wäre.[964] Störer im Sinne des Urheberrechts ist grundsätzlich derjenige, auf dessen Willen – wenn auch nur mittelbar – die Beeinträchtigung eines geschützten Rechtsgutes unter Beachtung des Adäquanzerfordernisses zurückzuführen ist.[965] Die Haftung des Mitstörers ist seit jeher nicht ohne weitere Einschränkungen geprüft worden.[966] So ist vom BGH zunächst eine Parallele zur Rechtsprechung des Reichsgerichts zur mittelbaren Patentverletzung gezogen worden.[967] Danach genügte teilweise ein Hinweis des Herstellers und Lieferanten von zu patentverletzenden Handlungen geeigneten Apparaten auf die Möglichkeit der Patentverletzung aus, um seine Einstandspflicht beseitigen zu können.[968] Später ging der BGH schlicht davon aus, daß der (prinzipiell) Unterlassungspflichtige geeignete und zumutbare Handlungen zur Vermeidung von Rechtsverletzungen vornehmen müsse.[969] Schließlich stehe auch die Ausübung von Ausschließlichkeitsrechten unter dem Gebot von Treu und Glauben.[970] Zumutbar aber auch ausreichend ist etwa der deutlich angebrachte Hinweis auf mögliche Urhe-

---

963 Braun, ZUM 1990, S. 487, 490; Begr. RegEntw 1962, BT-Drucks IV/270 S. 103.

964 BGH WRP 1999, S. 211, 212 „Möbelklassiker“ = GRUR 1999, S. 418.

965 BGHZ 17, S. 266, 291 „Tonbandgeräte I“; BGH GRUR 1984, S. 54, 55 „Kopierläden“; BGH WRP 1999, S. 211, 212 „Möbelklassiker“.

966 BGHZ 17, S. 266, 291 „Tonbandgeräte I“; BGH GRUR 1984, S. 54, 55 „Kopierläden“; BGH WRP 1999, S. 211, 212 „Möbelklassiker“.

967 Siehe auch BGHZ 17, S. 266, 292 „Tonbandgeräte I“; kritisch dazu BGHZ 42, S. 118, 122 „Private Tonbandaufnahmen“.

968 Siehe auch BGH GRUR 1964, S. 94, 96 „Tonbandgeräte-Händler“.

969 BGH GRUR 1984, S. 54, 55 „Kopierläden“.

970 BGHZ 42, S. 118, 128 „Private Tonbandaufnahmen“. Die Einschränkung der Haftung war nach damaliger Rechtsprechung also nicht im Rahmen der Kausalität zwischen Handlung und Rechtsgutsverletzung vorzunehmen, sondern auf Rechtsfolgenseite; der Umfang der Unterlassungsverpflichtung orientierte sich an § 242 BGB, siehe *Haedicke*, GRUR 1999, S. 397, 398.

berrechtsverletzungen durch den technischen Kopiervorgang in einem Kopierladen.[971]

In seiner neuesten Entscheidung zu diesem Themenkreis zieht der BGH nunmehr die Parallele zum wettbewerbsrechtlichen Störerbegriff und verlangt auch für das Urheberrecht das tatsächliche Bestehen von objektiven Prüfungspflichten, deren Einhaltung überhaupt zur Vermeidung von Rechtsbeeinträchtigungen führen kann.[972] Die Frage, ob gegen die Anwendung derselben Grundsätze im Bereich des Sonderrechtsschutzes Bedenken bestehen könnten, wird vom BGH nicht erörtert. Auch die urheberrechtliche Störerhaftung dürfe nicht über Gebühr Personen in die Haftung mit einbeziehen, die selbst die rechtswidrige Nutzungshandlung nicht vorgenommen haben. Wer nur durch den Einsatz organisatorischer oder technischer Mittel an der von einem anderen begangenen urheberrechtsverletzenden Nutzungshandlung beteiligt sei, müsse ausnahmsweise einwenden können, daß er im konkreten Fall nicht gegen eine Pflicht zur Prüfung auf mögliche Rechtsverletzungen verstoßen habe.[973]

Der BGH bildet hier ein wesentliches Kriterium, wenn er die Einschränkung der Unterlassungsverpflichtung davon abhängig macht, daß die „Mitwirkungshandlung“ lediglich in dem Einsatz technischer oder organisatorischer Mittel besteht. Damit deutet der BGH das Entscheidende an: Wer lediglich technische oder organisatorische Vorbedingungen schafft, ist von dem eigentlichen Produkt bzw. der eigentlichen Benutzungshandlung so weit entfernt, daß es bereits tatsächlich nicht möglich ist, das Ausmaß möglicher Rechtsbeeinträchtigungen zu überblicken. Während der tatsächlich rechtswidrig Handelnde seine eigenen Handlungen selbstredend einer ständigen Kontrolle zu unterwerfen hat und seine wettbewerblichen und sonstigen Pflichten auch genauestens kennt, ist dies bei dem im Hintergrund Handelnden nur dann zu bejahen,

---

971 BGH GRUR 1984, S. 54, 55 „Kopierläden“.
972 BGH WRP 1999, S. 211, 212 „Möbelklassiker“.
973 BGH WRP 1999, S. 211, 212 "Möbelklassiker".

wenn er Anlaß und Möglichkeit hat zu prüfen, ob die konkrete Gefahr einer Rechtsbeeinträchtigung bestand. Die tägliche Arbeit darf nicht durch die Prüfung auf mögliche Rechtsbeeinträchtigungen über Gebühr erschwert werden.[974]

V. Konkretisierung des Störerbegriffs im Patentrecht

1. Rechtslage vor Geltung des § 10 PatG

Der Tatbestand der mittelbaren Patentverletzung entspringt einem jahrzehntelang praktizierten Richterrecht auf der Grundlage von Billigkeitserwägungen.[975] Diese besondere Benutzungsform in Gestalt einer Teilnahmeform[976] zu einer fremden Patentverletzung[977] wurde als unselbständige Bezugshandlung verstanden.[978] Da Beihilfe an einer fremden Patentverletzung die vorsätzliche Mitwirkung an einer vorsätzlichen Haupttat voraussetzt und im Verhältnis zwischen Lieferant und Abnehmer es sowohl an einem Zusammenwirken fehlte als auch der Abnehmer meist ohne Vorsatz handelte, schienen die herkömmlichen Begriffe der Mittäterschaft/Teilnahme nicht geeignet.[979]

Aus diesem Grund wurde, unabhängig vom Vorliegen subjektiver Merkmale, ein Unterlassungsanspruch gewährt, wenn das Mittel ausschließlich dazu geeignet war, patentrechtsverletzend genutzt zu werden[980]; im übrigen – wenn also sowohl eine patentfreie als auch eine patentverletzende Nutzung möglich war – konnte ein Unterlassungsgebot verhindert werden, wenn der Lieferant alles ihm zumutbare zur Verhin-

974 BGH WRP 1999, S. 211, 212 „Möbelklassiker".
975 *König*, Mitt. 2000, S. 10.
976 BGH GRUR 1982, S. 165, 166 „Rigg".
977 RGZ 133, S. 326; RGZ 146, S. 26; RG GRUR 1931, S. 746 „Sandschleudermaschine"; RGZ 149, S. 102 „Burenda-Oberlederkantenmaschine"; RG GRUR 1939, S. 910 „Schmiernippel"; RGZ 149, S. 12; BGH GRUR 1961, S. 627 „Metallspritzverfahren".
978 *König*, Mitt. 2000, S. 10.
979 RGZ 133, S. 326; BGH GRUR 1982, S. 165, 166 „Rigg".
980 *Klaka*, GRUR 1977, S. 337, 340.

derung der drohenden Patentverletzung unternommen hatte.[981] Dies reichte je nach Lage des Einzelfalls von der schlichten Warnung bis hin zu der in Extremfällen erforderlichen Vereinbarung einer strafbewehrten Unterlassungsverpflichtung mit Abnehmern.[982] Voraussetzung war, daß das Mittel „erfindungsfunktionell individualisiert“ war, d.h. durch seine konkrete Ausgestaltung derart an den technischen Erfindungsgedanken des Patentes[983] angepaßt worden war, daß es sich dadurch aus der Zahl ähnlich bekannter Mittel hervorhob und so in eine unmittelbare Beziehung zu der patentgemäßen Erfindung trat.[984] Hinter diesem Erfordernis bleibt das Merkmal des Bezuges des Mittels zu einem wesentlichen Element der Erfindung in § 10 PatG weit zurück.[985] Daneben mußte der Lieferant wissen, damit rechnen oder infolge von Fahrlässigkeit nicht wissen, daß ein Patent bezüglich des gelieferten Mittels bestand und der Abnehmer das Mittel auch in einer patentverletzenden Weise benutzen würde oder die Gefahr einer solchen Benutzung bestand.[986]

2. Rechtslage nach § 10 PatG

Seit dem 1. Januar 1981 normiert § 10 PatG den Tatbestand und i.V.m. § 139 PatG die Rechtsfolgen einer mittelbaren Patentverletzung. Von den ursprünglichen Voraussetzungen ist nur wenig geblieben.[987] Der hervorstechendste Unterschied des § 10 PatG zu der vormaligen Rechtsprechung besteht darin, daß es sich bei dem von der Rechtsprechung entwickelten Tatbestand der mittelbaren Patentverletzung um ei-

---

981 RGZ 146, S. 26, 29; RGZ 149, S. 12, 18; BGH GRUR 1961, S. 627 „Metallspritzverfahren“; *König*, Mitt. 2000, S. 10.

982 BGH GRUR 1961, S. 627 „Metallspritzverfahren“; Harmsen, Anm. zu BGH GRUR 1964, S. 496 „Formsand II“, S. 498.

983 Der Begriff des Erfindungsgedankens bezeichnet die wesentliche Idee der patentgeschützten Erfindung.

984 BGH GRUR 1982, S. 165, 167 „Rigg“.

985 *König*, Mitt. 2000, S. 10, 18; *Mes*, GRUR 1998, S. 281, 282.

986 RG GRUR 1939, S. 910, 913 „Schmiernippel“; RGZ 149, S. 102 „Burenda-Oberlederkantenmaschine“; BGH GRUR 1961, S. 627 „Metallspritzverfahren“; BGH GRUR 1964, S. 496, 497 „Formsand II“; BGH GRUR 1982, S. 165, 166 „Rigg“.

987 *König*, Mitt. 2000, S. 10.

nen sogenannten Doppeltatbestand handelte, dessen zweiter Teil in der unmittelbaren Patentverletzung des Abnehmers bestand.[988] Dies bedeutete, daß zur Vervollständigung des Tatbestandes der mittelbaren Patentverletzung es auf Seiten des Abnehmers erforderlich war, die Patentverletzung unmittelbar zu verwirklichen.[989] Der vormalige Teilnahmetatbestand hat sich mit Einführung des § 10 PatG zu einem selbständigen Gefährdungstatbestand entwickelt,[990] der von einer unmittelbaren Patentverletzung nicht mehr abhängig ist.

Die neue Regelung untersagt, einer nichtberechtigten Person Mittel anzubieten oder zu liefern, die sich auf ein wesentliches Element der Erfindung beziehen, wenn der Lieferant weiß oder es aufgrund der Umstände offensichtlich ist, daß diese Mittel dazu geeignet und bestimmt sind, für die Benutzung der Erfindung verwendet zu werden. § 10 PatG enthält damit subjektive Merkmale, nämlich zunächst die Kenntnis von der Geeignetheit und Bestimmtheit der Mittel, patentrechtsverletzend genutzt zu werden. In einer zweiten Alternative genügt auch die Offensichtlichkeit derartiger Verwendung aufgrund der Umstände. Mit dem Merkmal der Offensichtlichkeit ist nicht etwa das bewußte oder fahrlässige Sich-Verschließen vor der Erkenntnis gemeint, denn dies käme einem Fahrlässigkeitsvorwurf gleich.[991] Vielmehr ist das Merkmal der Offensichtlichkeit als „objektiver Ersatz" für positive Kenntnis zu verstehen.[992] Dieses Bedürfnis entsteht aus den vielfachen Beweisschwierigkeiten des Patentinhabers.[993] Das Gesetz verschafft dem Patentinhaber derart Erleichterung, daß bei Offensichtlichkeit der Verwendung der Vorsatz schlicht vermutet wird. *Hesse* spricht daher zutreffend von einer "unwiderleglichen gesetzlichen Vermutung".[994] "Offensichtlich" ist, was

---

988 BGH GRUR 1982, S. 165, 166 „Rigg".

989 RGZ 146, S. 26, 29; BGH GRUR 1964, S. 496, 497 „Formsand II"; RGZ 149, S. 102, 107 „Burenda-Oberlederkantenmaschine".

990 *Benkard*, § 10 RN 2; *König*, Mitt. 2000, S. 10, 11.

991 Vgl. *Hesse*, GRUR 1982, S. 191, 192.

992 *Mes*, GRUR 1998, S. 281, 283.

993 Vgl. *Hesse*, GRUR 1982, S. 191, 192.

994 *Hesse*, GRUR 1982, S. 191, 192.

sich dem Durchschnittsbetroffenen objektiv und ohne besondere Überlegungen und Nachforschungen hinsichtlich der Eignung und Bestimmung ohne weiteres und zweifelsfrei erschließt.[995]

Wenn sich auch vor Inkrafttreten des § 10 PatG die Stimmen gemehrt haben, die sich gegen die Erforderlichkeit subjektiver Merkmale bei der mittelbaren Patentverletzung ausgesprochen haben,[996] so spricht doch bei einer derartigen Vorverlagerung des patentrechtlichen Schutzes, wie ihn § 10 PatG vornimmt, einiges für die Berücksichtigung subjektiver Merkmale bzw. diese ersetzende Merkmale. Nur anhand des Wissens oder der Offensichtlichkeit um die Gefährdungslage – und nicht mehr anhand späterer Verletzungen – rechtfertigt sich eine Schutzausdehnung auf vorbereitende Handlungen. Für den Patentinhaber bedeutet dies eine wesentliche Erleichterung, da er nicht mehr gezwungen ist, tatsächliche Patentrechtsverletzungen nachzuweisen, wenn sich die Gefährdungslage schon vorher offenbart.

Im System der Unterlassungstatbestände ist § 10 PatG allerdings ein Unikum. § 10 PatG beinhaltet zunächst den Verbotstatbestand selbst; die unmittelbare Rechtsfolge eines Verstoßes gegen dieses Verbot – Unterlassung oder Schadensersatz – folgt hingegen aus § 139 PatG. § 139 PatG wiederum ist, sofern der Unterlassungsanspruch betroffen ist, typischer negatorischer Anspruch, der auf jegliche subjektiven Merkmale verzichtet. Das führt nun zu dem von *Hesse* bezeichneten „Phänomen", daß der aus dem Verbot fließende Anspruch von geringeren Anforderungen abhängt als die Verbotsnorm selbst aufstellt.[997] Damit ist § 10 PatG nur noch formell negatorischer Anspruch, nicht dagegen materiell.[998] Der negatorische Charakter zeigt sich nur darin, daß über die in § 10 PatG aufgeführten subjektiven Merkmale keine weiteren erforderlich sind.[999]

---

995 *König*, Mitt. 2000, S. 10, 21.
996 Vgl. *Hesse*, GRUR 1982, S. 191, 192 FN 11.
997 Vgl. *Hesse*, GRUR 1982, S. 191, 195.
998 Vgl. *Hesse*, GRUR 1982, S. 191, 195.
999 Vgl. *Hesse*, GRUR 1982, S. 191, 195.

Um zu entscheiden, welche der vorgenannten Grundsätze des Wettbewerbsrechts, Urheber- oder Patentrechts auf das Markenrecht übertragbar sind, ist in einem ersten Schritt zu untersuchen, auf welcher gemeinsamen dogmatischen Grundlage die Ansätze stehen bzw. Einschränkungen der Haftung vorgenommen werden. Einschränkungen der Mitstörerhaftung erfolgten in der Entscheidung des BGH "Personalausweise"[1000] auf Rechtsfolgenseite.[1001] Auf der Grundlage des § 242 BGB nahm das Gericht eine Begrenzung des Umfangs der Unterlassungsverpflichtung vor. Der Mitstörer sei hinsichtlich des Umfangs der ihn treffenden Unterlassungsverpflichtung nur im Rahmen des ihm Zumutbaren und Erforderlichen verpflichtet, geeignete Vorkehrungen zur Vermeidung der Rechtsverletzung zu treffen.[1002] Dieser Einschränkung auf Rechtsfolgenseite stehen begrenzende Erwägungen auf Tatbestandsseite gegenüber. In der genannten Entscheidung "Personalausweise" führte der BGH aus, daß wegen der weiten Fassung der Ursächlichkeit eine tatbestandliche Begrenzung zum einen unter dem Gesichtspunkt der Rechtswidrigkeit in Betracht kommen kann.[1003] Für überzeugender hielt das Gericht dann doch die neuere Linie der damaligen Rechtsprechung, wonach eine Einschränkung über das Merkmal der Adäquanz zu erreichen sei; dieses Merkmal erlaube auch die Feststellung, bis zu welcher Grenze demjenigen, der eine Bedingung setze, die Haftung zugemutet werden könne.[1004] Der BGH berücksichtigt somit Zumutbarkeitserwägungen an zwei Stellen der Prüfung: Zum einen ist die Handlung nur dann adäquat kausal, wenn dem Störer eine Haftung zugemutet werden kann. Zum anderen ist auch der Umfang der Unterlassungsverpflichtung auf Rechtsfolgenseite auf zumutbare Handlungen beschränkt.

[1000] BGH GRUR 1965, S. 104, 107 "Personalausweise"; vgl. auch BGH GRUR 1990, S. 463 ff. "Firmenrufnummer; BGH GRUR 1984, S. 54, 55 "Kopierläden".

[1001] *Haedicke*, GRUR 1999, S. 397, 398.

[1002] Siehe oben FN 1000.

[1003] BGH GRUR 1965, S. 104, 106 "Personalausweise".

[1004] Siehe oben FN 1003.

Die neuere Rechtsprechung des BGH zur Mitstörerhaftung[1005] bezieht sich auf die tatbestandliche Seite der Zumutbarkeitsprüfung. Die Frage nach dem Bestehen einer Pflicht zur Prüfung, ob die eigene Handlung Grundlage für Kennzeichenrechtsverletzungen Dritter sein kann, ist letztlich nichts anderes als eine Zumutbarkeitsprüfung hinsichtlich der Frage, ob der Handlung eine Haftung folgen darf. Da in sämtlichen relevanten Entscheidungen des BGH[1006] Prüfungspflichten verneint wurden, gelangt der BGH zur Erörterung der Rechtsfolgenseite nicht mehr. Es ist daher verfrüht, daraus den Schluß zu ziehen, die Zumutbarkeitsprüfung auf Rechtsfolgenseite könne entfallen. Im Patentrecht etwa hält das LG Düsseldorf (trotz der Regelung des § 10 PatG) an einer Prüfung der Zumutbarkeit hinsichtlich der Rechtsfolgen der Unterlassungsverpflichtung fest.[1007] Angebot und Lieferung beanstandeter Mittel seien nur dann zu unterlassen, wenn der Anbieter nicht durch geeignete Maßnahmen in ausreichendem Maße dafür sorge, daß die gelieferten Mittel nicht in patentverletzender Weise benutzt werden. Dies steht in unmittelbarem Zusammenhang mit der zuvor erwähnten Vollstreckbarkeit des Unterlassungstitels.[1008] Die tatbestandlich festgestellte Unterlassungsverpflichtung ist im Hinblick auf deren spätere Vollstreckbarkeit auf zumutbare Handlungen zu beschränken.

Der BGH deutete in der Entscheidung "Personalausweise"[1009] an, die Rechtswidrigkeit der Handlung sei ein erster dogmatischer Ansatzpunkt für die tatbestandliche Zumutbarkeitsprüfung. Dem soll im folgenden nachgegangen werden. In Rückbesinnung auf allgemeine deliktsrechtliche Grundsätze kann die Rechtswidrigkeit einer tatbestandsmäßigen Handlung auf unterschiedliche Weise begründet werden. Hierzu haben sich die Lehre vom Erfolgsunrecht und die Lehre vom Handlungsunrecht

---

[1005] Siehe unten FN 1006.

[1006] BGH GRUR 1997, S. 313 "Architektenwettbewerb"; BGH GRUR 1997, S. 909 "Branchenbuch-Nomenklatur"; BGH WRP 1999, S. 211, 212 "Möbelklassiker".

[1007] LG Düsseldorf, Urteil v. 18.9.1997 - 4 O 30/94, zitiert bei Mes, GRUR 1998, S. 281, 283, FN 24.

[1008] Siehe oben, S. 246 ff.

[1009] BGH GRUR 1965, S. 104, 106 "Personalausweise".

herausgebildet.[1010] Der Lehre vom Erfolgsunrecht folgend, indiziert bereits der Erfolg der Handlung, d.h. die Verletzung eines der in § 823 Abs. 1 BGB genannten Rechtsgüter, die Rechtswidrigkeit. Dagegen fordert die Lehre vom Handlungsunrecht den Verstoß gegen ein Verhaltensgebot, der in einer Verletzung spezifischer Schutzgüter mündet. Die Ansätze stehen in keinem Ausschließlichkeitsverhältnis; in jedem Einzelfall ist zu prüfen, welche Lehre zu dem sachgerechtesten Ergebnis führt.[1011] Konkrete Auswirkungen zeigen sich gerade bei der Zurechnung unmittelbarer und mittelbarer Rechtsgutverletzungen.[1012] Bei unmittelbaren Rechtsgutverletzungen absoluter Rechte liegen bei wertender Betrachtung zwischen Handlung und Erfolg keine Zwischenschritte; der Erfolgsunwert der Handlung trägt dann das Rechtswidrigkeitsurteil. Erfolgt die Rechtsgutverletzung mittelbar, bedarf die Handlung eines zusätzlichen Unwerturteils; rechtswidrig ist die Handlung dann, wenn der Mitstörer bestimmte Gefahrvermeidungspflichten übergangen hat.[1013]

Für das Wettbewerbsrecht ist diese Unterscheidung nicht wesentlich. Da es nicht dem Schutz absoluter Rechte dient, sondern Verhaltensnormen statuiert,[1014] ist sowohl für unmittelbare wie auch mittelbare Verletzungen die Lehre vom Handlungsunrecht heranzuziehen. Die von der neueren Rechtsprechung herangezogene Verletzung von Prüfungspflichten dient dazu, Kriterien für das Verhaltensunrecht des Mitstörers festzulegen, die dann das Rechtswidrigkeitsurteil tragen. Dies steht in Einklang mit den Lehren vom Erfolgs- und Handlungsunrecht. Einer differenzierten Betrachtung bedarf die Mitstörerhaftung im Urheberrecht. Da der Unterlassungsanspruch nach § 97 UrhG erfolgsbezogen formuliert ist, gilt hier die für erfolgsbezogen formulierte Deliktstatbestände aufgezeigte Unterscheidung. Bei unmittelbaren Verletzungen folgt die Rechtswidrigkeit aus der Handlung selbst, wohingegen eine mittelbare Verletzung

---

[1010] *Haedicke*, GRUR 1999, S. 397, 401; *Larenz/Canaris*, Schuldrecht II 2, § 75 II 3, S. 364 ff.

[1011] *Larenz/Canaris*, Schuldrecht II 2, § 75 II 3, S. 365.

[1012] *Haedicke*, GRUR 1999, S. 397, 401.

[1013] *Haedicke*, GRUR 1999, S. 397, 401.

[1014] So auch noch *Köhler*, WRP 1997, S. 897, 898.

ihre Rechtswidrigkeit aus der Verletzung spezifischer Verhaltenspflichten herzuleiten hat. Eine in Betracht kommende Gefahrvermeidungspflicht setzt notwendig das Bestehen von Prüfungspflichten hinsichtlich der Gefahr von Rechtsverletzungen voraus. Die Lehre vom Handlungsunrecht bietet damit auch für das Urheberrecht eine sichere dogmatische Grundlage für die von der Rechtsprechung vorgenommene[1015] Einschränkung der Mitstörerhaftung.

Auch für das Patentrecht begegnet die Anwendung der Lehren vom Erfolgs- und Handlungsunrecht keinen grundsätzlichen Bedenken; auch die Patentverletzung hat einen deliktsrechtlichen Charakter.[1016] Anders als im Wettbewerbs- und Urheberrecht findet sich zur mittelbaren Patentverletzung jedoch in § 10 PatG eine gesetzliche Regelung,[1017] die an die Haftung des Mitstörers ganz konkrete Anforderungen stellt. Soweit eine vorsätzliche Handlung des Mitstörers gefordert wird, erinnert dies an die Voraussetzungen des § 830 Abs. 2 BGB, dessen Anwendung neben einer Störerhaftung auch im Wettbewerbs- und Urheberrecht nicht ausgeschlossen ist. Mit der Offensichtlichkeit, daß Mittel patentrechtsverletzend benutzt werden, scheint sich der Gesetzgeber allerdings gegen oder für ein zumindest geringes Maß an Prüfungspflichten entschieden zu haben. Denn offensichtlich ist die Eignung und Bestimmung der Mittel nur dann, wenn sie sich ohne weitere Sachaufklärung jedem unbefangenen Durchschnittsbetrachter von selbst ergibt.[1018] Damit ist die den Handlungsunwert begründende Gefahrvermeidungspflicht auf das geringste Maß reduziert. Es zeigt sich aber, daß die Lehre vom Handlungsunrecht auch hier als dogmatische Grundlage der gesetzlichen Regelung nicht versagt. Auf einen Erfolgsunwert kann es schon deswegen nicht

---

[1015] BGH WRP 1999, S. 211 ff. "Möbelklassiker".

[1016] *König*, Mitt. 2000, S. 10, 14.

[1017] § 10 PatG umfaßt auch diejenigen Vorbereitungshandlungen, die noch vor seiner Geltung der unmittelbaren Benutzung eines Verwendungspatents zugeordnet wurden, siehe *König*, Mitt. 2000, S. 10, 22 ff.

[1018] *König*, Mitt. 2000, S. 10, 21.

ankommen, weil § 10 PatG auf die Verwirklichung der unmittelbaren Patentverletzung insgesamt verzichtet.[1019]

Wie das Patent- und Urheberrecht ist auch das Markenrecht ein Ausschließlichkeitsrecht. Für unmittelbare Verletzungen ist dann die Lehre vom Erfolgsunrecht heranzuziehen, d.h. bei einer Tatbestandsmäßigkeit nach § 14 Abs. 2 und Abs. 3 MarkenG wird die Rechtswidrigkeit indiziert. Gemäß der für deliktische Tatbestände geltenden Unterscheidung wäre nun für mittelbare Markenverletzungen der Verstoß gegen ein Verhaltensgebot zu prüfen. Hierfür bieten sich die im Wettbewerbs- und Urheberrecht entwickelten Grundsätze an. Die Verletzung von Prüfungspflichten kann das Verhaltensunrecht des Mitstörers begründen, daß sodann die Rechtswidrigkeit des Handelns zur Folge hat.

D. Zusammenfassung und Folgerungen

Damit richtet sich auch die Störerhaftung der an der Markenverletzung Beteiligten nach den im Wettbewerbsrecht entwickelten Grundsätzen.[1020] Nach der Feststellung einer adäquat kausalen Handlung des Dritten ist somit in einem weiteren Schritt zu prüfen, ob Prüfungspflichten hinsichtlich möglicher Markenverletzungen überhaupt bestehen. Der BGH berücksichtigt sowohl bei der Pressehaftung als auch im sonstigen Wettbewerbsrecht Praktikabilitätsgesichtspunkte ebenso wie die Gewährleistung der sinnvollen Wahrnehmung des gesetzten Aufgabenbereiches, organisatorische Ausstattung etc.[1021] Im Hinblick hierauf sind die organisatorischen Strukturen der DENIC e.G. zu beachten, wenn es um die Frage ihrer Haftung für rechtswidrige Domain-Registrierungen geht.

[1019] *König*, Mitt. 2000, S. 10, 11; *Mes*, GRUR 1998, S. 281.

[1020] Einen inhaltsgleichen Störerbegriff für Wettbewerbs- und Kennzeichenrecht bejahend OLG Frankfurt CR 1999, S. 707, 708.

[1021] BGH GRUR 1995, S. 62, 64 „Betonerhaltung"; BGH WRP 1999, S. 211, 212 „Möbelklassiker" = GRUR 1999, S. 418.

Zu Beginn der Registrierungstätigkeit bildete die DENIC einen bloßen Interessenverbund mit drei deutschen Internet-Providern. Heute hat die Vergabestelle als eingetragene Genossenschaft einen Mitgliederbestand von 128 (Stand 01/2001).[1022] Die derzeit 3.837.980 Domains[1023] werden von ca. 30 Mitarbeitern verwaltet; jeden Monat kommen etwa 200.000 Anträge auf Registrierung hinzu.[1024] Wie sich aus der Entscheidung "Betonerhaltung"[1025] ergibt, ist die Aufgabenstellung der juristischen Person mitunter von Bedeutung für die Frage, welche Prüfungspflichten ihr aufzuerlegen sind. Zwar nimmt die DENIC e.G. als privates Unternehmen am Wirtschaftsleben teil, doch ist ihr Bestreben nicht auf Gewinnerzielung gerichtet.[1026] Die eingetragene Genossenschaft verfolgt vielmehr in erster Linie die Belange ihrer Mitglieder.[1027] Da diese die "deutsche Internet-Gemeinschaft" repräsentieren, steht die Aufgabenerfüllung der störungsfreien und effektiven Verwaltung der Domains, d.h. eine rasche und unbürokratische Bearbeitung der Anträge, im Vordergrund. Die Bearbeitungszeit beträgt derzeit zwei Werktage.[1028] Dies beruht darauf, daß die Domainvergabe ohne menschliche Mitwirkung nur mit Hilfe eines

---

[1022] Siehe unter www.denic.de/doc/DENIC/mitgliedszahlen.html, zuletzt besucht am 20.01.2001.

[1023] Siehe unter www.denic.de/DENICdb/stats/index.html, zuletzt besucht am 20.01.2001.

[1024] Siehe unter www.denic.de/doc/DENIC/presse/three_million_domains.html, zuletzt besucht am 20.01.2001.

[1025] BGH GRUR 1995, S. 62 ff. "Betonerhaltung".

[1026] *Bettinger/Freytag*, CR 1999, S. 28, 36: das von der DENIC e.G. erhobene Entgelt deckt im wesentlichen nur die Verwaltungskosten.

[1027] § 2 des Statuts der DENIC e.G. lautet:
Zweck der Genossenschaft ist die Förderung des Erwerbs und der Wirtschaft ihrer Mitglieder durch gemeinschaftlichen Geschäftsbetrieb.
Gegenstand des Unternehmens ist die Verwaltung und der Betrieb von Internet-Adressen (Domain-Namen), insbesondere der Top Level Domain "de", mit allen dazugehörigen Tätigkeiten für Mitglieder und Nichtmitglieder, z.B. Inkasso, technische oder betriebliche Betreuung der Anlagen und Geräte, Wahrnehmung der Interessen der Genossenschaft, Herstellung und Unterhaltung der notwendigen eigenen Konnektivität (national und international).
Die Aufnahme weiterer Geschäftsfelder bedarf der Zustimmung der Generalversammlung.

[1028] Siehe unter www.denic.de/doc/faq/index.html, zuletzt besucht am 2.03.2000.

Computerprogramms erfolgt.[1029] Daß diese Modalitäten der Eintragung bei einer Verpflichtung der Vergabestellen zur rechtlichen Überprüfung der Anträge nicht einzuhalten wären, bedarf keiner weiteren Ausführungen. Die Aufgabenstellung der DENIC e.G. spricht daher gegen eine Verantwortlichkeit.

Abgesehen von diesen personell und organisatorisch unzureichenden Strukturen läßt sich die mangelnde Vorhersehbarkeit späterer Rechtsverletzungen gegen eine Verantwortlichkeit anführen. Es läßt sich nicht bereits allgemein im Rahmen der Registrierung einer Domain beurteilen, ob diese rechtsverletzend genutzt werden wird oder nicht. In der Regel wird erst dann verläßlich beurteilt werden können, ob die Domain markenverletzend eingesetzt wird, wenn feststeht wie und wofür sie benutzt wird. Bei Beantragung einer solchen Registrierung ist etwa nicht erforderlich, die Waren oder Dienstleistungen zu benennen, die auf der Website später beworben oder angeboten werden sollen. Somit könnten die Vergabestellen, unabhängig davon, daß ihnen dies organisatorisch nicht zuzumuten ist, eine nach dem Markengesetz erforderliche Prüfung der Waren-/Dienstleistungsidentität oder Waren-/Dienstleistungsähnlichkeit nicht vornehmen.[1030]

Um dies sinnvoll bewerkstelligen zu können, müßten die Vergabestellen verpflichtet werden, sich - ähnlich wie bei einer Markenregistrierung - ein Waren/ Dienstleistungsverzeichnis oder Branchenverzeichnis vorlegen zu lassen und dieses mit allen identischen und ähnlichen Marken oder Unternehmensbezeichnungen abzustimmen. Auf internationaler Ebene wäre eine solche Verpflichtung schon deshalb nicht möglich, weil ein umfassendes internationales Register nicht besteht. Aber auch auf nationaler Ebene widerspräche dies der Aufgabe und Funktion der Vergabestellen, die lediglich technische bzw. organisatorische Aufgaben wahrnehmen. Sowohl die zeitliche Verzögerung als auch der enorme

---

[1029] *Bettinger/Freytag*, CR 1999, S. 28, 35.

[1030] Gegen eine solche "proaktive" Prüfung der Vergabestellen auch *Bettinger/Freytag*, CR 1999, S. 28, 35.

personelle und finanzielle Aufwand widerspräche den Zielen und der Bedeutung des Internet. Seit jeher ist der dezentralisierte und von administrativem Ballast befreite Charakter dieses Mediums hervorgehoben worden, der bei einer Verpflichtung der Vergabestellen zur Überprüfung möglicher Rechtsverletzungen erheblich gefährdet wäre.

Es ist nicht zu verkennen, daß gerade dieser Charakter und die Einfachheit der Registrierung einer Domain es für den Markeninhaber in der Vergangenheit schwierig machte, den Verantwortlichen, d.h. den wahren Domain-Inhaber, ausfindig zu machen. Von Seiten der Vergabestellen ist die Registrierung aber bereits transparenter gestaltet worden. Die Angabe eines Domain-Inhabers inklusive Adresse, eines administrativen und technischen Ansprechpartners mit inländischen Gerichtsstand erhöht die Aussichten einer effektiven Rechtsverfolgung.[1031] Aus den oben dargelegten Gründen ist über dieses Bemühen hinaus, die Registrierung im Sinne der Kennzeicheninhaber sicher zu gestalten, eine rechtliche Prüfungspflicht zu verneinen.

Dann kommt es auch nicht mehr auf die Frage an, ob nicht jedenfalls grobe und offensichtliche Verstöße zu beachten sind. Dies könnte insbesondere bei nach § 14 Abs. 2 Nr. 3 MarkenG bekannten Marken eine Rolle spielen.[1032] Bei diesem Verletzungstatbestand käme es etwa auf eine Waren-/Dienstleistungsähnlichkeit nicht an, so daß die Beurteilung möglicher Verletzungen erleichtert wäre. Allerdings begegnet man hier dem Problem, daß die Feststellung der Bekanntheit zum überwiegenden Teil von Verkehrsbefragungen abhängt, so daß auch diese Prüfung die Arbeit der Vergabestelle über Gebühr belasten würde.[1033] Die Grenze bei

---

1031 Siehe zu den Vorschlägen der WIPO auf internationaler Ebene unter www.wipo2.wipo.int/process/eng/final/FinalReport_2.html, Chapter 2, Ziff. 58 ff., zuletzt besucht am 10.01.2001.

1032 *Bettinger/Freytag*, CR 1999, S. 28, 36 sprechen sich für eine Verantwortlichkeit der DENIC e.G. jedenfalls dann aus, wenn die Vergabestelle auf die Verletzung eines berühmten Kennzeichens hingewiesen wird.

1033 *Bettinger/Freytag*, CR 1999, S. 28, 36: die in FN 1032 genannte Ausnahme soll nur für berühmte Kennzeichen mit überragender Verkehrsgeltung gelten.

"offensichtlich" bekannten Marken zu ziehen, würde ähnliche Schwierigkeiten mit sich bringen.

Mangels einer Prüfungspflicht der Vergabestellen scheidet eine störerrechtliche Verantwortlichkeit grundsätzlich aus. Übrig bleibt daher lediglich eine Verantwortlichkeit nach § 830 Abs. 2 BGB.

Die Vergabestellen sind daher markenrechtlich nur insoweit zur Verantwortung zu ziehen als eine nach § 830 Abs. 2 BGB vorsätzliche Förderung einer vorsätzlichen Haupttat erfolgt. In Rückbesinnung an die Entscheidung des OLG Frankfurt[1034] kann eine Haftung dann bestehen, wenn trotz Vorlage eines rechtskräftig gegen den Anmelder ergangenen Urteils die Registrierung von der Vergabestelle nicht freigegeben wird. Der Vorsatz des Haupttäters folgt aus seiner Weigerung, auf die Domain zu verzichten; die Vergabestelle handelt ebenfalls vorsätzlich, wenn sie sich weigert, dem rechtskräftigen Urteil durch eine Löschung der Domain Folge zu leisten. Einem rechtskräftigen Urteil ist eine strafbewehrte Unterlassungserklärung des Domain-Inhabers gleichzustellen.[1035] Die rechtsverbindliche Erklärung des Domain-Inhabers, auf diese zu verzichten, bindet ihn ebenso wie ein zwischen den Parteien ergangenes rechtskräftiges Urteil, da der Unterlassungsgläubiger nunmehr einen vertraglich gesicherten Anspruch hat.[1036] Ist die Feststellung des vertraglichen Anspruches nicht mit rechtlichen Schwierigkeiten verbunden, so stellt die Mißachtung der Unterlassungserklärung einen vorsätzlichen Beitrag zu einer Kennzeichenverletzung dar. Um die Löschung der Domain gegenüber dem Inhaber rechtlich zu sichern, sehen die Vergabebestimmungen der DENIC e.G. ein fristloses Kündigungsrecht vor, wenn der Inhaber gegen vertragliche Bestimmungen verstößt (etwa die Verpflichtung zur Überprüfung auf entgegenstehende Rechte Dritter) oder die Domain nach rechtskräftiger Feststellung eines Gerichts Rechte Dritter

---

1034 OLG Frankfurt, MMR 2000, S. 36 ff.; siehe oben S. 232 ff.

1035 So auch *Renck*, NJW 1999, S. 3587, 3593.

1036 Siehe zu den Voraussetzungen und Wirkungen der strafbewehrten Unterlassungserklärung insgesamt *Baumbach/Hefermehl*, Einl UWG RN 269 ff.

verletzt.[1037] Die Löschung der Domain ist der DENIC e.G. in diesen Fällen auch rechtlich möglich.

Diese zum Recht der eingetragenen Marke entwickelten Grundsätze gelten ebenso für das Recht der geschäftlichen Bezeichnungen gem. § 15 MarkenG wie das Namensrecht des § 12 BGB. Die Unmöglichkeit einer Überprüfung auf entgegenstehende Rechte wird hier noch erhöht, da es sich um nicht eingetragene Rechte handelt. Die Feststellung der Branchenähnlichkeit bzw. das Vorliegen einer Interessenverletzung liegt außerhalb des den Vergabestellen Zumutbaren.[1038]

1037 Siehe unter www.denic.de/doc/faq/vergaberichtlinie.html, zuletzt besucht am 11.01.2001. Auch NSI behält sich die Löschung, Übertragung oder Abänderung der Domain vor, wenn (1) die Entscheidung eines Gerichts oder Schiedsgerichts selbiges anordnet oder (2) das spezielle Streitbeilegungsverfahren (siehe S. 94 ff.) zu einer entsprechenden Anordnung des Administrative Panel führt, siehe unter www.domainmagistrate.com/dispute-policy.html, zuletzt besucht am 05.03.2000.

1038 So auch *Bettinger/Freytag*, CR 1999, S. 28, 35.

IV. Teil: Besondere kennzeichenrechtliche Tatbestände im Internet – Hyperlinks, Frames, Meta-Tags

Fremde Kennzeichen werden im Internet nicht nur in Form von Domains genutzt. Auch Bildmarken können wesentliches Gestaltungsmerkmal einer Website sein. Ob ihre Verwendung als einfache Darstellung auf dem Bildschirm kennzeichenrechtlich zulässig ist, beurteilt sich nach herkömmlichen Maßstäben. Anlaß zu Untersuchungen geben aber die zuvor dargestellten[1039] technischen Mittel, die mit der Nutzung von Kennzeichen zusammentreffen können, namentlich Hyperlinks, Frames und Meta-Tags.

1. Kapitel: Die bisherige Rechtsprechung in den U.S.A.[1040]

Die genannten technischen Gestaltungsmöglichkeiten sind in den U.S.A. bereits mehrfach Gegenstand gerichtlicher Auseinandersetzungen gewesen.

A. Hyperlinks

Bei der Verwendung von Hyperlinks sind keine Fälle bekannt, bei denen die Tatsache angegriffen wurde, daß überhaupt ein Hyperlink gesetzt, d.h. eine Verbindung zu der klägerischen Website hergestellt wurde. Die Angriffe richteten sich vielmehr gegen besondere Gestaltungen, insbesondere das oben genannte Deep Linking.[1041] In **Ticketmaster v.**

[1039] Siehe oben S. 10 ff.

[1040] Ein Überblick über das anwendbare Recht findet sich bei *Kuester/Nieves*, 38 IDEA: J.L. 6 Tech. 243, unter www.patentperfect.com/idea.htm; allgemein zum amerikanischen Markenrecht *Elsing*, S. 283 ff.

[1041] Vgl. Ticketmaster v. Microsoft; die Klageschrift findet sich unter www.jmls.edu/cyber/cases/ticket1.html, zuletzt besucht am 05.04.2000; auch zitiert bei *Kuester/Nieves*, 38 IDEA: J.L. & Tech. 243 (unter www.patentperfect.com/idea.htm, zuletzt besucht am 05.04.2000); ebenfalls zitiert bei *Kochinke/Tröndle*, CR 1999, S. 190, 195. Vgl. auch Shetland Times Ltd. v. Dr. Jonathan Wills and Zetnews Ltd., Sess. Cas. Oct. 24, 1996 unter www.cmcnyls.edu/public/Misc/ShtdTTRO.htm, zuletzt besucht am 05.04.2000;

Microsoft[1042] wehrte sich die Klägerin gegen den Einsatz eines Deep Links, da insbesondere die Werbung auf den übrigen Seiten des Angebotes, zu denen keine Verbindung hergestellt wurde, umgangen werde.[1043] Auch in **Shetland Times Ltd. v. Dr. Jonathan Wills and Zetnews Ltd.**[1044] stellte das Gericht darauf ab, daß als Folge des Einsatzes eines Deep-Links die Ausgangsseite der Klägerin umgangen werde und daher insbesondere Werbeseiten umgangen würden, ohne daß diesem Umstand ein irgendwie gearteter Vorteil der Klägerin gegenüber stände. In dem anschließenden Vergleich einigten sich die Parteien auch hier darauf, daß die Beklagte einen einfachen Hyperlink zu der Homepage der Klägerin setzten durfte verbunden mit dem Hinweis "A Shetland Times Story", um die Gefahr einer Herkunftstäuschung auszuschließen.[1045]

Anhand dieser beiden Fälle zeigt sich bereits die allgemeine Akzeptanz von einfachen Hyperlinks als funktionelles Mittel zur Herstellung von Verbindungen zwischen Websites. Die Grenze dieser Akzeptanz verläuft dort, wo Herkunftstäuschungen erwartet oder Werbeanzeigen, mit denen sich viele Internet-Anbieter finanzieren, umgangen werden.

In den U.S.A. gab es bereits den Versuch, durch strafrechtliche Vorschriften solche Internetaktivitäten zu verbieten, bei denen der Absender eine falsche Identität benutzte oder bei denen Marken derart benutzt wurden, daß der Eindruck der Zustimmung des Markeninhabers ent-

---

siehe die Besprechungen von *Campbell*, [1997] EIPR 255 ff. und *Innes/McMillan*, Cpoyright World, Issue 76, S. 26 ff.

1042 Siehe FN 1041.

1043 Die Klägerin betrieb eine in den U.S.A. bekannte Vorverkaufsstelle zum Verkauf von Konzertkarten u.ä. Der Link der Beklagten führte lediglich zu den Seiten mit direkten Online-Bestellmöglichkeiten, nicht jedoch zu dem restlichen Angebot. Der Rechtsstreit wurde außergerichtlich beigelegt (siehe *Tedeschi*, New York Times vom 15.02.1999). Der Beklagten war danach der Einsatz eines einfachen Hyperlinks erlaubt.

1044 Siehe FN 1041.

1045 Siehe Hinweis bei *Kuester/Nieves*, 38 IDEA: J.L. & Tech. 243, 264 (unter www.patentperfect.com/idea.htm, zuletzt besucht am 05.04.2000).

steht.[1046] Das Gesetz erfaßte seinem Wortlaut nach auch Hyperlinks.[1047] Ein Verbot von Hyperlinks, wie es aus dem Gesetz folgte, hielt das Gericht in American Civil Liberties Union v. Miller aber dann für zweifelhaft, wenn der Link einzig "for the purpose of enabling the system", d.h. im Sinne einer möglichst funktionsgerechten Gestaltung des Internet erfolge.[1048] Nach Ansicht des Gerichts sei die Beschränkung auf Fälle, in denen der unzutreffende Eindruck einer Zustimmung hervorgerufen werde, kein geeignetes Kriterium für die Unzulässigkeit eines Hyperlinks. Denn das Erscheinen eines Symbols auf einer Website rufe diesen Eindruck "definitely", d.h. ohne Zweifel, hervor. Für das daraus folgende generelle Verbot von Hyperlinks sah das Gericht keine Rechtfertigung im Hinblick auf das Recht auf Meinungsäußerungsfreiheit, das hier betroffen sei.

Beachtenswert an dieser Entscheidung ist, daß das Gericht einerseits von der Zulässigkeit einfacher Hyperlinks auszugehen scheint, auf der anderen Seite jedoch betont, die angesprochenen Verkehrskreise verstünden das Erscheinen eines Symbols stets als Hinweis auf die Zustimmung des Markeninhabers. Auch im Recht der U.S.A. führt dies im allgemeinen zur Unzulässigkeit der Verwendung einer Marke.[1049] Daher wird die Ansicht vertreten, dieser Grundsatz sei bei der rechtlichen Beur-

---

1046 Die Verfassungsmäßigkeit dieses Gesetzes des Staates Georgia war Gegenstand des Verfahrens American Civil Liberties Union v. Miller, 977 F. Supp. 1228 ff. (N.D. Ga. 1997). Der Wortlaut der Strafvorschrift lautete: "...knowingly to transmit any data through a computer network...for the purpose of setting up, maintaining, operating or exchanging data with electronic mailbox, home page, or exchanging information storage bank or point of access to electronic information if such data uses any individual name...to falsely identify the person...and for...any person...knowingly to transmit any data through a computer network...if such data uses any...trade name, registered trademark, logo, legal or official seal, or copyright symbol...which would falsely state or imply that such person....has permission or is legally authorized to use [it] for such purpose when such permission or authorization has not been obtained."

1047 American Civil Liberties Union v. Miller, 977 F. Supp. 1228, 1233 (Fußnote 5) (N.D. Ga. 1997).

1048 Siehe FN 1047.

1049 *Kuester/Nieves* 38 IDEA: J.L. & Tech. 243, 269 (unter www.patentperfect.com/idea.htm, zuletzt besucht am 05.04.2000).

teilung von Hyperlinks "nicht mit der gleichen Stärke" anzuwenden.[1050] Wonach die Beurteilung erfolgen soll, bleibt jedoch offen.

B. Frames

Wie bei dem Einsatz von Deep-Links ist auch bei der Verwendung von Frames von der klagenden Partei vielfach geltend gemacht worden, daß insbesondere die Werbung auf der ursprünglichen Seite von dem Rahmen überlagert werde.[1051] Zudem erscheine - anders als bei einfachen Hyperlinks - in der Kopfzeile des Dokuments der Uniform Resource Locator (URL) der beklagten Partei. Dieser URL dient dem Nutzer vornehmlich dazu, die Herkunft der Inhalte anhand dieser Adresse zu bestimmen. Daß es bei dem Einsatz eines Frames zu keinem Wechsel des URL komme führe zu Verwechslungsgefahren und Täuschungen über die wahre Herkunft des Angebotes oder führe zumindest dazu, daß der unzutreffende Eindruck geschäftlicher Beziehungen entstehe.[1052]

1050 *Kuester/Nieves* 38 IDEA: J.L. & Tech. 243, 269 (unter www.patentperfect.com/idea.htm, zuletzt besucht am 05.04.2000) halten die Gefahr von Verwechslungen bei Einsatz graphischer Links, d.h. Wiedergabe einer Bild- oder Wort-/Bildmarke, für größer als bei reinen Wortmarken.

1051 Washington Post v. Total News, No. 97 Civ. 1190 (PKL) (S.D.N.Y., filed February 20, 1997); zitiert bei *Kuester/Nieves*, 38 IDEA: J.L. & Tech. 243, 271 (unter www.patentperfect.com/idea.htm, zuletzt besucht am 05.04.2000), die insgesamt eine Darstellung der rechtlich relevanten Aspekte liefern. Die Klageschrift findet sich unter www.ljx.com/internet/complain.html, zuletzt besucht am 05.04.2000. Siehe auch Futuredontics Inc. v. Applied Anagramics Inc., 45 U.S.P.Q. 2d, 2005. Die Berufungsentscheidung des U.S. Court of Appeal for the Ninth Circuit vom 23. Juli 1998 (No. 95-56711) ist nicht veröffentlicht.

1052 Washington Post v. Total News, No. 97 Civ. 1190 (PKL) (S.D.N.Y., filed February 20, 1997). Der Rechtsstreit wurde durch Vergleich erledigt, siehe unter www.bna.com/e-law/cases/totalset.html, zuletzt besucht am 05.04.2000. Der Beklagten wurde gestattet, Hyperlinks zu der Website der Klägerin zu setzen, die nicht in Form eines Logos oder sonstiger graphischer Gestaltungen gestaltet sein durften, sondern nur den Namen der Website wiedergeben dürfen.

C. Meta-Tags

In dem Fall **Playboy Enterprises Inc. v. Calvin Designer** wurde der Beklagten u.a. die Nutzung der klägerischen Marke als Meta-Tag untersagt, ohne daß das Gericht die markenrechtliche Verletzung näher begründet hätte.[1053] Dagegen wurde in **Playboy Enterprises Inc. v. Terri Welles**[1054] der Beklagten, die 1981 "Playmate of the Year" war, die Nutzung der klägerischen Marken "Playboy" und "Playmate" als Meta-Tags gestattet, da die Beklagte die Marken lediglich zur Beschreibung und Identifizerung ihrer selbst nutze. Diese "fair use" Einrede, die § 23 MarkenG vergleichbar ist, stünde einer Verletzung der Markenrechte der Klägerin entgegen. In **Brookfield Communications, Inc. v. West Coast Entertainment Corp.**[1055] führte das Gericht zur Verwechslungsgefahr aus, daß dem jeweiligen Nutzer bei einem Aufruf der Website zwar meist bewußt werde, daß es sich nicht um ein Angebot des ursprünglich unter dem Kennzeichen gesuchten Kennzeicheninhabers handele. Es bestünde aber die Gefahr von "initial interest"-Verwechslungen, d.h. es bestünde die Gefahr, daß der Nutzer die (ähnlichen) Angebote des Verwenders des Meta-Tags nutzen könnte, wenn er einmal die Website aufgerufen habe. Dies sei für eine markenrechtliche Verwechslungsgefahr ausreichend.

1053 Civ. Act. No. C-97-3204 Cal. (U.S.D.C. N.D. Ca., filed September 8, 1997); zitiert bei *Löwenheim/Koch/Kur*, Kap. 8.4.4.2, S. 371 FN 180 und bei *Day*, AJP/PJA 1998, S. 1463, 1471 FN 63. Die einstweilige Verfügung des Gerichts findet sich in 985 F. Supp. 1220. Siehe auch Insituform Technologies Inc. v. National Envirotech Group L.L.C., Civ. Act. No. 97-2064 (U.S.D.C. Eastern District of Lousiana, filed July 1, 1997); zitiert bei *Day*, AJP/PJA 1998, S. 1463, 1472 und *Kuester/Nieves*, 38 IDEA: J.L. & Tech. 243, 274 (unter www.patentperfect.com/idea.htm).

1054 Case No. 98-cv-0413-K (unter www.loundy.com/CASES/Playboy_v_Wells.html, zuletzt besucht am 05.08.1999).

1055 174 F. 3d 1036.

Die genannten Fälle in den U.S.A. lassen zweierlei erkennen. Zum einen scheinen einfache Hyperlinks von den Internet-Anbietern hingenommen zu werden. Zum anderen werden sonstige Gestaltungen wie Deep-Links und Meta-Tags als markenrechtliche Verletzungshandlungen angesehen. Obgleich dieses Ergebnis die Interessen der Internet-Anbieter wiedergeben mag, ist zu prüfen, ob es auch den Wertungen des deutschen Markengesetzes sowie § 12 BGB entspricht.

A. Hyperlinks - einschließlich der Erscheinungsform der "Virtual Mall"

Ausgangspunkt der rechtlichen Untersuchungen[1056] bilden zunächst die einfachen Hyperlinks, das heißt die einfache Verknüpfung einer Website mit einer anderen. Als besondere Form der Nutzung einfacher Hyperlinks gehören zu diesem Untersuchungsgegenstand auch die zuvor genannten "Virtual Malls".

I. Ohne Zustimmung des Markeninhabers

Überlegungen zur rechtlichen Bewertung des Hyperlink erübrigen sich dann, wenn der Markeninhaber dieser Nutzungsform zustimmt.[1057] An einer ausdrücklichen Zustimmung des Markeninhabers wird es jedoch zumeist fehlen. Schon aus Praktikabilitätsgründen, wegen der unüberschaubaren Vielzahl von Websites, wäre ein Verlangen nach einer ausdrücklichen Erklärung die Lösung, welche den Internet-Anbietern am

[1056] Zu den technischen Möglichkeiten, den Inhalt einer Website vor Übernahmen durch Inline-Links oder Frames zu schützen *Leistner/Bettinger*, Beilage CR 12/1999, S. 6 ff. Nicht untersucht werden soll die Frage, wann ein Hyperlink zu Websites mit rechtswidrigem Inhalt eine Haftung auslöst, etwa nach § 5 TDG. Siehe zur Haftung von Betreibern von Suchmaschinen *Lackum*, MMR 1999, S. 697 ff.

[1057] Siehe die Vergleiche in den Fällen Ticketmaster v. Microsoft, oben FN 1041 und Shetland Times v. Dr. Jonathan Wills u.a., oben FN 1041.

wenigsten entgegenkommen würde. Einer weit verbreiteten Ansicht zufolge soll sich daher aus der bloßen Präsenz im Internet eine konkludente Zustimmung zum Setzen eines einfachen Hyperlinks ergeben.[1058] Da Hyperlinks für ein effektives Funktionieren des World Wide Web unerläßlich seien, rechne das sich im Internet präsentierende Unternehmen mit entsprechenden Verweisen auf seine Homepage, soweit es sich um "einfache" Hyperlinks handele.[1059] Konkludente Willenserklärungen mit rechtsgeschäftlichem Charakter sind immer dann anzunehmen, wenn das Gewollte nicht unmittelbar in einer Erklärung seinen Ausdruck findet, der "Erklärende" vielmehr Handlungen vornimmt, die unmittelbar einen Schluß auf einen bestimmten Rechtsfolgewillen zulassen.[1060] Ersten Bedenken begegnet schon die Bestimmtheit des Rechtsfolgewillens. Wenn der Betreiber der Website schon nicht weiß, welche Hyperlinks durch welchen anderen Inhaber einer Website gelegt werden, kann seine Handlung sich nicht auf eine konkrete Rechtsfolge richten, die im Ergebnis zu einem Verzicht auf seine Kennzeichenrechte führt.[1061] Zum anderen wird dem Markeninhaber jede Wahl genommen. Er kann nicht eine Website betreiben, ohne damit etwas zu "erklären". Wesensmerkmal der konkludenten Erklärung ist, daß die Ausdrücklichkeit durch etwas anderes, aber

---

1058 *Hoeren*, WRP 1997, S. 993, 995; ders. in *Becker/Rehbinder*, S. 35, 53, 54; *Loewenheim/Koch/Kur*, Kap. 8.4.4.1, S. 370; *Strömer*, Kap. 5.4, S. 141; *Hoeren/Sieber/Viefhues*, Kap. 6 RN 197, 198 läßt offen, ob eine konkludente Zustimmung vorliegt oder aber im Prozeß mindestens der Vorwurf des widersprüchlichen und daher treuwidrigen Verhaltens erhoben werden kann; ebenso *Schwarz/Poeck*, Kap. 4-2.2, S. 33; ob auch die Bemerkung des OLG Düsseldorf, daß derjenige, der eine Website ins Internet stelle, mit Links "grundsätzlich einverstanden" sei, im Sinne einer konkludenten Zustimmung verstanden werden muß, ist zweifelhaft, da die Klägerin sich gegen den Link nicht wehrte, in dem konkreten Verfahren also tatsächlich einverstanden war; *Stangret*, Communications Law, Vol. 2, No. 6, 1997, S. 202, 204 beruft sich auf die Regeln der "Netiquette". Diese Standards der Internet-Gemeinschaft müßten von den Gerichten in die rechtliche Wertung einbezogen werden.

1059 *Hoeren*, WRP 1997, S. 993, 995; *Löwenheim/Koch/Kur*, Kap. 8.4.4.1, S. 370 beschränkt die konkludente Zustimmung auf das reine Nennen der Kennzeichnung, nicht dagegen auf die Übernahme von Logos oder Slogans oder ein besonderes werbemäßiges Hervorheben der Bezeichnung.

1060 Palandt, Einf v § 116 RN 6.

1061 Zu dieser Kritik *Lo*, Loyola of LA Entertainment Law Journal, Vol. 18 1998 No.2, S. 361, 379.

Äquivalentes, ersetzt wird. Hier aber soll die Erklärung fingiert werden. Zwar mögen die Bestrebungen, die Funktionsfähigkeit des Internet, dessen Wesensmerkmal die Hyperlinks sind, nicht unnötig zu erschweren, ihre Berechtigung haben. Doch sollte dieser Umstand Berücksichtigung finden bei der Prüfung der markenrechtlichen Verletzungstatbestände, die jedenfalls Raum lassen für Wertungen.

Zudem bedeutet dieser Ansatz im Ergebnis eine Erschöpfung der Markenrechte im Internet, soweit die Marke als Hyperlink verwendet wird. Die Erschöpfungstatbestände sind jedoch in § 24 MarkenG ausdrücklich geregelt. Bei der noch zu erörternden Form des Framing ist daher vorgeschlagen worden, § 24 Abs. 2 MarkenG analog anzuwenden, um die Rechtsfolgen einer konkludenten Einwilligung zum Schutz des Markeninhabers auf diesem Wege zu begrenzen.[1062] Vergleicht man die Tatbestände des § 24 Abs. 1 MarkenG mit dem Setzen eines Hyperlinks, so ergeben sich einige Gemeinsamkeiten, aber auch beachtliche Unterschiede. § 24 Abs. 1 MarkenG, wie auch die zuvor durch die Rechtsprechung begründete Erschöpfungslehre, gründet darauf, daß der Markeninhaber den Weitervertrieb der von ihm oder mit seiner Zustimmung gekennzeichneten Ware nicht untersagen lassen kann.[1063] Zu verhindern gilt, dem Markeninhaber eine Vertriebskontrolle auf der Grundlage seines Kennzeichenrechts zu ermöglichen. Erwirbt der Dritte die Produkte des Markeninhabers zu Zwecken des Weitervertriebs, so ist es nur folgerichtig, ihm die Nutzung der Marken im Rahmen dieses billigenswerten Zweckes zu gestatten.

Zugunsten des Hyperlinking wird häufig angeführt, es diene ebenfalls dem "Weitervertrieb" der Website und somit den Interessen des Inhabers.[1064] Ein substantieller Vorteil ist mit dem Verbreiten der Website für

---

[1062] Siehe *Löwenheim/Koch/Kur*, Kap. 8.4.4.1, S. 370.

[1063] *Berlit*, GRUR 1998, S. 423, 426.

[1064] Siehe Shetland Times Ltd. v. Dr. Jonathan Wills and Zetnews Ltd., Sess. Cas. Oct. 24, 1996, Sess. Cas. Oct. 24, 1996 unter www.cmcnyls.edu/public/Misc/ShtdTTRO.htm, zuletzt besucht am 05.04.2000. Das Gericht wies den Einwand der Beklagten, das Angebot der Klägerin werde durch den Link nur den Markeninhaber jedoch nur dann verbunden, wenn es sich bei ihr um die Ware selbst handelt, wie etwa bei "online-Zeitschriften" etc. Dann kann der Link die Anzahl der Besuche einer Website erhöhen und so die Attraktivität der Werbefläche steigern. Bei dem Erschöpfungsgedanken geht es jedoch nicht um die Interessen des Markeninhabers, sondern um diejenigen des Zwischenhändlers, der einen Weitervertrieb ohne die Nutzung der Marken nicht sinnvoll bewerkstelligen kann. Vergleichbare Interessen sind auf Seiten des Verwenders des Hyperlinks nicht zu erkennen. Er kann lediglich den positiven Nutzen einer breiten "Vernetzung" für die Internet-Gemeinschaft ins Feld führen. Auch dieses Allgemeininteresse kann es nicht rechtfertigen, über den Weg der konkludenten Einwilligung zu einer Erschöpfung der Markenrechte zu gelangen, wenn und soweit diese beeinträchtigt sind.

Selbst wenn man den Umstand der Präsentation des Kennzeicheninhabers im Internet als Indiz für eine stillschweigende Zustimmung ausreichen lassen würde, stellte sich noch immer die Frage nach den Grenzen, die bislang nicht formuliert worden sind.[1065] Die Grenze wird regelmäßig genau dort verlaufen, wo die markenrechtlichen Verletzungstatbestände beginnen. Auch bei einer analogen Anwendung des § 24 Abs. 2 MarkenG wären berechtigte Gründe dort zu erkennen, wo Markenrechte verletzt sind. Keinem Markeninhaber kann der Wille unterstellt werden, aufgrund von Funktionalitätserwägungen Verletzungen seines Markenrechts hinzunehmen, die er außerhalb des Internet verfolgen könnte. So führt kein Weg an der Prüfung der Merkmale der Verletzungstatbestände des Markenrechts vorbei. Die Besonderheiten des Internet können im Rahmen dieser markenrechtlichen Prüfung berücksichtigt werden, ohne daß es auf eine konkludente Zustimmung des Marken-

---

häufiger in Anspruch genommen, zurück. Es handele sich dabei um keinen substantiellen Vorteil.

[1065] Dies wird auch von *Merrill/Burger* als Gegenargument gegen eine konkludente Einwilligung in urheberrechtlicher Sicht angeführt, The Recorder, 1996, unter www.ipmag.com/merrill.html, zuletzt besucht am 07.04.2000.

inhabers, die zu einer Erschöpfung seiner Rechte führen könnte, ankommt.

II. Markenmäßige Benutzung im geschäftlichen Verkehr

Da auch nach Inkrafttreten des Markengesetzes an dem Erfordernis eines markenmäßigen Gebrauchs festzuhalten ist,[1066] bedarf es zunächst der Prüfung, ob und in welchen konkreten Gestaltungen der Einsatz von Hyperlinks einen solchen Gebrauch darstellt.[1067] Voraussetzung war nach alter Rechtslage unter Geltung des WZG die Kennzeichnung von Waren, wobei die Art der Verwendung nach Auffassung der beteiligten Verkehrskreise dazu bestimmt sein mußte, eine Ware von gleichen oder gleichartigen Waren ihrer Herkunft nach zu unterscheiden.[1068] Auch nach dem MarkenG orientiert sich die Prüfung an dieser Herkunftsfunktion.[1069] Es ist jedoch in Übereinstimmung mit der Entscheidung des EuGH in "BMW/Deenik"[1070] festgestellt worden, daß eine kennzeichenmäßige Nutzung nicht voraussetzt, daß eigene Waren/Dienstleistungen oder Unternehmen mit einem fremden Kennzeichen versehen werden. Eine kennzeichenmäßige Nutzung liegt vielmehr auch dann vor, wenn ein fremdes Zeichen zur Kennzeichnung fremder (Original-)Waren oder Unternehmen benutzt wird.[1071] Diese Erweiterung kennzeichenmäßiger Nutzungen gegenüber der bisherigen Rechtsprechung des BGH ist insbesondere von Bedeutung bei der rechtlichen Beurteilung von Hyperlinks. Die Frage, ob die kennzeichenmäßige Nutzung eines Zeichens zur Kennzeichnung fremde Waren oder Dienstleistungen zulässig ist, bestimmt sich dann nach § 23 MarkenG.

[1066] Siehe oben S. 18 f.

[1067] Für einen solchen ohne nähere Begründung: *Marwitz*, K&R 1998, S. 369, 372; *Löwenheim/Koch/Kur*, Kap. 8.4.4.1, S. 370; *Hoeren*, WRP 1997, S. 993, 995.

[1068] *Hefermehl*, § 15 WZG RN 23. Weitere Nachweise FN 45.

[1069] Siehe oben S. 18 ff.

[1070] EuGH WRP 1999, S. 407 „BMW/Deenik".

[1071] Siehe oben S. 39 ff.

1. Nähebeziehung zwischen Zeichen und Ware

Der Einsatz von Hyperlinks ist nicht schon deshalb nicht kennzeichenmäßig, weil es an der erforderlichen Nähebeziehung zwischen dem Zeichen und den Waren bzw. Dienstleistungen fehlen würde. Unter Geltung des § 15 WZG war der Kreis der zeichenmäßigen Benutzungshandlungen durch die Beschränkung auf nur wenige rechtlich relevante Formen der Benutzung begrenzt. Unter den Verbotstatbestand fielen lediglich das Versehen der Ware oder ihrer Verpackung oder Umhüllung mit dem Warenzeichen, das in Verkehr setzen der so bezeichneten Waren, sowie das Anbringen des Zeichens auf Ankündigungen, Preislisten, Geschäftsbriefen, Empfehlungen, Rechnungen oder dergleichen. Der Kreis der relevanten Benutzungshandlungen ist in § 14 Abs. 3 MarkenG erheblich erweitert worden und durch den Zusatz "insbesondere" offen für eine weite Auslegung. Schon unter Geltung des WZG war eine körperliche oder räumliche Verbindung von Ware und Zeichen nicht erforderlich.[1072] Das MarkenG stellt an die erforderliche Nähebeziehung noch geringere Anforderungen; bereits die mündliche Nennung einer Marke nach § 14 Abs. 3 Nr. 5 MarkenG ist eine markenrechtlich relevante Benutzungshandlung.[1073] Wenn der Kreis der relevanten Benutzungshandlungen eine Erweiterung auf die nur flüchtige Wahrnehmung durch mündliche Nennung einer Marke erfahren hat, dürfen an den kennzeichenmäßigen Gebrauch keine höheren Anforderungen gestellt werden. Ausreichend ist daher auch eine gedankliche Verbindung zwischen dem Zeichen und der Ware oder Dienstleistung.[1074] Wird etwa ein Kennzeichen als Hyperlink verwendet und führt der Hyperlink zu einer bildlichen Darstellung eines Warenangebotes auf einer anderen Webseite, ohne daß sich das Zeichen dort wiederfindet, so schließt dies einen kennzeichenmäßigen Gebrauch nicht aus. Dies folgt bereits aus der Natur des Internet als virtuelles Medium, in dem eine an herkömmlichen Maßstäben orientierte Verbindung

---

[1072] *Hefermehl*, § 15 WZG RN 23.
[1073] Amtl. Begr. BT-Drucksache 12/6581, S. 75.
[1074] *Fezer*, WRP 2000, S. 669, 671.

zwischen Ware und Zeichen nicht möglich ist.[1075] In der "realen" Welt hat es die Rechtsprechung etwa als ausreichend angesehen, wenn das Zeichen im Schaufenster eines Einzelhandelsgeschäfts erschien.[1076] Ein nicht unbeträchtlicher Teil der Durchschnittsbetrachter werde die Abbildung im Schaufenster als Hinweis auf die Herkunft der im Ladengeschäft angebotenen Waren verstehen.[1077] Führte man diese Rechtsprechung unter Beachtung der Besonderheiten des Internet fort, so kommt man zu dem Ergebnis, daß die Darstellung von Hyperlinks auf einer Website nichts anderes ist als die Ladentür, durch die der Internet-Nutzer zu dem eigentlichen Angebot findet. Auch hier kann der Betrachter im Einzelfall den Hyperlink als einen Hinweis auf die im nachfolgenden dargebotenen Waren verstehen.

2. Hyperlinks als Markennennung

Gerade Hyperlinks werden nicht nur dazu eingesetzt, auf eigene Waren-/Dienstleistungsangebot auf eigenen Websites hinzuweisen, sondern führen häufig zu fremden Websites. Wie oben erwähnt steht der Umstand, daß der Hyperlink zur Bezeichnung fremder (Original-)Waren/Dienstleistungen oder Unternehmen benutzt wird, der Annahme einer kennzeichenmäßigen Nutzung nicht entgegen. Da das Kennzeichen hier zur Bezeichnung identischer (Original-)Produkte verwendet wird, liegt eine doppelte Identität im Sinne der §§ 14 Abs. 2 Nr. 1, 15 Abs. 2 MarkenG vor, so daß es auf eine Verwechslungsgefahr nicht mehr ankommt. Ob die Verwendung des Hyperlinks zulässig ist, bestimmt sich vielmehr nach § 23 MarkenG. Dabei ist nach dem jeweiligen Zweck, dem der Hyperlink dient, zu unterscheiden.

Ferner ist danach zu unterscheiden, ob eine reine Wortmarke oder eine Bildmarke verwendet wird. Es ist verschiedentlich die Ansicht geäußert worden, die Nennung reiner Wortmarken als Hyperlink sei gestattet, wo-

---

1075 Nach *Fezer*, WRP 2000, S. 669, 671 reicht dieser "virtuelle Produktbezug".
1076 BGH GRUR 1962, S. 647 "Strumpf-Zentrale".
1077 BGH GRUR 1962, S. 647, 649 "Strumpf-Zentrale".

hingegen die Verwendung von Logos oder graphischen Elementen zu untersagen sei.[1078] Dies beruht auf der Überlegung, daß die Verwendung reiner Wortmarken eher den Eindruck eines Verweises erweckt, wohingegen die Verwendung von Wort-/Bildmarken über das für einen Verweis erforderliche möglicherweise hinausgeht.

a. Verwendung einer Wortmarke

Die Zulässigkeit der Verwendung einer Wortmarke als Hyperlink, der zu einem fremden Warenangebot führt, kann unter den Voraussetzungen des § 23 MarkenG zulässig sein. Von den vielfältigen Möglichkeiten, die sich beim Einsatz eines Hyperlinks bieten, sollen nachfolgend vier Fälle untersucht werden.

aa. Nennung einer Konkurrenzmarke als Hyperlink

§ 23 Nr. 2 MarkenG erlaubt die Benutzung eines fremden Zeichens als Angabe über die Eigenschaften von Waren oder Dienstleistungen. Eine solche Angabe kann es darstellen, wenn das fremde Zeichen als Maßstab im Rahmen eines Werbevergleiches dient.[1079] So könnte ein Dienstleistungsunternehmen etwa mit der Aussage werben "Unsere Tarife sind günstiger als die von XY" und "XY" als Hyperlink zu der Website von XY gestalten. Das fremde Zeichen ist dann Teil desjenigen Sachverhalts, der als Angabe von Eigenschaften zu qualifizieren ist.[1080] Der Vergleich wird für den Nutzer noch dadurch erleichtert, daß er bei einer Aktivierung des Hyperlinks möglicherweise unmittelbar Zugriff zu Informationen auf der fremden Website hat, welche die werbende Aussage bestäti-

---

[1078] *Löwenheim/Koch/Kur*, Kap. 8.4.4.1, S. 370.

[1079] *V. Linstow*, WRP 2000, S. 955, 958; *Fezer*, § 14 RN 496. Andere sehen in der Nennung einer fremden Marke im Rahmen eines Werbevergleichs keine Beeinträchtigung der Herkunftsfunktion, da der Verkehr erkenne, daß die Konkurrenzmarke der Bezugnahme auf fremde Waren diene, s. *Ohly/Spence*, GRUR Int. 1999, S. 681, 687. Diese Ansicht geht von dem herkömmlichen Verständnis des markenmäßigen Gebrauchs aus, wonach die Benutzung eines fremden Zeichens für fremde Waren keinen kennzeichenmäßigen Gebrauch darstellt.

[1080] *V. Linstow*, WRP 2000, S. 955, 958.

gen. Für diese Sachverhalte weist schon die Amtliche Begründung zum Markengesetz darauf hin, daß eine solche Markennennung im Rahmen eines Werbevergleichs keine Funktionsbeeinträchtigung darstellt.[1081] Mit der Qualifizierung eines Werbevergleichs als Angabe über Eigenschaften einer Ware ist jedoch noch nichts über dessen Zulässigkeit gesagt. § 23 MarkenG steht insgesamt unter dem Vorbehalt, daß die Benutzung des fremden Zeichens mit den guten Sitten vereinbar ist. Hier kann nun die Neuregelung des § 2 UWG zur vergleichenden Werbung herangezogen werden.[1082]. Sind diese Voraussetzungen erfüllt, so ist auch im Rahmen des § 23 Nr. 2 MarkenG die Verwendung einer Wortmarke mit den guten Sitten vereinbar.

bb. Hyperlink zur Konkretisierung der Bestimmung einer Ware

Wird die Wortmarke eines Wettbewerbers in der Form eines Hyperlinks als Hinweis auf die Bestimmung der eigenen Waren, insbesondere als Zubehör oder Ersatzteil, verwendet, ist § 23 Nr. 3 MarkenG zu beachten. Der Einsatz von Hyperlinks zu diesem Zweck ist danach unter der Voraussetzung zulässig, daß die konkrete Verwendung notwendig und mit den guten Sitten vereinbar ist.

Notwendig ist eine solche Bezugnahme jedoch nur dann, wenn andere Mittel zur Aufklärung des Verkehrs nicht zur Verfügung stehen.[1083] Tritt

---

1081 BT-Drucksache 12/6581, S. 75.

1082 Eingeführt durch das Gesetz zur vergleichenden Werbung und zur Änderung wettbewerbsrechtlicher Vorschriften vom 1.09.2000, BGBl. I, S. 1374 in Umsetzung der Richtlinie 97/55/EG vom 06.10.1997.

1083 BGH GRUR 1996, S. 781 "Verbrauchsmaterialien". Die *Notwendigkeit* einer Bezugnahme auf das fremde Kennzeichen als Voraussetzung ist bereits unter Geltung des WZG diskutiert worden, vgl. HansOLG Hamburg, GRUR 1955, S. 46, obschon § 16 WZG die Prüfung dieses Merkmals nicht vorsah (im Gegensatz zu § 23 MarkenG). Entsprechend ist vom BGH in GRUR 1958, S. 343 "Bohnergerät" festgestellt worden, daß bei einem nicht zeichenmäßigen Gebrauch eine weitere Prüfung der unbedingten Notwendigkeit der Bezugnahme zeichenrechtlich unerheblich und nur aus Sicht des Wettbewerbsrechts erforderlich ist; ebenso BGH GRUR 1962, S. 537 "Radkappe". § 23 Nr. 3 MarkenG stellt nunmehr auf die Notwendigkeit der Bezugnahme explizit ab, so daß die durch die Bezugnahme lediglich eine Erleichterung ein, so ist dies im Rahmen der vorzunehmenden Interessenabwägung regelmäßig nicht ausreichend.[1084]

Ist die Bezugnahme auf das fremde Zeichen im Sinne des § 23 Nr. 3 MarkenG notwenig, stellt sich die Frage, ob auch die technische Ausgestaltung als Hyperlink diesen Anforderungen gerecht werden muß, d.h. ebenfalls notwendig sein muß. Die Notwendigkeit, zusätzlich zu der Nennung des fremden Zeichens, per Hyperlink eine Verbindung zu dem fremden Angebot herzustellen, ist regelmäßig zu verneinen. § 23 Nr. 3 MarkenG stellt jedoch nur darauf ab, daß die Bezugnahme auf das fremde Kennzeichen selbst notwendig ist. Läßt sich eine solche Notwendigkeit erkennen, liegt in der technischen Verbindung zu dem fremden Angebot keine weitere Beeinträchtigung des Kennzeicheninhabers. Im Gegenteil dient der Hyperlink gerade als besonderer Hinweis darauf, daß es sich um ein anderes Angebot handelt, auf das Bezug genommen wird.

cc. Hyperlinks zu ergänzenden Angeboten

In vielen Fällen wird die Nennung der Marke als Hyperlink einen echten Zweck nicht verfolgen. Allein die Einfachheit, mit der Hyperlinks plaziert werden können, veranlaßt viele Inhaber einer Website, fremde Kennzeichen in einem Ausmaß einzusetzen, das in den klassischen Medien nicht zu beobachten ist. Diese Links sollen in der Gruppe der Hyperlinks zu ergänzenden Angeboten zusammengefaßt werden. Inhaltliche Gemeinsamkeiten dieser Gruppe zu bilden ist angesichts der Angebotsvielfalt im Internet nicht möglich. Gemeinsam ist den Hyperlinks, daß deren Verwender keinen unmittelbaren Zweck verfolgt, sondern der Anbieter sein Angebot lediglich "aufwertet". So kann etwa ein Reiseunter-

---

von der Rechtsprechung zu diesem vormals wettbewerbsrechtlichen Merkmal entwickelten Grundsätze Beachtung verdienen.

1084 BGH GRUR 1996, S. 781, 784 "Verbrauchsmaterialien".

nehmen Links zu einem Anbieter von Reisegepäck oder zu der Website eines Reiseverlages etc. setzen.

Hier handelt es sich um Tatbestände, die denen einer "rufmäßigen Ausbeutung fremder Kennzeichen" vergleichbar sind.[1085] Wirbt jemand mit der Aussage "Unser Produkt ist der Rolls Royce unter den Whiskeys", so liegt darin eine Anlehnung an die Qualität und den guten Ruf einer fremden Marke. Gleichzeitig stellt auch dies eine Angabe über Eigenschaften im Sinne des § 23 Nr. 2 MarkenG dar, da die dem Verkehr bekannten Eigenschaften eines fremden Produktes auf das eigene Produkt übertragen werden.[1086] Nichts anderes stellt es dar, wenn jemand unter Nennung eines fremden Kennzeichens einen Hyperlink zu einer fremden Website einsetzt, der zu einem das eigene Angebot inhaltlich ergänzenden Angebot führt. Ob ein solcher Hyperlink zulässig ist, bestimmt sich gem. § 23 MarkenG danach, ob die Bezugnahme in Anlehnung an § 1 UWG mit den guten Sitten vereinbar ist.

dd. Markenmäßige Nutzung eines Hyperlinks in einer Virtual Mall

Auch die Verwendung von Hyperlinks in einer Virtual Mall stellt eine markenmäßige Nutzung dar, deren Zulässigkeit sich nach § 23 MarkenG beurteilt.

Keiner weiteren Ausführungen bedarf, daß die Verwendung der fremden Kennzeichenrechte in dieser Form nicht mit der Erschöpfung der Rechte des Markeninhabers nach § 24 MarkenG zu rechtfertigen ist. Aus dem nunmehr gesetzlich geregelten Grundsatz der Erschöpfung von Kennzeichenrechten folgt lediglich, daß die Benutzung der Marke im Zusammenhang mit dem Weitervertrieb von Waren nicht untersagt wer-

1085 Siehe zu diesem wettbewerbsrechtlichen Tatbestand *Baumbach/Hefermehl*, § 1 UWG RN564 ff. Der Unterschied zur vergleichenden Werbung besteht darin, daß die Leistung des Wettbewerbers nicht herabgesetzt wird, sondern im Gegenteil die Güte der eigenen Leistung durch eine Bezugnahme hervorgehoben wird.

1086 *V. Linstow*, WRP 2000, S. 955, 958.

den kann.[1087] Die Konsequenz ist auch die Zulässigkeit der Verwendung in der Werbung (Ankündigungsrecht).[1088] Das Angebot der Virtual Mall (davon zu unterscheiden ist das Auftreten gewöhnlicher Kaufhäuser, die tatsächlich ein Warensortiment anbieten) besteht gerade nicht in dem tatsächlichen Weitervertieb von Waren, sondern lediglich in der Dienstleistung, von einer zentralen Anlaufstelle aus die Möglichkeit des Zugriffs auf eine Vielzahl von Unternehmens-Websites zu haben. Es handelt sich daher um keine Ankündigung im eigentlichen Sinne.[1089]

Fezer[1090] scheint mit dem Begriff der Virtual Mall grundsätzlich andere Sachverhalte zu verbinden, nämlich Zusammenstellungen verschiedener Anbieter einer Region oder Anbieter von kostenlosen Warenproben und Gewinnspielen im Internet. In diesen Fällen soll eine Legitimierung der Verknüpfung im Sinne eines Marktes der Meinungen entsprechend den zum allgemeinen Persönlichkeitsrecht entwickelten Grundsätzen gegeben sein.[1091] Unabhängig davon, ob diese pressemäßigen Informati-

---

1087 *Fezer*, § 24 RN 7b.

1088 Schon vor Geltung des MarkenG ist das Ankündigungsrecht des Vertreibers von Markenware von der Rechtsprechung anerkannt worden, vgl. BGH GRUR 1987, S. 707, 708 "Ankündigungsrecht I"; BGH GRUR 1987, S. 823, 824 "Ankündigungsrecht II"; siehe auch *Kur*, GRUR Int. 1999, S. 24; *Klaka*, GRUR 1994, S. 321 ff.

1089 *Kur* weist in GRUR 1999, S. 24 f. allerdings zutreffend darauf hin, daß die vom EuGH in seiner Entscheidung Dior ./. Evora vorgenommene Auslegung des Art. 7 Abs. 2 der MarkenRL nicht im Einklang mit der deutschen Richtlinienfassung steht. Der deutsche Gesetzgeber ist in § 24 Abs. 2 MarkenG aber von dem zu engen Wortlaut des Art. 7 Abs. 2 MarkenRL wohl im Sinne der europäischen Gesetzgebung insoweit abgewichen, als die Benutzung der Marke *im Zusammenhang mit dem Vertrieb* der Waren aus berechtigten Gründen untersagt werden kann.

1090 *Fezer*, § 3 RN 323.

1091 *Fezer*, § 3 RN 323 verweist hier auf BGH NJW 1996, S. 1131, 1132. Die Entscheidung betrifft den Fall einer Persönlichkeitsverletzung durch Wiedergabe der Aussage eines Dritten. Eine erneute Verletzung des Persönlichkeitsrechts könne ausgeschlossen sein, soweit "das Verbreiten [ ] schlicht Teil einer Dokumentation des Meinungsstandes ist, in welcher - gleichsam wie auf einem Markt der Meinungen" - Äußerungen und Stellungnahmen verschiedener Seiten zusammen- und gegenübergestellt werden." Ein entsprechender Fall im Internet liegt der Entscheidung des LG Hamburg NJW-CoR 1998, S. 302 zugrunde. Das Gericht bejahte eine Persönlichkeitsverletzung durch den Beklagten, der von onsinteressen dienende Einschränkung übertragbar ist auf - wie Fezer selbst umschreibt - Fälle der Wahrung von Verbraucherinformationsinteressen,[1092] handelt es sich bei "Informationssammlungen" nicht um die eigentlichen Fälle einer Virtual Mall.[1093] Wie bereits beschrieben, erfüllen diese zwar einen Nutzen zugunsten der Verbraucher in der Weise, daß zeitraubende Suchvorgänge erspart bleiben. Doch stehen im Vordergrund die geschäftlichen Interessen der Betreiber an der Schaffung eines möglichst attraktiven Werbefeldes auf Kosten der Inhaber meist bekannter Marken; der durch diese hervorgerufene Eindruck besonderer Güte- oder Luxusvorstellungen ist eher geeignet, Werbeinvestoren anzulocken und dadurch die Werbeeinnahmen für die Website zu steigern. Mit der Wahrung vermeintlicher Verbraucherinteressen ist dies nicht zu rechtfertigen.

Die Nutzung fremder Kennzeichen im Rahmen einer Virtual Mall hält sich auch nicht in den Grenzen des § 23 MarkenG. Da die Kennzeichen für identische (Original-)Waren benutzt werden, kommt es im Rahmen des § 14 Abs. 2 Nr. 1 MarkenG nicht auf eine Verwechslungsgefahr an. Wird das Kennzeichen ohne Zustimmung des Kennzeicheninhabers genutzt, ist diese Nutzung daher unzulässig.

III. Verwendung von Logos und graphischen Gestaltungen

Die bisherigen Untersuchungen konzentrierten sich auf die Verwendung reiner Wortmarken, ob isoliert oder als Teil einer optische hervor-

---

seiner Website aus einen Hyperlink zu der Website eines Dritten mit ehrverletzenden Aussagen über den Kläger gelegt hatte.

1092 Grund für diese Einschränkung kann jedoch nur sein, daß die Rechtsprechung davon ausgeht, die bereits in der Meinungsäußerung enthaltene Persönlichkeitsrechtverletzung erfahre dann keine Vertiefung im Sinne einer neuerlichen Verletzung, wenn im Vordergrund der Wiedergabe ein dokumentarischer Aspekt steht. Die Gefährdungslage ist im Falle der Virtual Mall eine gänzlich andere. Es geht nicht um die Vertiefung einer bereits stattgefundenen Verletzung, sondern um die geschäftlichen Interessen dienende Nutzung fremder Kennzeichen.

1093 Siehe zu einem echten "Markt der Meinungen" im Internet LG Potsdam MMR 1999, S. 739 ff.

gehobenen Domain. Die Verwendung von Logos, sprich Bildmarken oder Wort-/Bildmarken, ist in dem visuell operierenden Medium Internet ebenfalls nicht unüblich. Insbesondere in den Virtual Malls hat die Verwendung von bildhaften Darstellungen eine besondere optische Wirkung im Gegensatz zu der Verwendung reiner Wortmarken. Von einigen Autoren wird gerade im Hinblick auf die Verwendung von Logos die Grenze zwischen zulässigen und unzulässigen Hyperlinks gezogen.[1094] Nach anderer Ansicht[1095] könne dagegen gerade bei der Verwendung einer optisch hervorgehobenen Bildmarke davon ausgegangen werden, daß die Verbindung zu einem fremden Angebot hergestellt werde.

Wie oben ausgeführt, kommt es für die Zulässigkeit eines Hyperlinks nicht darauf an, ob dieser für eigene oder fremde (Original-)Waren benutzt wird. Auch die Benutzunf für fremde Waren stellt eine markenmäßige Nutzung dar. Für die an § 23 MarkenG zu messende Frage, ob ein Hyperlink zulässig ist, kommt es grundsätzlich nicht darauf an, ob eine Wort- oder eine Bildmarke benutzt wird. Etwas anderes gilt nur dann, wenn das fremde Kennzeichen als Bestimmungsangabe genutzt wird. In aller Regel ist die Verwendung einer Bildmarke nicht notwendig, da auch sonstige Bezeichnungen der Produkte, auch Wortmarken, herangezogen werden können.

IV. Zusammenfassung

Wird ein fremdes Kennzeichen als Hyperlink dazu verwendet, eine Verbindung zu einem fremden Angebot herzustellen, so nutzt der Verwender das Kennzeichen markenmäßig. Da das Originalkennzeichen zur Kennzeichnung von (Original-) Waren oder Dienstleistungen genutzt wird, liegt ein Tatbestand des § 14 Abs. 2 Nr. 1 MarkenG vor. Auf eine Verwechslungsgefahr kommt es daher nicht an.

[1094] Siehe *Löwenheim/Koch/Kur*, Kap. 8.4.4.1, S. 370 zur Reichweite der konkludenten Zustimmung.

[1095] *Burk*, 1998 (2) JILT, unter http://elj.warwick.ac.uk/jilt/intprop/98_2burk/burk.htm, zuletzt besucht am 05.08.1999.

Die Zulässigkeit der Nutzung des fremden Zeichens als Hyperlink bestimmt sich nach § 23 MarkenG. Wird das fremde Zeichen im Rahmen eines Werbevergleichs genutzt, handelt es sich um eine Angabe von Eigenschaften nach § 23 Nr. 2 MarkenG. Ob die Nutzung mit den guten Sitten vereinbar ist, bestimmt sich nach § 2 UWG über vergleichende Werbung. Wird im Rahmen einer Bestimmungsangabe über die eigenen Waren auf ein fremdes Kennzeichen Bezug genommen, kommt es im Rahmen des § 23 Nr. 3 MarkenG nicht darauf an, ob der Hyperlink, d.h. die technische Verbindung zu dem fremden Angebot notwendig ist, sondern darauf, ob die Bezugnahme selbst notwendig ist. Auch eine Anlehnung an fremde Produkte zur Übertragung eines guten Rufs stellt eine Angabe über Eigenschaften nach § 23 Nr. 2 MarkenG dar. Für die Frage, ob die Benutzung mit den guten Sitten vereinbar ist, ist § 1 UWG heranzuziehen. Werden fremde Kennzeichen als Hyperlinks in einer Virtual Mall verwendet, liegt kein Tatbestand des § 23 MarkenG vor, so daß die Benutzung nach § 14 Abs. 2 Nr. 1 MarkenG unzulässig ist.

B. Deep-Links

Der Unterschied zwischen Deep-Link und einfachem Hyperlink besteht allein darin, daß ersterer nicht zu der Ausgangsseite einer Website, sondern zu einer tieferliegenden Seite der Datei führt. Für den Betreiber der Website, auf die verwiesen wird, stellt sich dies insofern als bedenklich dar, als allgemeine Benutzungshinweise (etwa AGB etc.) und natürlich die auf der Ausgangsseite erscheinende Werbung den Blicken des Besuchers entzogen werden.

Häufig wird der Verwender als Deep-Link nicht ein fremdes Kennzeichen nutzen, sondern beschreibende Begriffe, da es oft gerade darum geht, das eigene Angebot um die fremde Leistung zu ergänzen und die Tatsache, daß es sich um ein fremdes Angebot handelt, gerade verschleiern. In diesen Fällen kommen nur Ansprüche nach dem Urheberrechtsgesetz und dem UWG in Betracht.[1096]

Nutzt der Website-Inhaber ein fremdes Kennzeichen, so gilt dennoch, daß die Sachverhalte einen starken Bezug zu urheber- und wettbewerbsrechtlichen Sachverhaltskonstellationen aufweisen. Bei der Verwendung von Deep-Links - wie auch bei Inline-Links und Frames - sind gerade Sachverhalte betroffen, bei denen die Ware als solche abrufbar ist.[1097] Das OLG Celle stellte zur Zulässigkeit von Deep-Links, die allerdings kein Kennzeichenrecht nutzten, fest, daß darin eine unlautere unmittelbare Leistungsübernahme nach § 1 UWG liege.[1098] Auch wenn die Lösung aufgrund des konkreten Sachverhalts und der Besonderheiten des Falls problematisch scheint,[1099] zeigt sich in diesem Ansatz der tatbestandsmäßige Unterschied zu herkömmlichen Fällen einer markenrechtlich relevanten Handlung. Den markenrechtlichen Normalfall bilden Sachverhalte, in denen Dritte eine identische oder ähnliche Marke zur Kennzeichnung der von ihnen hergestellten oder angebotenen Produkte nutzen. Der Einsatz von Deep-Links führt demgegenüber noch zu einer Erhöhung der unlauterkeitsbegründenden Umstände. Nicht nur benutzt der Inhaber der Website das fremde Kennzeichen. Er übernimmt unter Umständen auch die Leistung des Markeninhabers und macht diese zum Bestandteil der eigenen Leistung. Im Rahmen des § 23 MarkenG ist dies bei der Frage, ob die Nutzung mit den guten Sitten zu vereinbaren ist, zu berücksichtigen.

C. Frames

Eine gerichtliche Auseinandersetzung mit der Gestaltungsform des Framing[1100] fand erstmals durch das OLG Düsseldorf statt.[1101] Das Ge-

---

1096 Zum Wettbewerbsrecht *Hoeren/Sieber/Viefhues*, Kap. 9 RN 124.

1097 Es handelt sich vorwiegend um Online-Publikationen und sonstige abrufbare Dienstleistungen, wie etwa Ticket-Bestelldienste etc.

1098 OLG Celle K&R 1999, S. 370, 371 "weyhe-online.de".

1099 Zur Kritik siehe *Wiebe*, WRP 1999, S. 734 ff.

1100 Siehe zum Begriff S. 272 ff.

richt verneinte sowohl Ansprüche aus § 97 Abs. 1 UWG, da keine ausreichende Schöpfungshöhe bestehe, als auch Ansprüche aus §§ 1, 3 UWG.[1102] Ein wettbewerbsrechtlicher Leistungsschutz sei nur in besonderen Fällen, bei Hinzutreten von die Sittenwidrigkeit der Leistungsübernahme erst begründenden Umständen, zu gewähren. Dies setze voraus, daß der Leistung eine wettbewerbliche Eigenart zuzuerkennen sei, d.h. ihre konkrete Ausgestaltung oder bestimmte Merkmale die Eignung aufwiesen, auf die betriebliche Herkunft oder Besonderheiten des Erzeugnisses hinzuweisen. In diesem Sinne eigenartig könne bei Websites sowohl deren Aufbau, die Logik der Darstellung, die grafische Gestaltung oder eine herausragende Benutzerfreundlichkeit sein.[1103] Hervorzuheben ist an der Entscheidung ferner die Erwägung des Gerichts, allein das Betreiben einer so bezeichneten "Suchmaschine" sei ein ausreichender Hinweis darauf, daß bei einer Aktivierung des Links Fremdquellen aufgerufen würden.[1104]

1101 OLG Düsseldorf MMR 1999, S. 729 ff. mit Anm. *Gaster*, S. 733 = ZUM-RD 1999, S. 492 ff.; siehe als Vorinstanz LG Düsseldorf CR 1998, S. 763 ff. Die Klägerin erstellte und unterhielt im Auftrag von Werbekunden aus der Bau- und Heimwerkerbranche eine Website mit werbendem Inhalt. Die Beklagte betrieb einen Online-Nachrichtendienst mit Informationen zu derselben Branche. Inhalt dieses Angebots war u.a. eine Suchfunktion. Entweder durch Eingabe eines Suchwortes oder Blättern durch die diversen Rubriken und Kategorien gelangte der Nutzer zu Links, die zu den Websites externer Anbieter führten. Die Website der Klägerin war in diesem Angebot enthalten und erschien bei einer Aktivierung des Links in einem farbigen Gestaltungsrahmen, der neben Befehlsfeldern am oberen Rand die Domain der Beklagten im URL-Feld enthielt.

1102 OLG Düsseldorf MMR 1999, S. 729, 732.

1103 Siehe oben FN 1101. Daß die Gefahr von Täuschungen über die Herkunft der Inhalte in dem Fall des OLG Düsseldorf ausgeschlossen werden konnte, lag an dem konkreten Inhalt der Website. Die Klägerin bot allein eine einem Informationszweck dienende Website an. Daraus schlußfolgerte das Gericht, daß sich der Internet-Nutzer bei solchen Angeboten keine Vorstellungen über die Herkunft der Informationen mache. Eine Unterrichtung über die Person, welche die Informationen verbreite, sei nicht erwünscht, da der Ursprung der Information in diesem Fall unerheblich sei.

1104 Nur in einem scheinbaren Widerspruch zu der Entscheidung des OLG Düsseldorf steht die Entscheidung des BGH "Informationsdienst" (BGH GRUR 1988, S. 308 ff.). Daß der BGH der Klägerin hier einen Leistungsschutz für Informationsblätter für die Bauwirtschaft zuerkannte, lag nicht zuletzt an dem erheblichen

Die Entscheidung läßt ein wesentliches Merkmal des "Framing" erkennen. Auch das Framing ist typisches Mittel zur "Übernahme" einer fremden Leistung. Wie auch das Inline-Linking und das Deep-Linking wird es vorwiegend eingesetzt, um das eigene Angebot sinnvoll zu ergänzen. Überwiegend geht es darum, fremde Berichte oder sonstige Informationssammlungen zu übernehmen. Damit stehen urheberrechtliche Fragen sowie solche des ergänzenden wettbewerbsrechtlichen Leistungsschutzes im Vordergrund der rechtlichen Überlegungen.[1105] Diese sind nicht Gegenstand der hiesigen Untersuchung.

In markenrechtlicher Hinsicht gilt es beim Framing zwei Gestaltungsformen zu unterscheiden. Die Wort- oder Bildmarke eines Dritten kann entweder auf der verweisenden Seite als Link in Erscheinung treten und zu dem Aufruf eines fremden Angebots in dem Rahmen führen. Möglich ist auch, den Link selbst neutral zu gestalten, so daß die Marke weder auf der verweisenden, noch auf der gerahmten Seite erscheint, da der Rahmen das URL-Feld, in dem die Domain angezeigt wird, überlagert.

Gerade im Hinblick auf die letztgenannte Variante ist vorgeschlagen worden, in entsprechender Anwendung der Grundsätze der Erschöpfung des Markenrechts nach § 24 Abs. 2 MarkenG das Framing als Veränderung der Ware (Website) anzuerkennen und so zu einer Markenrechtsverletzung zu gelangen.[1106] Durch die Einfügung der Inhalte in den mit einem fremden Logo und fremder Werbung versehenen Rahmen finde eine Neukennzeichnung statt; zudem werde das Erscheinungsbild der Ware erheblich verändert.[1107] Basierend auf der Annahme einer konklu-

---

Personal- und Kostenaufwand von monatlich insgesamt DM 100.000,-. Diesen Aufwand konnte sich die Beklagte ersparen und dadurch erheblich günstiger anbieten. Einen solchen "Investitionsschutz" gewährt für elektronische Informationsspeicher nunmehr § 87 a UrhG. Schutzgegenstand ist nicht der Inhalt der Datenbank, sondern die unternehmensbezogene, wesentliche Investition und der Aufwand bei der Sammlung und Ordnung der Daten, *Schricker/Vogel*, vor § 87 a RN 21, 23 und § 87 a RN 10.

1105 Zum Wettbewerbsrecht *Hoeren/Sieber/Wiebe*, Kap. 9 RN 121.

1106 *Löwenheim/Koch/Kur*, Kap. 8.4.4.1, S. 370.

1107 Siehe oben FN 1106.

denten Einwilligung in das Setzen eines einfachen Hyperlinks, ist die Einschränkung über § 24 Abs. 2 MarkenG folgerichtig. Da aber bereits gegen eine konkludente Einwilligung Bedenken bestehen,[1108] kann eine Lösung nicht über § 24 Abs. 2 MarkenG erreicht werden. Inhaltlich werden sich keine Unterschiede ergeben. Berechtigte Gründe des Markeninhabers im Sinne des § 24 Abs. 2 MarkenG sind dann gegeben, wenn das Framing eine Markenverletzung im Sinne der Verletzungstatbestände bewirkt. Anders gesagt, sind andere als die aus dem Markenrecht fließenden Gründe für eine Berechtigung zur Untersagung des Framing nicht vorstellbar.

Anknüpfungspunkt für eine markenrechtlich relevante Benutzung kann beim Framing dann, wenn der Link selbst neutral gestaltet ist, nicht eine aktive Benutzung eines Kennzeichens sein, sondern nur die Unterdrückung des Kennzeichens in dem URL-Feld (sofern der Kennzeicheninhaber die Marke auch als Domain nutzt) und evtl. den abgerufenen Seiten dadurch, daß dieses von dem Rahmen überlagert wird. Die Verletzungstatbestände des § 14 MarkenG setzen jedoch eine aktive Benutzung des Zeichens voraus. Das Entfernen oder Unterdrücken des Kennzeichens ist darunter nicht zu fassen. Die damit vergleichbare Neukennzeichnung eines Produktes ist auch nur als Markenverletzung im Hinblick auf das neu angebrachte Kennzeichen verstanden worden, nicht im Hinblick auf das entfernte Zeichen.[1109] Wird also ein neutraler Link benutzt, um ein fremdes Angebot innerhalb eines Frames aufzurufen, liegt keine markenrechtlich relevante Handlung vor. Es kommen nur Ansprüche nach dem Urhebergesetz oder dem UWG in Betracht.

Wird hingegen zur Aktivierung des Frames die Marke eines Dritten benutzt, so bestimmt sich die Zulässigkeit, ebenso wie die Zulässigkeit einfacher Hyperlinks, nach § 23 MarkenG. Im Rahmen der Prüfung, ob die konkrete Benutzung mit den guten Sitten vereinbar ist, können dann,

---

[1108] Siehe oben S. 277 f.

[1109] *Sack*, GRUR 1997, S. 1, 9 zur Neukennzeichnung einer Ware mit einer anderen Marke desselben Markeninhabers; EuGH Slg. 1987, S. 1823, 1841, RN 15/17, 18 "American Home Products".

ebenso wie bei den Deep Links, die Besonderheiten des Framing berücksichtigt werden. Insbesondere kann die Benutzung dann unzulässig sein, wenn das Framing unlauteres Mittel zur Leistungsübernahme im Sinne des § 1 UWG ist.

D. Meta-Tags

Zuletzt ist die Verwendung eines fremden Kennzeichens als Meta-Tag[1110] zu untersuchen. Wie auch die amerikanischen Gerichte, hat die deutsche Rechtsprechung diese Benutzungsform als markenrechtswidrig erkannt.[1111]

I. Relevante Benutzung

Bevor sich der Frage der Verwechslungsgefahr zugewandt werden kann, ist zu prüfen, ob die Benutzung einer fremden Marke als Meta-Tag eine markenmäßige Benutzung darstellen kann. Dabei geht es einmal

---

1110 Die nachfolgenden Ausführungen gelten in gleicher Weise für das sog. "Word Stuffing". Dabei wird das Kennzeichen auf der Website für den Nutzer unsichtbar plaziert, dadurch daß Schrift und Hintergrund in derselben Farbe gehalten sind. Auch diese Plazierung beeinflusst die Ergebnisse von Suchmaschinen, da auch diese Plazierung zu "Treffern" führt. Siehe auch *Viefhues*, MMR 1999, S. 336, 341.

1111 LG Mannheim WRP 1998, S. 217 ff. "Arwis"; LG Düsseldorf AZ 4 O 102/99, unter www.netlaw.de/urteile/lgd_11.htm; LG Hamburg CR 2000, S. 121 ff. = MMR 2000, S. 46 ff.; LG Framkfurt v. 03.12.1999, AZ 3/11 = 98/99 (nicht veröffentlicht); zu § 15 Abs. 3 MarkenG LG Hamburg ZUM 2000, S. 413; siehe auch die Entscheidung des Vollstreckungsgerichts in Kopenhagen und des Berufungsgerichts in Kopenhagen, GRUR Int. 1999, S. 897 ff. "Melitta". Beide Entscheidungen beruhen auf dem durch die Markenrechtsrichtlinie harmonisierten Recht, so daß die Überlegungen auch von Relevanz für die Rechtslage in der Bundesrepublik sein können. Beachtenswert ist die tatsächliche Feststellung des Gerichts, wonach die Verwendung des Meta-Tags bei einer Suchmaschine dazu führt, daß die Website als einziger Treffer angezeigt wird, bei einer anderen als vierter Treffer von 90899. Die Relevanz eines Meta-Tags ist daher von großer Beachtlichkeit. Nach Ansicht des Berufungsgerichtes ist die Verwendung eines fremden Kennzeichens als Bestandteil des allgemeinen Textes einer Website zulässig (wohl im Hinblick auf § 5 des dänischen MarkenG = § 23 MarkenG), nicht dagegen im Rahmen einer Maßnahme, die nur sicherstellen soll, daß auf die Website hingewiesen wird.

darum, ob das Zeichen überhaupt im Sinne der § 14 Abs. 2 und Abs. 3 MarkenG benutzt wird und zum zweiten, ob die Benutzung markenmäßig erfolgt.

1. Benutzung im Sinne der § 14 Abs. 2, Abs. 3 MarkenG

Gegen eine Qualifizierung als markenrechtlich relevante Benutzungshandlung wird vor allem die fehlende optische Wahrnehmbarkeit des Meta-Tags angeführt.[1112] Zu vernachlässigen ist, daß es technisch ohne weiteres möglich ist, sich den Quellcode der Website und damit auch die Meta-Tags anzeigen zu lassen.[1113] Vergleicht man den nicht abschließenden Katalog der Benutzungshandlungen in § 14 Abs. 3 MarkenG, so fällt auf, daß auch § 14 Abs. 3 Nr. 2 MarkenG eine Sichtbarkeit des Kennzeichens für den Verkehr nicht voraussetzt. Schon der Besitz rechtswidrig gekennzeichneter Ware stellt eine Benutzungshandlung dar. Allerdings besteht die unmittelbare Gefahr des Inverkehrbringens der gekennzeichneten Ware, die dann für das Publikum sichtbar wird. § 14 Abs. 3 Nr. 2 MarkenG ist daher als Vorverlagerung der Sanktion für ein Anbieten und Inverkehrbringen der Ware zu begreifen.[1114] Da Meta-Tags für den Internet-Nutzer dauerhaft "unsichtbar" bleiben, kann eine Parallele nicht gezogen werden.

Nicht gegen eine rechtlich relevante Benutzung spricht hingegen das Argument *Days*, daß Eintragungsvoraussetzung einer Marke deren graphische Darstellbarkeit sei; optisch nicht wahrnehmbare Zeichen müßten daher aus dem Verbotstatbestand ausscheiden.[1115] Anders als das WZG

[1112] *Day*, AJP/PJA 1998, S. 1463, 1466, der allerdings eine kennzeichenmäßige Benutzung im Hinblick auf Namens- und Firmenrechte bejaht; *Kotthoff*, K&R 1999, S. 157, 159; *Viefhues*, MMR 1999, S. 336, 338 f.; a.A. *Ernst*, NJW-CoR 1997, S. 493; *Menke*, WRP 1999, S. 982, 984.

[1113] Diese technische Kenntnisse voraussetzende Möglichkeit bleibt einem kleinen Kreis vorgebildeter Internet-Nutzer vorbehalten und kann nicht die allgemeine Verkehrsauffassung beeinflussen, vgl. *Day*, AJP/PJA 1998, S. 1463, 1466.

[1114] *Kotthoff*, K&R 1999, S. 157, 160.

[1115] *Day*, AJP/PJA 1998, S. 1463, 1466. Dem schweizerischen Art. 10 Abs.1 MSchV entspricht § 3 MarkenG.

schützt § 3 MarkenG auch Hörmarken,[1116] Geruchsmarken,[1117] Geschmacksmarken[1118] und Tastmarken.[1119] Auch wenn die graphische Darstellbarkeit als allgemeines Merkmal der Markenfähigkeit fortbesteht,[1120] stößt dieses Erfordernis bei den genannten Markenformen an seine natürlichen Grenzen. Die Anerkennung dieser neuen Formen verlangt daher nach einem teilweisen Abweichen von dem Grundsatz der graphischen Darstellbarkeit.[1121] Letztlich kommt es hierauf nicht an. Zum einen ist das als Meta-Tag benutzte Wortzeichen graphisch darstellbar. Zum anderen sind die Voraussetzungen der Eintragungsfähigkeit eines Zeichens nicht gleichzusetzen mit den qualitativen Anforderungen an die rechtsverletzende Benutzung eines Zeichens. Rechtsgrund für das Verlangen der graphischen Darstellbarkeit eines Zeichens im Eintragungsverfahren ist das Bestimmtheitsgebot. Es dient dazu, den Schutzumfang der Marke festzulegen. Geht es hingegen um die rechtsverletzende Benutzung eines Zeichens, kann derselbe Rechtsgrund nicht angeführt werden. Vielmehr ist Dritten nach § 14 Abs. 2 MarkenG jede Benutzung im geschäftlichen Verkehr untersagt; § 14 Abs. 3 MarkenG enthält nur eine beispielhafte Aufzählung.[1122] Dem Argument einer fehlenden optischen Wahrnehmbarkeit eines Meta-Tags kann vielmehr entgegengehalten werden, daß nach der Amtlichen Begründung zum Markengesetz selbst die Nennung des Zeichens in mündlicher Werbung von den Verbotstatbeständen erfaßt werden soll.[1123] Der Eindruck, den die

---

1116 *Fezer*, § 3 RN 268 ff.

1117 *Fezer*, § 3 RN 279 ff.

1118 *Fezer*, § 3 RN 283 ff.

1119 *Fezer*, § 3 RN 286 ff.

1120 Siehe FN 1116 bis 1119.

1121 *Fezer*, § 3 RN 280, 284, 287 äußert verfassungsrechtliche Bedenken, die Eintragung des Zeichens wegen fehlender graphischer Darstellbarkeit zu verneinen, wenn dem Bestimmtheitsgebot auf andere Weise Genüge getan werden könne. Das Harmonisierungsamt für den Binnenmarkt, zuständig für die Eintragung von Gemeinschaftsmarken, beurteilte die Geruchsmarke "the smell of fresh cut grass" als eintragungsfähig, MarkenR 1999, S. 142. Dafür genügte die Umschreibung, daß es sich um den Geruch frisch geschnittenen Grases für Tennisbälle handelte, ohne daß es auf eine sonstige "Darstellung" ankam.

1122 *Viefhues*, MMR 1999, S. 336, 338.

1123 BT-Drucks. 12/6581, S. 75.

mündliche Nennung eines Zeichens bei dem Verkehrsteilnehmer hinterläßt, ist noch flüchtiger als derjenige bei der Verwendung in einem Meta-Tag. Denn bei der Beurteilung, ob eine relevante Benutzung vorliegt, kann nicht allein berücksichtigt werden daß der Verwender seinen Quellcode mit einem unsichtbaren Steuerzeichen hinterlegt. Zu berücksichtigen ist auch die Funktionsweise des damit gesteuerten Suchvorgangs. Die Aktivierung des Suchmechanismus erfordert die aktive Eingabe des Zeichens durch den Internet-Nutzer. Er wird daher nicht nur beiläufig mit dem Zeichen konfrontiert, sondern steht bei Anzeige der Trefferliste und Aktivierung der einzelnen Websites unter dem Eindruck an das Zeichen in seiner Erinnerung. Der Verbraucher nimmt das Zeichen daher nicht nur passiv wahr, sondern induziert die Anzeige von Websites, die - seinen Wünschen entsprechend - in einem Zusammenhang mit dem Zeichen stehen.

Zu Recht hat das Landgericht Mannheim daher[1124] einen Vergleich zu der Entscheidung des BGH "Suchwort"[1125] gezogen. Der BGH anerkannte die Verwendung eines geschützten Firmenbestandteiles bei einem Telefonbucheintrag vor dem eigenen Namen ohne weitere Tätigkeitshinweise als firmenmäßigen Gebrauch.[1126] Gegen eine Vergleichbarkeit mit der Verwendung eines Zeichens als Meta-Tag kann nicht angeführt werden, daß sich die Entscheidung "Suchwort" gerade dadurch auszeichnet, daß das verletzte Zeichen und das Verletzerzeichen unmittelbar nebeneinander und bei jedem Händlernamen erneut auftaucht.[1127] Dieser tatbestandliche Unterschied rechtfertigt keine andere rechtliche Wertung. Suchmaschinen dienen wie Telefonbücher und Branchenführer dazu, Stichwortsuchen durchzuführen. Bei diesen Druckschriften ist es üblich und möglich, das Stichwort dem jeweiligen Eintrag voranzustellen. Auf ein gleichzeitiges Wahrnehmen kommt es jedoch nicht an. Auch wenn eine Rubrik gebildet werden sollte, das Kennzeichen also als "Über-

---

[1124] LG Mannheim MMR 1998, S. 217, 218 "Arwis".
[1125] BGH WRP 1994, S. 739 "Suchwort".
[1126] BGH WRP 1994, S. 739, 741 "Suchwort".
[1127] So *Viefhues*, MMR 1999, S. 336, 338.

schrift" für eine Vielzahl von Einträgen verwendet werden sollte, sähe der Verkehr darin einen firmenmäßigen Gebrauch.[1128] Im Internet werden derzeit Nachschlagewerke durch Suchmaschinen ersetzt. Deren Arbeitsweise erlaubt eine optische Voranstellung nicht. Dennoch steht der Nutzer unter dem Eindruck der faktischen Voranstellung des von ihm zuvor gewählten Stichwortes. Die Motivation des Website-Inhabers ist zudem dieselbe wie bei Einträgen in sonstigen Branchenführern. Ziel ist hier wie dort, in unmittelbarem Zusammenhang mit dem Kennzeichen zu erscheinen. Eine Benutzung des fremden Zeichens ist auf dieser tatbestandlichen Grundlage zu bejahen.[1129]

2. Markenmäßige Benutzung

Allein die Benutzung des Zeichens rechtfertigt markenrechtliche Ansprüche nicht. Die Marke muß markenmäßig benutzt werden.[1130] Die Verwendung des Zeichens in dem Meta-Tag muß auf den verständigen Durchschnittsbetrachter den Eindruck machen, als diene das Zeichen zur Unterscheidung der so gekennzeichneten Ware oder Dienstleistung von gleichartigen Waren oder Dienstleistungen anderer Herkunft.[1131] Gegen eine markenmäßige Nutzung wird nun angeführt, daß die Verwendung des Zeichens in einem Meta-Tag nicht ein Unternehmen oder Produkt identifiziere, sondern nur zur Aufnahme der Website in eine Trefferliste führe.[1132] Anders als bei der Eingabe einer Domain versuche der Internet-Nutzer nicht, zu einer bestimmten Website zu gelangen, sondern nur,

---

[1128] Etwas anderes kann nur gelten, wenn das Zeichen nachrangig im Zusammenhang mit der Beschreibung des Tätigkeitsbereiches erfolgt, etwa "Reparatur von....", siehe BGH WRP 1994, S. 739, 741 "Suchwort".

[1129] So auch im Ergebnis LG Mannheim MMR 1998, S. 217, 218 "Arwis"; LG Hamburg ZUM 2000, S. 413, 414, das darauf abstellt, daß der Rechner den Meta-Tag lesen kann; LG Frankfurt v. 03.12.1999, AZ 3/11 O 98/99, S. 8 (nicht veröffentlicht).

[1130] Siehe oben S. 38 f.

[1131] Siehe oben FN 45.

[1132] *Viefhues*, MMR 1999, S. 336, 338; *Kotthoff*, K&R 1999, S. 157, 160 verweist auf Art. 5 Abs. 5 MarkenRL. Eine Benutzungshandlung sei dann nicht anzunehmen, wenn das verwendete Zeichen keinerlei Waren zugeordnet werden könne und der Zeichencharakter nicht mehr erkennbar sei.

eine Angebotseingrenzung vorzunehmen.[1133] Behauptet werde durch das Suchwort nicht eine bestimmte Individualität, sondern eine Gruppenzugehörigkeit.[1134]

Ist der Internet-Nutzer auf der Suche nach bestimmten Angeboten, hat er mehrere Möglichkeiten. Zum einen kann er die ihm bekannte Domain direkt eingeben und so unmittelbar zu einem bestimmten Angebot gelangen. Ist ihm die Domain des von ihm gewünschten Anbieters nicht bekannt, kann er sich an der Unternehmenskennzeichnung oder an das Unternehmen prägenden Marken orientieren und so zu der Website gelangen. Versagt auch diese Möglichkeit, bleibt ihm nur der Weg über die Suchmaschine. Um den konkreten Anbieter aus der Fülle der Angebote herauszufiltern, wird der Nutzer die konkrete Bezeichnung oder Marke eingeben. Geht es dagegen um Angebote einer bestimmten Gruppenzugehörigkeit, wird der Internet-Nutzer die die Produktgruppe kennzeichnenden Gattungsbegriffe für seine Suche einsetzen. In dem von dem Landgericht Mannheim entschiedenen Fall wäre die Verwendung des Meta-Tags "Unternehmensberatungen" durch die Beklagte beanstandungsfrei gewesen. Wählt sie jedoch die Bezeichnung "Arwis", so beabsichtigt sie, die Nutzer auf ihre Website zu lenken, die auf der Suche nach der Unternehmensberatung mit der Bezeichnung "Arwis" sind. Die markenmäßige Benutzung bedeutet nun nicht, daß der Verkehr jede Anzeige einer Website als Individualisierung des Kennzeicheninhabers begreifen müßte.[1135] Den Gegensatz der markenmäßigen Benutzung stellen vielmehr solche Benutzungen dar, die nicht herkunftshinweisend, sondern beschreibend wirken und aufgrund dessen vom Verkehr nicht als individualisierend wahrgenommen werden. Die Verwendung von Gattungsbegriffen in Meta-Tags verfolgt einen legitimen Zweck. Hingegen

---

[1133] *Viefhues*, MMR 1999, S. 336, 339.
[1134] *Viefhues*, MMR 1999, S. 336, 338.
[1135] Dies liefe auf eine Begrenzung der Verletzungstatbestände auf unmittelbare Verwechslungsgefahren hinaus.

wird eine den Kennzeicheninhaber individualisierende Bezeichnung auch als Meta-Tag markenmäßig benutzt.[1136]

Welche Nutzungen einer Marke im Rahmen eines Meta-Tags dennoch lauter sein könnten, ist erneut anhand des § 23 MarkenG zu bestimmen. Bei Gleichnamigkeit ist im Rahmen des § 23 Nr. 1 MarkenG die Nutzung des eigenen Namens bzw. der aus dem Namen abgeleiteten geschäftlichen Bezeichnung zulässig. Auch eine markenmäßige Benutzung als Meta-Tag ist nicht unlauter, da der Inhaber des Zeichens ein legitimes Interesse daran hat, die Suchergebnisse mit Hilfe seines Zeichens zu steuern. Eine Anwendung des § 23 Nr. 2 MarkenG ist vom LG Hamburg mit der Begründung verworfen worden, der Beklagte könne - selbst wenn er Produkte der Klägerin verkaufe - dezenter darauf hinweisen.[1137] Bei dem Meta-Tag handelt es sich schon um keine Angabe über Merkmale oder Eigenschaften der Ware, da wie oben ausgeführt, keine Gruppenzugehörigkeit oder ähnliches vermittelt wird. Diese kann durch die Verwendung von Gattungsbegriffen hinreichend deutlich gemacht werden. Auch im Rahmen des § 23 Nr. 3 MarkenG ist die Verwendung eines Meta-Tags mit dem Zeichen des Herstellers der Hauptware zwar hilfreich, nicht aber im Sinne der Vorschrift notwendig, um die Einsatzmöglichkeiten der Ware zu konkretisieren. Es ist ausreichend, wenn der Verwender die Marke in dem Fließtext der Website verwendet.

Über die Tatbestände des § 23 MarkenG hinaus ist die Verwendung des Zeichens als Meta-Tag auch denkbar, wenn auf der Website sonstige Informationen über das Markenprodukt bereitgehalten werden, etwa im Rahmen eines redaktionellen Beitrags.[1138] Auch hier ist aber ein legitimes Interesse an dem Gebrauch eines Meta-Tags nicht zu erkennen, da

---

[1136] A.A. *Löwenheim/Koch/Kur*, Kap. 8.4.4.2, S. 371; *Day*, AJP/PJA 1998, S. 1463, 1466; *Menke*, WRP 1999, S. 982, 985 bejaht eine "markenmäßige Benutzung", wenn man den Begriff nicht im herkömmlichen Sinne, sondern - wie Fezer (siehe dazu oben S. 31 ff.) - markenfunktional verstehe. Das Meta-Tagging führe zu einer Beeinträchtigung des Kommunikationskanals zwischen Markeninhaber und Internet-Nutzer.

[1137] LG Hamburg CR 2000, S. 121, 122 = MMR 2000, S. 46.

[1138] Day, AJP/PJA 1998, S. 1463, 1471.

diese die Suchmaschinen meist in erheblicherer Weise beeinflussen als die Nennung im Fließtext des Beitrags. In aller Regel wird hier aber die Verwechslungsgefahr zu verneinen sein. Die Verwendung von Marken als Meta-Tag erfolgt daher in aller Regel markenmäßig.

II. Verwechslungsgefahr

In gleicher Weise wie bei Domains stellt sich die Frage, welche Waren bei der Prüfung der Warenidentität oder -ähnlichkeit im Rahmen der Verwechslungsgefahr zugrunde zu legen sind. Es kann auch hier nicht darauf ankommen, daß der Meta-Tag in technischer Hinsicht zur Beeinflussung der Suchmaschinen und damit für die Website benutzt wird.[1139] Wie bei der Bestimmung des Ähnlichkeitsbereiches für die Nutzung von Domains, kann es nicht auf die Ware "Website" ankommen.[1140] Die Website stellt in aller Regel lediglich ein Kommunikationsmittel oder Werbemedium dar, mit Hilfe dessen Waren bzw. Dienstleistungen angeboten oder beworben werden. Die Verwendung eines dem Nutzer als Kennzeichen bereits bekannten Zeichens als Meta-Tag wird von diesem als Kennzeichen einer Ware oder Dienstleistung, nicht als Kennzeichnung der Website verstanden. Ist Grundlage der Beurteilung folglich der Inhalt der Website, ergibt sich schon aus dem Zweck des Meta-Tag, den Nutzer zu Websites zu führen, auf denen identische Waren oder Dienstleistungen angeboten werden, zu einer Identität im Sinne des § 14 Abs. 2 Nr. 1. Auf die Prüfung einer Verwechslungsgefahr kommt es nach § 14 Abs. 2 Nr. 1 MarkenG nicht mehr an. Hiergegen könnte nun angeführt werden, daß solche Sachverhalte unberücksichtigt blieben, bei denen der Inhalt der Website die Annahme geschäftlicher Beziehungen nicht weiter nahelegt, sondern erkennen läßt, daß es sich um ein Konkurrenzangebot handelt bzw. geschäftliche Verbindungen nicht bestehen. So wie § 14 Abs. 2 Nr. 1 MarkenG auch das Inverkehrbringen billigster Produktko-

[1139] So aber *Löwenheim/Koch/Kur*, Kap. 8.4.4.2, S. 371.

[1140] Siehe die Auseinandersetzung mit dem Urteil des LG Düsseldorf GRUR 1998, S. 159 ff. "epson.de" auf S. 132 ff. *Viefhues*, MMR 1999, S. 336, 339 stellt zu Recht auf den Inhalt der Website ab.

pien, die vom Verkehr als solche erkannt werden, erfaßt, ist auch hier der Einwand fehlender Verwechslungsgefahr unbeachtlich. Der Zeicheninhaber muß in diesem absoluten Schutzbereich bei Doppelidentität keinerlei Beeinträchtigung hinnehmen und sei es auch nur eine Imagebeeinträchtigung durch qualitativ minderwertige Produkte. An einer Nutzung im doppelten Identitätsbereich können - abgesehen von den Tatbeständen der §§ 23 und 24 MarkenG - keine berechtigten Interessen anerkannt werden. Es gilt vor allem zu bedenken, daß der Verwender des Meta-Tag in dem Moment, wo der Nutzer die fehlende Verbindung erkennen mag, seine mißbilligenswerten Ziele bereits erreicht hat. Der Nutzer beschäftigt sich nämlich bereits mit dem Konkurrenzangebot. Vor diesem Hintergrund rechtfertigt sich der absolute Markenschutz des § 14 Abs. 2 Nr. 1 MarkenG.

III. Zusammenfassung

Meta-Tags werden in aller Regel markenmäßig benutzt. Einer relevanten Benutzung steht die fehlende Sichtbarkeit des Meta-Tag selbst nicht entgegen. Die Funktionsweise des mit dem Meta-Tag gesteuerten Suchvorgangs bedingt es, daß der Nutzer das fremde Kennzeichen aktiv eingibt. Bei einer Anzeige der Trefferliste steht der Nutzer daher unter dem Eindruck des Zeichens. Der Meta-Tag ist daher Suchworten in Banchenverzeichnissen vergleichbar. Wie diese, dient ein Meta-Tag nicht dazu, eine bestimmte Gruppenzugehörigkeit zu demonstrieren, sondern als Hinweis auf die Herkunft der Waren aus einem bestimmten Unternehmen. Meta-Tags werden daher kennzeichenmäßig genutzt. Ihre Nutzung ist auch nicht nach § 23 MarkenG gerechtfertigt.

Wird der Meta-Tag für identische Waren oder Dienstleistungen genutzt, kommt es nach § 14 Abs. 2 Nr. 1 MarkenG nicht mehr darauf an, ob der Verwender des Meta-Tag auf der Website herausstellt, daß es sich um ein fremdes Angebot handelt.

3. Kapitel: Markenrechtliche Beurteilung nach § 15 Abs. 2, Abs. 3 MarkenG

Die bisherigen Untersuchungen zu Hyperlinks und anderen technischen Besonderheiten des Internet haben sich auf die Verletzung von Rechten an einer Marke beschränkt. Für Unternehmensbezeichnungen, die nicht Produkte, sondern Unternehmen kennzeichnen, gilt § 15 Abs. 2, Abs. 3 MarkenG.

Terminologisch kommt es bei § 15 Abs. 2 MarkenG darauf an, daß der potentielle Verletzer das Zeichen als geschäftliches Zeichen nutzt. Dieser Nutzung steht jedoch eine markenmäßige Nutzung des Zeichens gleich, da auch eine solche Nutzung in den von § 15 Abs. 2 MarkenG geschützten Bereich eingreift.[1141] Es ist daher gleich, ob das Zeichen zur Bezeichnung eines Unternehmens oder zur Bezeichnung von Waren oder Dienstleistungen genutzt wird. Auch hier gilt, daß das Zeichen als Meta-Tag kennzeichenmäßig genutzt wird und sich die Zulässigkeit nach § 23 MarkenG beurteilt.[1142] Insoweit kann auf die obigen Ausführungen verwiesen werden.

1141 *Keller*, GRUR 1996, S. 607, 611.

1142 Siehe zu den einzelnen Tatbeständen einer "Markennennung" oben S. 283 ff. Ebenso können auch Unternehmensbezeichnungen nur "genannt" werden.

V. Teil: Zusammenfassung der Ergebnisse

1. Der kennzeichenmäßige Gebrauch eines Zeichens ist auch nach Inkrafttreten des Markengesetzes eine Voraussetzung kennzeichenrechtlicher Ansprüche des Kennzeicheninhabers. In Abkehr von dem bisherigen Verständnis des kennzeichenmäßigen Gebrauchs liegt ein solcher auch dann vor, wenn das fremde Zeichen zur Kennzeichnung fremder (Original-)Waren und Dienstleistungen bzw. eines fremden Unternehmens benutzt wird. Es liegt dann ein Fall des § 14 Abs. 2 Nr. 1 MarkenG vor. Ob die Verwendung des Zeichens zulässig ist, bestimmt sich nach § 23 MarkenG.

2. Neben markenrechtlichen Ansprüchen sind ergänzende Ansprüche aus §§ 12, 823, 826 BGB und dem UWG nur dann möglich, wenn der Anwendungsbereich des Markengesetzes nicht eröffnet ist. Das ist bisher der Fall, wenn das Kennzeichen nicht im geschäftlichen Verkehr oder nicht kennzeichenmäßig benutzt wird.

3. Die auf der Grundlage der Vorschläge der WIPO im Rahmen eines internationalen Konsultationsprozesses erarbeiteten Vorschläge und deren Umsetzung in den Vergaberichtlinien von ICANN und zum Teil auch von der DENIC e.G. haben zu einer Verbesserung der Rechtsstellung des Kennzeicheninhabers gegenüber rechtswirdrig eingetragenen Domains geführt. Insbesondere das von ICANN vorgeschriebene Streitbeilegungsverfahren bringt eine verfahrensmäßige Erleichterung. Materiell-rechtlich ist jedoch keine Klärung erzielt worden.

4. Erste Voraussetzung markenrechtlicher Ansprüche ist ein Handeln im geschäftlichen Verkehr. Bei dem sog. Domain-Grabbing dient als Indiz für ein Handeln im geschäftlichen Verkehr entweder die Registrierung einer Vielzahl von Domains, die nicht durch die Art des Ge-

schäftsbetriebes indiziert wird, oder eine bekundete Absicht, die Domain an Dritte weiter zu veräußern.

Läßt sich ein Konkurrenzunternehmer das Kennzeichen eines Wettbewerbers als Domain registrieren, liegt kein rechtlich relevanter Benutzungswille vor. Die Unlauterkeit des Handelns ist nach den Vorschriften des UWG zu bestimmen.

Ansprüche nach dem Markengesetz gegenüber Privatpersonen oder Organisationen mit ideeller Zielsetzung kommen nur dann in Betracht, wenn technische Mittel dazu eingesetzt werden, eine Verbindung zu kommerziellen Websites herzustellen. Es muß der Eindruck erweckt werden, es handele sich bei diesen Inhalten ebenfalls um Inhalte des Domain-Inhabers. Das ist bei Inline-Links und Frames der Fall.

5. Eine Domain wird dann kennzeichenmäßig verwendet, wenn sie (1) aus einem Phantasiezeichen gebildet ist oder (2) aus einem sprachüblichen Zeichen mit konkretem Begriffsinhalt, der jedoch hinsichtlich der angebotenen oder beworbenen Produkte oder der Branchen unterscheidungskräftig ist oder (3) aus einem sprachüblichen Begriff, der zwar hinsichtlich der angebotenen oder beworbenen Produkte oder Branchen nicht unterscheidungskräftig ist, jedoch aufgrund seiner Verkehrsgeltung als Herkunftshinweis dient.

6. Es gibt keinen "domainrechtlichen" Begriff der Verwechslungsgefahr. Verwendet der Domain-Inhaber Inline-Links und Frames und entsteht dadurch der Eindruck, daß er sich fremde Inhalte zu eigen macht, so sind auch diese in den Vergleich der sich gegenüberstehenden Produkte oder Branchen einzubeziehen.

Bei Anwendung des herkömmlichen Begriffes der Verwechslungsgefahr scheiden insbesondere die Fälle des Domain-Grabbing aus dem Anwendungsbereich des § 14 Abs. 2 Nr. 2 MarkenG aus.

7. Für die Beurteilung der Zeichenähnlichkeit ist die Second Level Domain allein maßgeblich. Die Top Level Domain ist auch dann nicht zu berücksichtigen, wenn sie Bestandteil des geschützten Kennzeichens ist (z.B. Netcom). Der Kennzeicheninhaber genießt trotz der Enge des Bezeichnungsraumes im Domain Name System nicht nur Schutz gegen identische Domains. Von geringerer Bedeutung ist allerdings eine klangliche Verwechslungsgefahr.

8. Eine Domain kann die Unterscheidungskraft eines Kennzeichens dann nicht beeinträchtigen, wenn sie sich lediglich in einem konnektierten Status befindet, d.h. keine Inhalte auf der Website abrufbar sind. Das Domain-Grabbing ist daher nicht mit § 14 Abs. 2 Nr. 3 MarkenG zu lösen. Werden jedoch tatsächlich unähnliche Produkte angeboten oder präsentiert sich ein Unternehmen unter der Domain, kann diese die Unterscheidungskraft des bekannten Kennzeichens in relevanter Weise beeinträchtigen.

9. Die Registrierung von Gattungsbegriffen als Domain stellt keinen kennzeichenrechtlich relevanten Tatbestand dar.

10. Der Anwendungsbereich des § 12 BGB ist im Domain Name System eröffnet, da das Markengesetz in einem eindimensionalen Namens- bzw. Bezeichnungsraum keine abschließende Regelung darstellt. Ein ergänzender Schutz nach § 12 BGB kommt dann in Betracht, wenn die Registrierung der Domain eine unlautere Behinderung darstellt, insbesondere wenn es sich bei der Regsistrierung um einen zielgerichteten Angriff gegen ein bestehendes Kennzeichen handelt. Einen solchen Angriff stellt es dar, wenn die Domain allein mit der Absicht, diese weiter zu veräußern, registriert wird. Dem steht es gleich, wenn eine Vielzahl von Domains registriert werden. Auch dann, wenn eine Domain mit dem Ziel registriert wird, gezielte Gegenpropaganda zu betreiben, liegt ein zielgerichteter Angriff vor.

Hingegen liegt ein zielgerichteter Angriff nicht vor, wenn die Domain für gänzlich unähnliche Produkte registriert wird.

11. Auch der Anwendungsbereich der §§ 823, 826 BGB ist wegen der Eindimensionalität des Domain Name System eröffnet. Ein zielgerichteter Eingriff liegt hier in den zu § 12 BGB genannten Fällen vor.

12. Haben sowohl der Kennzeicheninhaber als auch der Domain-Inhaber Rechte an der Bezeichnung, ist das Recht der Gleichnamigen heranzuziehen. Dabei gilt es zwei Kollisionsfälle zu unterscheiden. Liegt zwischen den Kennzeichen eine Verwechskungsgefahr vor oder ein Tatbestand nach §§ 14 Abs. 2 Nr. 3, 15 Abs. 3 MarkenG, so gelten die allgemeinen Grundsätze des Gleichnamigenrechts.

Eine Besonderheit des Domain Name System stellt es dar, daß Kennzeichen auch dann, wenn keine Verwechslungsgefahr oder ein Tatbestand nach §§ 14 Abs. 2 Nr. 3, 15 Abs. 3 MarkenG vorliegt, miteinander "kollidieren", da eine Bezeichnung weltweit nur einmal vergeben werden kann. Hier gilt der Grundsatz des "first come first serve".

13. Der Kennzeicheninhaber kann von dem Domain-Inhaber Unterlassung und Beseitigung der Störung verlangen. Zu den für die Beseitigung geeigneten Maßnahmen gehören alle Handlungen, die zur Löschung der Domain führen.

Eine Übertragung der Domain auf sich kann der Kennzeichen-Inhaber nur dann verlangen, wenn das Kennzeichen berühmt ist, da dem Kennzeichen-Inhaber nur dann eine Berechtigung zur Führung der Domain unter Ausschluß anderer Berechtigter zuerkannt werden kann. Rechtsgrundlage eines solchen Übertragungsanspruches stellt sowohl § 8 Abs. 1 S. 2 PatG analog dar, als auch §§ 17 Abs. 1, 11 MarkenG i.V.m. §§ 681 S. 2, 677, 667 BGB analog.

14. Einen Anspruch gegen die Vergabestellen auf Löschung der Domain hat der Kennzeicheninhaber nur unter den Voraussetzungen des § 830 Abs. 2 BGB, d.h. bei einer vorsätzlichen Förderung einer vorsätzlichen Haupttat. Ein Tatbestand des § 830 Abs. 2 BGB liegt vor, wenn die Domain trotz Vorlage eines rechtskräftigen Urteils nicht gelöscht wird. Dem ist die Vorlage einer strafbewehrten Unterlassungserklärung gleichzustellen. Im übrigen scheidet eine Verantwortlichkeit auch bei "offensichtlichen" Verstößen aus.

Die Benutzung eines fremden Kennzeichens als Hyperlink, der eine Verbindung zu dem fremden Angebot darstellt, ist eine kennzeichenmäßige Benutzung eines fremden Kennzeichens für fremde (Original-) Waren oder Dienstleistungen. Es liegt dann ein Tatbestand nach § 14 Abs. 2 Nr. 1 MarkenG vor. Die Zulässigkeit des Hyperlinks bestimmt sich nach § 23 MarkenG. Wird ein fremdes Kennzeichen im Rahmen eines Deep Links oder Frames verwendet, so ist im Rahmen der Unlauterkeitsprüfung bei § 23 MarkenG zu berücksichtigen, daß diese technischen Mittel häufig dazu dienen, fremde Leistungen zu übernehmen und diese zum Bestandteil der eigenen Leistung zu machen.

15. Die Verwendung von Meta-Tags ist kennzeichenmäßig und nach § 23 MarkenG unzulässig. Im Rahmen des § 14 Abs. 2 Nr. 1 MarkenG, der hier einschlägig ist, kommt es auf eine Verwechslungsgefahr nicht mehr an.

MIX
Papier | Fördert gute Waldnutzung
FSC® C083411

Kolibri 360 GmbH
Ferdinand-Jühlke-Straße 7
99095 Erfurt, Deutschland
produktsicherheit@kolibri360.de

Druck:
CPI Druckdienstleistungen GmbH
im Auftrag der
Kolibri 360 GmbH
Ferdinand-Jühlke-Str. 7
99095 Erfurt